西北學會月報

（下）

自第十四號

至第十九號

圖書出版 韓國學資料院

光武十年十二月一日
明治三十九年十二月一日
第三種郵便物認可

隆熙三年七月一日發行(每月一日一回發行)

(第一卷第十四號)

西北學會月報

發行所 西北學會

隆熙三年七月一日西北學會月報第一卷第十四號要目

論說

我西北教育界에缺憾

半島江山에大韓民族이齁齁乎黑甛鄕裏者ㅣ久矣러니幸히我西北同胞가文明風潮의感覺的思想이發生ᄒᆞ야比年以來에學校設立也와海外留學也와社會發起也ㅣ他道人士보다先倡이되고多數에居ᄒᆞᆫ故로一般輿論이公然稱道ᄒᆞ야曰今日文明先進의地位를占ᄒᆞᆫ者ᄂᆞᆫ西北人士라ᄒᆞ니我西北人士가此에對ᄒᆞ야如何ᄒᆞᆫ責任이有ᄒᆞᆫ것을思量ᄒᆞᄂᆞᆫ가吾儕가아모조록其責任을放下치勿ᄒᆞ고全國同胞의期望을孤負치아니ᄒᆞ여야天賜의福을自拒치아니ᄒᆞᄂᆞᆫ者라謂ᄒᆞᆯ지로다

是以로本記者가食息의頃이라도間斷이無히祈祝ᄒᆞ고發願ᄒᆞᄂᆞᆫ者ᄂᆞᆫ惟是教育界에缺憾이無히完全進就ᄒᆞᆷ이라然이나我西北教育界에就ᄒᆞ야其裏面的을觀察ᄒᆞᆫ건ᄃᆡ多少缺憾이有ᄒᆞ야余로ᄒᆞ야곰憂慮ᄅᆞᆯ不勝케ᄒᆞᄂᆞᆫ도다

一은學校內容이라大抵學校ᄂᆞᆫ有志社會의公益思想과公共主義로心力과財力을聯合ᄒᆞ야爛商協議에方針을講究ᄒᆞ야適合ᄒᆞᆫ區域에位置ᄅᆞᆯ定ᄒᆞ고維持ᄒᆞᆯ資金을積立ᄒᆞ며諸般設備을完就케ᄒᆞ며任員及教師ᄅᆞᆯ相當ᄒᆞᆫ資格으로擇定ᄒᆞ야教育의實地功効가有케ᄒᆞ기로懋圖ᄒᆞ여야學校의基礎도鞏固ᄒᆞ고前途의發展을可期ᄒᆞᆯ지어ᄂᆞᆯ今乃不然ᄒᆞ야學校設立으로ᄡᅥ自己의名利機關과如히互相競爭ᄒᆞᄂᆞᆫ意想을抱ᄒᆞ며角立ᄒᆞᄂᆞᆫ態度

를取ᄒᆞ야彼村에셔一校를設ᄒᆞᆫ다ᄒᆞ면此村에셔一校를設ᄒᆞᆫ다ᄒᆞ야基本의預筭도熟商치아니ᄒᆞ며任員及教師도適當ᄒᆞᆫ資格을選擇지아니ᄒᆞ고學校設立이란名稱만新聞上에發佈ᄒᆞ고教育의實際는企圖치아니ᄒᆞ는者가往往而有ᄒᆞ니何其不思의甚ᄒᆞᆫ者뇨噫라吾二千萬同胞가同是檀君聖祖의血族으로況今日境遇를當ᄒᆞ야雖濟州島와鬱陵島에在ᄒᆞᆫ同胞人士라도公益事業을經營ᄒᆞᆫ다云ᄒᆞ면同情으로賛成ᄒᆞ고協力으로援助ᄒᆞ여야可히公德이有ᄒᆞ고公利를圖ᄒᆞ는民族이라謂ᄒᆞᆯ지어늘況於同道며同郡이며同里에셔무삼畛域의區別이有ᄒᆞ깃는가此는我西北人士가十分注意ᄒᆞ야公益上關係에는一毫라도角立의思想은存留치勿ᄒᆞ고아모조록團合主義로文明事業을協同做去ᄒᆞᆷ이最緊最要ᄒᆞᆫ不二法門이오

一은學生의程度라現時代教育에關ᄒᆞ야各種科學이俱係必要ᄒᆞ니舊時代學問과如히漢文一科를專尙치못ᄒᆞᆯ지나然이나余가近日學生界에對ᄒᆞ야熟熟히觀察ᄒᆞᆷ의外國留學界이던지國內各學校이던지學生中漢文의資本이有ᄒᆞᆫ者는高尙ᄒᆞᆫ思想도有ᄒᆞ며佳良ᄒᆞᆫ品行도有ᄒᆞ며各種科學에도靈敏ᄒᆞᆫ悟解가有ᄒᆞ되漢文의資本이無ᄒᆞᆫ者는思想과品行上에可觀ᄒᆞᆯ者ㅣ無ᄒᆞ고各種科學에도悟解가遲鈍ᄒᆞ니此는文學一科를輕視치못ᄒᆞᆯ者오既往歷史로觀ᄒᆞᆯ지라도我西北에文學發達이畿湖와嶠南에不及ᄒᆞᆫ故로政治界와社會界에在ᄒᆞ야比肩을不能ᄒᆞ고墮落ᄒᆞᆫ地位에處ᄒᆞ엿더니今日에至ᄒᆞ야學生의多數로言ᄒᆞ면西北이最勝ᄒᆞ나文學程度로言

ᄒᆞ면東南人士를不及홈이尙有ᄒᆞ도다盖畿湖와嶠南도文學程度가前日보다墮落ᄒᆞ얏스나猶是故家餘韻으로聞見의所得이有ᄒᆞ거니와我西北은自來故家의淵源이無ᄒᆞ야所謂文學을傳授ᄒᆞᄂᆞᆫ者ᄂᆞᆫ魚魯不辨ᄒᆞᄂᆞᆫ村學究와鶻崙呑棗ᄒᆞᄂᆞᆫ科文家라所以로我西北人士가經史諸書를誦讀ᄒᆞ얏다云ᄒᆞ나春秋가朦朧ᄒᆞ고經緯가糊塗ᄒᆞ야足히社會의筆權을掌握ᄒᆞ고著述의能力을發表홀者ㅣ絶少ᄒᆞ도다大抵文學이란者ᄂᆞᆫ何許時代를莫論ᄒᆞ고恒常重要ᄒᆞᆫ機關을執ᄒᆞ야文明의先導者도되고高等待遇도受ᄒᆞᄂᆞᆫ者인ᄃᆡ我西北人士가此에不足之歎이有ᄒᆞ니將來前塗의發揚도又復畿湖와嶠南人士에게落後될慮가有ᄒᆞ리라ᄒᆞ노니我西北에有志靑年은其亦諒只어다

敎育部

精神敎育

分秒時를皆宜貴重

愛汝生涯어던勿徒消郤ᄒᆞ라汝의生涯ᄂᆞᆫ卽分秒의時를積ᄒᆞ야成ᄒᆞᆫ者니라

萬物이無窮極ᄒᆞ고來者가無窮期ᄒᆞ니一秒를若己失이면萬年을不可追니라

昔也에ᄂᆞᆫ一秒分時를予不敢浪費러니今也에ᄂᆞᆫ一秒分時를不容予浪費로다

人生之中에每時每分마다特別ᄒᆞᆫ事業이各有ᄒᆞ니一度失之면不再歸來니라

雖少年人이라도若不虛度時間ᄒᆞ고就其閱歷之時而計之ᄒᆞ면卽謂之經驗老人이可也니라

於靑年時代에不乘運命而有爲면一時가

卽過에其機會가卽去ᄒᆞ야再無可爲라勉强求之라도已冷之鐵과如ᄒᆞ야任汝打擊이라도終不成物이니라

日出及日入之項에僅二時間의時間이로ᄃᆡ其價値ᄂᆞᆫ六十枚의金剛石ᄲᅮᆫ不啻라且旣失者ᄂᆞᆫ決無可償이盖時間이旣去ᄒᆞ면決不復來오後來時間에ᄂᆞᆫ又有後來機會ᄒᆞ야不容補其失이니라

年少之時에每日少時ᄅᆞᆯ能勉强自用者ᄂᆞᆫ其事業이必有成就니라

一少年이便質緬弗蘭克林의出版所에立ᄒᆞ야一書籍의初出版을見ᄒᆞ고因問工頭曰價値가幾何오應之曰一弗이라若稍遲ᄒᆞ면倍之니라ᄒᆞᆫᄃᆡ少年이默視良久러니弗蘭克林이又曰今印刷室이極繁忙ᄒᆞ니盍稍待乎아ᄒᆞ고旣而오弗蘭克林이出커ᄂᆞᆯ少年이再詢

之ᄒᆞᆫᄃᆡ曰此書가已安置拍賣所ᄒᆞ야其價가一弗二十五仙이니라少年이恠訝之ᄒᆞ야曰項言一弗이러니今何以驟增二十五仙고應之曰向者에汝ㅣ拙不自取라今必一弗二十五仙이로다少年이又躕躇러니購者가愈衆ᄒᆞ야增至一弗五十仙이라少年이突然急悟ᄒᆞ야乃以一弗五十仙購之ᄒᆞ엿스니嗚呼라向也에一弗而不取라가今則將倍之而惟恐不及ᄒᆞ니彼ㅣ失一秒機會에相懸이竟若是로다

耶利呼巴立이嘗敎人曰予의事業은蟻의爲垤과蜂의爲蜜과如ᄒᆞ야勤勉忍耐勞苦로成ᄒᆞᆯ而已니盖一分子의一分子와一思想의一思想과一事實의一事實을積ᄒᆞ야成ᄒᆞᆫ지라予의此方法은將來爲事業者가予의後ᄅᆞᆯ踵ᄒᆞ기ᄅᆞᆯ甚願ᄒᆞ고胷中의大名譽心을喚起ᄒᆞ

노라予는天下의少年子弟가無限의價値로써分秒의時間을使用홈을願ᄒᆞ노니是는絕好ᄒᆞᆫ模範이니라

失之毫釐에差之千里는人所共知라涅德者는幼年時期를當ᄒᆞ야其兄弟는戶外에셔遊戲ᄒᆞ되彼는獨히兀然히室中에셔修學을勉强ᄒᆞ얏고英國哲學的政治家耶德孟多巴克者는其兄弟가皆他所에셔徵逐ᄒᆞ되彼는獨히巴克國會議場에往ᄒᆞ야聽其雄辯ᄒᆞ야竟日而歸ᄒᆞ엿스니彼二人者는盖其獨見이有ᄒᆞᆫ者라歲月이如流ᄒᆞ고年光이如矢ᄒᆞ야白駒一過에駟馬難追라秋月春風을等閒附過ᄒᆞ면池塘春草之夢이未醒ᄒᆞ야蒼蒼者ㅣ又復在鬢矣니階前梧葉의檝檝秋聲이焉爲永久며焉爲無窮이리오百歲千秋가無非一秒時一秒分之堆積이라晝餐迄者가有五分時ᄒᆞ니此五分時에何爲也며七時迄者가爲三分時ᄒᆞ니此三分時에何爲也오以如斯貴重之光陰으로無端消去홀진ᄃᆡ何爲而生斯世乎아梳也弗曲克이見德譯學生於朝餐之所ᄒᆞ니無用의閒話을試ᄒᆞ거늘彼가思惟ᄒᆞ기를此五分時를何故廢之오ᄒᆞ고遂於半分時間에室隅의字書를取ᄒᆞ야以自研究ᄒᆞᆫ지라後日의成業이遂基於此ᄒᆞ얏스니此는分時를利用ᄒᆞᆫ著驗이라馬利翁哈蘭多女士는治其家政홀ᄉᆡ於兒童養育之傍에分時를利用ᄒᆞ야遂以文學으로著名ᄒᆞ고哈利咽多希貿馬爾斯多女史는家庭을整理ᄒᆞ는任을負ᄒᆞ고도尙能著書ᄒᆞ야奴隸의痛苦를極訴ᄒᆞ야一代의人心을感奮케ᄒᆞ고倫鞠弗咽羅斯는俄拉의地獄曲을繙譯ᄒᆞ야每日百忙之中에擇十分時而爲之ᄒᆞ고希沃米爾拉은石丁이

되야乘暇ᄒᆞ면科學的書籍을閱讀ᄒᆞ야金石學의大家가되고馬打諆德剪利斯는書籍을著ᄒᆞ되女皇의出御를待ᄒᆞ야乘閒而爲之ᄒᆞ얏고巴魯斯는田疇鋤犂之下에서美妙ᄒᆞᆫ詩歌를著ᄒᆞ야一代의作者가되얏고質庸米爾頓乃大講師는英國共和政府의書記로出身ᄒᆞ얏고克羅諆烏耶爾爾秘書官은百事鞅掌之間에高尙ᄒᆞᆫ詩歌文集을著ᄒᆞ얏고碩儒斯質沃亞爾의等身ᄒᆞᆫ著述은東印度商會의書記가되얏슬時에作ᄒᆞ얏고額利阿는外科醫가되야科學上의學業을發明ᄒᆞ야擧世界가爲之驚愕ᄒᆞ얏고鞠拉多斯는過人의智識을具ᄒᆞᆫ者로一書를常携ᄒᆞ야分秒의少息이無ᄒᆞ얏고伊太利의所稱爲文人者는大抵商人과醫師와政治家와法官과軍人의流에出ᄒᆞ얏는ᄃᆡ賁茄爾化拉的은書籍을裝訂ᄒᆞ는餘暇에化學의實驗을試ᄒᆞ얏고伊太利의一學者는恒常質庸克隱西亞打諆의語로써其戶을標揭ᄒᆞ얏는ᄃᆡ其言에曰山溜穿石ᄒᆞ고靡風磨銅은以其無間斷也라最可恐者는分時오最可愼者는分時니오작注意而利用홈이貴ᄒᆞ다ᄒᆞ얏고比克斯打는一日之間에恒常消費時間으로써自警ᄒᆞ얏고其他以詩伯名者의斯顯沙는愛蘭의事務官이오精通古代文明者의拉薄克은銀行家오以碩學著名者의歇空은英國의太法官이오著希臘史의鞠羅多는亦出於銀行家오沙羅의修哲學은他人休息之時에在ᄒᆞ얏고詩人機沃參의爲日記는國王會話의暇에在ᄒᆞ얏고波呼와機沃參는其詩草가皆成於中宵臥衾中ᄒᆞ얏고西植爾는於軍旅之間에一切事物을硏究ᄒᆞ얏고沁沃爾跋質因은嘗以怠惰自警ᄒᆞ야一息

의自寬이無ᄒᆞ얏고醫師拿利西鞠은柳克列詩의詩集을譯홈의往診病者ᄒᆞᄂᆞᆫ馬車中에셔成ᄒᆞ얏고法官修烏歇은巡回地方之間에趁ᄒᆞ야深思錄을著ᄒᆞ얏스니古今의人物이以利用分時로成絕大偉業者를不可縷述이라至矣哉라分時間이여其可忽乎아敬告君等ᄒᆞ노니振全幅之精神ᄒᆞ고惜分秒之時刻ᄒᆞ야其過去者를勿空留戀ᄒᆞ며其未來者를勿空妄測ᄒᆞ고現在의分時가難能而可貴라嗚呼라怠惰二字는君等의精力을撓奪ᄒᆞ며君等의元氣를消磨ᄒᆞ며君等의品行을墮落케ᄒᆞ야陷人於不德者는皆怠惰二字가爲之害也니惟其怠惰라是以로小人이閒居ᄒᆞ면思爲不善ᄒᆞᄂᆞ니豈獨小人若是哉리오請컨딕波伊楂의歌를聽ᄒᆞᆯ지어다

丈夫造命運、刻不容肆、分秒之時間、偉業基於是、所以古聖人、競勸勵其志、偶然有怠惰、前功隳然棄、愼之復愼之、毋視同兒戯、吁嗟乎此日大可惜、吁嗟此日大可惜

勿戀過去ᄒᆞ며勿憶將來ᄒᆞ고最注意者는惟現在也니라

衛生部

我韓不衛生的家屋觀　盧基崇

今에現存ᄒᆞᆫ本邦의家屋建築物을觀察ᄒᆞᆫ즉工意의沒覺沒仁的意思를推想ᄒᆞᆯ깃도다

一、得餠失金的火木經濟觀念이라　此觀念이腦葉에서紅漲이起ᄒᆞ야屋臀으로大氣流谷을極力防禦ᄒᆞ며後牖를不置ᄒᆞ야瓦斯交換에一秒라도排치못ᄒᆞᆯ新鮮大氣의遮道

가薰三老의懇誠에서尤甚ᄒᆞ며

二、極端의恐雨病이라 此病은我韓에流行이已久ᄒᆞ야雨下時엔工場學塾에廢工停學에幾至ᄒᆞ던此慣症이此에ᄭᆞ지表露ᄒᆞ야屋高를低히ᄒᆞ며簷端을着地케ᄒᆞ야殺菌渾濕의大功物로天이無價賜ᄒᆞ신太陽의光線으로交誼를杜絶ᄒᆞ며

三、嚴囚婦人的沒覺手段이라 婦人의窺外와外人의窺內眼에恐佈心이發ᄒᆞᆫ同時에國家倫理는未解ᄒᆞ되家族倫理夫婦有別倫의發展解釋이極端誤解에馳ᄒᆞ야婦人은一平生嚴之囚之ᄒᆞᆷ이倫理界의當當ᄒᆞᆫ正義라ᄒᆞᄂᆞᆫ全國思潮使然에加一等ᄒᆞ야內室은舍廊으로前面을橫遮ᄒᆞ며簷端과齊一ᄒᆞᆫ石墻으로其四圍에高築ᄒᆞ며絶對的後面門戶를不置ᄒᆞ며戶外運動의寸土를不置ᄒᆞ야宛然히壺中看日月의像을作ᄒᆞᆫ지라故로全國婦人界의一生運動及光線照惠를不被케ᄒᆞᆫ結果로戶外運動의農婦下女以外에所謂上中流人士의婦人은全히黃面大將軍을成ᄒᆞ엿스니多多益辦의將兵大略은無히皮型的韓將軍이韓國婦人界에何其多也오此에서原因을作ᄒᆞ야血液循環의障害와瓦斯交換의不充分엣影響으로生產時難順產의關係며其他潔褥受產의反對方向으로菌褥塵席의受產이며乳兒養育의無方法不適度的恠恠忘想이此等婦人頭腦에서滔滔然流動ᄒᆞᆫ結果로當當ᄒᆞᆫ我韓民族이地球破壞ᄒᆞ기ᄭᆞ지億萬年大繁族을作코저百年을預期ᄒᆞ고來世ᄒᆞ려던生產時며產後一歲未滿者一年死亡이엇던婦科醫士調查槪略이三百餘萬에至ᄒᆞᆫ다ᄒᆞᄂᆞᆫ도다嗚呼라工意의沒覺이何若是

甚且不仁乎아故로年前엇던泰西의東洋視察人이京釜列車에셔我南韓家屋을觀察ᄒᆞ고大驚曰韓國生活程度가如彼其劣ᄒᆞ고尚今其民族이現存ᄒᆞ엿스니可謂天이極愛ᄒᆞᄂᆞᆫ民族이라ᄒᆞ고揮淚ᄒᆞ엿더라여보여보此後로ᄂᆞᆫ一聲響應으로以上沒覺不仁的意思ᄂᆞᆫ一切勿用ᄒᆞ고大氣日光避菌運動의大用意로屋高를高히ᄒᆞ며前後門戶를置ᄒᆞ되影窓製를用ᄒᆞ며硝子ᄂᆞᆫ아직韓國産出이無ᄒᆞ거니와世界的好品되ᄂᆞᆫ本邦白紙로塗牕ᄒᆞ면氣孔이多ᄒᆞ야大氣流通이少히될더이ᄂᆞ무ᄃᆡ窓上에冬夏를勿論ᄒᆞ고窓孔을穿ᄒᆞ며石墻을築ᄒᆞ되現今世界에煉瓦使用의勢力이稀ᄒᆞ고白石使用이大風潮를作ᄒᆞᄂᆞᆫ今日에幸히韓國石工이亂石을治ᄒᆞ야築墻ᄒᆞᄂᆞᆫ手工이最良ᄒᆞ니此를用ᄒᆞ되墻高를低히ᄒᆞ야賊漢이可慮어던墻上에若干設備ᄒᆞ며外人의窺內恐이有ᄒᆞ더라도貴重ᄒᆞᆫ光線으로室內에恒照케ᄒᆞ며婦人으로戶外運動을시키면此後로ᄂᆞᆫ年年三百餘萬可憐人生을救活ᄒᆞᆯ가ᄒᆞ노라

國家論의槪要

前号續

君主世襲과君主撰擧制의區別은政體의區別은될지라도國體에ᄂᆞᆫ何等의關係가無ᄒᆞᆷ과如ᄒᆞ도다既述ᄒᆞᆷ과如히現今獨逸帝國은皇帝世襲制라ᄒᆞᆯ지라도實權은世襲ᄒᆞᄂᆞᆫ大統領에不過ᄒᆞ고獨逸皇帝ᄂᆞᆫ普國王이라ᄒᆞ면確實ᄒᆞᆫ主權者라ᄒᆞᆷ을可得ᄒᆞᆯ지로ᄃᆡ獨逸皇帝라ᄒᆞ면決코主權者라謂치못ᄒᆞᆯ지며又昔에羅馬皇帝ᄂᆞᆫ在位中主權者됨으로因ᄒᆞ야彼의意志ᄂᆞᆫ卽法律

이라ᄒᆞ엿시나其卽位ᄂᆞᆫ元老院及軍隊의撰擧承諾으로因ᄒᆞ얏더라此로由ᄒᆞ야觀ᄒᆞ면世襲制로써君主國體의特色이라稱ᄒᆞ기ᄂᆞᆫ不可ᄒᆞ나撰擧君主制ᄂᆞᆫ君主國體의特徵되지아니ᄒᆞᆷ은明瞭ᄒᆞ나何者오君主를撰擧ᄒᆞᆫ것은又君主를廢止ᄒᆞᆷ도得ᄒᆞᆯ지라夫古代의羅馬帝國과如ᄒᆞᆫ國도皇帝撰擧制됨은無疑ᄒᆞ니其以前에共和國體의遺風으로因ᄒᆞᆷ이로다故로世襲君主制ᄂᆞᆫ반다시君主國體의特色되기不能ᄒᆞ나.君主國體ᄂᆞᆫ반다시世襲君主國되지아니ᄒᆞ기不能ᄒᆞ도다

如何ᄒᆞᆫ國體又ᄂᆞᆫ政體이든지器械又ᄂᆞᆫ家屋과如히容易히製造ᄒᆞ며建設치못ᄒᆞᆫ지라多數ᄂᆞᆫ有機體와如히自然히生長發達ᄒᆞᆷ으로要件을作ᄒᆞ나니卽如何ᄒᆞᆫ國體又

ᄂᆞᆫ政體이든지반다시其人民風俗習慣으로븟터自然히出來ᄒᆞᄂᆞᆫ者아니라ᄒᆞᆷ이不可ᄒᆞᆫ中特히君主國에도然ᄒᆞ니라共和國體ᄂᆞᆫ或一致團結ᄒᆞᆫ少數者又ᄂᆞᆫ優勢ᄒᆞᆫ多數者의强力으로因ᄒᆞ야一時에設立ᄒᆞ고又永久히支保ᄒᆞ기可得ᄒᆞ나然이나君主國體ᄂᆞᆫ主權者一人이存在ᄒᆞᆫ國体로君主ᄂᆞᆫ唯一人인즉一人의力으로써天下를制ᄒᆞ기ᄂᆞᆫ不能ᄒᆞᆫ故로國家의主權이一人의君主에歸屬ᄒᆞᆷ은決코一朝一夕에成ᄒᆞᆷ을不得ᄒᆞᆯ者오반다시有力ᄒᆞᆫ少數者의一致團結又ᄂᆞᆫ優勢ᄒᆞᆫ多數者의强力으로도更ᄒᆞ기難ᄒᆞᆫ즉自然이其後를不可不助ᄒᆞᆯ지라然이나如此히偉大ᄒᆞᆫ勢力은古代에ᄂᆞᆫ宗敎又習慣에過ᄒᆞᄂᆞᆫ者無ᄒᆞ여시니卽古代에宗敎와習慣이라ᄒᆞᆷ은同一히人間의思

想이及ᄒᆞᄂᆞᆫ其行爲를管轄홈으로因ᄒᆞ야진실노今日의宗教又法律에ᄂᆞᆫ比치못홀바로다希蠟詩人「비다루」가習慣은萬人의王이라云ᄒᆞ고又古代에ᄂᆞᆫ習慣은神의命令이라信賴홈과如홈으로써其効力이如何히大ᄒᆞ얏든것은足知홀지로다然이나君主國体ᄂᆞᆫ近世에成立ᄒᆞ엿다云ᄒᆞ기不可ᄒᆞ니普國의王室은第十五世紀初葉에皇帝가「푸덴덴푸루크」에게侯爵을封ᄒᆞ고又第十八世紀初葉에ᄂᆞᆫ皇帝가普國王이라ᄒᆞᄂᆞᆫ稱號를賜홈도普國王이自己의實力으로써能히其地位를保ᄒᆞ고又般人民의歷史的服從을得ᄒᆞᆫ것을古代에ᄂᆞᆫ神權王國의發生과無異ᄒᆞ다ᄒᆞ여신즉普國王은固有ᄒᆞᆫ主權者되ᄂᆞᆫ資格을有홈에至ᄒᆞ엿시니盖其權力은過去或은現在의人民에게得ᄒᆞᆫ者아니오又昔時에ᄂᆞᆫ皇帝로븟터權力을與ᄒᆞ엿슬지라도一次許與ᄒᆞᆫ以後ᄂᆞᆫ皇帝의權은衰微消滅ᄒᆞ고今에ᄂᆞᆫ獨立의主權者가되나니라此로因ᄒᆞ야君主國體ᄂᆞᆫ特히自然히生長ᄒᆞᆫ者오遽然히製造ᄒᆞᆫ者ᄂᆞᆫ아니니譬컨ᄃᆡ高妙ᄒᆞᆫ美術品은或時代에ᄂᆞᆫ發生ᄒᆞ되他時代에ᄂᆞᆫ容易히生産홈을不得홈과如ᄒᆞ도다然則泰西의人民이君主國體로써特히壓制ᄒᆞ고專制ᄒᆞᄂᆞᆫ無責任으로思考홈은一大謬見이라不可不謂홀지로다盖國家의本質은主權에存在ᄒᆞᆫ故로法律上國家라ᄒᆞᆫ以上은總히壓制의手段이有홈은旣述홈과如ᄒᆞ나獨히君主國體ᄂᆞᆫ不然ᄒᆞ다ᄒᆞ노니何者오彼君主國體에ᄂᆞᆫ權力이少數者에게屬ᄒᆞᆫ故로優勝ᄒᆞᆫ勢力이無ᄒᆞᆫ지라要

컨ᄃᆡ君主國體ᄂᆞᆫ其自身이반다시他國體보다專制又壓制된다謂ᄒᆞᆯ뿐이니라

憲法上八大自由에就ᄒᆞ야

法學少年

我邦에ᄂᆞᆫ各種法律이尙未完備ᄒᆞ야惟其慣習上으로可據ᄒᆞᆯ뿐이오實際의形式을具ᄒᆞᆫ成文大典이缺如ᄒᆞᆷ으로往往法理上問題에關ᄒᆞ야腦裡에眩慌을感ᄒᆞᆷ은勢의難免ᄒᆞᆯ비라故로述者ᄂᆞᆫ本問題를解決ᄒᆞᆷ에先ᄒᆞ야憲法의何者됨을暫述코져ᄒᆞ노라

蓋憲法이라ᄒᆞᆷ은國家의組織及主權의活動을規定ᄒᆞᆫ法律이라故로國家의組織과秩序ᄂᆞᆫ憲法을依ᄒᆞ야始保ᄒᆞᄂᆞᆫ者ㅣ니元來國家ᄂᆞᆫ國民互相間의意思及利益의範圍를制限ᄒᆞ야各人의利益衝突을制限ᄒᆞᆯ뿐아니라國家ᄂᆞᆫ自己와其國民間에就ᄒᆞ야도自己의作用範圍를制限ᄒᆞ야個人이國家에對ᄒᆞ야要求ᄒᆞᄂᆞᆫ程度와國家가個人의意思範圍에侵入ᄒᆞᄂᆞᆫ限界를自定ᄒᆞ야特히國家機關의作用을規定ᄒᆞᆷ은卽自己의作用을制限ᄒᆞᄂᆞᆫ者ㅣ니故로國民의權利ᄂᆞᆫ此憲法을依ᄒᆞ야表彰ᄒᆞᄂᆞᆫ者ㅣ라是以로國家가有ᄒᆞ면반다시憲法이有ᄒᆞᄂᆞ니惟其相異ᄒᆞᆫ바ᄂᆞᆫ形式을具ᄒᆞᆫ成文法典有無如何에在ᄒᆞᆫ지라

以上概論ᄒᆞᆫ바에依ᄒᆞ야憲法의何者됨을權知ᄒᆞᆯ지니詳論ᄒᆞᆯ暇隙이無ᄒᆞᆷ으로省略ᄒᆞ고玆에本問題에入ᄒᆞ야論及코져ᄒᆞ노라

蓋自由란ᄂᆞᆫ一個權利될가此問題에關ᄒᆞ야自來學者間에議論이不一ᄒᆞ니此沿革을先述ᄒᆞᆯ진ᄃᆡ十六世紀初葉에英國에서有名ᄒᆞᆫ權利請願의事蹟이有ᄒᆞ얏고同世紀末葉에

至ᄒᆞ야臣民의權利及自由의宣言을發表ᄒᆞ야人民의自由權을認ᄒᆞ얏스니最初로自由權을認許ᄒᆞᆫ者ᄂᆞᆫ英國이라然而北美合衆國의獨立宣言을發表ᄒᆞᆷ도亦自由權에基因ᄒᆞᆫ지라此等英美의自由權은惟其實質的性質이有ᄒᆞ야自來의個人의權利에加ᄒᆞ던制限을解除ᄒᆞ야此를保護ᄒᆞ며且將來에國權으로써隨意侵害ᄒᆞᆷ을防禦ᄒᆞᆷ으로目的ᄒᆞᆫ者오此와反ᄒᆞ야十七世紀末葉에佛國革命時에發表ᄒᆞᆫ國民의權利宣言에至ᄒᆞ야ᄂᆞᆫ全히自然法說을採用ᄒᆞ야自由權은國家及法律에基礎ᄒᆞᆫ者ㅣ아니오人은반다시天賦ᄒᆞᆫ自由權이有ᄒᆞ다ᄒᆞ야自來의制限을解除ᄒᆞ고將來의侵害를防禦ᄒᆞᆷ을삼지아니ᄒᆞᆫ지라其後歐洲大陸의製定ᄒᆞᆫ憲法은自初로佛國革命의影響을受ᄒᆞ얏스나其目的은佛國과相異ᄒᆞ야從來의加ᄒᆞ던制限을解除ᄒᆞ고將來官廳의侵害에對ᄒᆞ야防禦ᄒᆞᆷ을目的ᄒᆞᆯ뿐이오日本國은國權의隨意行動에制限을加ᄒᆞ야自由權을認ᄒᆞᆷ에不過ᄒᆞᆫ者ㅣ니라

玆에云ᄒᆞᄂᆞᆫ바自由란者ᄂᆞᆫ決코自然法學者의稱道ᄒᆞᄂᆞᆫ반와如히國家以前에存在ᄒᆞᆫ바아니오其實質範圍ᄂᆞᆫ全히法規를依ᄒᆞ야成立되ᄂᆞᆫ者니라大抵個人이自然히行ᄒᆞᆷ을得ᄒᆞᄂᆞᆫ바力은國法이此를認定ᄒᆞᆷ을因ᄒᆞ야法律上의自由가되ᄂᆞ니所以로自由權은天然的으로存在ᄒᆞᆫ行爲의力을國法이認定ᄒᆞᆷ으로븟터生ᄒᆞᄂᆞᆫ者ㅣ라盖憲法은臣民行爲力의範圍를認ᄒᆞ고此範圍內에서自由로活動ᄒᆞᆷ을認許ᄒᆞᆯ뿐더러國家ᄂᆞᆫ此에對ᄒᆞ야侵犯치못ᄒᆞᆯ義務를担負ᄒᆞᄂᆞ니如或國家機關이此를犯ᄒᆞᆫ時ᄂᆞᆫ多數境遇에ᄂᆞᆫ臣民으로ᄒᆞ야

곰訴願、訴訟의方式을依ᄒᆞ야救濟ᄒᆞᄂᆞᆫ道를與ᄒᆞ고臣民은此範圍內에서請願ᄒᆞᄂᆞᆫ權을有ᄒᆞ니라然而此自由權은今日多數學者의承認ᄒᆞᄂᆞᆫ비라故로述者도自由ᄂᆞᆫ一個權利로說明코저ᄒᆞ노니其種類를略擧說明ᄒᆞ건ᄃᆡ左와如ᄒᆞ도다

第一、信敎의自由

信敎의自由ᄂᆞᆫ今日國際上一般承認ᄒᆞᄂᆞᆫ비라然而信敎ᄂᆞᆫ各人이一定ᄒᆞᆫ宗敎를信仰ᄒᆞᆷ에因ᄒᆞᄂᆞᆫ者오其國家의認定으로붓터生ᄒᆞᄂᆞᆫ者ㅣ아니니信敎ᄂᆞᆫ原則上自由로ᄃᆡ其自由ᄂᆞᆫ惟其國家의法令範圍內에限치아니ᄒᆞᆷ이不可ᄒᆞᆫ비라

信敎의自由ᄂᆞᆫ二種이有ᄒᆞ니一은人의心裡에在ᄒᆞᆫ信仰의自由오二ᄂᆞᆫ卽此에基ᄒᆞ야生ᄒᆞᄂᆞᆫ信仰上行爲의自由라人의心裡에在ᄒᆞᆫ

者ᄂᆞᆫ全혀自由됨이勿論이니故로人이如何ᄒᆞᆫ信仰을有ᄒᆞ든지又ᄂᆞᆫ不有ᄒᆞ든지又或은從來의信仰을變ᄒᆞ든지國權의作用으로制限ᄒᆞᆯ비毫無ᄒᆞ니換言ᄒᆞ면直接間接으로信仰의强制를受ᄒᆞᄂᆞᆫ事가無ᄒᆞᆫ지라然이나此와反ᄒᆞ야外部의發現ᄒᆞᄂᆞᆫ宗敎上의行爲卽禮拜、儀式、演說、布敎、敎會設立等의自由ᄂᆞᆫ信敎의自由로特히承認ᄒᆞᆫ故로國家ᄂᆞᆫ直接間接으로此自由를妨害ᄒᆞᆷ을不得ᄒᆞ야卽直接으로此를禁ᄒᆞ거나又ᄂᆞᆫ此를命令ᄒᆞᆷ을不得ᄒᆞ며又或은宗敎의異同으로붓터臣民의權利義務及利益享受에差等區別을立ᄒᆞᆷ을不得ᄒᆞ며卽間接으로信敎의自由를妨害ᄒᆞᆷ을不得ᄒᆞᆷ이나然이나信敎의自由ᄂᆞᆫ無制限으로許ᄒᆞᄂᆞᆫ者ㅣ아니니만일信敎의自由를與ᄒᆞᆷ으로因ᄒᆞ야國家ᄂᆞᆫ一切宗敎信仰

者의行爲에干涉치못ᄒᆞᆫ다ᄒᆞᆯ時ᄂᆞᆫ國家가宗敎에對ᄒᆞᆫ權力은決局消滅에歸ᄒᆞ야一個人은信敎의自由가有ᄒᆞᆷ을口實ᄒᆞ야國法上의義務도免脫ᄒᆞᄂᆞᆫ結果가生ᄒᆞᆯ지니是ᄂᆞᆫ國家自存의本意가아니라故로國家ᄂᆞᆫ信敎의自由가有ᄒᆞᆷ을不拘ᄒᆞ고一定ᄒᆞᆫ法令으로敎會又ᄂᆞᆫ寺院等을組織ᄒᆞᆷ을得ᄒᆞᄂᆞᆫ範圍ᄅᆞᆯ詳細히規定ᄒᆞ야個人은信敎의自由가有ᄒᆞᆯ지라도國法上의義務ᄂᆞᆫ忠實히奉行케ᄒᆞᄂᆞ니卽國家ᄂᆞᆫ恒常宗敎에監督權을有ᄒᆞᆫ故로臣民은信仰의自由ᄅᆞᆯ有ᄒᆞᆯ지라도반다시安寧秩序ᄅᆞᆯ妨害치아니ᄒᆞᄂᆞᆫ範圍에限ᄒᆞᆷ을要ᄒᆞᄂᆞ니라故로信徒가만일團結의力으로써騷亂을起ᄒᆞ거ᄂᆞ或은異宗이相鬪ᄒᆞ야公益又ᄂᆞᆫ風俗을壞亂ᄒᆞᆷ이有ᄒᆞᆯ時ᄂᆞᆫ安寧秩序ᄅᆞᆯ維持ᄒᆞᄂᆞᆫ權이有ᄒᆞᆫ官吏ᄂᆞᆫ法令에基因ᄒᆞ야職權으로此等行爲ᄅᆞᆯ制止ᄒᆞ며又宗敎의自由ᄂᆞᆫ但히安寧秩序ᄅᆞᆯ妨害치못ᄒᆞᄂᆞᆫ範圍에在ᄒᆞᆯ뿐不是라尙且一般臣民된義務에違背되지아니ᄒᆞᄂᆞᆫ範圍內에限ᄒᆞᄂᆞ니例言컨ᄃᆡ戰爭을罪惡으로視ᄒᆞᄂᆞᆫ宗敎의信仰者도此로써口實을삼고徵兵義務ᄅᆞᆯ拒絶ᄒᆞᆷ을不得ᄒᆞ며多妻敎ᄅᆞᆯ信仰ᄒᆞᄂᆞᆫ者도重婚ᄒᆞᆷ을不得ᄒᆞᄂᆞᆫ故로宗敎의敎規ᄅᆞᆯ理由ᄒᆞ야臣民의一般히服從ᄒᆞᆷ이可ᄒᆞᆫ義務ᄅᆞᆯ拒絶ᄒᆞᆷ을不許ᄒᆞᄂᆞᆫ바오其他信敎ᄅᆞᆯ爲ᄒᆞ야集會結社ᄒᆞᄂᆞᆫ境遇에ᄂᆞᆫ集會結社法을遵守ᄒᆞᆷ은勿論이니라故로信敎ᄂᆞᆫ自由됨이原則이로ᄃᆡ但安寧秩序又ᄂᆞᆫ法令制限範圍內에限치아니ᄒᆞᆷ이不可ᄒᆞ니라

玆에一言ᄒᆞᆯ바ᄂᆞᆫ宗敎의自由ᄂᆞᆫ國際的으로許ᄒᆞᆫ者ㅣ니其基因ᄒᆞᆫ바ᄂᆞᆫ一七四八年에新

敎와舊敎의競爭을終局ᄒᆞ기爲ᄒᆞ야締結된「우에스도화리야」條約이니此條約에因ᄒᆞ야宗敎自由를認ᄒᆞᆷ에至ᄒᆞᆫ者니라 (未完)

自信力의偉大ᄒᆞᆫ効果

米國마ー덴

自信은人力을極度로發揮ᄒᆞᆷ

傳言에拿破崙이戰場에臨ᄒᆞ며佛軍의勇氣는平日버덤倍以上을增加ᄒᆞᆫ다ᄒᆞ얏스니軍隊의勇氣는首將의게對ᄒᆞ는部下를信任ᄒᆞᆷ에基因ᄒᆞᆷ이라首將이孤疑逡巡ᄒᆞ야不決ᄒᆞ면全軍의勇氣를損失ᄒᆞ야混亂에陷ᄒᆞ며反是ᄒᆞ야首將이確信無疑ᄒᆞ고猛進冒險ᄒᆞ면部下도亦是首將을信用ᄒᆞ야其勇氣가倍ᄒᆞᄂᆞ니라

心理上能力도亦是軍과無異ᄒᆞ야其首將의不屈ᄒᆞᄂᆞᆫ意思力을信用ᄒᆞ면其力이極度ᄭᆞ지發揮ᄒᆞᄂᆞ니自信의念이鞏固繁盛ᄒᆞᆯ時ᄂᆞᆫ人이其力을倍加ᄒᆞ야冷靜ᄒᆞᆫ際에發揮ᄒᆞ기未能ᄒᆞ던偉大ᄒᆞᆫ力을出ᄒᆞ야顯著ᄒᆞᆫ事功을成ᄒᆞᆷ이有ᄒᆞ며孤疑의念이有ᄒᆞ야逡巡ᄒᆞᄂᆞᆫ者와事業이自己의力에相應치아니ᄒᆞᆷ으로信ᄒᆞᄂᆞᆫ者와自己를不信ᄒᆞᄂᆞᆫ者ᄂᆞᆫ其一步를己爲失敗ᄒᆞᆫ者이라諸般事爲가擧皆反對의効果를成ᄒᆞᄂᆞ니

自己에對ᄒᆞ야十分完全ᄒᆞᆫ信用을置ᄒᆞᄂᆞᆫ者ᄂᆞᆫ比較的學識이無ᄒᆞᆫ者도大事業을成ᄒᆞᄂᆞ니此等人은技倆이多ᄒᆞ고智識이多ᄒᆞᆷ을經ᄒᆞ야逡巡에行치못ᄒᆞ던事를畢竟行ᄒᆞᄂᆞ니라今日의文明事業도畢竟着手ᄒᆞ면此를成功ᄒᆞᆯ自信力이有ᄒᆞᆫ者ㅣ幾代間을連續ᄒᆞ야完成ᄒᆞᆯ것이니만일過去의人人이多數人의

反對와誹論을排除ᄒᆞ고許多의堅執과決斷과忍耐로써其所信을實現케홈에務圖치아니ᄒᆞ면今日의發達은夢中에도想到ᄒᆞ기未能ᄒᆞ니라

自信의大小는成功의程度를定홈

成功을期待ᄒᆞ며成功을要求ᄒᆞ며成功을熱望ᄒᆞ는者ㅣ아니면事業을成홀理가無ᄒᆞ며鞏固ᄒᆞᆫ自信力이有ᄒᆞ면其大小强弱을伴ᄒᆞ는物이生ᄒᆞᄂᆞ니世上事는一個도偶然히發生홈이無ᄒᆞ고偶然이成就홈이無ᄒᆞ고擧皆一定ᄒᆞᆫ原因을因ᄒᆞ야生홈으로卽結果됨에對ᄒᆞ는必要ᄒᆞᆫ原因이有ᄒᆞ니라河水를上流케홈을得ᄒᆞ나源流보담高케홈은不可得ᄒᆞ며大成功은希望과自信ᄒᆞ는熱性이大源流를成ᄒᆞᄂᆞ니技倆이如何히優有ᄒᆞ며天才가如何히大ᄒᆞ며敎育이如何히深ᄒᆞ야도其人의成功은決코其自信以上에達ᄒᆞ기未能홈으로能爲홀것을信ᄒᆞ는者는能得홀지나能爲홈을不自信ᄒᆞ는者는能히得ᄒᆞ기未能ᄒᆞ니라燈火를手提ᄒᆞᆫ者는夜色이如何히暗黑ᄒᆞ야도一步以上을照ᄒᆞ면行步에困難이無홈으로燈火는一步一步에步홈을從ᄒᆞ야道를照ᄒᆞᄂᆞ니遠程의前途를照홈은不必要오一步一步를照ᄒᆞ면足ᄒᆞ니라

人은他人이自己의計畫及目的에對ᄒᆞ야如何히批評ᄒᆞ야도介意치勿ᄒᆞ며人이自己를呼ᄒᆞ야空想家夢想家라ᄒᆞ야도顧慮치勿ᄒᆞ고다만自己의信ᄒᆞ는바를從ᄒᆞ야邁進홀지니自信力을失ᄒᆞ면萬事가休ᄒᆞ야一事도成功ᄒᆞ기未能ᄒᆞ니然則他人의誹難에許多ᄒᆞᆫ不幸을遭遇ᄒᆞ야도決코信念을動치勿홀지라或財産을損홈이有ᄒᆞ며健康을害홈이有

ᄒᆞ며名譽를沮ᄒᆞᆷ이有ᄒᆞᄂᆞ自信의力이堅固ᄒᆞ야不可援ᄒᆞ면希望의光輝를因ᄒᆞ야社會ᄂᆞᆫ早晩間에自己가進行ᄒᆞᆯ途를開ᄒᆞᆯ지니然則曾往에自己를誹難ᄒᆞ든者의게信用을回復ᄒᆞᆷ에至ᄒᆞᄂᆞ니라

如何ᄒᆞᆫ人이職業을得ᄒᆞᆯᄂᆞᆫ지

人이만일他人을向ᄒᆞ야職業을求ᄒᆞᆯ時에「願컨ᄃᆡ我의게與ᄒᆞ라過去의運命은余의厄運이라余ᄂᆞᆫ不幸ᄒᆞᆫ身으로已爲失望ᄒᆞ야自信을失ᄒᆞ얏다」ᄒᆞ면一時同情을得ᄒᆞ기容易ᄒᆞ나彼ᄂᆞᆫ自謂ᄒᆞ되如此ᄒᆞᆫ人으로더브러同事ᄒᆞ기未能ᄒᆞ다ᄒᆞ고一刻이라도從速히關係를絕코ᄌᆞ苦心ᄒᆞᄂᆞ니라

然則職業을求코저ᄒᆞᄂᆞᆫ者ᄂᆞᆫ勝利者의風采로事務室에入ᄒᆞ야雇主의게對ᄒᆞ야自己ᄂᆞᆫ其希望을副ᄒᆞᆯ人이됨을說明ᄒᆞ기以前에自己의抱懷ᄒᆞᆫ强大ᄒᆞᆫ自信力으로써雇主의信用을得ᄒᆞᆷ이必要ᄒᆞ니雇主와面會ᄒᆞᆯ時에自己가有力ᄒᆞᆫ人이며勇氣와快活과熱心으로써從事ᄒᆞᆯ氣勢를顯ᄒᆞᆷ이可ᄒᆞ니顏色이蒼白ᄒᆞ며柔弱ᄒᆞᆫ模樣을成ᄒᆞ야自信力이無ᄒᆞᆫ者ᄂᆞᆫ雇主가多少苦色이有ᄒᆞᆯ지라彼等은眞實ᄒᆞᆫ男子를求ᄒᆞ야確實이其目的을邁進ᄒᆞᆷ을要求ᄒᆞ며熱情이內에充滿ᄒᆞ야外에勝利의前兆가閃閃ᄒᆞᆫ者를要求ᄒᆞᄂᆞ니故로男子的行爲로希望과誠心을現ᄒᆞ며自信力의偉大ᄒᆞᆷ을顯ᄒᆞᆯ지니라

人이만일偉大ᄒᆞᆫ力이有ᄒᆞ야他人보덤優長ᄒᆞᆷ을表示ᄒᆞᆯ特點이備有ᄒᆞ면長久間街路에彷徨ᄒᆞ야職業을求ᄒᆞᆯ必要가無ᄒᆞ니雇主ᄂᆞᆫ能히業務를益善益美ᄒᆞ며天賦ᄒᆞᆫ偉力으로써障害를打破ᄒᆞᆯ人을求ᄒᆞᄂᆞᆫ所以니라

自信力을外로顯ᄒᆞᆷ이可ᄒᆞᆷ

青年이만일才能이有ᄒᆞ면他人도其才를能知ᄒᆞᆯ지며青年이만일德性이備有ᄒᆞ면不求ᄒᆞ야도其名聲이自現ᄒᆞᆷ으로晏然히自求ᄒᆞᆷ이無ᄒᆞᆫ者ㅣ甚多ᄒᆞ니라然이나相當ᄒᆞᆫ材能이有ᄒᆞ며高等教育을受ᄒᆞ야適切ᄒᆞᆫ訓鍊의功이有ᄒᆞᆫ者라도다만自己를發展케ᄒᆞᆯ進就力이欠乏ᄒᆞᆷ을因ᄒᆞ야職業을得ᄒᆞ기未能ᄒᆞ야普通以下의地位에在ᄒᆞᆷ을見ᄒᆞᆷ이往往히有ᄒᆞ니彼等은皆才能이有ᄒᆞᆷ으로自認ᄒᆞ나外顯ᄒᆞ기未能ᄒᆞ니何人이此를認識ᄒᆞ야請聘ᄒᆞ리오

世上에神經質風이有ᄒᆞᆫ青年은自己의才能을發表ᄒᆞ야他人의注目을起ᄒᆞ고自己의能爲ᄒᆞᆯ事를告ᄒᆞᆷ이不穩當ᄒᆞᆷ으로思惟ᄒᆞ는者ㅣ有ᄒᆞ나自己의才能을世人이認識ᄒᆞ기以前에他進就的青年이其自信力을外顯ᄒᆞ야其地位를占得ᄒᆞᆯ지니要之컨ᄃᆡ自己가才能이完備ᄒᆞᆷ으로써自滿치勿ᄒᆞ고外顯ᄒᆞᆷ이可ᄒᆞ니라

雜俎

我韓은公平ᄒᆞᆫ輿論을要ᄒᆞᆷ

友洋生

西人이言호대黨派가分裂된社會에는正當ᄒᆞᆫ輿論이無ᄒᆞ다ᄒᆞ얏더니不幸히此格言이我韓人社會에適中케되얏도다何則고目下韓國은各種黨派가生ᄒᆞ야서로排擠搆陷ᄒᆞ는故로다못甲黨에는甲黨의輿論이有ᄒᆞ고乙黨에는乙黨의輿論이有ᄒᆞᆯ뿐이오國民全体의公平ᄒᆞᆫ輿論을聞ᄒᆞᆯ슈無ᄒᆞ니是何祥兆오且夫近世文明各國에서는國民主義로標幟를삼아政治上經濟上社會上重大事件에

對ᄒᆞ야ᄂᆞᆫ國民의公平ᄒᆞᆫ輿論에依ᄒᆞ야處斷實行ᄒᆞᄂᆞ니故로世人이立憲政治ᄅᆞᆯ指ᄒᆞ야輿論政治라稱ᄒᆞᆷ에至ᄒᆞᆫ것이라然則國民의輿論은國家行動의羅針盤이라健全ᄒᆞᆫ輿論이行ᄒᆞ면其國이必治ᄒᆞ고病的輿論이行ᄒᆞ면其國이必亂ᄒᆞᆯ지니吾儕가엇지輿論의價値ᄅᆞᆯ泛視ᄒᆞᆯ슈有ᄒᆞ리오然而目下韓國은國民의思想이統一치못ᄒᆞ고國民의行動이團合치못ᄒᆞ야國家前途에對ᄒᆞ야셔도意見이千態萬狀으로出ᄒᆞ야確然ᄒᆞᆫ自强力과自信力이無ᄒᆞᆯ쁜不啻라國家將來에對ᄒᆞ야如何ᄒᆞᆫ意見도有치아니ᄒᆞᆫ者ㅣ十常八九가되니韓國이幸耶아不幸耶아何國을勿論ᄒᆞ고國家大事業을經營코져ᄒᆞᄂᆞᆫ時에ᄂᆞᆫ爲先國民의輿論을一致케ᄒᆞ야是로ᄡᅥ國是ᄅᆞᆯ숨아最後活動에着手ᄒᆞ여야其目的을貫徹ᄒᆞᆯ지라此에不出ᄒᆞ고國民이各各自己의主義로標的을숨고共同的意見이無ᄒᆞ면是ᄂᆞᆫ國家ᄅᆞᆯ保存ᄒᆞᆯ資格이無ᄒᆞᆫ國民이라可謂ᄒᆞ리오다何ᄅᆞᆯ謂ᄒᆞᆷ이뇨大盖國家ᄂᆞᆫ國民의共同團體라此共同團体에共同意見이無ᄒᆞ면分裂破亡을免치못ᄒᆞᆯ것은當然底公理ㅣ라彼印度ᄅᆞᆯ不見乎아二億萬堂堂民族이何故로三四千에不過ᄒᆞᄂᆞᆫ英領官吏의鐵索을打碎치못ᄒᆞ고左麾則左ᄒᆞ며右牽則右ᄒᆞ야囚人의待遇ᄅᆞᆯ甘受ᄒᆞᄂᆞ뇨是ᄂᆞᆫ非他라印度人種은宗敎의差別과階級의懸隔이有ᄒᆞ야國民이共同的精神이缺乏ᄒᆞᆫ結果로共同的意見을造出ᄒᆞ야統一的行動을實踐키不能ᄒᆞᆫ故ㅣ라回首ᄒᆞ야我韓의現狀을觀察ᄒᆞ니公卿大夫로브터山樵海賤에至토록開口則曰獨立이니自由니言ᄒᆞᄂᆞᆫ一般社會에公平ᄒᆞᆫ輿論이

無ᄒᆞ도다何故로至此오其重大ᄒᆞᆫ原因은朋黨의分立에在ᄒᆞ니今日을當ᄒᆞ야吾儕가確然大悟ᄒᆞ야其朋黨의弊害를革破치아니ᄒᆞ면我韓은畢竟公平ᄒᆞᆫ輿論을造成ᄒᆞ야國民의行動을一致케ᄒᆞᆯ슈無ᄒᆞᆷ에至ᄒᆞ리니豈不懼哉아嗟嗟同胞여我韓國事ᄂᆞᆫ一二個人의事業이아니오二千萬人의共同事業이라小圖細謀ᄂᆞᆫ도리혀病國害民이되ᄂᆞ니門戶를撤去ᄒᆞ며朋黨을打破ᄒᆞ야國民의大團結을作ᄒᆞ야公平ᄒᆞᆫ輿論을唱起ᄒᆞ야吾儕의夢想ᄒᆞ며歌謳ᄒᆞ며希望ᄒᆞᄂᆞᆫ最大事業을經營ᄒᆞᆯ지어다輿論이有ᄒᆞᆫ國家ᄂᆞᆫ主人國이오輿論이無ᄒᆞᆫ國家ᄂᆞᆫ奴隷國이라稱ᄒᆞᆷ은伊太利瑪志尼가草萊에서奮起ᄒᆞ야一聲之下에全國人民을糾合ᄒᆞᆯ時에當頭大發語니라

栗谷先生自警文

先須大其志ᄒᆞ야以聖人爲準則이니一毫不及聖人이면則吾事未了니라

心定者ᄂᆞᆫ言寡니定心을自寡言始니라

時然後言則言不得不簡이니라

久放之心을一朝收之에得力이豈可容易리오心是活物이라定力이未成ᄒᆞ면則搖動難安이라若思慮紛擾時에作意厭惡ᄒᆞ야欲絶之ᄒᆞ면則愈覺紛擾ᄒᆞ야倏起倏滅이似不由我라假使斷絶이라도只此斷絶之念이橫在胷中이니此亦忘念也라當於紛擾時에收斂精神ᄒᆞ야輕輕照管ᄒᆞ야勿與之俱往이니用功之久에必有凝定之時니라

執事專一이此亦定心工夫니라

嘗以戒懼謹獨意思로存諸胷中ᄒᆞ야念念不怠ᄒᆞ면則一切邪念이自然不起니라

萬惡이皆從不謹獨生ᄒᆞᄂᆞ니라

謹獨然後에야可知浴沂詠歸之味니라

曉起에思朝之所爲之事ᄒᆞ며食後에思晝之所爲之事ᄒᆞ며就寢時에思明日所爲之事ᄒᆞ야無事則放下ᄒᆞ고有事則必思得處置合宜之道ᄒᆞᆫ然後讀書니讀書者ᄂᆞᆫ求辨是非ᄒᆞ야施之行事也니若不省事ᄒᆞ고一几然讀書ᄒᆞ면則爲無用之學이니라

財利榮利에雖得掃除其念이나若處事時에有一毫擇便宜之念이면則此亦利心也니尤可省察이니라

凡遇事至에若可爲之事어던則盡誠爲之ᄒᆞ야不可有厭倦之心이오不可爲之事면則一切截斷ᄒᆞ야不可使是非로交戰於胷中이니라

常以行一不義殺一不辜得天下不爲底意思로存諸胷中이니라

橫逆之來어던自反而深省ᄒᆞ야以感化爲期니라

一家之人이不化ᄂᆞᆫ只是誠意未盡이니라

非夜眠及疾病則不可偃臥며不可跛倚라雖中夜라도無睡思則不臥니但不可拘迫이오晝有睡思어던當喚醒此心ᄒᆞ야十分猛醒이니眼皮가若重이어든起而周步ᄒᆞ야使之惺惺이니라

用功을不緩不急ᄒᆞ야死而後已니若求速其效면則此亦利心이니라

若不如此면戮辱遺體니使非人子니라

高句麗詩史

皇城子

大抵吾人이數千載而下에生ᄒᆞ야數千載而上의史를追補코저ᄒᆞᆯ진ᄃᆡ金石의古物과天下의書籍을廣搜博攷ᄒᆞᆷ이아니면不能ᄒᆞᆯ지

라我韓은四千年文明舊國이라三國時代에在ᄒᆞ야는高句麗가覇權을獨占ᄒᆞᆫ一强國이오且其壤地가最히支那와接近ᄒᆞᆫ즉文化의發達이最早ᄒᆞ얏슬지나及其邦運이不天ᄒᆞ는日에李世勣이史庫를焚燬ᄒᆞ고羅人이逞其宿憾ᄒᆞ야一切抹殺ᄒᆞᆷ으로브터遺文故事가散佚殆盡ᄒᆞ미七百年赫赫覇業이皆冷灰荒草를化ᄒᆞ야千百에一二를足徵ᄒᆞᆯ바無ᄒᆞ니엇지千古史家에痛恨ᄒᆞᆯ者아니리오何幸千餘年을經ᄒᆞ야鴨綠江左岸에高句麗廣開土王의墓碑가發見되야攷古學者의最有力ᄒᆞᆫ史料를作ᄒᆞᆯ뿐더러實로我國祖先時代의雄强無敵ᄒᆞᆫ價値를發表ᄒᆞᆷ이有ᄒᆞ니此엇지天下의至寶가아니리오然이나此其武烈의赫赫ᄒᆞᆫ遺跡이오其文章의流傳ᄒᆞ는者는僅히琉璃王의四言詩와乙支文德의五言詩뿐이라是以로歷史家는曰東方의五言詩가自乙支公始라ᄒᆞ고栁惠風懷古詩에亦曰乙支文德眞才士倡五言詩冠大東이라ᄒᆞ얏스니然則千餘年來에一般學士가皆以乙支公으로爲詩祖ᄒᆞ고乙支公以前에大詩家의作者가已有ᄒᆞᆫ것은全然未知ᄒᆞ얏도다

一日에韋庵張君이於支那書籍中에高句麗時代의大詩家를發見ᄒᆞᆷ이如左ᄒᆞ니라

孤石詩　高句麗定法師

逈石眞生空、平湖四望通、岩陋恒灑痕、
樹杪鎭搖風、偃流還靖影、侵霞更上紅、
獨拔羣峯外、孤秀白雲中

又　陳標法師詩

中原一孤石、地理不知年、根含彭澤影、
頂入香爐烟、厓成二鳥翼、峯作一芙蓮、
何時發東武、今來鎭蠡川

按此二篇이支那南北朝時代의梁人所編이라高句麗史로對證ᄒᆞ면陽原平原王時에在ᄒᆞᆫ者니以此觀之ᄒᆞ면我東方의五言詩가엇지乙支公부터始ᄒᆞ얏다謂ᄒᆞ리오但後世史家가攷據未博의失이로다今於數千載下에支那書籍을因ᄒᆞ야兩個詩家가發見ᄒᆞᆷ이足히史家의踈謬을改正ᄒᆞ고高句麗時代의文化發達ᄒᆞᆫ左證을發表ᄒᆞᆯ지니豈不奇哉며豈不幸哉아吾儕ㅣ得此에一雙拱璧을沙礫中에搜得ᄒᆞᆷ과如ᄒᆞᆫ지라於是에特筆揭載ᄒᆞ야史家에考據를供ᄒᆞ노라

朱之瑜小史

朱之瑜先生의字는舜水니支那明末人이라崇禎十七年에東航日本은欲借兵以復明社也라寓於長崎ᄒᆞᆯ식德行文學

이爲日人所崇拜ᄒᆞ야諸藩貴人이皆師事之ᄒᆞ니日本의有程朱學은卽先生의所傳이라今에遠東報을據ᄒᆞᆫ則紀日本致祭朱舜水先生事一篇이如左ᄒᆞ니爲之謄載ᄒᆞ야以備東方理學家之叅攷ᄒᆞ노라

紀日本致祭朱舜水先生事

朱舜水先生者諱之瑜舜水其字明之遺臣日本水戶藩主德川光國之師賓也墓在該國茨城縣久慈郡太田瑞龍山先生之沒在日本天和二年春蓋距今已二百二十七年矣先是舜水應義公卽光國之聘曾在水戶講學卽依義公命卜地於西山莊閒居全壽先生之講學於該國儒學史上及尊王大義上其裨益之功頗非淺鮮日人至今猶稱道弗替本月十七日給屬先生之忌辰日本內

28

務省及在東京有志之士均赴先生墓前行祭奠之禮焉舜水東歸顚末　舜水與王陽明同鄕其遠祖固明太祖之族兄自其高祖始移住餘姚其父則沒於漕運總督任舜水則以萬曆二十八年生至萬曆四十七年明大兵敗績於滿洲嗣後國運益危至崇禎十七年卽日本正保元年大淸定鼎舜水欲借兵於日本以復明社遂航海來長崎至萬治二年以故國形勢日非事已絕望恥食二朝之粟遂投歸於日本焉

義公聘爲賓師　舜水初來時流寓於長崎人雖知其爲遺臣尙未知其爲篤行君子也嗣後筑後柳河碩儒安東省安遙寄書執贄於門下且頒自己俸米之半以保護之義公始漸聞知其高德遂差水戶儒臣小宅某赴長崎聘致之又自下而退執門人之禮一時優遇極加隆重是以寬文延寶間日本儒學勃興說者多推舜水之功云

門人及諸友　舜水之門人有德川光國（水戶藩主）安積澹泊安東省菴等又受敎之人有前田綱紀奧村庸禮木下貞幹林春常（鳳岡）小鹿素行錫島直能大村朝長林春信（勉亭）等皆一時鉅公碩彥卽當時之賢諸候及參與國家大政之學者概出入其門云

湊川碑　過神戶湊川者莫不謁楠公廟其廟前碑文係朱舜水所撰此人所熟知也聞前田松雪公命當時大家探幽齋畫楠公訣別圖使朱舜水贊於其上後義公取之刻於碑陰室鳩巢謂以亡國之忠臣書楠公之贊可想其人與情矣嗚呼碑中之人與書碑之人涵養日本勤王之精神者果幾何忠孝著

乎天下日月麗乎天云云至今猶傳誦於日本維新志士之口云

僑居遺址　舜水以八十有三之高壽沒於水戶其僑居遺址爲現今第一高等學校處原爲水戶候第一別業義公爲舜水築宅於此舜水沒後卽就此建祠祀之舜水酷愛櫻花義公命移植於祠堂左右卽今高等學校內之櫻樹也東京小石川後樂園則義公爲舜水開古櫻盛會之處其庭苑亦舜水所經營云

舜水全集　朱舜水遺著有數種舜水全集二十八卷係義公編輯其他有朱子談綺等前田侯爵家有伍十川剛伯所輯朱徵君集頃書肆會堂請稻葉君山將舜水全集刊行云

我國歲時風俗記 續

七月

中元

新羅故俗에王女ㅣ六部女子를率ᄒᆞ고自七月旣望으로大部庭에早集ᄒᆞ야麻를績ᄒᆞᄂᆞᆫᄃᆡ八月十五日에至ᄒᆞ야功의多少를考ᄒᆞ야負者ᄂᆞᆫ置酒食ᄒᆞ야以謝勝者ᄒᆞ고相與歌舞ᄒᆞ야作百戲而罷ᄒᆞᄂᆞᆫ故로以七月望日로爲百種節ᄒᆞ고八月望日로爲嘉排日ᄒᆞᄂᆞ니라或曰羅麗時代에佛을崇ᄒᆞᆫ故로盂蘭의盆供遺俗을倣ᄒᆞ야以中元日로具百種花果ᄒᆞ야供養祈福ᄒᆞᄂᆞᆫ故로以名其日이라二說이未詳孰是어니와今則惟存其名而並無其事나然이나僧家가以是日로設齋ᄒᆞ야先魂을薦ᄒᆞ고市井小民이相聚燕飮ᄒᆞ야以爲樂ᄒᆞ니盖舊俗을略沿ᄒᆞᆫ者라

八月

中秋

嘉排之稱이昉於新羅ᄒᆞ니是月也에百物이成熟ᄒᆞ고中秋ᄂᆞᆫ又稱嘉節故로民間이最重是日ᄒᆞ야雖窮鄕下戶라도例皆釀稻爲酒ᄒᆞ며殺鷄爲饌ᄒᆞ고又有果品이侈然滿盤ᄒᆞ니爲之語曰加也勿減也勿ᄒᆞ고但願長似嘉排日이라ᄒᆞᄂᆞ니라

士大夫家가正朝와寒食과中秋와冬至四名日로써墓祭ᄅᆞᆯ行ᄒᆞᄂᆞᆫᄃᆡ正朝와冬至에ᄂᆞᆫ或有不行者라惟寒食과中秋가爲盛ᄒᆞᆫᄃᆡ寒食이又不如中秋之盛이라柳子厚所謂皂隷傭丐가皆得上父母丘墓者가惟此日爲然이라

九月

楓菊時節에士女의遊賞이略似花柳ᄒᆞᆫᄃᆡ士大夫好古者ᄂᆞᆫ多以重陽日로登高賦詩ᄒᆞᄂᆞ니라

工業大意 續

三、工業과工學

工業이라ᄒᆞᆷ은前述ᄒᆞᆷ과如히天然物에加工ᄒᆞ야吾人의需用될物品을製造ᄒᆞᄂᆞᆫ業이며工學이라ᄒᆞᆷ은工業上에必要ᄒᆞᆫ學理ᄅᆞᆯ研究ᄒᆞᄂᆞᆫ學問인ᄃᆡ其中에種種의學科ᄅᆞᆯ含有ᄒᆞ얏스니卽物理學、化學、數學、圖畵等은皆工學에第一必要ᄒᆞᆫ者이라然則工學은一應用科學으로實地에活用ᄒᆞᆯ만ᄒᆞᆫ學理ᄅᆞᆯ集合研究ᄒᆞᄂᆞᆫ者이라例컨ᄃᆡ電氣에關ᄒᆞᆫ學理ᄂᆞᆫ昔時브터理學者間에相知ᄒᆞ든者이ᄂᆞ然이ᄂᆞ電氣工業이未起ᄒᆞ얏슬時代에ᄂᆞᆫ此가工業에一分科됨을得치못ᄒᆞ얏ᄂᆞ니라

工業上에最히必要ᄒᆞᆫ專門學科에數多ᄒᆞᆫ種類가有ᄒᆞᄂᆞ此ᄅᆞᆯ大別ᄒᆞ면如下ᄒᆞ니라

第一 理學을應用홈으로爲主ᄒᆞᄂᆞᆫ者
第二 化學을應用홈으로爲主ᄒᆞᄂᆞᆫ者
第三 前二者에美術을加施ᄒᆞᄂᆞᆫ者

第一에屬ᄒᆞᄂᆞᆫ者ᄂᆞᆫ機械、電氣、造船、 土木等이오

第二에屬ᄒᆞᄂᆞᆫ者ᄂᆞᆫ冶金、染色、釀造及其他應用化學等이오

第三에屬ᄒᆞᄂᆞᆫ者ᄂᆞᆫ工業上製品에美術應用을研究ᄒᆞᄂᆞᆫ者이니卽工藝圖案과如ᄒᆞᆫ者이라

然而其第三에對ᄒᆞ야ᄂᆞᆫ此가他專門學科와其趣旨가大異ᄒᆞ야嚴密히解釋ᄒᆞᄂᆞᆫ境遇에ᄂᆞᆫ工學이라名稱을附키難ᄒᆞᆫ듯ᄒᆞ야此를應用科學이라홈보다技藝를主施ᄒᆞᄂᆞᆫ者인즉工藝라稱홈이穩當ᄒᆞᆫ듯ᄒᆞ도다然이나諸種工業品에施ᄒᆞᄂᆞᆫ圖案의良否ᄂᆞᆫ右製品의價格과需用됨에大ᄒᆞᆫ關係가有ᄒᆞ니卽純白ᄒᆞᆫ磁器나花紋彩色을施ᄒᆞᆫ磁器나仝一磁器됨은一班이며普通圓形體를持ᄒᆞᆫ磁器나動物或植物의形狀으로奇形을附ᄒᆞᆫ磁器나工業品되기ᄂᆞᆫ同也로ᄃᆡ前者의價値ᄂᆞᆫ後者보다太底ᄒᆞ니是ᄂᆞᆫ第三의事實로工業에一部分을作케ᄒᆞᄂᆞᆫ明證이며又此에添附ᄒᆞ야陳述ᄒᆞᆯ必要가有ᄒᆞᆫ者ᄂᆞᆫ「工業에從事ᄒᆞᄂᆞᆫ者가上記專門學을應用ᄒᆞᆯᄲᅮᆫ아니라常識을不可不備具ᄒᆞ여야긧다」ᄂᆞᆫ理由라大槪文運의進步가極度에到着ᄒᆞᆫ現今二十世紀를當ᄒᆞ야勿論如何ᄒᆞᆫ事業을經營ᄒᆞ든지常識이缺損되고ᄂᆞᆫ成功키難ᄒᆞᆫᄃᆡ至若工業과如히科學을應用ᄒᆞ야天産物에人工을加ᄒᆞᄂᆞᆫ者에對ᄒᆞ야ᄂᆞᆫ尤爲必要ᄒᆞ도다故로工業에有意ᄒᆞ신僉彦은恒常我의目擊되ᄂᆞᆫ바諸般을汎

然看過치勿ᄒᆞ고極히注意ᄒᆞ고且自己의經驗을綜合ᄒᆞ야實地上智識을得ᄒᆞᆯ지라昔에瓦套가茶罐에煑水ᄒᆞ면서罐盖에振動ᄒᆞᆷ을無心看過ᄒᆞ얏스면今日에文明의利器、工業의原素되ᄂᆞᆫ蒸氣機械가何處로生ᄒᆞ얏스리오

故로余가前日外國에游歷ᄒᆞᆯ時에某工科大學敎授가全大學生에게象의圖本을示ᄒᆞ면셔其足이工業上理論에如何히一致ᄒᆞ다고說明ᄒᆞᄂᆞᆫ事를見ᄒᆞ얏노라如此히天然物을觀察ᄒᆞᆷ에도相當히注意ᄒᆞ야得ᄒᆞᆫ常識은專門業에多大ᄒᆞᆫ利益을與ᄒᆞᄂᆞᆫ者ㅣ니科學應用科學應用으로만不二法門인줄謬想치말지어다余가當聞컨ᄃᆡ米國에서一部人士ᄂᆞᆫ「工業家가되고ᄌᆞᄒᆞᆷ에ᄂᆞᆫ小學校만卒業ᄒᆞᆫ後卽時斯業에從事케ᄒᆞ야常識과經驗이有케ᄒᆞ고無段히高等敎育을施ᄒᆞ야緊重ᄒᆞᆫ腦를虛費치안케ᄒᆞᆷ이最히適當ᄒᆞ다論ᄒᆞ니此ᄂᆞᆫ過激ᄒᆞᆫ極端說이라排斥ᄒᆞᆷ이可ᄒᆞ니工業家에常識이必要됨은足히證據ᄒᆞᆯ만ᄒᆞ도다然則一言蔽之曰工業은專門學科와常識이調和되여야完全을期ᄒᆞ리라

四、工業의五大要素

凡百工業은其規模의大小를勿問ᄒᆞ고반다시五個의要素를具備ᄒᆞ여야ᄒᆞᄂᆞᆫᄃᆡ此ᄂᆞᆫ卽資本、機械、工具、原料、原動力이니或技術인ᄃᆡ若此中에其一을缺ᄒᆞᆯ時ᄂᆞᆫ完全ᄒᆞᆫ工業이成立되지못ᄒᆞ리로다假令木手가一個木箱을造ᄒᆞᆫ다ᄒᆞ야도爲先幾許資本으로木板과鐵釘等의原料를購入ᄒᆞ야此에自身의勞力이나或技術로機械와工具를應用ᄒᆞ여야其目的을達ᄒᆞᄂᆞ니如此ᄒᆞᆫ極小工匠도五要

素에其一을不缺커든況大工業이리오余는自此以後로此要素에對ᄒᆞ야順次說明ᄒᆞ되다만資本一欵에對ᄒᆞ야는經濟學範圍에屬ᄒᆞᄂᆞᆫ者인故로此에는其說明을施치아니ᄒᆞᆷ

五、工業과原料

工業에셔人工을加ᄒᆞᆷ만ᄒᆞᆫ天然物을原料라稱ᄒᆞᄂᆞ니宇宙間에存在ᄒᆞᆫ天然의諸般物은總히工業에用ᄒᆞᄂᆞᆫ原料아니되ᄂᆞᆫ者가無ᄒᆞᄂᆞ其中에도不用物이有ᄒᆞᆷ은其採取의難易와經濟上得失이有ᄒᆞᆫ故ㅣ라今에此等許多原料를其性質을隨ᄒᆞ야大別ᄒᆞ면如下ᄒᆞ니라

〔1〕植物性을具ᄒᆞᆫ原料
〔2〕動物性을具ᄒᆞᆫ原料
〔3〕鑛物性을具ᄒᆞᆫ原料

〔1〕植物性을具ᄒᆞᆫ原料ᄂᆞᆫ植物에셔採取ᄒᆞᆫ者

인니卽綿、麻、木材、穀類、甘蔗等인ᄃᆡ綿麻로ᄂᆞᆫ絲을紡ᄒᆞ고布를織ᄒᆞ야吾人의衣服과裝式物等을製ᄒᆞ고木材로ᄂᆞᆫ家屋、家具、船舶、橋梁等을建造ᄒᆞᆯ뿐아니라此를粉碎ᄒᆞ야紙로製ᄒᆞ며纖維質을軸出ᄒᆞ야摸擬絹絲도製ᄒᆞ며甘蔗ᄂᆞᆫ砂糖을製ᄒᆞ며穀類로ᄂᆞᆫ一般食料品을製造ᄒᆞ야一般植物質로工業原料를作ᄒᆞᄂᆞᆫ者ᄂᆞᆫ實로枚擧키難ᄒᆞ도다

〔2〕動物性을具有ᄒᆞᆫ原料ᄂᆞᆫ繭、獸毛、獸皮、動物油等인ᄃᆡ繭으로ᄂᆞᆫ絹糸를取出ᄒᆞ야紬緞等을織ᄒᆞ며毛皮로ᄂᆞᆫ糸를紡ᄒᆞ야羅紗毛織毛布等을織ᄒᆞ며獸皮ᄂᆞᆫ此를晒陽ᄒᆞ야革製物을造ᄒᆞ며油로ᄂᆞᆫ機械에塗ᄒᆞ며食料에供ᄒᆞᄂᆞ니라

〔3〕鑛物性을具ᄒᆞᆫ原料ᄂᆞᆫ其種類가太多ᄒᆞ야金銀銅鐵等諸金屬과石炭、石油、等인ᄃᆡ其

効用은說明ᄒᆞ기前諸公의諒悉ᄒᆞ시ᄂᆞᆫ바이오其他燐礦石은肥料로用ᄒᆞ고耐火粘土ᄂᆞᆫ耐火煉瓦(벽돌)等을製ᄒᆞ고其他一粒에萬金되ᄂᆞᆫ金剛石과如ᄒᆞᆫ寶石은美術工業의材料가되ᄂᆞ니라

以上三種의原料內에鑛物性을具ᄒᆞᆫ者ᄂᆞᆫ特히純粹的天然物인故로眞珠等과如히養殖ᄒᆞᆯ만ᄒᆞᆫ他途가有ᄒᆞᆫ者外에ᄂᆞᆫ皆人爲的加工을施치아니코ᄂᆞᆫ用途가全無ᄒᆞᆫ者이로다

然而精巧ᄒᆞᆫ製造品을得ᄒᆞ고ᄌᆞᄒᆞ면良好ᄒᆞᆫ原料를要ᄒᆞᆯ것이오多量의産物을得ᄒᆞ랴면豐裕ᄒᆞᆫ材料를給ᄒᆞᆯ터인ᄃᆡ就中植物性을具ᄒᆞᆫ者와動物性을具ᄒᆞᆫ者等은天然으로蕃殖ᄒᆞᄂᆞᆫ性質이有ᄒᆞᆷ으로品質이良好ᄒᆞ고收獲이多量되ᄂᆞᆫ原料를得코ᄌᆞᄒᆞᄂᆞᆫ者ㅣ不可不天然에幾許人工을加ᄒᆞ야其增殖改良을計圖ᄒᆞᆯ지니此ᄂᆞᆫ卽農業과林業과海産業等의發達되ᄂᆞᆫ所以然이며又前二者(植物性及動物性)의原料ᄂᆞᆫ特히天候와土質에關係됨이大ᄒᆞᆫᄃᆡ我國은氣候가不寒不熱ᄒᆞᆫ溫帶에處ᄒᆞ고土質이不磽不濕ᄒᆞᆫ沃壤인즉植物及動物을栽培飼育ᄒᆞᆷ에適當ᄒᆞ며仝時에工業發達될一大要素를成ᄒᆞ얏도다

大抵國家의工業盛衰ᄂᆞᆫ其國의農業良否에關係라ᄒᆞᆷ은前述ᄒᆞ얏스니然則北米에合衆國과如히土地가廣大ᄒᆞᆫ國만工業이興旺ᄒᆞ고日本과如히土地가狹小ᄒᆞ고天産物이不豐ᄒᆞᆫ國은工業이衰頹ᄒᆞ리라云ᄒᆞᆯ지ᄂᆞ日本은此를補ᄒᆞ기爲ᄒᆞ야自國의無ᄒᆞᆫ原料를外國으로輸入ᄒᆞ야써工業을繼續케ᄒᆞᄂᆞ니如此히ᄒᆞᆷ을完全無缺ᄒᆞᆫ好成績이有ᄒᆞᆫ工業이라謂키難ᄒᆞ나斯業을棄ᄒᆞ고他業에從事ᄒᆞᆷ보

다ᄂᆞᆫ利益됨이多ᄒᆞ다ᄒᆞᆯ지로다假令外國의原料品百圜價値를五十圜의運送費와五十圜의加工費를加ᄒᆞ면忽然히三百圜或四百圜價値의有用物品을製出ᄒᆞ야倍나或三倍의利益을短少時間에收得ᄒᆞᄂᆞᆫ者이니엇지奇異타云치아니리오我國은前述ᄒᆞᆷ과如히天産物이豐富ᄒᆞ고人巧가多ᄒᆞ야尙今ᄭᆞ지置之不問ᄒᆞᆯ時ᄂᆞᆫ已어니와斯業에從事만ᄒᆞ면他國人의數倍의成績을得ᄒᆞ리로다何故오〔一〕은自國의原料를多用ᄒᆞᆷ이運送費와如ᄒᆞᆫ空費가減省되고〔二〕ᄂᆞᆫ才巧가豐富ᄒᆞ야最良ᄒᆞᆫ物品을製出키能ᄒᆞᆷ이라然則凡我同胞여天賜ᄒᆞᆫ福利를抛棄ᄒᆞ야苦境에自居치勿ᄒᆞ고如何ᄒᆞᆫ天産物이던지目擊되ᄂᆞᆫᄃᆡ로此에如何히加工ᄒᆞ야如何ᄒᆞᆫ有用物을作ᄒᆞᆯ가研究ᄒᆞ야볼지어다如何ᄒᆞᆫ物質이던지工業의原料아니되ᄂᆞᆫ者가無ᄒᆞ니라

學問研究의要路

竹圃生

本報敎育部欄內에號號히學科에要說과精神敎育及學科의大綱을叙述ᄒᆞᆷ이多ᄒᆞ엿시나此를實踐ᄒᆞᄂᆞᆫ要路ᄂᆞᆫ記ᄒᆞᆷ이無ᄒᆞ엿도ᄃᆞ然則學生諸君及本報愛讀ᄒᆞ시ᄂᆞᆫ諸公은此에對ᄒᆞ야躕躇를不已ᄒᆞ엿을지로다

學課가如此히複雜ᄒᆞ고學問이如此히廣大ᄒᆞᆫ以上은必竟此에達ᄒᆞᄂᆞᆫ捷徑이無치못ᄒᆞ리라ᄒᆞᄂᆞᆫ觀念이不可無ᄒᆞ야飢者의食을求ᄒᆞᆷ과渴者의飮을求ᄒᆞᆷ과無異ᄒᆞ야晝夜로思ᄒᆞ며四方에求ᄒᆞ고先生에게問ᄒᆞ며同類에게質ᄒᆞ던것이本號에ᄂᆞᆫ迷海에羅盤針과如히顯ᄒᆞᄂᆞᆫ도다

雜談의筆은玆에伏ᄒᆞ고原論에入ᄒᆞ야眞情

ᄒᆞᆫ佳境을記코져ᄒᆞ노니心을留ᄒᆞ야汎聽치勿ᄒᆞ며道에서聽ᄒᆞ고道에서說ᄒᆞᆷ과如히ᄒᆞᆷ이無ᄒᆞᆷ은此를記ᄒᆞᄂᆞᆫ人의心願ᄒᆞᄂᆞᆫ바로다

錦과如ᄒᆞ고綉와如ᄒᆞᆫ此二十世紀에ᄂᆞᆫ智識의競爭이大進ᄒᆞ야東西가大通에黃白이相混ᄒᆞ고轟樂이造作에萬舞가方張ᄒᆞ야風雲이日로變幻ᄒᆞ고文運이時로發展ᄒᆞ나니此時를當ᄒᆞ야吾儕가此競爭場裏에立코져ᄒᆞ면엇지智識의發揮ᄒᆞᆷ이必要치아니리오

神聖ᄒᆞ다智識이여爾가엇지如此히靈妙ᄒᆞᆫ가爾를崇拜ᄒᆞ며爾를求ᄒᆞᄂᆞᆫ者에게ᄂᆞᆫ無限ᄒᆞᆫ福利를與ᄒᆞ야自由康樂의大道에蕩浴케ᄒᆞ며爾를不伴ᄒᆞ고爾를斥ᄒᆞᄂᆞᆫ者에게ᄂᆞᆫ無數ᄒᆞᆫ困窮을與ᄒᆞ야萬層牢囚의地獄에永沒케ᄒᆞ니爾가엇지如此히判決이自明ᄒᆞᆫ가

吾儕도自由康樂의大道에蕩浴을嗜好ᄒᆞᄂᆞᆫ同時에不可不智識을崇拜ᄒᆞ며智識을崇拜ᄒᆞᄂᆞᆫ同時에智識의子學問을不可不尊이오智識의子學問을尊ᄒᆞᄂᆞᆫ同時에智識의孫科學을不可不敬이오科學에至ᄒᆞ야ᄂᆞᆫ二子를有ᄒᆞ니形式的科學及實質的科學이是라實質的科學이又二子를有ᄒᆞ니精神的科學及自然的科學이是오形式的科學은純粹ᄒᆞᆫ數學이라更히支派가無ᄒᆞ고精神的科學及自然的科學이幾多의子를各有ᄒᆞ엿시니心理學、社會學、敎育學、倫理學、論理學、政治學、法律學、筭學、經濟學、史學等은精神的科學에屬ᄒᆞ고物理學、化學、植物學、動物學、地理學、生理學等은自然的科學에屬ᄒᆞᄂᆞ니라（此에詳細ᄒᆞᆫ部分은本報第十一號敎育部欄內에諸學釋名을叅照ᄒᆞ라）

科學의種類ᄂᆞᆫ此外에도不無ᄒᆞ나一一히枚

擧키難ᄒᆞᆫ故로玆에省略ᄒᆞ엿시나科學의現象이如此ᄒᆞ고學問의關係가如此ᄒᆞᆫᄃᆡ研究의要路를不由ᄒᆞ고他路에誤入ᄒᆞ면徒費腦精ᄒᆞ고勤勤做去ᄒᆞ여도功效ᄂᆞᆫ難奏ᄒᆞ리로다故로左에學問硏究의要路를略記코저ᄒᆞ노라

古來로學問研究方法에就ᄒᆞ야議論이各殊ᄒᆞ엿시나現今普通되ᄂᆞᆫ簡便ᄒᆞᆫ方法은二道에不出ᄒᆞ나니卽演繹方法으로推理를主張ᄒᆞᄂᆞᆫ理論學派及歸納方法으로實驗을主張ᄒᆞᄂᆞᆫ事實學派가是라然則

推理及實驗이先後가有ᄒᆞᆫ가曰否라兩者가互相先後ᄒᆞ나니智識程度가尙低ᄒᆞᆫ時ᄂᆞᆫ演繹的推理의識想이無ᄒᆞᆫ故로但히其目前에最近ᄒᆞᆫ各問題만取ᄒᆞ야其利害得失을研究ᄒᆞᄂᆞᆫ故로實驗이先ᄒᆞ고推理의理論이後ᄒᆞ나然이나此等理論은十의八九ᄂᆞᆫ誤謬됨을難免이오智識이稍進ᄒᆞ야ᄂᆞᆫ事事에其公例를求ᄒᆞ며學學에其原理를探ᄒᆞ야公例와原理를既知ᄒᆞᆫ즉此로推ᄒᆞ야羣學種種의現象에及ᄒᆞᆷ으로써其弊를破ᄒᆞ고其是를求ᄒᆞᆯ지니故로理論이先ᄒᆞ고實驗이反後ᄒᆞᆷ은理에當理ᄒᆞᆫ바오

推理及實驗이優劣이有ᄒᆞᆫ가 曰否라理論은其範圍가廣遠高尙ᄒᆞ나其目的을達ᄒᆞᆷ에ᄂᆞᆫ實驗을不依ᄒᆞ면施用ᄒᆞᆷ을不得ᄒᆞ야空地에徒歸ᄒᆞᆯ것이오又實驗은理論을不依ᄒᆞ고決코成立ᄒᆞᆷ을不得ᄒᆞᆯ지니故로二者其一을缺ᄒᆞᆷ이不可ᄒᆞᆷ은理에當然ᄒᆞ도다

此에對ᄒᆞ야先後優劣이無ᄒᆞᆫ즉更히此를論ᄒᆞᆯ必要ᄂᆞᆫ無ᄒᆞ고但히其意義에만就ᄒᆞ야一言코저ᄒᆞ노라

演繹的方法이라홈은實驗에不依ᄒᆞ고單히眞理로써事物을說明ᄒᆞᄂᆞᆫ者니例言ᄒᆞ면石을投ᄒᆞᆫ즉반다시地上으로落下ᄒᆞᆫ다云홈은實驗에不依ᄒᆞ고但히地球의引力으로因ᄒᆞ야諸物體ᄂᆞᆫ共히地上으로落ᄒᆞᆫ다ᄒᆞᄂᆞᆫ眞理로基ᄒᆞ야石을投ᄒᆞ든지彈丸을發ᄒᆞ든지皆地上으로落下ᄒᆯ者됨을推論ᄒᆯ지며

歸納的方法은種種現象을綜合ᄒᆞ야研究홈으로써眞理를發見ᄒᆞᄂᆞᆫ者니前者의反對라前例에依ᄒᆞ야說明ᄒᆞᆫ즉石을投ᄒᆞ야도地上으로落下ᄒᆞ고彈丸을發ᄒᆞ야도地上으로落下ᄒᆞᄂᆞᆫ實驗으로因ᄒᆞ야地球의引力으로地上諸物은皆落下ᄒᆞᆫ다ᄒᆞᄂᆞᆫ眞理를發見ᄒᆞ얏다ᄒᆞᄂᆞᆫ도다

天下의事如何홈을勿論ᄒᆞ고研究를試코져ᄒᆯ진ᄃᆡ此에不適ᄒᆞᄂᆞᆫ者無ᄒᆞ야高尙ᄒᆞ기가宗敎와如ᄒᆞ고淵遠이哲學과如ᄒᆯ지라도適合치아님이無ᄒᆯ지라然則歸納方法에依ᄒᆞ야實驗上의原理를知得ᄒᆞ고演繹方法에依ᄒᆞ야同種類의現象에推及홈이至當ᄒᆞ다ᄒᆞ노라

玆에更히一言코져ᄒᆞᄂᆞᆫ者ᄂᆞᆫ演繹方法及歸納方法에差異니

第一演繹方法은眞理를先히ᄒᆞ고實驗을後에ᄒᆞ되歸納方法은實驗을先히ᄒᆞ고眞理의發見을後에ᄒᆞ며

第二演繹方法은人은理想이有ᄒᆞ야此理想으로브터如何ᄒᆞᆫ結果卽目的을達ᄒᆞᆫ다ᄒᆞ되歸納方法은人의作爲홈으로因ᄒᆞ야必竟은一結果가生ᄒᆞ얏다ᄒᆞ나니演繹的方法에ᄂᆞᆫ更히細別ᄒᆞ면自然學派、心理學派、人性學派等이有ᄒᆞ고歸納的方法에ᄂᆞᆫ分析學派、

歷史學派、比較學派等이有ᄒᆞ나此에論홀必要가無ᄒᆞ기로玆에省略홈

此方法은東洋에셔도學問을研究ᄒᆞᄂᆞᆫ者ᄂᆞᆫ屢施ᄒᆞ든바其一例를擧홀진ᄃᆡ程、朱의學은演繹的方法에屬ᄒᆞᆫ者라格物致知로誠意正心에及케ᄒᆞ엿시나王明學은歸納的方法에屬ᄒᆞᆫ者라誠意正心으로格物致知에及케ᄒᆞ여시니是엇지古來로學問研究의要路됨이分明치아니리오記者ㅣ斯學에萬一을未鮮ᄒᆞᄂᆞᆫ者라엇지敢히長惶히妄論ᄒᆞ리오

永興의三學校聯合에對ᄒᆞ야

沛東少年

平和ᄂᆞᆫ文明의母라個人이不和ᄒᆞ면個人의親睦을維持키難ᄒᆞ고一家가不和ᄒᆞ면家道의興旺을不得ᄒᆞ고一國이不和ᄒᆞ면國力의健康을不得홈은固然ᄒᆞᆫ理라

我國의今日은五百年來로鄕의新鄕舊鄕과京의老少南北의戰爭裡에서平和的生活이掃如ᄒᆞᆫ故로我國今日을造치아니ᄒᆞ얏ᄂᆞᆫ가盖家國을勿論ᄒᆞ고平和치못ᄒᆞᆫ結果에ᄂᆞᆫ其隙을乘ᄒᆞ야入寇ᄒᆞᄂᆞᆫ者ㅣ必有ᄒᆞᄂᆞ니엇지可懼홀비아니리오故로曰家和에萬事成이라ᄒᆞ고孟聖이曰天時不如地利오地利不如人和라ᄒᆞ니信哉라斯言이여余ㅣ故로平和ᄂᆞᆫ文明의母라ᄒᆞ노라嗚呼라我國의自來分派的爭鬪ᄒᆞ던遺物이今日敎育界에도幾分의地位를点ᄒᆞ얏도다然홈으로文化的競爭은不事ᄒᆞ고幼稚的競爭이層生ᄒᆞ야其種類를枚擧키甚難ᄒᆞᄂᆞ니是余의云ᄒᆞᄂᆞᆫ바永興의三學校聯合에對ᄒᆞ야槪論코져ᄒᆞᄂᆞᆫ비라

永興은述者의本籍地라故로該郡의人情、

風土、習俗等諸般狀況을通悉ᄒᆞ는바어니와永興은山川이峻深ᄒᆞ고人心이質厚ᄒᆞᆫ지라故로保守의戀이多ᄒᆞ고革新의風이頗히遲ᄒᆞ더니近來에教育風潮가漸次注入ᄒᆞ야有志人士가學會를組織ᄒᆞ며學校를設立ᄒᆞ야學校의創立이數至六七十處나其充分ᄒᆞᆫ實効를未覩ᄒᆞ얏스니此는他故가아니라所謂財產家의吝塞과頑固派의抵抗으로振興의望이無ᄒᆞᆯ뿐더러往往各立의特性이有ᄒᆞ야資本의不贍과合同의必要가有ᄒᆞᆷ을不拘ᄒᆞ고聯合ᄒᆞᆯ講究가無ᄒᆞᆷ에在ᄒᆞ니其內容을推觀ᄒᆞ건ᄃᆡ團合을團合으로不解ᄒᆞ고附屬으로誤解ᄒᆞ야同是青年教育의目的인즉團合ᄒᆞ야도其趣指目的에何等影響이不有ᄒᆞᆷ을不知ᄒᆞ고甲校는曰吾何附於乙고ᄒᆞ며乙校는曰吾何附於甲고ᄒᆞ야兩失의効果가發生ᄒᆞᆯ뿐더러往往財政의不贍等諸般事實로衝突이隱生ᄒᆞ야互相疾視的爭鬪的으로爲務ᄒᆞ는中郡內에協成、洪明、興仁三學校가有ᄒᆞ니其歷史를槪論ᄒᆞ건ᄃᆡ協成은一郡儒林이共同ᄒᆞ야鄕校內에設立ᄒᆞᆫ者오洪明은邑中人士가協意設立ᄒᆞᆫ者오興仁은一進會員의設立ᄒᆞᆫ者라此三校中으로青年을養成ᄒᆞ야京城과外地에遊學ᄒᆞ는者와郡內各校에教師로需用된者ㅣ不少ᄒᆞ니非不賛賀나然이나其間에守舊一派의抵抗力이膨脹ᄒᆞᆷ뿐아니라學校와學校間에釁端이層生ᄒᆞ야頗히教育界의一戰鬪場을成ᄒᆞᆫ지라其事實은既往이라可咎ᄒᆞᆯ비無ᄒᆞ거니와此에對ᄒᆞ야有志人士가是를憂ᄒᆞ며是를懼ᄒᆞ야調和의策을講究ᄒᆞᆫ지已久ᄒᆞ얏도다

其間在京永興學生도十分悶嘆의情이有ᄒᆞ

야學課의暇隙이無홈을不拘ᄒᆞ고互相協議ᄒᆞ야派送總代ᄒᆞ야誠心勸喩ᄒᆞ야도効力을得奏치못홀ᄲᅮᆫ아니라豫期와事實이不符ᄒᆞ야反히得策지못ᄒᆞ얏고

本郡守李昌郁氏ᄂᆞᆫ年來로教育事業에熱心從事ᄒᆞ야甞在德源에各社會와各學校에對ᄒᆞ야頗히實効가有ᄒᆞᆫ지라故로氏가永興으로莅任ᄒᆞᄂᆞᆫ日에人皆稱頌曰永興教育은庶幾乎庶幾乎ㄴ저ᄒᆞ더니氏의能力으로도三校를聯合ᄒᆞ고平和的으로調整코져ᄒᆞ다가衆論이不一홈으로未果ᄒᆞ얏더니

否往泰來ᄂᆞᆫ循環의常理라何幸教育家李東暉氏가咸北地方으로教育을視察ᄒᆞ다가返旆ᄒᆞᄂᆞᆫ路에永興에歷入ᄒᆞ야現像을觀覽ᄒᆞ고殆히悲觀的으로血誠勸喩에戰鬪ᄂᆞᆫ平和로轉ᄒᆞ고三校ᄂᆞᆫ一校로合ᄒᆞ야命名曰明倫이라ᄒᆞ니沛鄕山川에平和的新面目으로公平ᄒᆞᆫ一大文明母가誕生ᄒᆞ얏도다此文明母가將來에幾千幾百의建國兒를産出홀지니吾輩於此에血心歡迎ᄒᆞ며喝采不已ᄒᆞᄂᆞᆫ비라故로暇隙을待ᄒᆞ야一次此文明母를訪拜ᄒᆞ고萬歲의健康을祝코저ᄒᆞ노니喜復何言ᄒᆞ리오此ᄂᆞᆫ述者의喜ᄒᆞᄂᆞᆫ바오

今에此聯合이無雙ᄒᆞᆫ樂觀을呈ᄒᆞ얏스나然이나古人이云ᄒᆞᆫ바靡不有初나鮮克有終이라홈과如히此平和的文明母下에何等魔鬼가又生홀ᄂᆞᆫ지推知키難ᄒᆞ니此ᄂᆞᆫ述者의憂ᄒᆞᄂᆞᆫ비라

然이나述者ᄂᆞᆫ此校의運命이益益健全홀줄노担保ᄒᆞ노니何者오現時該校의主務諸氏ᄂᆞᆫ風力과誠心이具足ᄒᆞᆫ지라如干魔鬼ᄂᆞᆫ試驗을施키難ᄒᆞ리니是余의特히担保ᄒᆞᄂᆞᆫ者

라
然이나該校主務諸氏의게對ᄒᆞ야更히一言을仰陳ᄒᆞᄂᆞᆫ것은前鑑不遠이라羣魔의必至가難保必無니惟是一串誠心으로貫徹做去ᄒᆞ야勿蹈前轍ᄒᆞ기를是祝是望ᄒᆞ노니다

森林의効用論

耕世生

森林의効用이라홈은곳森林이有ᄒᆞ야吾人의게有益되ᄂᆞᆫ바이니此를分ᄒᆞ야二로ᄒᆞ니甲은直接効用이오乙은間接効用이니라

甲直接効用

木材가人世에有用됨은誰何人이든지知ᄒᆞᄂᆞᆫ바라其建築材로ᄒᆞ며土工材로ᄒᆞ며鐵道枕木으로ᄒᆞ며器械器具用材로ᄒᆞ며船艦用材로ᄒᆞ며其他萬般用途에必要홈이되야吾人의生活上에實로他物品으로써代用치못ᄒᆞᆯ者이니라木材ᄂᆞᆫ또此等諸種의用途外에燃料로ᄒᆞ야廣用ᄒᆞᄂᆞ니特히我國은溫突의燃料로ᄒᆞ야年年消費ᄒᆞᄂᆞᆫ量이實로甚大ᄒᆞᆫ지라

近年에至ᄒᆞ야ᄂᆞᆫ學術의進步를從ᄒᆞ야林産物利用의途가大開ᄒᆞ야古人은夢想도못ᄒᆞ던木材利用法이世에盛行ᄒᆞ니곳木材를纖維로分解ᄒᆞ야製紙ᄒᆞᄂᆞᆫ者ㅣ多有ᄒᆞ니此ᄂᆞᆫ將次我國에도盛行ᄒᆞᆯ지로다日本도富士製紙會社ᄂᆞᆫ富士山腹의木材를原料로ᄒᆞ야大器械를使用ᄒᆞ야年年製出ᄒᆞᄂᆞᆫ量이實로莫大ᄒᆞ니新聞用紙와空冊用紙等도皆木材로製出ᄒᆞᆫ者이니라

木材新利用의途ᄂᆞᆫ오직製紙에만止ᄒᆞᆯ뿐아니라或은此로써絲를紡ᄒᆞ야布를織ᄒᆞ며或은此를乾溜ᄒᆞ야木醋、木精、「애세톤」「다

ㅣ르」等을製ᄒᆞ며或은燈用의瓦斯를製ᄒᆞ며或은此를粘性의柔軟体로化ᄒᆞ야活字、鈕、人造象牙等를造ᄒᆞ니近世科學의進步ᄂᆞᆫ木材利用으로ᄒᆞ야곰何程度에至케ᄒᆞᆯᄂᆞᆫ지實로知ᄒᆞ기難ᄒᆞ도다

此外에尙且普通森林의副產物이라稱ᄒᆞᄂᆞᆫ落葉、下草、菌蕈、樹實等이有ᄒᆞ고또森林中에棲息ᄒᆞᄂᆞᆫ野禽、野獸의類도또ᄒᆞᆫ其副產物의一이되ᄂᆞ니以上은다ㅣ吾人의게直接으로効用되ᄂᆞᆫ故로此를森林直接의効用이라謂ᄒᆞᄂᆞ니라

乙 間接効用

森林의主產物과副產物이如何히社會를利ᄒᆞᄂᆞᆫ것은以上에旣述ᄒᆞ얏스나玆에ᄂᆞᆫ森林이立木으로吾人社會에及與ᄒᆞᄂᆞᆫ効用곳所謂森林間接의効用에對ᄒᆞ야說明ᄒᆞ노라

一、氣候調和와森林의關係　氣候ᄂᆞᆫ主로其地의緯度와海面을拔ᄒᆞᆫ高와及海陸分布의狀態如何等을因ᄒᆞ야支配되ᄂᆞᆫ者ㅣ니곳南方으로부터北方에至ᄒᆞᆷ을從ᄒᆞ며또海岸의低地로부터高山에上ᄒᆞᆷ을從ᄒᆞ야次第로其寒冷의度를增ᄒᆞᆷ은何人이든지熟知ᄒᆞᄂᆞᆫ바니라

海陸分布의狀態如何ᄂᆞᆫ또ᄒᆞᆫ大히氣候에影響ᄒᆞᄂᆞᆫ者ㅣ니곳水ᄂᆞᆫ熱을受ᄒᆞᆷ이遲ᄒᆞ고또此를失ᄒᆞᆷ도遲ᄒᆞᆫ故로水로圍ᄒᆞᆫ地方은夏에ᄂᆞᆫ炎熱의度를和ᄒᆞ며冬에ᄂᆞᆫ極寒의度를和ᄒᆞ고또一日中이라도亦同一ᄒᆞ야晝間의熱度를和ᄒᆞ며夜間의烈寒을防ᄒᆞᄂᆞ니此ᄂᆞᆫ所謂海洋的氣候라稱ᄒᆞᄂᆞᆫ것인ᄃᆡ가장人類健康에有益ᄒᆞ고反此ᄒᆞ야所謂大陸的氣候ᄂᆞᆫ氣候를調和ᄒᆞᆯ水가無ᄒᆞᆫ故로寒暑가共히極

点에達ᄒᆞ야甚히人類의健康에有害ᄒᆞᆫ지라然而森林은氣候에對ᄒᆞ야水와同一ᄒᆞᆫ作用을呈ᄒᆞ니곳森林은海洋과ᄀᆞᆺ치氣候를調和ᄒᆞᄂᆞᆫ力이有ᄒᆞᆫ지라

抑空氣의溫度ᄂᆞᆫ太陽으로射來ᄒᆞᄂᆞᆫ直接光線으로溫ᄒᆞᆷ이少ᄒᆞ고多히地面과其他物體에서反射ᄒᆞᄂᆞᆫ熱로溫ᄒᆞᄂᆞᆫ者ㅣ니詳言ᄒᆞ면太陽光線은先히地面을熱ᄒᆞ고空氣ᄂᆞᆫ其地面의反射를因ᄒᆞ야溫度가高ᄒᆞᄂᆞ니盖森林은太陽光線이直接으로地面에達ᄒᆞᆷ을防ᄒᆞᆯ뿐더러樹木은常히其葉으로水分을蒸發ᄒᆞᄂᆞᆫ故로森林으로蔽ᄒᆞᆫ土地ᄂᆞᆫ他의裸地보다溫度가常히低下ᄒᆞᄂᆞᆫ지라

二、水源涵養과森林의關係　森林이水源을涵養ᄒᆞᄂᆞᆫ作用은實로大ᄒᆞ니곳林木의枝葉은土地를庇蔭ᄒᆞ야光線과風을遮ᄒᆞ야써地上水分의蒸發을防ᄒᆞ야雨水를長久히地上에保存ᄒᆞ고徐徐히流出ᄒᆞ야間斷이無히水源을涵養ᄒᆞᄂᆞᆫ지라或人은樹木이其枝葉으로蒸發ᄒᆞᄂᆞᆫ水量이不少ᄒᆞᆷ을見ᄒᆞ고森林이反히土地의水를減ᄒᆞᆫᄀᆞᆺ다고疑ᄒᆞ나然이나此等樹木의枝葉으로蒸發ᄒᆞᄂᆞᆫ水分은其根으로土地의下層에存在ᄒᆞᆫ所謂地底水를取ᄒᆞᄂᆞᆫ者인故로水源涵養에影響ᄒᆞᆷ이無ᄒᆞ니詳言ᄒᆞ면森林은地上水分의蒸發을防ᄒᆞ야降下ᄒᆞᆫ雨水를地上에保存ᄒᆞ고其雨量의過半은地面에滯留ᄒᆞ고다못其一小部分뿐根으로吸上ᄒᆞ야其葉으로蒸發ᄒᆞᄂᆞ니地面에滯留ᄒᆞᆫ雨水ᄂᆞᆫ徐徐히地中에浸潤ᄒᆞ야混混ᄒᆞᆫ泉源을成ᄒᆞᄂᆞᆫ지라

我國의樹種水源涵養에最適ᄒᆞᆫ者ᄂᆞᆫ花柏、杉、赤楊、山毛欅、胡桃、樫等이니此等은土

地를庇蔭ᄒᆞᆷ이强ᄒᆞ야水分의蒸發을妨ᄒᆞ며ᄯᅩ其性質이濕地에適ᄒᆞᆫ者ㅣ니라

三、國土保安과森林의關係　前述ᄒᆞᆫ者ᄂᆞᆫ間接으로國土保安에關係ᄒᆞᄂᆞᆫ바나此ᄂᆞᆫ主로器械的作用되ᄂᆞᆫ洪水、雪頹、飛砂等에關ᄒᆞᆫ作用이니라抑高山地方에ᄂᆞᆫ雨量이常多ᄒᆞ니此等雨水互ᄂᆞᆫ相集合ᄒᆞ야河川의源流가되ᄂᆞ니라今에此等雨水가만일一時에流下ᄒᆞ야河川의水量을增ᄒᆞᆯ時ᄂᆞᆫ洪水의害加가有ᄒᆞ나然이나其山岳地方에森林이多ᄒᆞᆯ時ᄂᆞᆫ其雨量의三分五里假量은林木의枝葉上으로蒸散ᄒᆞ고林中의落葉蘇苔等은多量의水分을吸收ᄒᆞ야一時에流出ᄒᆞᆷ을防ᄒᆞ고ᄯᅩ樹木의根은縱橫으로地中에蔓延ᄒᆞᆷ으로써輕鬆ᄒᆞᆫ土地와崩壞ᄒᆞ기易ᄒᆞᆫ岩石을固定ᄒᆞ야雨水의地肉을剝ᄒᆞ며岩骨을奪ᄒᆞᆷ을防ᄒᆞᄂᆞ니라蓋洪水의害ᄂᆞᆫ河川의水量이俄然增加ᄒᆞᆷ으로브터起ᄒᆞᄂᆞᆫ者이나然이나單히其水量의增加로만惟一의原因이아니라其水流가泥土와岩塊를河川의下流에運搬ᄒᆞ야其水勢의遲緩ᄒᆞᆫ處에次第로沉澱ᄒᆞ야河底를高ᄒᆞᆷ으로써洪水氾濫의害가起ᄒᆞᄂᆞ니라要컨ᄃᆡ林內에ᄂᆞᆫ如何ᄒᆞᆫ大雨의後라도水量이徐徐로流出ᄒᆞ고ᄯᅩ其流出ᄒᆞᄂᆞᆫ水ᄂᆞᆫ常히淸淨ᄒᆞ야泥土를不含ᄒᆞᆷ으로써下流의河底를高케ᄒᆞᆷ이無ᄒᆞᆫ故로洪水氾濫의憂가無ᄒᆞ나反此ᄒᆞ야無林地에ᄂᆞᆫ雨水가一時에流下ᄒᆞ야河川의水量을增加ᄒᆞ고一方으로ᄂᆞᆫ其山腹土壤과岩石을混流ᄒᆞᄂᆞᆫ故로漸漸河底를高케ᄒᆞ야屢屢히洪水의害를起ᄒᆞᄂᆞ니라以上은單히洪水의方面으로만觀察ᄒᆞᆫ것이나ᄯᅩ他의方面으로觀ᄒᆞ더라도一旦此等作

用으로地上의土壤을洗去ᄒᆞᆫ山岳地方은再次造林ᄒᆞ기難ᄒᆞ고全히不毛의地로歸ᄒᆞ야國家經濟上에至大ᄒᆞᆫ損失이生ᄒᆞᄂᆞᆫ지라

四、衛生과森林의關係　森林이氣候에及ᄒᆞᄂᆞᆫ影響과其他의關係가人類衛生上에關係됨이至大ᄒᆞᆫ지라

森林의樹木은晝間에吾人의게有害ᄒᆞᆫ空氣中의炭酸瓦斯를分解ᄒᆞ야其炭素를攝取ᄒᆞ고酸素를遊離ᄒᆞ야써空氣를淸淨케ᄒᆞᄂᆞᆫ作用이有ᄒᆞᆫ故로林內의空氣ᄂᆞᆫ彼市中의空氣와갓치烟煤塵埃等을混ᄒᆞᆷ이無ᄒᆞ고ᄯᅩ傳染病의原因되ᄂᆞᆫ「박데리아」를含有ᄒᆞᆷ도無ᄒᆞ야海上의空氣와同一ᄒᆞᆯᄲᅮᆫ더러ᄯᅩ「오죤ㅣ」(消毒氣)이라稱ᄒᆞᄂᆞᆫ瓦斯를多量으로含有ᄒᆞ야有毒ᄒᆞᆫ瓦斯와空氣中의有害ᄒᆞᆫ黴菌을消毒ᄒᆞᄂᆞᆫ効가有ᄒᆞ니라

ᄯᅩ森林은其地方住民의氣風을質朴케ᄒᆞ며勇武케ᄒᆞᄂᆞ니凡人間의精神은周圍의境遇如何를因ᄒᆞ야大影響을受ᄒᆞᄂᆞᆫ것이라比喩ᄒᆞ면平原의人民과海濱의人民이各各其風氣를異히ᄒᆞᆷ도皆此로由ᄒᆞᆷ이오森林地方의人民은其氣風이質朴勇武ᄒᆞ며獨立精神이富ᄒᆞᆷ도大蓋其原因이니라

以此觀之컨ᄃᆡ森林은國家人民間에一日一時라도可히無치못ᄒᆞᆯ者라然則國家와人民은宜乎林을造ᄒᆞ며保ᄒᆞ갓거ᄂᆞᆯ何故로我韓帝國은三千里江山을只以赭山禿山의形狀으로姑息過去ᄒᆞᄂᆞ뇨嗚呼嗚呼라當局者여當事者여厠室醉眠을發憤醒覺ᄒᆞ야拭目視之ᄒᆞᆯ지어다

果樹園을創設ᄒᆞᆷ　金鎭初

凡果樹園이라ᄒᆞᆷ은各種의果樹를培養ᄒᆞ야其果實을採收ᄒᆞ야써吾人의生食用或은乾製、釀造、糖果等에供用ᄒᆞᄂᆞᆫ目的으로設ᄒᆞᄂᆞᆫ園地를總稱ᄒᆞᄂᆞᆫ者ㅣ니此를創設ᄒᆞᆷ은果樹栽培中에第一要項이니라

果樹園을創設ᄒᆞᆷ에當ᄒᆞ야爲先此에適當ᄒᆞᆫ方位와位置를撰擇ᄒᆞᆯ지니其方位에對ᄒᆞ야ᄂᆞᆫ東方及南方으로面ᄒᆞᆫ傾斜地가最適ᄒᆞ고北方과西方으로面ᄒᆞᆫ土地ᄂᆞᆫ不適ᄒᆞ니是ᄂᆞᆫ西風은屢屢히果樹에害ᄒᆞᆷ이有ᄒᆞᆫ緣故라假令花를乾枯ᄒᆞ며腐敗케ᄒᆞ고或은果實의成熟前에墜落케ᄒᆞᄂᆞᆫ等害를被ᄒᆞᆷ이有ᄒᆞ며또北方은冬中에軟質의果樹곳桃樹等은寒傷을被ᄒᆞ기易ᄒᆞ고또春季에ᄂᆞᆫ晩霜을爲ᄒᆞ야花蕾에凍傷을被ᄒᆞ며或은寒風을爲ᄒᆞ야花蕾가乾枯ᄒᆞᄂᆞᆫ等害를被ᄒᆞᆷ이不少ᄒᆞᆫ지라然

이나狹小ᄒᆞᆫ果園으로西、北方에針葉樹를高히聳立ᄒᆞ야西北風를防ᄒᆞ며또其他諸害를足히避케ᄒᆞᆯ境遇에ᄂᆞᆫ能히右兩方에도果樹園을設ᄒᆞᄂᆞᆫ지라

盖核果樹(桃梅等)ᄂᆞᆫ仁果樹(苹果梨等)보담方位上으로起ᄒᆞᄂᆞᆫ害를被ᄒᆞᆷ이特多ᄒᆞ니此ᄂᆞᆫ尤히注意ᄒᆞᆯ者ㅣ니라또果樹園의位置에對ᄒᆞ야ᄂᆞᆫ其栽培ᄒᆞᆯ果樹의種類를確定ᄒᆞ고其樹種에適應ᄒᆞᆫ風土를卜ᄒᆞᆫ然後에其位置를定ᄒᆞᆯ지니盖柑橘、阿利襪、葡萄等果樹ᄂᆞᆫ暖溫乾燥ᄒᆞᆫ地에適ᄒᆞ나梨苹果等은此와同一ᄒᆞᆫ氣侯地味에不適ᄒᆞᆫ지라

凡果樹園의位置ᄂᆞᆫ谿間은大槪不適ᄒᆞ니谿間에ᄂᆞᆫ恒常濕氣가多ᄒᆞ며또春季의冬霧를爲ᄒᆞ야果樹에落花病이生ᄒᆞ며또晩霜의害를被ᄒᆞ기易ᄒᆞ고또高山의半腹에도果樹園

이不適ᄒᆞ니如斯ᄒᆞᆫ位置ᄂᆞᆫ溫度의變遷이不常ᄒᆞᆯ뿐不啻라屢屢히强風의害를被ᄒᆞᆷ이有ᄒᆞᆫ지라故로果樹園에適ᄒᆞᆫ位置ᄂᆞᆫ開谿平坦ᄒᆞᆫ緩斜地位이니라또釀酒와製造의目的으로써果樹園을創設ᄒᆞᆷ에當ᄒᆞ야ᄂᆞᆫ其關係ᄒᆞᄂᆞᆫ바비록稍少ᄒᆞ나生食用의果實을產出ᄒᆞ기爲ᄒᆞ야果樹園을創設ᄒᆞᆷ에ᄂᆞᆫ宜히都會의近郊로果實需用者ㅣ最多ᄒᆞ며또運輸에便ᄒᆞᆫ位置를撰ᄒᆞᆯ지니라

果樹園의位置와方向은大槪右와如ᄒᆞ고또氣候와土質에對ᄒᆞ야ᄂᆞᆫ地方各處의調査를據ᄒᆞᆫ즉何處든지皆ㅣ果樹栽培에至適ᄒᆞᆷ이明確ᄒᆞ도다何者오ᄒᆞ면地方人民이果樹栽培의方法을不知ᄒᆞᆯ뿐不啻라人工으로別로栽培도ᄒᆞ지안ᄂᆞᆫᄃᆡ各地에種類ᄂᆞᆫ劣惡ᄒᆞ나林檎梨桃等이能히生長結實ᄒᆞᆷ이有ᄒᆞ니然則以上에種類의撰擇、肥培、整枝、剪定等에勉力ᄒᆞ야管理를適宜히ᄒᆞ면期於히品質이良好ᄒᆞᆫ果實을產出ᄒᆞᆷ을得ᄒᆞᆷ이니斯業에有意ᄒᆞᄂᆞᆫ諸同胞ᄂᆞᆫ速히着手ᄒᆞᆯ지어다左에果樹園의模範設計를揭ᄒᆞ니

地段은一萬五千坪假量

栽植ᄒᆞᆯ果樹의種類

苹果　葡萄　梨　櫻桃　柿　栗　桃
米桃　巴旦杏類

種類

苹果　紅魁、中成子、柳玉、紅玉、國光、大和錦、鳳鳥卵、鶴卵子、旭等

梨　早生赤、眞鍮、長十郞、太平、明月、바ㅣ도렛도、기ㅣ후아ㅣ、바ㅣ레ㅣ아지ㅣ等外數種

葡萄 米國種의良好ᄒᆞᆫ者五六種 歐洲
種釀酒用十數種
櫻桃 七八種
柿 南部에ᄂᆞᆫ甘柿의良種 北部에ᄂᆞᆫ
澁柿의良種
桃 十數種
米桃 巴旦杏 數種
此外에須具利類ᄅᆞᆯ間作ᄒᆞᆷ
栽植距離
整枝와土性을因ᄒᆞ야一定치못ᄒᆞ나竹竿이不足ᄒᆞᆫ地方에ᄂᆞᆫ杯狀形과塔尖形으로植立ᄒᆞ고葡萄ᄂᆞᆫ籬形으로ᄒᆞᆯ지니라
桃 二間乃至二間半(一間은六尺)
梨 三間四方
苹果上仝
柿 上仝
栗 上仝
櫻桃上仝
葡萄六尺四方

此ᄅᆞᆯ創設ᄒᆞᆷ은交通이便利ᄒᆞ고斯業發達의可望이有ᄒᆞᆫ處所에設置ᄒᆞᆯ지니곳平壤 京城 開城 大邱 密陽 水原 木浦 釜山 元山等地니斯業界에有意ᄒᆞᆫ者ᄂᆞᆫ速히着手ᄒᆞᆯ지어다

人物考

金時習先生傳 端宗朝生六臣의一

金時習先生의字ᄂᆞᆫ悅卿이니其先은新羅閼智王의裔ㅣ王子周元이邑于江陵ᄒᆞᆫ故로子孫이仍籍焉ᄒᆞ니라先生의生稟異質ᄒᆞ야離胞八月에自能知書ᄒᆞ니崔致雲이見而奇之ᄒᆞ야命名曰時習이라語遲而神警ᄒᆞ야口不

能讀ᄒᆞ나意則皆曉라三歲에能綴詩ᄒᆞ고五歲에通中庸大學ᄒᆞ니人號神童이라名相許稠諸公이多就訪焉이러라 世宗大王씌옵셔聞之ᄒᆞ시고召致承政院ᄒᆞ야試以詩ᄒᆞ니果捷而佳라 勅曰朕欲親見ᄒᆞ나恐駭俗聽이라宜勗其家ᄒᆞ야韜晦敎養이라가待其學成ᄒᆞ야將大用이라ᄒᆞ시고賜帛還家ᄒᆞ시니於是에聲振一國ᄒᆞ야稱曰五歲而不名이러라先生이旣蒙 睿奬ᄒᆞᆷ의益懋遠業ᄒᆞ더니旣而 英陵 顯陵兩朝씌옵셔相繼而崩逝ᄒᆞ시고 端宗大王씌옵셔三年에位ᄅᆞᆯ遜ᄒᆞ시니時에先生의年이二十一이라方讀書于三角山中이러니人有自京城來者어ᄂᆞᆯ先生이卽閉戶不出者ㅣ三日이라乃大哭ᄒᆞ고盡焚其書ᄒᆞ고發狂ᄒᆞ야陷于溷厠이라가卽逃去ᄒᆞ야托跡緇門ᄒᆞ니僧名雪岑이라累變其號曰淸寒子라ᄒᆞ며曰東峯이라ᄒᆞ며曰碧山淸隱이라ᄒᆞ며曰贅世翁이라ᄒᆞ며曰梅月堂이라ᄒᆞ니라爲人이貌寢身短ᄒᆞ고豪邁英發ᄒᆞ며簡率無威儀ᄒᆞ며勁直不容人過ᄒᆞ고傷時憤俗ᄒᆞ야氣鬱不平이라不能隨世俯仰ᄒᆞᆷ을自度ᄒᆞ고遂放形骸ᄒᆞ야方外에遊ᄒᆞᆯ식域中山川에足跡이殆遍ᄒᆞ야遇勝則棲息ᄒᆞ고登覽故都ᄒᆞ면必躑躅悲歌ᄅᆞᆯ累日不已라聰悟가絶人ᄒᆞᆷ으로四書六經은幼時에受業于師ᄒᆞ고諸子百家ᄂᆞᆫ不俟傳授ᄒᆞ고無不涉獵ᄒᆞ야一記而終不忘故로平日에未嘗讀書ᄒᆞ고亦不以書笈自隨ᄒᆞ되古今文籍을通貫無漏ᄒᆞ야人有擧問者면應口說無疑러라磊磈慷慨의胸次ᄅᆞᆯ無以自宣일식凡世間風月雲雨山林泉石宮室衣食花果鳥獸와人事의是非得失富貴貧賤死生疾病喜怒哀樂과至於

性命理氣陰陽幽顯의有形無形可指而言者ᄂᆞᆫ一寓於文章이라故로其爲辭也ㅣ水涌風發ᄒᆞ며山藏海涵ᄒᆞ며神唱鬼酬가間見層出ᄒᆞ야使人莫知其端倪ᄒᆞ고聲律格調ᄂᆞᆫ不甚經意ᄒᆞ나其警者ᄂᆞᆫ思致高遠ᄒᆞ야逈出常情ᄒᆞ니非雕篆者의所可跂望이라於道理에雖少玩索存養之功ᄒᆞ나以才智之卓으로有所領解ᄒᆞ야橫談竪論이多不失儒家宗旨ᄒᆞ고至於禪道二家에도亦見大意ᄒᆞ고深究病源이라喜作禪語ᄒᆞ야發闡去微에頴脫無滯碍ᄒᆞ니雖老釋名髡이深於其學者라도莫敢抗其鋒ᄒᆞ니其天資拔華을以此可驗이라自以聲名이早盛ᄒᆞ고心儒跡佛이取恠於時라乃故作狂易之態ᄒᆞ야以掩其實ᄒᆞᆯ시士子ㅣ有欲受學者면逆擊이木石ᄒᆞ며或彎弓將射ᄒᆞ야以試其誠故로處門者ㅣ既罕ᄒᆞ고且喜開山田ᄒᆞ야雖綺紈家兒라도必役以耘獲甚苦ᄒᆞ니終始傳業者ㅣ尤鮮이라山行에好白樹題詩ᄒᆞ야諷詠良久라가輒哭而削之ᄒᆞ고或題于紙ᄒᆞ야亦不示人ᄒᆞ고多投水火ᄒᆞ며或刻木爲農夫耕耘之形ᄒᆞ야列置案側ᄒᆞ고熟視終日이라가亦哭而焚之ᄒᆞ고有時所種禾가甚盛ᄒᆞ야頴栗可玩이면秉醉揮鎌而盡ᄒᆞ야因放聲而哭ᄒᆞ더라居山見客에問都下消息ᄒᆞ고曰世人이以余爲何如人고客曰有肆罵者라ᄒᆞ면必色喜ᄒᆞ고若曰佯狂而有所蘊이라ᄒᆞ며輒攢眉不怡ᄒᆞ더라見除目ᄒᆞ고達官이或非人望이면必哭曰斯民이何罪로此人이當此任耶아ᄒᆞ더라時에名卿金守溫徐居正이賞以國士라居正이方趨朝에行辟人ᄒᆞᆯ시先生이衣藍縷、帶藁索、戴蔽陽子ᄒᆞ고遇諸市ᄒᆞ야犯前導ᄒᆞ고仰首呼曰剛中(居正字)

安穩가ᄒᆞ니居正이笑應之ᄒᆞ고駐軒而語ᄒᆞ니一市가皆駭目相視러라有朝士受侮者ㅣ不能堪ᄒᆞ야見居正ᄒᆞ고欲啓治其罪어늘居正이搖首曰止止ᄒᆞ라狂子를何足與較리오今罪此人이면百代之下에必累公名ᄒᆞ리라

金守溫이知成均館事ᄒᆞ야以孟子見梁惠王論으로試太學諸儒ᄒᆞᆯ식有一進士가訪先生于三角山ᄒᆞ야曰乖崖(守溫別号)好劇이로다孟子見梁惠王이豈合論題리오先生이笑曰非此老면不出此題라ᄒᆞ고乃走筆成篇ᄒᆞ야曰君이爲自製者ᄒᆞ야試瞞此老ᄒᆞ라進士生이如其言ᄒᆞ야呈卷이러니守溫이讀未終에遽問曰悅卿이住京山何寺오ᄒᆞ니進士生이不能隱ᄒᆞ니라其論의大略은以爲梁惠가僣王ᄒᆞ니孟子ㅣ不當見云이러라守溫이既卒에人有言坐化者어늘先生曰乘崖多慾ᄒᆞ니寧有是也리오就令有之라도坐化가非禮라吾는但聞曾子易簀과子路結纓而已오不知其他라ᄒᆞ니盖守溫이好佛故로云이라先生이年四十七에忽長髮ᄒᆞ고爲文ᄒᆞ야以祭祖若父ᄒᆞ니其文에略曰帝敷五教에有親이居先ᄒᆞ고罪列三千에不孝爲大라凡居覆載之內에孰負養育之恩이리오愚騃小子가嗣續本支ᄒᆞ야沉滯異端이라가末路方悔ᄒᆞ야乃考禮典搜聖經ᄒᆞ야講定追遠之弘儀ᄒᆞ고叅酌淸貧之活計ᄒᆞ야務簡而潔ᄒᆞ고在腆以誠ᄒᆞ노니漢武帝七十年에始悟田丞相之說ᄒᆞ고元德公一百歲에乃化許魯齋之風云云이라遂娶安氏女爲妻ᄒᆞ니人多勸之仕ᄒᆞ되先生이終不能屈志ᄒᆞ야放曠如舊라値月夜ᄒᆞ면喜誦離騷經ᄒᆞ야誦罷에必哭이러라或入訟庭ᄒᆞ면持曲作直ᄒᆞ야詭辯必勝이라가案成에

大笑破棄之ᄒᆞ더라又多與市童傲遊ᄒᆞ야醉倒街上이러니一日은見領議政鄭昌孫過市ᄒᆞ고大呼曰彼漢宜休라ᄒᆞ되昌孫이若不聞者라人이以此危之ᄒᆞ야相識者ㅣ絕交ᄒᆞ되惟宗室秀川副正貞恩、南孝溫、安應世、洪裕孫諸公이終始不諭ᄒᆞ더라孝溫이嘗問先生曰我所見은如何오先生曰穴窓窺天이니라(言所見小也) 東峯所見은如何오曰廣庭仰天이니라(言見高而行未到也) 未幾에妻ㅣ歿ᄒᆞ니復還山ᄒᆞ야作頭陀形ᄒᆞ고喜遊江陵襄陽之境ᄒᆞ야多住雪岳寒溪淸平等山ᄒᆞ니라年이五十九에以病으로終于鴻山無量寺ᄒᆞ니遺戒無燒葬ᄒᆞ고權厝寺側이러니後三年에將葬ᄒᆞ야啓其殯ᄒᆞ니顏色이如生이라緇徒가驚嘆ᄒᆞ야咸以爲佛이라ᄒᆞ야竟行茶毗ᄒᆞ고(僧家燒葬之名) 取其骨ᄒᆞ야作浮圖ᄒᆞ니라生時에手畫老少二象ᄒᆞ고且自贊ᄒᆞ야留于寺ᄒᆞ니亂에曰爾形至藐、爾言大侗、宜爾置之溝壑之中이로다所著詩文이散失ᄒᆞ야十不能存一이라李耔、朴祥、尹春年이先後裒集ᄒᆞ야刊行于世ᄒᆞ니라

詞藻

詠史九首　吉田松陰

豫讓

名分拋來輕似塵便將侯位附陪臣豈圖禮教
一空後有此感恩知義人

王蠋

七十餘城悉屬燕燕師精銳向無前艱難不屈
平生志晝邑獨存王蠋賢

田單

妻妾編行身把鍤精忠感衆衆心堅却憐霸國

貧餘業收復功名屬市椽

紀信

事急榮陽羣策殫陳平反間未平難不憂誑楚
身燒殺正是項劉成敗間

劉章

青年氣力獨朱虛拱手陳周泥塑如異時擊産
廷中膽已在稻田歌發初

路中大夫

三王圍急欲降城一語還勝百萬兵臨節致身
吾所重恨他靑史逸其名

蘇武

節旄落盡不謀生身是漢朝蘇子卿十有一名
麟閣上鬢毛蒼白最分明

溫序

漢臣肯受甘言誘持節撾人殺數人堪想英姿
驚敵將能令無禮不加身

范粲

魏臣敢履晉方輿三十六年寢一車簒奪寰區
稀節義不言范粲有誰如　魏主曹芳之廢也에太傅中郎陳雷范粲이素服拜送에哀動左右라遂稱疾不出ᄒᆞ고陽狂不言ᄒᆞ야寢所乘車ᄒᆞ야足不履地ᄒᆞ고口不發言이三十六年이라年八十四에終於所寢之車ᄒᆞ니라

會事記要

隆熙三年五月廿一日下午四時에臨時通常會를開ᄒᆞ고副會長鄭鎭弘氏陞席ᄒᆞ다臨時書記는金斗燮氏로司察은金泰淳吳錫裕兩氏로會長이自辟ᄒᆞ다書記가点名ᄒᆞ니出席員이三十一人이러라書記가前會會錄을報告ᄒᆞᆷ이若干錯誤處가有ᄒᆞᆷ으로改定以納ᄒᆞ

다
會計員朴景善氏의四月度用下明細書ᄅᆞᆯ公佈ᄒᆞᆷ이崔在學氏動議에金基東氏再請으로可納ᄒᆞ다
總務李甲氏가本會書記ᄅᆞᆯ尹冕濟氏로選定ᄒᆞᆫ報告ᄅᆞᆯ公佈ᄒᆞ다
郭山郡興襄學校支校請願書ᄅᆞᆯ公佈ᄒᆞᆷ이金基東氏特請ᄒᆞ기ᄅᆞᆯ財團이確實ᄒᆞ고本會員金泰淳氏의擔保書가有ᄒᆞ니認許ᄒᆞ자ᄒᆞᆷ이異議가無ᄒᆞ다
長淵郡支會請願書를公佈ᄒᆞᆷ이崔在學氏動議ᄒᆞ기를金允五氏의擔保가有ᄒᆞ니除視察認許ᄒᆞ자ᄒᆞᆷ이金淮炳氏再請으로可決되다
北青郡會新學校支校請願書를公佈ᄒᆞᆷ이金錫泰氏動議ᄒᆞ기를金淮炳氏의擔保가有ᄒᆞ니認許ᄒᆞ자ᄒᆞᆷ이辛錫忠氏再請으로可決되다
明川郡支會請願書를公佈ᄒᆞᆷ이鄭雲復氏動議ᄒᆞ기를該請願은擔保가無ᄒᆞ니特爲留案ᄒᆞ자ᄒᆞᆷ이全冕朝氏再請으로可決되다
順川郡仁昌學校支校請願書를公佈ᄒᆞᆷ이崔在學氏特請ᄒᆞ기를該請願을認許ᄒᆞ고學部指令에學校認許中誤錯되얏다ᄂᆞᆫ것은條條히詳細指明ᄒᆞ자ᄒᆞᆷ이異議가無ᄒᆞ다
總務李甲氏의議案內開에西北各郡支會支校에一切指明ᄒᆞ되各種鑛產物에標本될만ᄒᆞᆫ種類를求送ᄒᆞ야本校에標本으로學生教授用에供케ᄒᆞ쟈ᄒᆞ얏ᄂᆞᆫᄃᆡ崔在學氏動議ᄒᆞ기를該議案을採用ᄒᆞ쟈ᄒᆞᆷ이金基東氏再請으로可決되다
本校長李鍾浩氏의本會月報編輯員二十人式選定ᄒᆞ쟈ᄂᆞᆫ議案을公佈ᄒᆞᆷ이鄭雲復氏動

議ᄒᆞ기를該議案을採用ᄒᆞ되會長總務가相議選定ᄒᆞ야每月通帖以行ᄒᆞ자ᄒᆞᆷ이金錫桓氏再請으로可決되다
姜錫龍氏의本會月報表面에本會舘式樣을模弁ᄒᆞ자ᄂᆞᆫ議案을公佈ᄒᆞᆷ이崔在學氏動議ᄒᆞ기를該議案을採用ᄒᆞ자ᄒᆞᆷ이張鳳周氏再請으로可決되다
定州郡本會員林鶴俊氏가本會에對ᄒᆞ야三圜金寄附ᄒᆞᆫ事을公佈ᄒᆞ다
近衛隊韋京燮氏等十三人이本校에對ᄒᆞ야每朔每人이十錢式寄附ᄒᆞᆫ다ᄂᆞᆫ公函을公佈ᄒᆞ다
嘉山郡尹東曦氏의三圜金寄附ᄒᆞᆫ公函을公佈ᄒᆞ다
嘉山、博川、明川、陽德、洪原、白川、義州、雲山、吉州等郡學事視察委員諸氏의報明書를公佈ᄒᆞ다
金川郡支校金興學校長黃鍾湜氏의帽子票請求報明書를公佈ᄒᆞ다
遂安郡支校光興學校認許狀接受ᄒᆞ얏다ᄂᆞᆫ報明書를公佈ᄒᆞ다
金川郡支會組織會報明書를公佈ᄒᆞ다
利原郡支會長姜永璣氏의組織會會錄與通常會會錄을報告ᄒᆞᆷ이金基東氏特請ᄒᆞ기를該支會入會金을旣爲支用인즉不可徵納이라總務의게委任ᄒᆞ야依本會規則ᄒᆞ야無復此等事케ᄒᆞ자ᄒᆞᆷ이異議가無ᄒᆞ다
价川郡支會長李根洙氏의第二號報明書를公佈ᄒᆞ다
龜城郡支校大同學校報明書와同郡支會報明書를公佈ᄒᆞ다
晉成專門學校長鄭永澤氏가該校校外生을

本會의所關ᄒᆞᆫ各郡支會支校에指明ᄒᆞ야多數應募케ᄒᆞᆷ을要求ᄒᆞᄂᆞᆫ公函을公佈ᄒᆞᆷ이鄭雲復氏特請ᄒᆞ기를該公函辭意ᄃᆡ로各支會支校에指明ᄒᆞ야使法律學界로擴張케ᄒᆞ자ᄒᆞᆷ이異議가無ᄒᆞ다

祥原郡鄕約契經義齋所有物調查委員朴基杜氏의公函을公佈ᄒᆞ다

本校長李鍾浩氏의辭免請願書를公佈ᄒᆞᆷ이崔在學氏動議ᄒᆞ기를該請願은封還ᄒᆞ되委員一人을派送ᄒᆞ자ᄒᆞᆷ이李達元氏再請으로可決되야校長ᄭᅴ派送ᄒᆞᆯ委員은李東暉氏로選定ᄒᆞ다

副總務許憲氏의辭免請願書를公佈ᄒᆞᆷ이鄭雲復氏動議에金錫泰氏再請으로封還ᄒᆞ기로可決되다

評議員金錫權氏의辭免請願書를公佈ᄒᆞᆷ이崔在學氏動議ᄒᆞ기를該請願은封還ᄒᆞ고委員一人을派送ᄒᆞ야詳細ᄒᆞᆫ理由를說明케ᄒᆞ자ᄒᆞᆷ이張鳳周氏再請으로可決되야委員은李甲氏로選ᄒᆞ다

評議員金在益氏의辭免請願書를公佈ᄒᆞᆷ이鄭雲復氏動議에金基東氏再請으로可受ᄒᆞ다

崔在學氏動議ᄒᆞ기를北道募金委員李東暉氏의歡迎會를開ᄒᆞ되來月曜下午七時에本會舘內에開ᄒᆞ자ᄒᆞᆷ이鄭雲復氏再請으로可決되다

鄭雲復氏動議에崔在學氏再請으로閉會ᄒᆞ다

各地方學事視察委員報明

嘉山郡李秉燾氏의報明書兩度가次第來着ᄒᆞ얏ᄂᆞᆫᄃᆡ一般同胞의게熱心勸勉ᄒᆞ신結果

로新入會員이三十餘員에達ᄒᆞ고月報請求가十七處에達ᄒᆞ고本會에義捐ᄒᆞ신人員이三人에達ᄒᆞ얏ᄂᆞᆫᄃᆡ該氏가本會의大發展ᄅᆞᆯ期圖ᄒᆞᄂᆞᆫ決心은一般會員이다頂禮敬祝ᄒᆞᆷ

博川李宅源氏의報明書一度가來ᄒᆞ얏ᄂᆞᆫᄃᆡ新入會員이九人이오月報勸讀五人인ᄃᆡ現今熱誠으로境內의學事ᄅᆞᆯ周察ᄒᆞ고本會目的의發展ᄅᆞᆯ期圖ᄒᆞ시니不勝感謝ᄒᆞᆷ

永興郡李達鉉氏報明書內開에學事視察과入會勸勉과月報勸讀의三件事ᄅᆞᆯ盡心擔責ᄒᆞ기로決心ᄒᆞ시니好結果ᄅᆞᆯ望ᄒᆞᆷ

吉州郡崔學禹氏報明書內開에本會의指明ᄒᆞᆫ二件事ᄅᆞᆯ實心奏効ᄒᆞ기爲ᄒᆞ야鄭一善許塡兩氏ᄂᆞᆫ區域ᄅᆞᆯ分擔ᄒᆞ야按月躬察케ᄒᆞ고每社委員　人式選定ᄒᆞ야各自擔責케ᄒᆞ얏ᄂᆞᆫᄃᆡ委員은東海社、李炳翊、英北社、許南奎、德山社、玄信會、長白社金重熙、雄坪社韓澤珍、吉成社金萬燮、諸氏인ᄃᆡ規模가若是正大ᄒᆞ고互相勸勉ᄒᆞ시ᄂᆞᆫ熱心이如此ᄒᆞ니該郡程度ᄂᆞᆫ必有大發展이기實踐ᄒᆞ심을顒望ᄒᆞᆷ

義州府白寅善氏ᄂᆞᆫ委任ᄒᆞᆫ責을一心贊助ᄒᆞ야極力發展ᄒᆞᆫ意로答函ᄒᆞ얏ᄂᆞᆫᄃᆡ爲先會員募集이十人이오月報發展과學事視察을次第로實行ᄒᆞ깃다고ᄒᆞ얏스니感謝不已ᄒᆞ노라

白川郡守全鳳薰氏ᄂᆞᆫ教導勸導에熱誠ᄒᆞᄂᆞᆫ바ᄂᆞᆫ一般洞悉ᄒᆞ거니와公益義務ᄅᆞᆯ決心履行ᄒᆞ기爲ᄒᆞ야躬行坊曲ᄒᆞ야家喩戶說ᄒᆞ며唇焦舌枯ᄒᆞ야衷力을盡ᄒᆞᆷ으로延白兩郡에學校가次第幷設은皆氏之感力所逮인즉將來發展을惟日顒望ᄒᆞᆷ

洪原郡崔恒鏞氏答函內開에委任三件事는係是一般義務則何敢以謝乎ᄒᆞ시니該氏의實踐을感謝無涯ᄒᆞᆷ

明川郡崔寅極氏答函內開에人民智識의開導와文明敎育의要務를逐條說明ᄒᆞ얏는ᄃᆡ縷縷淸誨가令人으로氣增十倍라該氏의熱誠으로來頭의發展를指日可期이기嗚謝不己ᄒᆞ노라

陽德郡守蔡洙玹氏報明書內開에本人의德性이傀儸ᄒᆞ고才質이淺劣ᄒᆞ와旣忝會末이殆數年于玆이로ᄃᆡ緖毫도補益의效가無ᄒᆞ거늘況荷三件事의委任光榮이恐縮無比오愧怍이居先이라ᄒᆞ고郡內四學校視察ᄒᆞᆫ表를左開粘付ᄒᆞ얏는ᄃᆡ位置名稱校舍間數基本財産收支額數校科程度修業年限生徒定員現生徒數敎員定數設立年月認可有無와備考中에該郡의面積幾何와戶數와人口數의幾何를詳細히報明ᄒᆞ얏스니該氏의遠大ᄒᆞᆫ規模와方正ᄒᆞᆫ步趣는全國人士의模範이될더이오來頭의發展은指日可期이기深切銘謝ᄒᆞ노라

順川郡金商學氏는白首殘年에飢渴寒暑를不憚ᄒᆞ고自本年一月로至今月ᄭᆞ지平北學事를次第視察ᄒᆞ면셔熱心勸勉ᄒᆞ야着處感力이不少ᄒᆞᆯ뿐더러本會의目的을發展키爲ᄒᆞ야會員勸集과會報勸讀이多數에至케ᄒᆞ시니老當益壯이라足謂ᄒᆞᆷ

延安郡申鉉弼氏敎育에有志ᄒᆞ신靑年이라境內同志諸氏를熱誠勸勉ᄒᆞ야會員募集과月報勸讀이多數에至ᄒᆞ시니銘謝不已ᄒᆞ노라

雲山郡康樂洙氏는多年境內敎育에無雙熱

誠者也라近來에郡內學界를一層擴張키爲ᄒᆞ야本會支學會를組織ᄒᆞ고各校任員과合心叶議ᄒᆞ야學界를益加鞏固케ᄒᆞ고會員募集이先次五十餘員에達ᄒᆞ고月報發展이多數에至ᄒᆞ시니該氏의衷情做去를深謝銘感ᄒᆞ노라

龜城郡金應漢氏는境內의敎育責任을擔負ᄒᆞ고躬行坊曲ᄒᆞ야熱心做去ᄒᆞᆷ으로該郡敎育程度가平北에居右ᄒᆞᆫ다稱ᄒᆞ고本會發展을決心履行ᄒᆞ심을深賀且感ᄒᆞᆷ

學界好況

金川郡支校大明學校特別科三年級卒業成蹟이如左ᄒᆞᆷ

柳旼秀、柳景馥、羅東燦、柳始馥、羅寅紀、黃道性 以上六人優等

特別科二年級進級成蹟

羅奎濂、李東根、柳燮秀、崔秉昌 以上四人優等

柳謙秀、羅成燦、李聖基、黃松淵、以上四人及第

尋常科二年進級成蹟

柳東馨、李寅雨、柳元八、以上優等

梁龍淳、盧海哲、柳承吉、羅燦郁、以上及第

尋常科一年進級成蹟

柳德馨、柳萬最、以上二人優等 柳俊馨柳幸秀、柳昌甲、柳文馥、柳海東、柳燦馥、柳命錫 以上七人及第

嘉山郡會員劉鶴鳴氏가本會를深愛ᄒᆞ야五圜金義捐ᄒᆞᆫ公函이如左ᄒᆞᆷ

敬啓者本會趣旨는昏衢導燭이오西津寶筏

로一般國民을指導拯濟ᄒᆞᄂᆞᆫ下에圓顱方趾者가孰不舞蹈欣幸이리오本人도國民中一分子로不無誠念이오나以不腆金五圜忘略件呈ᄒᆞ오니査納爲要

嘉山郡會員崔齊祥崔齊三兩氏가各參圜式義捐ᄒᆞᆫ公函ᄒᆞᆫ全文이如左ᄒᆞᆷ

敬啓者夫團合則成ᄒᆞ고渙散則敗은理固然也라故로百川이成海ᄒᆞ며羣蚊이作雷은何也오川之發源이初不過一線細流로ᄃᆡ必須合派而後에能就其深ᄒᆞ고蚊之爲物이卽不過極微最小로ᄃᆡ必須作隊而後에大放其聲者ᄂᆞᆫ燎然可見이온況乎人者은以最靈最貴底物로其心이相契ᄒᆞ고其力이相幷則何患乎事不成功不竣也리오竊惟　貴會ᄂᆞᆫ以忠君愛國之心으로敎育機關을擴張ᄒᆞ시니卽我二千萬團合ᄒᆞᆫ精神이오三千里文明할基礎라本會員은白屋貧窶에生ᄒᆞ야時局觀念에全昧ᄒᆞ나秉彝攸在에不勝激感ᄒᆞ야金三圜을忘些仰呈ᄒᆞ오니其於巨大經費에雖不及涓埃之補오나勿咎査納爲要

敬啓者古人이云善則千里之外應之ᄒᆞ고不善則千里之外違之라ᄒᆞ니今日에儘覺此言이親切的當也라　貴會에셔特念敎育ᄒᆞ야刱設社會ᄒᆞ고培養英才ᄒᆞ시니於是에自西自東自南自北히無思不服ᄒᆞ야文明을日進케ᄒᆞ시니如是則何患民智不達이며敎道不振이리오本會員이雖生於遐陬오나感荷ᄅᆞᆯ不勝ᄒᆞ야玆將三圜金ᄒᆞ야忘略汗呈ᄒᆞ오니査納ᄒᆞ시와以補萬一之助爲要

明川郡支會任員氏名

會長盧慶祖　評議員

副會長鄭承魯　楊錫煥　金昌義　鄭載龍

總務員金轍勳　安基爀　朴雨根　李鎭洙
會計員朴敏鶴　玄泰赫　金灤爀　金炳熙
書記員崔泰重　嚴觀燮　董漢默　金學聲
司察員崔衡奎　崔泰淳　金明濬　李東奎
事務員朴小勳

城津府支會任員氏名

會長申泰岳　評議員
副會長崔昌郁　金宗瑚　許彪　崔錫永
總務　李鍾極　李洪俊　申鉉國　金鉉弼
會計員崔元燮　康嬉元　李舜在　洪淳國
書記員李秉夏　金南極　崔勳杜　李錫勳
趙重鼎　李會俊　全相昊

正誤

定州會員林鶴燁氏의林字를朴字로誤植이
기林字로正誤홈

嘉山會員金鶴祚氏의金字를崔字로誤植이
기金字로正誤홈

會計員報告　第三十一號

七圜二十三錢五里　會計員任置條
五十圜八十七錢　月報代金收入條郵稅幷
一百圜　李甲處貸入條
合計一百五十八圜十錢
○五里

第三十一回新入會員入會金收納報告

白禮爽 義州　金錫澤 熙川　趙基龍 熙川
張濬明 熙川　崔在京 熙川　姜哲模 利原

許　健 吉州　李最淯 甑山　李萬奎 雲山
崔昌烈 雲山　白殷斗 雲山　白日祥 雲山
梁日煥 雲山　崔秉學 雲山　崔基鳳 雲山
崔國銓 雲山　林永根 雲山　鄭基柱 雲山
金斗雲 雲山　蔡承業 雲山　蔡承文 雲山
崔國龍 雲山　李瓚性 雲山　韓鳳擧 雲山
李允業 雲山　任榮銖 雲山　李慶植 雲山
韓滋明 雲山　劉善慶 雲山　金濟運 雲山
金時俊 雲山　朴鳳潤 雲山　王冕鎬 雲山
白鳳柱 雲山　李重承 雲山　韓明道 雲山
白希寬 雲山　李日涉 雲山　梁達洙 雲山
梁禹昌 雲山　白仁基 雲山　李基泰 雲山
白應斗 雲山　康處奎 雲山　崔性俊 雲山
尹之道 雲山　尹克淵 雲山　金炳朮 同
鄭濟善 同　金興泰 同　康承禹 同
白龍昇 同　李允元 同　朴元欽 泰川

朴應虎 泰川　白寅熙 泰川　朴寅森 泰川
金錫震 平山　李圭政 咸興　盧秉翼 安山
李東翼 瑞興　崔齊祥 嘉山　崔齊三 嘉山
李載烜 遂安　金元炯 遂安　李昌根 遂安
韓性範 遂安　黃鉉基 遂安　吳熽權 宣川
吳忠甲 宣川　禹命範 厚昌　各一圓式

合計七十一圓

第三十一回月捐金收納告報

金錫澤 三十錢 自五月至七月三朔條
趙基龍 三十錢 自五月至七月三朔條
張濬明 二十錢 自五月至六月兩朔條
崔在京 二十錢 自五月至六月兩朔條

金弼淳 五十錢 自一月至五月五朔條
金泰鉉 一圜七十錢 自二年九月至四年一月十七朔條
李台健 一圜 自三月至十二月十朔條
南廷鎬 一圜三十錢 自二年六月至三年六月十三朔條
裵明善 一圜四十錢 自二年五月至三年六月十四朔條

合計六圜九十錢

第三十一回寄附金收納報告

吳相翊 一圜 本校義捐五月條
吳錫裕 一圜 本校義捐五月條
李相鉉 二十錢 本校義捐三月條
韋京燮 十錢 本校義捐五月條
林宗民 十錢 本校義捐五月條
金得麟 十錢 本校義捐五月條
李炳淑 十錢 本校義捐五月條
辛德鉉 十錢 本校義捐五月條
鄭昌殷 十錢 本校義捐五月條
李昌薰 十錢 本校義捐五月條
金炳河 十錢 本校義捐五月條
宋仁明 十錢 本校義捐五月條
閔泳龜 十錢 本校義捐五月條
朴萬根 十錢 本校義捐五月條

申鳳秀	十錢	本校義捐五月條
金秉峻	十錢	本校義捐五月條
劉時亨	十錢	本校義捐五月條
柳東作	二圜	本校義捐五月條
李甲	十圜	本校義捐五月條
金義善	二圜	本校義捐四月條
姜華錫	四圜	本校義捐四月五月條
辛錫忠	二圜	本校義捐四月五月條
吳相奎	十圜	本校義捐五月條
李瓚在	二圜十錢	本校義捐自六月至十二月條
太明軾	五圜	本校義捐五月條

金錫權	六十錢	本校義捐四月五月條
金達河	五圜	本校義捐五月條
金在益	二圜	本校義捐自三月至十二月條
姜錫龍	三十錢	本校義捐五月條
玄昇奎	五圜	本校義捐五月條
金義善	六圜	本會寄附
崔齊祥	三圜	本會寄附
崔齊三	三圜	本會寄附
劉鶴鳴	五圜	本會寄附
朴景善	三十錢	本校義捐五月條

合計七十圜〇九十錢

第三十一回建築義捐金

收納報告

吳致殼 二百圜

李承喬 五圜 二十圜中

合計二百五圜

以上五共合五百十一圜九十錢〇五里內

第三十一回用下報告 自五月十五日 至六月十五日

二圜七十七錢 洋紙封套小筆白紙價幷

十八圜 葉書一千二百枚價

七十錢 直光耳一介價

一圜二十九錢 三錢郵票四十三枚價

十三圜二十錢 電話使用料自四月二十五日至六月末日條

三百六十三圜五十錢 本校經費支出條

一圜 錸造잉크瓶一座價

一圜六十四錢 各支會支校指明書八十二度發送郵稅條

八十錢 官報代金六月朔先金

四十錢 五月朔水價

十四圜 本會舘場園修理費

十四圜十五錢 總務四月朔十七日計日月銀條

七十圜 主筆會計書記四月朔銀條

會計員報告

六圜 五里郵票一千二百枚價

二圜九錢 端川載寧永興明川義州美國六處月報送小包費

一圜 寄附金領証五百枚紙價及印刷費幷

十錢 市外電話料條

合計五百十圜〇六十四錢

除

在一圜二十六錢五里 會計任置

光武十年十二月一日發刊

會員注意

會費送交	會計員	漢城中部校洞二十九統二戶 西北學會館內 朴景善
	受取人	西北學會
原稿送付	編輯人	漢城中部校洞二十九統二戶 西北學會館內 金達河
	條件	用紙 從便 / 期限 每月十日內

主筆 朴殷植

編輯兼發行人 金達河

印刷人 李達元

印刷所 普成社

發行所 漢城中部校洞二十九統二戶 西北學會

發賣所
皇城中署布屛下廣學書舖
皇城小安洞 大韓書林
皇城尙洞 博文書館
皇城罷朝橋 中央書舖

◎定價

一冊 金十錢(郵費一錢)
六冊 金五十五錢(郵費六錢)
十二冊 金一圓(郵費十二錢)

◎廣告料

半頁 金五圜
一頁 金十圜

會員注意

一本會月報를購覽커나本報에廣告를揭載코져ᄒᆞ시ᄂᆞᆫ 僉君子ᄂᆞᆫ西北學會庶務室노申請ᄒᆞ시압

一本報代金과廣告料ᄂᆞᆫ西北學會會計室노送交ᄒᆞ시압

一先金이盡ᄒᆞᄂᆞᆫ時에ᄂᆞᆫ封皮上에捺印으로証明홈

一本報를購覽코져ᄒᆞ시ᄂᆞᆫ 僉君子ᄂᆞᆫ住址統戶를昭詳記送于西北學會庶務室ᄒᆞ시압

一論說詞藻等을本報에記載코져ᄒᆞ시ᄂᆞᆫ 僉君子ᄂᆞᆫ西北學會會館內月報編輯室노寄送ᄒᆞ시압

第三種郵便物認可

特別廣告

本會月報의發行이今至三十號인ᄃᆡ代金收合이極히零星ᄒᆞ와繼刊ᄒᆞ기極窘ᄒᆞᆯᄲᅮᆫ不是라況本會館及學校建築에經用浩繁은一般會員과僉紳士의知悉ᄒᆞ시ᄂᆞᆫ바이니義務를特加ᄒᆞ시와遠近間購覽ᄒᆞ시ᄂᆞᆫ僉員은迅速送交ᄒᆞ시고本會員은月捐金도並計朔送致ᄒᆞ시와會務와校況을日益進就케ᄒᆞ심을千萬切盼

本學會告白

光武十年十二月一日
明治三十九年十二月一日

第三種郵便物認可

隆熙三年八月一日發行(每月一日一回發行)

(第二卷第十五號)

西北學會月報

發行所 西北學會

西北學會規則 (隆熙三年三月二十日改定)

第一條 本會의目的은敎育學藝의普及發達을圖홈

第二條 本會의會名은西北學會라稱홈

第三條 本會의事務所는皇城에置홈

但地方의支會나分事務所는隨宜設置홈도得홈

第四條 本會會員의資格은平安南北道咸鏡南北道黃海道人士中年齡二十歲以上品行이端正ᄒᆞᆫ者를要홈

第五條 本會會員의權利는任員選擧及被選擧와會務에對ᄒᆞ야意見을發表ᄒᆞ며可否를票決홈

第六條 本會會員의義務는本會의目的을熱心協贊ᄒᆞ되會規를勿違ᄒᆞ며本會에發行ᄒᆞᆫ月報를購覽ᄒᆞ며月捐金을按月必納홈

第七條 本會贊成員은本會會務에對ᄒᆞ야意見을陳述홈을得홈

第八條 本會의任員은如左홈

一 會長 一人
二 副會長 一人
三 總務員 一人
四 副總務員 一人
五 評議員 三十人 (隨時增減)
六 會計員 二人
七 書記員 二人
八 事務員 若干人
九 司察員 若干人

第九條 任員의職務는如左홈

一 會長은會中一切事務를統轄홈

二 副會長은 會長을 協贊ᄒᆞ되 會長이 有故ᄒᆞᆫ 時ᄂᆞᆫ 其職務ᄅᆞᆯ 代辦ᄒᆞᆷ

三 總務員은 一般庶務ᄅᆞᆯ 總執ᄒᆞ되 會計員以下 諸任員을 指揮監督ᄒᆞᆷ

四 副總務員은 總務員을 協贊ᄒᆞ되 總務員이 有故ᄒᆞᆫ 時ᄂᆞᆫ 其職務ᄅᆞᆯ 代辦ᄒᆞᆷ

五 評議員은 會中事務ᄅᆞᆯ 評議決定ᄒᆞ야 通常會에 提出ᄒᆞᆷ

但緊急事項은 議決實施ᄒᆞᆷ도 得ᄒᆞ되 通常會에 報告ᄒᆞ야 承認을 得ᄒᆞᆷ을 要ᄒᆞᆷ

六 會計員은 會中財政의 出納을 掌理ᄒᆞᆷ

七 書記員은 會中文簿ᄅᆞᆯ 掌理ᄒᆞᆷ

八 事務員은 總務員의 指揮ᄅᆞᆯ 從ᄒᆞ야 各其分掌ᄒᆞᆫ 事務ᄅᆞᆯ 執行ᄒᆞᆷ

九 司察員은 會員의 品行을 周察ᄒᆞ며 開會時에 會席을 整肅케 ᄒᆞᆷ

第十條 任員의 選擧ᄂᆞᆫ 通常會에서 一般會員이 公薦票選ᄒᆞ되 會計員以下의 諸任員은 評議員會에서 公薦票選ᄒᆞ야 通常會에 報告決定ᄒᆞᆷ을 要ᄒᆞᆷ

第十一條 任員의 任期ᄂᆞᆫ 一個年으로 定ᄒᆞᆷ 但不得已ᄒᆞᆫ 事故가 有ᄒᆞᆫ 時ᄂᆞᆫ 此限에 不在ᄒᆞᆷ

第十二條 本會에서 月報ᄅᆞᆯ 發行ᄒᆞ야 一般會員의게 頒給ᄒᆞ며 且會中事項을 揭布[illegible]

第十三條 本會館內에 學校ᄅᆞᆯ 設置ᄒᆞᆷ 但地方에 支校도 設置ᄒᆞᆷ을 得ᄒᆞᆷ

第十四條 本會에서 本學校ᄅᆞᆯ [illegible] 規程은 別로 定ᄒᆞᆷ

第十五條 本會經費ᄂᆞᆫ 入會金 月捐[illegible] 篤志者의 寄附金과 [illegible]

第十六條 本會의 會財와 [illegible]

一、定期通常會는每月第一土曜日로開홈(時間은隨宜)

二、臨時通常會는會務處理의緊急을因ᄒᆞ야會長과總務員의協議로召集홈

三、定期評議員會는每月第四土曜日로開홈(時間은隨宜)

四、臨時評議員會는會務議決의緊急을因ᄒᆞ야評議長과總務員의協議로召集홈

五、總會는本會既往의狀態를報告ᄒᆞ며未來의發展을計圖ᄒᆞ기爲ᄒᆞ야三年에一次式通常會의決議로召集홈

第十七條 定期通常會及臨時通常會의出席員數는在京會員三分二以上으로定홈

第十八條 定期評議員會及臨時評議員會의出席員數는評議員三分의一以上으로定홈

第十九條 總會의出席員數는全會員[illegible]分[illegible]一以上으로定홈

第二十條 本會會章의式樣은三聯環으로製定홈

第二十一條 本規則에未備ᄒᆞᆫ事項은通常會의可決을要홈

第二十二條 本規則을改定ᄒᆞᆯ境遇에는通常會出席員三分二以上의可決을要홈

學校管理規程

第一條 本會에서設立ᄒᆞᆫ西北協成學校를本會에서管理홈

第二條 本學校의任員은本會에서公薦票選홈

一、校長은通常會에서公薦票選홈

二、校監以下의任員은評議會에서公薦票選ᄒᆞ야通常會에報告決定ᄒᆞᆷ을要ᄒᆞᆷ

第三條 本學校의一切經費ᄂᆞᆫ本會에서支出ᄒᆞᆷ

第四條 本學校校長은左開事項을本會에報告ᄒᆞᆷ

一、經費에關ᄒᆞᆫ事項（每月終）

二、敎師의進退에關ᄒᆞᆫ事項（隨時）

三、學生의增減에關ᄒᆞᆫ事項（學期及學年）

第五條 講師의進退ᄂᆞᆫ校長、校監、學監의協議로決定ᄒᆞᆷ

隆熙二年八月一日西北學會月報第一卷第十五號要目

特別廣告

本社에서夏節을因ᄒᆞ야來月二朔間本會報刊行을停止ᄒᆞ오니愛讀ᄒᆞ시ᄂᆞᆫ僉君子ᄂᆞᆫ照亮ᄒᆞ시ᄋᆞᆸ

西北學會月報社

再各項通信及其他代金領受等一般事項은[illegible]ᄒᆞ오

論說

柞蚕營業에對ᄒᆞ야勸告我地方同胞

柞蠶實驗論은本報에業已譯載ᄒᆞᆫ바니其發明의來歷과飼育方法은讀者諸君이想應閱悉이나然이나此는文字上發佈에不過ᄒᆞ거니와現今은皇城典洞柞蠶會社의有志諸氏가淸州驪州等地方에셔實地飼育을試ᄒᆞ야收繭의成績을快覩ᄒᆞ얏스니誰가此에對ᄒᆞ야一毫疑點이有ᄒᆞ리오所急者는一般同胞가早速着手ᄒᆞ야時刻을放過치勿ᄒᆞ고隨處發展을是圖홈이라

盖柞蠶營業은三千里區域內에滿山遍野가皆天産的富源이니豈可自行抛棄ᄒᆞ고徒然生活의困難만叫呼ᄒᆞ리오近頃에日本人이我國內에柞蠶營業地調査ᄒᆞᆫ바을據ᄒᆞᆫ則其計筭에曰我國內에柞蠶飼育이發達되면逐年二億萬圜의財産을增殖ᄒᆞ리라ᄒᆞ얏스니我同胞가前者에는此等營業의方法如何와利益如何을不知ᄒᆞ얏더니今則實驗의成績을目覩ᄒᆞ고도逐年二億萬元의財産을取得홀欲望이無ᄒᆞᆫ가

盖此柞蠶營業은淸國山東地方에셔發現되야蠶絲産出이歲歲增加ᄒᆞ야挽近歐米各國輸出品의第一位를占ᄒᆞ얏는ᄃᆡ我國은地質과氣候가淸國地方보다尤爲佳良ᄒᆞ고柞櫟의種植으로言ᄒᆞ면全國森林中에最多數을占ᄒᆞ얏슨則柞蠶飼育이便利치아니ᄒᆞᆫ處가無ᄒᆞ며又此營業은多大ᄒᆞᆫ資本도不要ᄒᆞ고

但二三百元의資金으로該營業을實行ᄒᆞ면其成績이極良ᄒᆞᆫ結果ᄂᆞᆫ數千元의利益을得ᄒᆞ고或最良ᄒᆞᆫ程度에達치못ᄒᆞ고若干損失이有ᄒᆞᆯ지라도千元以上에利益은得ᄒᆞᆯ지니不過五十日農作에十倍의生利가되ᄂᆞ니農家營業에孰有賢於此者리오又飼育의方法을知得코져ᄒᆞᆯ진ᄃᆡ典洞柞蠶會社에叅入ᄒᆞ고敎師와繭種을請求ᄒᆞ면依例酬應ᄒᆞᆯ지며一次飼育의實驗을經過ᄒᆞ면婦女兒童이皆可學得ᄒᆞ야盡其誠力ᄒᆞᆯ지니該營業을發達ᄒᆞᆷ에무삼難便處가有ᄒᆞ리오

惟我同胞ᄂᆞᆫ此營業에對ᄒᆞ야時刻을放過치勿ᄒᆞ고各其園林과山麓에柞櫟橡栩의木類가茂密ᄒᆞᆫ地을擇ᄒᆞ야養蠶地를劃定ᄒᆞ고繭種과敎師를典洞에在ᄒᆞᆫ會社에請求ᄒᆞ야卽自今年秋期로(自陰六月至八月)着手ᄒᆞ야實地를試驗ᄒᆞ면婦人과兒童ᄭᆞ지라도其方法을知得키不難ᄒᆞᆯ지니明春에至ᄒᆞ야ᄂᆞᆫ一層擴張키容易ᄒᆞᆯ지라全國同胞가一致奮發ᄒᆞ야十分注力ᄒᆞ면處處園林과處處山麓이皆民産과國力을增進ᄒᆞᄂᆞᆫ最大富源이니念之勉之어다若及今不圖ᄒᆞ고他日을等待ᄒᆞ다가ᄂᆞᆫ手敏足疾ᄒᆞᆫ他人의게歸ᄒᆞᆯ지니時哉라不可緩이로다嗟我同胞여

教育部

誠勤二字로贈學生諸君

長夏炎天에赤日이如年ᄒᆞ고火雲이如峯ᄒᆞ니於是乎夏期休學의期가屆ᄒᆞ야我學生諸君이試驗을畢了ᄒᆞ고各其歸覲의行李을收拾ᄒᆞ야瀛笛一聲에飄然登途ᄒᆞ니本記者ㅣ

于以餞之를南門之外ᄒᆞᆯ식何以祝之오觸熱長程에身體健康이오何以慰之오秋期上學에握叙不遠이오何以贈之오惟誠惟勤이無上玅訣이로다盖誠勤二字를人孰不知며人孰不言이리오만은實心으로體認ᄒᆞ고實地로履行ᄒᆞ는者가鮮少ᄒᆞ도다若其誠勤二字를實心으로體認ᄒᆞ고實地로履行ᄒᆞ면天下之學을修得지못ᄒᆞᆯ者ㅣ無ᄒᆞ며天下之事를做得지못ᄒᆞᆯ者ㅣ無ᄒᆞ건만은惟其不誠不勤이라學無所成ᄒᆞ고事無所就ᄒᆞ야究竟身世가天地間一棄物을作ᄒᆞᆯ而已니吾人於此에엇지十分猛省ᄒᆞ야到底力踐ᄒᆞᆯ바아니리오盖天道는至誠이라一僞의雜이無ᄒᆞ고乾行은至健이라一身의停이無ᄒᆞᄂᆞ니純乎天道ᄒᆞ야不僞不息者는聖人이오兢畏于天ᄒᆞ야不敢容僞ᄒᆞ고不敢怠忽者는賢人이라世所稱英雄豪傑의事業도皆誠勤中做得者니吳起의爲卒吮疽가非誠而何며陶侃의朝夕運甓이非勤而何오學棋而思射鴻者는不誠者也오掘井不及泉者는不勤者也니焉能有得이며焉能有成이리오故로程子ㅣ曰道之浩浩를何處下手리오惟立誠이라야纔有可居之處라ᄒᆞ셧고曾文正이曰軍興以來로每見人이有一材一技ᄒᆞ야能耐艱苦者는無不見用於人ᄒᆞ며見稱於時ᄒᆞ고其絕無材技ᄒᆞ야不慣作勞者는皆唾棄於時ᄒᆞ야飢凍就斃라故로勤則壽ᄒᆞ고逸則夭ᄒᆞ며勤則有才而見用ᄒᆞ고逸則無能而見棄라ᄒᆞ얏스니今日諸君이皆年富力强에前程이萬里라學界에投身ᄒᆞ야學業에從事ᄒᆞ면서立誠의根本이無ᄒᆞ고난人의可居之處가無ᄒᆞᆷ과如ᄒᆞ야諸般學術이但資口耳ᄒᆞ고絕無心得이니焉用爲

學이며平生事業에勤勉의工夫가無ᄒᆞ고此若大若小에一無所就ᄒᆞᄂᆞᆫ故로畢竟唾棄於時ᄒᆞ야飢凍就斃ᄅᆞᆯ不免ᄒᆞᆯ지니幸我諸君은眞實心地와刻苦工夫로末俗의虛僞ᄅᆞᆯ痛戒ᄒᆞ며汚習의偸惰ᄅᆞᆯ務祛ᄒᆞ야將來高尙ᄒᆞᆫ學問家와宏大ᄒᆞᆫ事業家로世界에雄飛ᄒᆞᄂᆞᆫ結果가有ᄒᆞ기ᄅᆞᆯ惓惓希望ᄒᆞ노니念之勉之어다更히一言의要로써進ᄒᆞ건ᄃᆡ誠의積於平日者ᄂᆞᆫ自不妄語로始ᄒᆞ고勤의積於平日者ᄂᆞᆫ自不晏起로始ᄒᆞᄂᆞ니라

取友說로申勉我學生諸君

人之成德이莫要於取友故로孔子ㅣ曰毋友不如己者라ᄒᆞ시며子夏ㅣ曰賢賢易色이라ᄒᆞ며曾子ㅣ曰以友輔仁이라ᄒᆞ며孟子ㅣ曰取友必端人이라ᄒᆞ엿스니其人의賢不肖ᄅᆞᆯ知코져ᄒᆞ면其取友如何ᄅᆞᆯ視ᄒᆞᆯ而已로다惟

我學生諸君이有志乎아無志乎아若其取友也ㅣ擇其賢者면是有志者也오若反是ᄒᆞ야不擇其賢而友之者면是無志者也니於無志者에吾何望焉이리오余於青年社會에得賢俊者若個人而崔君南善이其尤也라余固拙訥ᄒᆞ야平生不解藏人善者나於崔君에實有篤愛而深服者焉ᄒᆞ니盖其學識精通이非吾所及也오思想高玅가非吾所及也오品行修飾이非吾所及也오甘服勤勞ᄒᆞ야痛戒安逸이非吾所及也오韜藏自修ᄒᆞ야遠避聲譽가非吾所及也니以若弱冠芳齡으로具此衆美者ㅣ求之古今에果可多得乎아余於崔君에所以期望者ㅣ遠大故로常恐其聲名之風著ᄒᆞ야不欲向人說道者이나窃爲我學生諸君ᄒᆞ야欲其師之友之ᄒᆞ야以爲成德之資故로有此云云ᄒᆞ노니諸君은其傾聽否아人情이

恒慕遠而忽近ᄒᆞ야尙友千載之上ᄒᆞ고求友萬里之外者가多有ᄒᆞ나儉世而生ᄒᆞ고比隣以居者에ᄂᆞᆫ往往忽焉而遺之ᄒᆞᄂᆞ니此所謂不知有程伯淳者耶아今日諸君之於崔君에年相若也오居比隣也오日常晤會가非難也而得此良友가豈不幸哉아請我諸君은幸勿棄此忠告ᄒᆞ고勿交臂而失之어다

錄曾文正忮求詩二首ᄒᆞ야告我社會諸友

余ᄂᆞᆫ一個妄庸人이라然而恒常社會風氣를對ᄒᆞ야憂危恐慌의私를懷抱ᄒᆞ고其矯救澄治의方針을商量홈이有ᄒᆞ나其要領을確認치못홈으로尙今泯默看過矣라一日은曾文正國藩氏ㅣ示二子文의忮求詩二首를讀ᄒᆞ니果是社會風氣에對ᄒᆞ야字字句句가皆一摑一掌血이오一棒一條痕이라不敢自私ᄒᆞ야揭錄如左ᄒᆞ노니惟我社會諸友ᄂᆞᆫ深切佩服ᄒᆞ야個人自修와社會交際에對ᄒᆞ야缺裂의惡因을消除ᄒᆞ고圓滿의好果를種植홀지어다大抵個人心地와社會風氣에最大惡根은忮克心과貪求心이라此兩種의惡根을不祛ᄒᆞ고난아무리心地의公平과社會의親愛를希望홀지라도決코效果를得지못홀지니此等先哲의訓誨를道德家常談으로泛視치勿ᄒᆞ고實心銘佩ᄒᆞ고實心履行홀지어다

蓋此忮求詩ᄂᆞᆫ曾文正이其子孫을爲ᄒᆞ야世世戒命을作ᄒᆞᆫ者니其文에曰余가生平에儒先의書를略涉ᄒᆞ야聖賢의敎人修身ᄒᆞᆫ千言萬語를見ᄒᆞ니要以不忮不求로爲重이라忮者ᄂᆞᆫ嫉賢害能ᄒᆞ고妬功爭寵이니所謂怠者ᄂᆞᆫ不能修ᄒᆞ고忘者ᄂᆞᆫ畏人修의類오求者ᄂᆞᆫ貪利貪名ᄒᆞ고懷土懷惠니所謂未得에患得ᄒᆞ고既得에患失의類라忮不常見이라每於

名業相伴ᄒᆞ고勢位相埒之人에게發露ᄒᆞ고求不常見이라每於貨財相接ᄒᆞ고仕進相妨之際에發露ᄒᆞᄂᆞ니將欲造福인ᄃᆡ先去忮心ᄒᆞᆯ지니所謂人能充無欲害人之心이면仁不可勝用이오將欲立品인ᄃᆡ先去求心ᄒᆞᆯ지니所謂人能充無穿窬之心이면義不可勝用이라忮不去면滿懷가皆是荆棘이오求不去면滿腔이日卽卑汚ᄒᆞᄂᆞ니라余於此二者에常加克治ᄒᆞ되根未能掃除淨盡이라爾等은欲心地乾淨인ᄃᆡ宜於此二者에痛下工夫ᄒᆞ고併願子孫이世世戒之ᄒᆞ야忮求詩二首를作ᄒᆞ야示之ᄒᆞ노라ᄒᆞ엿더라

忮求詩

善莫大於恕、德莫凶於妬、妬者妾婦行、瑣瑣奚比數、己拙忌人能、己塞忌人遇、己若無事功、忌人得成務、忌若無黨援、忌人得

多助、勢位苟相敵、畏偪又相惡、己無好聞望、忌人文名著、己無賢子孫、忌人後嗣裕、爭名日夜奔、爭利東西騖、但忌一身榮、不惜他人汚、聞灾或欣幸、聞禍或悅豫、問渠何以然、不自知其故、爾室神來格、高明鬼所顧、天道常好還、嫉人還自誤、幽明叢詬忌、乖氣相回互、重者裁汝躬、輕亦減汝祚、我今告後生、悚然大覺悟、終身讓人道、曾不失寸步、終身祝人善、曾不損尺布、消除嫉妬心、普天零甘露、家家護吉祥、我亦無恐怖、右不忮

知足天地寬、貪得宇宙隘、豈無過人姿、多慾爲患害、在約每思豐、居困常求泰、富求千乘車、貴求萬釘帶、未得求速償、既得求勿壞、芬馨比椒蘭、磐固方泰岱、求榮不知饜、志亢神愈汰、歲燠有時寒、日明有時晦、

時來多善緣、運去生灾恠、諸福不可期、百殃紛來會、片言動招尤、舉足便有碍、戚戚抱殷憂、精爽日凋瘵、矯首望八荒、乾坤一何大、安榮無遽欣、患難無遽慼、君看十人中、八九無倚賴、人窮多過我、我窮猶可耐、而況處夷塗、奚事生嗟慨、於世少所求、俯仰有餘快、俟命堪終古、曾不願乎外 右不求

皇后陛下親蚕成績에對ᄒᆞ야區區感淚로同胞의게勸勉홈

蠶業科生 梁東衡

東衡은海外에在留ᄒᆞ야皇城報ᄅᆞᆯ覽閱타가本年六月一日出官報欄을奉讀ᄒᆞᆫ즉我皇后陛下게오셔水原勸業模範場蠶室에臨幸御覽ᄒᆞ신后左ᄀᆞᆺ치徽旨ᄅᆞᆯ下ᄒᆞ오셧ᄉᆞ니

養蠶은我國風土에最適ᄒᆞ야有望ᄒᆞᆫ業으로夙著ᄒᆞ고民產을勸獎키爲ᄒᆞ야本年으로自ᄒᆞ야宮中에親蠶을試ᄒᆞ시고今復命婦ᄅᆞᆯ率ᄒᆞ야此地蠶室에臨視홈의飼育諸法이漸進홈을欣喜ᄒᆞ며斯業이全國民產에重要됨을益信ᄒᆞ노니惟我人民은一致ᄒᆞᆫ力으로蠶業을發達케ᄒᆞ고特히婦女된者ᄂᆞᆫ此에益加盡力케홈을切望不已라ᄒᆞ오신지라東衡은讀畢에感惶이無極이오聲淚가俱發ᄒᆞ야一欲奮吽疾呼於我二千萬同胞ᄒᆞ노니

盖衣食住三者ᄂᆞᆫ人民生活의不可缺홀者라我國에目下의食住二者ᄅᆞᆯ觀홀진ᄃᆡ外輸ᄅᆞᆯ永辭치못ᄒᆞ나內產의需用이强半以上은占得ᄒᆞ얏다云홀지라然ᄒᆞ나所謂衣料에至ᄒᆞ

야ᄂᆞᆫ儉奢를勿論ᄒᆞ고外國輸品을必須ᄒᆞᄂᆞᆫ者十居八九ᄒᆞ니此에對ᄒᆞ야源委를溯究ᄒᆞ면廢一言ᄒᆞ고機織不務에由ᄒᆞᆷ이오機織의資料ᄂᆞᆫ木綿繭絲二者에不過ᄒᆞ니其最大ᄒᆞᆫ利用은卽繭絲가是已로다我國이古來로브터蠶絲의業을不務ᄒᆞᆫ것은아니나反히舊步의退却을未免ᄒᆞᆷ으로近來에至ᄒᆞ야或山村野部에一二家가數箱蠶을養ᄒᆞ야曰女兒의嫁期가已迫ᄒᆞ니嫁時用品某件某件準備ᄒᆞᆷ을爲ᄒᆞᆫ다ᄒᆞ며又或家ᄂᆞᆫ僅十數頭弱蠶을觀覽品과如히陳設ᄒᆞ야曰家에老桑數株가有ᄒᆞ니他家의借摘을免코저ᄒᆞᆷ이라ᄒᆞ니烏乎噫嘻라此ᄂᆞᆫ遐村未開ᄒᆞᆫ地의常態라無足云云이나足히全國蠶業界의風潮를此로써槪筭ᄒᆞ리로다今幸有志人士가齊起ᄒᆞ야飼育方法을次第實施中인즉隨處擴張ᄒᆞ야多大ᄒᆞᆫ利益을得ᄒᆞ야我國의富源을發達ᄒᆞᆯ希望이有ᄒᆞᆫ줄노思惟ᄒᆞ며又典洞에柞蠶會社가特立ᄒᆞ야飼養新書를支社에廣布ᄒᆞᆫ다니是亦富源發達에莫大ᄒᆞᆫ利點이라一般實業家의汲汲注意ᄒᆞᆷ을推可知矣로다無似者亦渡日ᄒᆞᆫ后로該國의國富ᄒᆞᆫ原因을槪探ᄒᆞᆫ즉蠶絲輸出一欵이第一位에居ᄒᆞ니一小昆虫의産物로莫大ᄒᆞᆫ利益을供給ᄒᆞᄂᆞᆫ것이實로驚異ᄒᆞᆯ바이라今春에上野藤岡蠶業講習所에實習을是請ᄒᆞ야見學三數個月에其飼育의好結果를是講ᄒᆞᆫ즉蠶業에有志ᄒᆞᆫ者不得不植桑을先務ᄒᆞᆯ것은良桑을不得ᄒᆞ면良繭을不得ᄒᆞᆯ뿐不是라費勞無功ᄒᆞ야利益을不得ᄒᆞᆯ지라所以로桑樹栽培法一篇을爲先譯述ᄒᆞ고此次에養蠶法을簡易ᄒᆞ게謄載ᄒᆞ야實行에便易케ᄒᆞ야同胞의蠶業前塗를紹介코

저ᄒᆞ오며上으로
皇后陛下의隆重ᄒᆞ오신 徽旨를万一奉承ᄏᆞ저ᄒᆞᆷ이오니惟男婦同胞諸氏ᄂᆞᆫ幸其留意賜覽ᄒᆞ심을切望ᄒᆞᄋᆞᆸ니다

桑樹栽培法譯

桑의種類ᄂᆞᆫ現今各國에서栽埴ᄒᆞᄂᆞᆫ것이四百餘種에達ᄒᆞ얏시나同一種而異其名者居多라此ᄂᆞᆫ實播ᄒᆞᆯ時마다種種變化ᄒᆞ야原種과ᄂᆞᆫ自相不同ᄒᆞᆷ이니一一히其名稱을論ᄒᆞ자면際限이無ᄒᆞ도다元來善良ᄒᆞᆫ種類ᄂᆞᆫ樹質이强壯ᄒᆞ고收葉量이多ᄒᆞ며滋養分이富ᄒᆞᆫ者를云ᄒᆞᆷ이니大抵桑樹ᄂᆞᆫ地味氣候의不同ᄒᆞᆷ을從ᄒᆞ야自然히適否의差異가有ᄒᆞᆷ으로甲地의良種을乙地에移ᄒᆞ야良種되기不可必이라不可不其土地에限ᄒᆞ야適當ᄒᆞᆫ種類를撰擇ᄒᆞᆯ것이오

四百餘種의多數ᄒᆞᆫ桑種을別論키不暇ᄒᆞᄂᆞ大別之ᄒᆞ면三種部分에不過ᄒᆞ니卽早生種中生種晩生種이是라早生者ᄂᆞᆫ發芽期가早ᄒᆞ니稚蠶을可飼오晩生種은晩節에成長ᄒᆞ야老硬期가遲ᄒᆞᆷ으로壯蠶期에用ᄒᆞ며中生은其中間에用ᄒᆞᄂᆞᆫ者이라此三種을適宜ᄒᆞ게栽植ᄒᆞ면桑葉의經濟(桑芽十匁이成長ᄒᆞ면二百匁이됨)와蠶兒의衛生上에兩全을俱得ᄒᆞᆯ지니故로普通樹植ᄒᆞᄂᆞᆫ法이早生種은一割乃至一割五分(十畝田地면一畝或一畝半) 中生種은二割五分乃至三割晩生種은五割乃至六割(或早生二畝中生五畝晩生三畝)이라

早生과中生은發芽도早ᄒᆞ고硬化ᄒᆞᆷ도速ᄒᆞᆫ것이나또ᄒᆞᆫ種類에因ᄒᆞ야其開發程度와硬

化程度의多少差異가有ᄒᆞ니早生中에節曲(桑樹名이니樹의形狀으로名ᄒᆞᆫ者며或發見者에名으로名홈이多홈)市平等은葉의成長이速ᄒᆞ며硬化도早ᄒᆞ고柳田多胡等은硬化期가晩ᄒᆞ며中生種에赤木小牧等은硬化期가速ᄒᆞ나鶴田九紋龍魯桑等은長久ᄒᆞ도록老硬치아니ᄒᆞ는者라近來秋蠶盛ᄒᆞᆫ地方에魯桑及魯桑實播의流行이最盛ᄒᆞ니此는滋養分이富ᄒᆞ야老硬期가遲ᄒᆞ고且貯藏에長時間을能堪ᄒᆞ며地氣의寒暖을不拘ᄒᆞ고能히繁茂홈을取홈이오晩生良種에山中高助는晩生中最早ᄒᆞᆫ者니葉肉이厚ᄒᆞ고光澤이有ᄒᆞ며性質이寒氣를能堪ᄒᆞ는故로寒地方高刈製裁에適合ᄒᆞᆫ者이며壯蚕飼育用에良好ᄒᆞᆫ者이오十文字는發芽는遲ᄒᆞ나葉이密着ᄒᆞ야收穫이多ᄒᆞ며又肉厚滑澤柔軟ᄒᆞ야五齡蚕의最好ᄒᆞ는者이오鼠返은樹勢强ᄒᆞ야寒地에適合ᄒᆞ고枝細葉密ᄒᆞ야五齡에全葉으로與ᄒᆞ기可ᄒᆞᆫ者이라

(繁殖法)凡植物은皆其種子를播ᄒᆞ야繁殖을計홀뿐이러니人智의開홈을從ᄒᆞ야種種ᄒᆞᆫ方法을發明ᄒᆞ야此等繁殖은得ᄒᆞ기容易ᄒᆞᆫ지라元來桑은實蒔ᄒᆞᆫ苗木은其母木과同性質을帶有ᄒᆞ는者甚稀ᄒᆞ고劣等에陷ᄒᆞ기過半이나往往實蒔에셔良種을得홈도有ᄒᆞ기로其法을不棄ᄒᆞ며又接木時에砧木을作홈엔가장必須홀者이오唯其母木과同性質을保持ᄒᆞ기는揷木接木撞木採傘採等方法을用ᄒᆞ야得ᄒᆞ는것이니卽所謂人智로發明ᄒᆞᆫ者라

實蒔法은成熟ᄒᆞᆫ桑椹을細目篩에入ᄒᆞ고揉潰之ᄒᆞ야淸水로洗濯ᄒᆞ야肉을去ᄒᆞ고實은木灰或細砂에混合ᄒᆞ야播下호ᄃᆡ(或實을陰乾ᄒᆞ야水

分을去ᄒᆞ고貯藏ᄒᆞ얏다가翌年春에播을種ᄒᆞᆷ도有ᄒᆞ나此ᄂᆞᆫ反히發芽者寡燥ᄒᆞᆫ高田地ᄅᆞᆯ擇ᄒᆞ야肥料ᄅᆞᆯ施ᄒᆞ고土塊ᄅᆞᆯ細粉ᄒᆞ야畝ᄅᆞᆯ作ᄒᆞ고平坦ᄒᆞ게輕輕叩打ᄒᆞᆫ其上에播種ᄒᆞ고細七를薄弱히加覆ᄒᆞᆫ後枯草或藁의類를掩置ᄒᆞ며乾燥ᄒᆞ기過ᄒᆞ면豫防으로朝夕에水肥를施ᄒᆞᄂᆞ니如斯히ᄒᆞ면二週間內外에發芽ᄒᆞᆯ지라發芽後에ᄂᆞᆫ枯草又藁類ᄅᆞᆯ搔除ᄒᆞ야幼芽伸長에妨害가無케ᄒᆞ며더욱過乾치아니ᄒᆞ도록注意ᄒᆞ고芽가二三寸生育ᄒᆞᆫ頃엔一二寸距離에一二芽式强壯ᄒᆞᆫ者만撰立ᄒᆞ고培養을善히ᄒᆞ면當年에二尺內外ᄅᆞᆯ伸長ᄒᆞᆯ것이오

挿木ᄒᆞ야得ᄒᆞᆫ苗木은原種類에서變ᄒᆞᆯ憂慮가無ᄒᆞ고其法을善히ᄒᆞ면一年內에四尺內外ᄭᆞ지成育ᄒᆞᄂᆞ니挿木法을行ᄒᆞᆯ土地ᄂᆞᆫ濕氣가易漏ᄒᆞ고細軟ᄒᆞᆫ砂土에藏風ᄒᆞ고日光의善照ᄒᆞᄂᆞᆫ地가適宜ᄒᆞᆫ지라此挿木法에挿木木蒔等이有ᄒᆞ고挿木에도春挿夏挿이有ᄒᆞ니春挿은早春發芽前에行ᄒᆞ며夏挿은春蠶上簇前五月海間에刈取ᄒᆞᆫ枝條ᄅᆞᆯ切ᄒᆞ야行ᄒᆞᆯ것이니挿木ᄒᆞᆯ時엔田地에腐熟ᄒᆞᆫ堆肥ᄅᆞᆯ施ᄒᆞ고適宜ᄒᆞᆫ畦幅畝ᄅᆞᆯ作ᄒᆞᆫ后五六寸間마다五六寸을深挿ᄒᆞ고一二芽ᄲᅮᆫ地上에顯케ᄒᆞ며日光遮掩과水肥施設에勿怠ᄒᆞ면秋에至ᄒᆞ야良苗ᄅᆞᆯ可得이며

木蒔法은晩秋에一年生枝條木蒔ᄒᆞ기爲ᄒᆞ야充實ᄒᆞᆫ桑을故切ᄒᆞᆷ은不可ᄒᆞ니傘採苗의根餘者와天牛에被害枝等餘屑을取ᄒᆞᆷ이可ᄅᆞᆯ二二寸式切ᄒᆞ야貯藏二三十本式一束야五六寸許深埋ᄒᆞᄒᆞ얏다가翌年春에至ᄒᆞ야整地ᄒᆞᆫ苗圃에三四寸距離마다排列ᄒᆞ고細土로掩置種頭가不見케ᄒᆞ면挿木成長苗와同ᄒᆞ며撞木採法은三年以上을經ᄒᆞᆫ母樹의新條二三尺伸長ᄒᆞᆫ時에其尖端

二三寸을切去ᄒᆞ면衆芽傍生ᄒᆞᄂᆞ니元本을壓條(條를捨ᄒᆞ야下葉이向上케홈)ᄒᆞ되下方의芽(捨ᄒᆞ기前엔上方이라)ᄂᆞᆫ除ᄒᆞ고上方의芽ᄲᅮᆫ地上에一寸許顯ᄒᆞ게ᄒᆞ며芽가一尺許伸長ᄒᆞ면母樹로從來ᄒᆞᄂᆞᆫ養液을制限ᄒᆞ기爲ᄒᆞ야基部의皮를剝去ᄒᆞ야各芽에게獨立生活을與ᄒᆞ면各其根에發育이良好홈으로써晩秋에至ᄒᆞ야此를掘取ᄒᆞ야撞木形(郎丁字木)으로切斷ᄒᆞ면一枝에서數條良苗를得홀것이오

傘採法은三年以上의母樹新條를用ᄒᆞ되早春發芽前에早速히枝條를刈去ᄒᆞ고新梢가一尺五寸許伸長ᄒᆞ면本株의周圍를溝形으로堀ᄒᆞ고其底에腐熟ᄒᆞᆫ堆肥를施ᄒᆞ고細土로少覆ᄒᆞᆫ其上에四方으로壓條(條를拾ᄒᆞ야下葉을上向케홈)ᄒᆞ되先端에四五葉만地上에現케ᄒᆞ고其餘ᄂᆞᆫ皆厚埋ᄒᆞ얏다가撞木採와如히一尺以上을伸長ᄒᆞᆯ時엔基部를傷ᄒᆞ야獨立의生活를與ᄒᆞ며良苗를自得홀것이오

接木은其砧木又接法에依ᄒᆞ야成育의遲速과生着의善惡과經年의長短이有ᄒᆞ며種穗의關係가尤重ᄒᆞ니撰擇上最注意홀者라砧木은實生苗一年或二年生健全ᄒᆞᆫ者가可ᄒᆞ고種穗ᄂᆞᆫ氣勢强盛ᄒᆞᆫ枝梢中央部를用ᄒᆞᄂᆞ니先端은柔軟ᄒᆞ고根本은老硬ᄒᆞ야具不宜用이라接木의節期ᄂᆞᆫ風土에依ᄒᆞ야不同ᄒᆞ나春芽將發時가最良ᄒᆞ고接木術에就ᄒᆞ야注意홀要点은砧木의成生層과種穗의成生層이密着ᄒᆞ야間隙이毫無케홀지니此成生層은植物營養分의循環ᄒᆞᄂᆞᆫ要所라外으로樹皮를生成ᄒᆞ고內으로材質을生成ᄒᆞ야樹의增大홈을計ᄒᆞᄂᆞᆫ故로砧木及種穗의切口ᄂᆞᆫ銳利ᄒᆞᆫ刀로敏滑ᄒᆞ게削ᄒᆞ며成生層을密

接케ᄒᆞ고接合部ᄂᆞᆫ打藁로纏ᄒᆞ야動搖치아니케ᄒᆞ며第一雨水의侵入을防ᄒᆞ고接合ᄒᆞᆫ것은一時假植ᄒᆞ야서完全히生着ᄒᆞᆫ줄노認定ᄒᆞᆫ時에當園에移植ᄒᆞᄂᆞᆫ法이오

(植苗法)蠶兒의發育을爲ᄒᆞ야桑園을作ᄒᆞ자면第一適宜ᄒᆞᆫ土地ᄅᆞᆯ擇ᄒᆞᆯ것이니砂土로南東을面ᄒᆞ며西風이不甚惡ᄒᆞ고水濕氣不多ᄒᆞᆫ土地가最良ᄒᆞ고眞東面傾斜地ᄂᆞᆫ霜害에罹ᄒᆞ기易ᄒᆞ며最不良ᄒᆞᆫ곳은水分多處와陰鬱ᄒᆞᆫ地니此等地所産으로飼育ᄒᆞ면蠶兒ᄂᆞᆫ徒然히膨大ᄒᆞ야巧妙ᄒᆞᆫ養蠶術이雖有ᄒᆞ나困難을難免이오又其桑葉은貯藏에不堪ᄒᆞ나니於此에注意ᄅᆞᆯ不可不先이오桑苗ᄅᆞᆯ植ᄒᆞᄂᆞᆫ節期ᄂᆞᆫ春冬二期의別이有ᄒᆞ니(寒地엔春芽未發時오暖地엔落葉後라)卽落葉後이든지春三月下旬으로브터四月中旬ᄭᆞ지라先期ᄒᆞ야整地法을行ᄒᆞᄃᆡ表土가深ᄒᆞᆫ地ᄂᆞᆫ勿論深耕ᄒᆞᆯ여니와瘠薄ᄒᆞᆫ地에ᄂᆞᆫ人工을倍加ᄒᆞ야表土와裏土가互相易處케ᄒᆞᆯ지니如斯히ᄒᆞ면最初의發育은遲緩ᄒᆞ야도全盛의年限이長ᄒᆞ고暢茂豐潤의利益을得ᄒᆞᆯ지라其植穴은溝堀坪堀의二名稱이有ᄒᆞ니溝堀은一尺五寸或二夫의溝幅으로溝ᄅᆞᆯ掘ᄒᆞ고栽植ᄒᆞ며坪堀은一尺五寸內外의穴을掘ᄒᆞ고栽植ᄒᆞᄂᆞᆫ것이니一畦兩端에標木을立ᄒᆞ고長繩을張ᄒᆞ야苗木植立에進退가無케ᄒᆞ며株數ᄂᆞᆫ其製栽法及目的에因ᄒᆞ야定ᄒᆞᆯ것이니卽根刈法으로製栽ᄒᆞᆯ야면株間이密ᄒᆞ고中刈高刈喬木法은各其製栽ᄅᆞᆯ從ᄒᆞ야其間이疎ᄒᆞ며又永年使用ᄒᆞᆯ目的이면疎ᄒᆞ고速成을目的ᄒᆞ면密ᄒᆞ며又土地가豐饒ᄒᆞ면疎ᄒᆞ고瘠地엔密케ᄒᆞᄂᆞ니一反步(三百坪)에對ᄒᆞ야栽植ᄒᆞᄂᆞᆫ其

詳細를擧ᄒᆞ자면如左ᄒᆞ니

喬木製栽면五十本乃至一百二十本에一法畦幅七尺乃至丈長餘 株間은六尺或丈餘

高刈製栽면三百本乃至六百本畦幅五六尺 株間三四尺

中刈製栽면六百本乃至千二百本畦幅五六尺株間三尺

根刈製栽면八百本乃至千八百本畦幅五六尺株間二尺五寸

速成製栽면二千四百本으로乃至五千四百本이라

植穴의深淺에桑樹의生命과繁茂에關係가大ᄒᆞ니普通喬木은二尺五寸內外오高刈는一尺八寸內外오中刈는一尺五寸內外오根刈는一尺內外오速成製栽는六七寸內外니此는魯桑實蒔가便利且速ᄒᆞ니肥料를厚이ᄒᆞ고培養을善이ᄒᆞ면春生苗木으로秋蠶을可飼라熱極寒地에는深植홈이最良ᄒᆞ니速成만取ᄒᆞ다가凍害를被ᄒᆞ면全園을易失이라

植苗홀時"에表土와底土를各別히掘揚ᄒᆞ야腐熟ᄒᆞᆫ堆肥를表土에混合ᄒᆞ야此는根肥로ᄒᆞ고苗木은毛根을剪栽ᄒᆞ며主根도過長ᄒᆞᆫ者면截端ᄒᆞ고根의先端을必向南ᄒᆞ야直而勿曲케配置ᄒᆞ고表土로先爲塡入ᄒᆞ되不足ᄒᆞ면底土로補充ᄒᆞ고足으로堅踏ᄒᆞ며栽植訖에苗木을表地平面과同等ᄒᆞ게切斷ᄒᆞ되切口는南方을向ᄒᆞ게馬蹄形으로截去ᄒᆞ며深植ᄒᆞ야苗周圍에自成ᄒᆞᆫ窪는漸次表土로化ᄒᆞ야耕耘時에自至塡覆케홈이良好ᄒᆞ오

(樹形剪製法)根刈製栽法은栽植ᄒᆞᆫ後芽의五六寸許成長ᄒᆞᆫ時에其中勢力强壯ᄒᆞᆫ枝를看定ᄒᆞ야一株에二本式立ᄒᆞ고其他는皆搔

去ᄒ며自此로施肥耕耘에勿怠ᄒ면晩秋에至ᄒ야六七尺을伸長ᄒ고二年만에ᄂᆞᆫ多少收葉이有ᄒᄂᆞ니二年春發芽前에再度其根原에二三芽를立ᄒᆫ後繁枝ᄂᆞᆫ皆切斷ᄒ면四五本의新梢를生ᄒ야當年終에八九尺을長ᄒ고三年브터ᄂᆞᆫ普通의收穫을得ᄒᆯ것이오

中刈製栽法은栽植後强壯ᄒᆫ一芽를立ᄒ고他芽ᄂᆞᆫ搔去ᄒ며二年만에一尺五寸乃至四尺ᄭᅡ지自巳酌定에도依ᄒᆷ를發芽前에切斷ᄒ면多數ᄒᆫ新梢가叢生ᄒᄂᆞ니最其頂上三芽ᄲᅮᆫ立ᄒ고其餘ᄂᆞᆫ皆搔去ᄒ면三芽가滋養分을獨受ᄒᆷ으로當年에六七尺을長ᄒ고三年만에ᄂᆞᆫ飼育에可供이며

高刈製栽法은秋田式拳式等名稱이有ᄒᄂᆞ니拳式은地上二尺許에서브터二條가相對ᄒ게雙叉를作ᄒ고更히一尺許를上ᄒ야各條에雙叉를叉作ᄒ야順次如是ᄒ야數年을經ᄒ면八拳式或十二拳式을成ᄒ며秋田式도大略此와同ᄒᄂᆞ最初三條로順次三條式增加ᄒᆷ이니五年後에ᄂᆞᆫ春蠶時에刈取ᄒ고其切口近邊으로無數ᄒᆫ新條를發ᄒ면其中强壯히伸長ᄒᆯ者幾本을立ᄒ고其餘ᄂᆞᆫ又刈取ᄒ야夏秋蠶을飼育ᄒ며剪定을巧密히ᄒ야樹勢의衰退ᄒᆷ을防ᄒ고新葉의收穫을豐富케ᄒᄂᆞᆫ것이오

喬木은植苗ᄒᆫ後四五年間을自然에放置ᄒ얏다가年年春期에新梢를摘取ᄒ고舊株ᄂᆞᆫ一小枝도採伐치아님을云ᄒᆷ이니此ᄂᆞᆫ細枝가叢生ᄒ고葉形이小叉不良ᄒ야良繭을産ᄒ기難ᄒᆯ지라

桑을刈取ᄒᆫ後에도更히鋭利ᄒᆫ小鎌으로ᄡᅥ株近新條를馬蹄形으로切ᄒᄂᆞ니切法巧拙

에樹幹의伸長强弱이係焉이라卽切口의銳
ᄒᆞᆫ尖端이株外로出ᄒᆞ면第一本株가不盛ᄒᆞ
고第二新條가易落이오第三收獲從減ᄒᆞᆯ것
이오

又秋末에一株의枝條를通合ᄒᆞ야藁本으로
正中을束ᄒᆞᄂᆞ니(耕耘에便ᄒᆞ기爲ᄒᆞᆷ) 此結束ᄒᆞᆫ枯葉中
에ᄂᆞᆫ各色害虫이潛居ᄒᆞ야슬지라當春解束
時에藁本與枯葉을幷取燒棄ᄒᆞᆷ이可ᄒᆞ오

(耕耘及施肥)耕耘은年三回乃至五回를適
度라ᄒᆞᄂᆞ니(魯桑은根弱ᄒᆞ니雜草ᄂᆞᆫ隨時鋤除ᄒᆞ고耕耘은二回로ᄒᆞ되根部에至近히耕ᄒᆞᆷ을避ᄒᆞᆷ) 通常土地ᄂᆞᆫ三回오粘土等은五
回라耕耘節期ᄂᆞᆫ當春發芽前一回(耕深四五寸許)오
採葉後一回(耕深一尺許)오冬期一回(畦와畦의一間打起ᄒᆞ야一을方根際에培置ᄒᆞ고一方根際에溝를作ᄒᆞ야施肥에便케ᄒᆞᆷ)며五回時期
ᄂᆞᆫ發芽前一回오採葉前後各一回오九月에一

回오冬期一回라(雜草ᄂᆞᆫ何時든지茂盛ᄒᆞ면鋤除之) 耕耘ᄒᆞᄂᆞᆫ
目的은土地를柔軟케ᄒᆞ며土中에在ᄒᆞᆫ養分
을解ᄒᆞ야吸收ᄒᆞ기易케ᄒᆞ며共히古根을切
ᄒᆞ고鬚根을生ᄒᆞ야肥料를多分吸收케ᄒᆞ기
爲ᄒᆞᆷ이오

肥料ᄂᆞᆫ年二回乃至三回를施ᄒᆞᆷ이可ᄒᆞ고砂
地에在ᄒᆞ얀五回를不施ᄒᆞ면不可ᄒᆞ니此ᄂᆞᆫ
土中에肥料蓄積力이無ᄒᆞᆷ으로써라施肥期
節은發芽前一回오採葉後一回니若三回를
施ᄒᆞ자면秋或冬에一回를加ᄒᆞᆷ이良好ᄒᆞᆫ지
라桑樹ᄂᆞᆫ多年生植物이니製造易ᄒᆞ고代價
廉ᄒᆞᆫ肥料로主ᄒᆞ되速効가有ᄒᆞᆫ肥料ᄂᆞᆫ發育
旺盛ᄒᆞᆯ時期를見ᄒᆞ야施ᄒᆞᆯ것이오不然ᄒᆞ면
損失이多ᄒᆞᆯ지니如廐肥堆肥等은其効緩ᄒᆞ
니早速히施與ᄒᆞ고人糞尿等은其効速ᄒᆞ니
春期發芽前과刈取後催芽時에與ᄒᆞ며又畦

間中央에大豆를種ᄒᆞ야其開花ᄒᆞ고結實치아니ᄒᆞ야서天晴ᄒᆞᆫ日에盡拔ᄒᆞ야約半日許乾晒ᄒᆞᆫ後에疎密이無ᄒᆞ게根際에配列掩土ᄒᆞᆷ이最良ᄒᆞ야價入이少ᄒᆞ고收葉을倍加라ᄒᆞ야外國蚕業有名地各桑園에서最近流行ᄒᆞᄂᆞᆫ者이오

(桑樹의病害及虫害)桑樹의病虫害ᄂᆞᆫ其種類가許多ᄒᆞ야 桑樹를損ᄒᆞ며收葉量을減ᄒᆞᆷ이不少ᄒᆞᆫ지라今其最甚ᄒᆞᆫ者 一二를言ᄒᆞ건면第一菌類의寄生으로브터來ᄒᆞ ᄂᆞᆫ桑病이니

其一은紋羽病이라此ᄂᆞᆫ桑株根際에褐色으로紋羽ᄀᆞᆺ탄것을纏ᄒᆞ야枯ᄒᆞᄂᆞᆫ病이니本病은根으로根에傳染ᄒᆞᄂᆞᆫ것인故로其發生을認ᄒᆞᆫ時에ᄂᆞᆫ卽時病株를掘取ᄒᆞ야燒棄ᄒᆞ고掘跡엔燃料를投ᄒᆞ야 土를燒ᄒᆞ야其病根을絕ᄒᆞᆷ이可ᄒᆞ고

二ᄂᆞᆫ膏藥病이니樹枝間에膏藥을貼付ᄒᆞᆷ과如ᄒᆞᆫ者라此ᄂᆞᆫ樹勢가衰弱에傾ᄒᆞ며又逆風이惡ᄒᆞᆫ桑園에多ᄒᆞ니驅除法은「장」西洋藥名을石油에稀薄ᄒᆞ야塗抹ᄒᆞ며

三은根腐病이니濕地이든지又塵芥類를根際에堆積ᄒᆞ고久不耕作ᄒᆞ야서發生ᄒᆞᄂᆞᆫ病이라旣枯ᄒᆞᆫ것은速히掘取燒棄ᄒᆞ야隣樹의傳染을禁ᄒᆞ며

四ᄂᆞᆫ赤澁病이니桑葉又葉柄에橙黃色班點을生ᄒᆞᄂᆞᆫ病이라此ᄂᆞᆫ肥料가缺乏ᄒᆞᆫ桑園이든지又光線이照射치못ᄒᆞ고逆風이惡ᄒᆞᆫ桑園에多生ᄒᆞᄂᆞᆫ故로此病은喬木製栽에多ᄒᆞ고根刈中刈等엔少ᄒᆞᆫ것이오

又生理上으로브터生ᄒᆞᄂᆞᆫ萎縮病은細幹이密生ᄒᆞ고葉形이縮小ᄒᆞᆷ으로見解ᄒᆞ기易ᄒᆞ

니此ᄂᆞᆫ貯藏養分이缺乏ᄒᆞ야起홈인즉摘採ᄅᆞᆯ過度히ᄒᆞ며又ᄂᆞᆫ窒素質肥料를過多히施ᄒᆞ면多ᄒᆞᆯ지오又桑樹種類에依ᄒᆞ야多少間發病홈도有ᄒᆞᄂᆞ니此ᄅᆞᆯ因ᄒᆞ야摘採者의게一言을付ᄒᆞ노니元來桑은其葉을摘ᄒᆞ기爲ᄒᆞ야栽培ᄒᆞᆫ것이라不摘ᄒᆞ며不刈ᄒᆞᆯ것은아니로되但其亂暴手段으로收葉에만欲望이厚ᄒᆞ야葉을摘홈의枝ᄅᆞᆯ不顧ᄒᆞ고枝ᄅᆞᆯ刈홈의本株ᄅᆞᆯ莫念ᄒᆞ야過度ᄒᆞᆫ虐待ᄅᆞᆯ加ᄒᆞ야桑樹ᄅᆞᆯ此等重病에竟陷케ᄒᆞ니細思之ᄒᆞ면反히自己의利益을保護치아님이라故로葉을摘ᄒᆞᄃᆞ라도枝幹保護心을常存ᄒᆞᆯ여니와第一强健ᄒᆞ야刈取摘取에抵抗性質이有ᄒᆞᆫ良種을先擇ᄒᆞᆯ것이오第二桑樹ᄅᆞᆯ栽植ᄒᆞᆫ後成長에急ᄒᆞ야過激ᄒᆞᆫ肥培ᄅᆞᆯ行치말며第三過度히刈摘치말고可及的으로疎條法(一二本或三四本式)次次刈取을行홈이可ᄒᆞᆫ지라此萎縮病이秋田春式高刈桑園에少ᄒᆞ고根刈에偏多ᄒᆞᆫ것은高刈ᄂᆞᆫ樹幹이高ᄒᆞ야生理作用을害홈이無ᄒᆞ고根刈ᄂᆞᆫ迫切히根株ᄅᆞᆯ刈盡ᄒᆞ야生理作用의餘地가無ᄒᆞ고加之에速効肥料ᄅᆞᆯ多與홈이라故로苗圃에서摘葉ᄒᆞᆫ苗木은比較的此病에罹ᄒᆞ기易ᄒᆞ니苗木買入ᄒᆞᆯ時에此等缺點을尤不可不注意로다

桑樹의害虫은根切虫毛虫尺蠖天牛及微細ᄒᆞᆫ羽虫等其他數種이有ᄒᆞ야發芽ᄅᆞᆯ害홈은勿論이오幹部枝條ᄅᆞᆯ次第蝕害ᄒᆞ야畢竟該樹로枯死케ᄒᆞᄂᆞ니故로栽植後와發芽際와及刈取後發芽時에周行細察ᄒᆞ야驅除豫防에注意ᄅᆞᆯ必加ᄒᆞᆯ지라

根切虫은新植苗地와元苗地와及根刈桑園에地平面新株의發芽ᄅᆞᆯ蝕害ᄒᆞᄂᆞᆫ者이니被

害樹가發見되면卽時其根元의土中을搜索ᄒᆞ야捕獲ᄒᆯ것이오

毛虫과尺蠖은地上에發芽를蝕害ᄒᆞᄂᆞᆫ者이니春期發芽ᄒᆯ際와刈受後發芽時에新芽를蝕害ᄒᆞ야其發育을妨ᄒᆞ고收穫을減ᄒᆯ뿐不是라ᄯᅩᄒᆫ枯死에至ᄒᆯ慮가不無ᄒᆞ며一株芽를蝕盡ᄒᆞ면隣樹에遷ᄒᆞ야順次蝕害ᄒᆞᄂᆞ니故로被害樹가有ᄒᆞ면該樹及隣樹를搜索ᄒᆞ며

天牛의幼虫은俗稱錢炮虫이라桑樹에就ᄒᆞ야搜索ᄒᆯ時에新鋸屑과如히排泄物이發見ᄒᆫ곳은卽其幼虫隱伏處라卽時其樹의害部를折ᄒᆞ고搜捕ᄒᆯ것이니만일樹를愛ᄒᆞ야折ᄒᆞ기不可ᄒᆞ며或不能ᄒᆯ時ᄂᆞᆫ其排泄物을掃除ᄒᆞ고鍊線으로刺殺ᄒᆞ든지赤土를練ᄒᆞ야其孔을密塞ᄒᆞ야空氣를不通케ᄒᆞ면自殺ᄒᆯ것이며又五六月乃至七八月頃에成虫을搜捕ᄒᆷ이可ᄒᆞ고

桑樹虫害中가장可恐ᄒᆫ者ᄂᆞᆫ微細ᄒᆫ羽虫이니此羽虫이一度發生ᄒᆞ면其蔓延이速ᄒᆞ야新舊株高低枝를勿論ᄒᆞ고發芽ᄒᆷ을害ᄒᆞᄂᆞ니刈取後害芽의慘은더욱不忍見이라如此ᄒᆫ境遇엔共同히驅除ᄒᆷ을要ᄒᆯ지니若個人的으로簡易ᄒᆫ法을行ᄒᆞ랴면朝露未乾ᄒᆞ야서草木灰에石灰를混合ᄒᆞ야每株에散布ᄒᆞ면卽時飛散ᄒᆞ야枯損ᄒᆞᄂᆞᆫ大害를免ᄒᆯ것이오

(霜害)ᄂᆞᆫ養蚕家에對ᄒᆞ야不時慘狀의極ᄒᆫ者라幼芽가被霜ᄒᆞ면掃立ᄒᆫ蚕兒ᄂᆞᆫ棄物에自歸ᄒᆯ지로다大抵霜害ᄂᆞᆫ學問上으로言ᄒᆞ든지經驗上으로見ᄒᆞ야도其日에西北風이猛烈ᄒᆞ야寒氣가甚ᄒᆞ면一天이秋水와同色

ᄒᆞ야夜入에風靜ᄒᆞ고月色이冴冴ᄒᆞᆫ當夜未明엔霜害가必有ᄒᆞᄂᆞ니(曇天이면無憂) 其受害의多少ᄒᆞᆷ은地面低處와谿間과低지桑園에多ᄒᆞ고地面이高ᄒᆞ며高지喬木等엔少ᄒᆞ니故로早生桑을根植ᄒᆞ자면此点에注意를必加ᄒᆞᆯ것이오

右記ᄒᆞᆫ天氣로霜降의憂慮가有ᄒᆞ면몬져外氣溫度를計ᄒᆞ기爲ᄒᆞ야樹木家屋其他障碍物이接近치아니ᄒᆞᆫ桑園에寒暖計를吊置ᄒᆞ고六時브터十時間에十四五度以上을下ᄒᆞ야四十五六度以下에降ᄒᆞ면豫防을準備ᄒᆞᄂᆞ니四十度以下溫度면霜降이必矣라卽時豫防에着手ᄒᆞᆯ것이니桑園이連亘ᄒᆞᆫ地方에ᄂᆞᆫ豫防組合所를設置ᄒᆞᆷ이可ᄒᆞ오

豫防法第一은薰烟法이니松杉葉의類藁籾糖鋸屑等을桑園內에間間히配置點火ᄒᆞ고

時時로其上에噴水ᄒᆞ야火焰을莫上케ᄒᆞ며日出時々가濃烟으로桑園을包圍ᄒᆞ며

第二ᄂᆞᆫ點火法이니籾糖鋸屑等을間間配置ᄒᆞ고少少石油를注ᄒᆞ고時時點火ᄒᆞ야桑園中의空氣를動搖ᄒᆞ며

第三은動氣法이니多人數가桑園에集ᄒᆞ야大聲을齊發ᄒᆞ며桑條를打搖ᄒᆞ면서馳廻ᄒᆞ며又各其手物(如扇等)를揮ᄒᆞ야風氣를作ᄒᆞ며

第四ᄂᆞᆫ覆蓋法이니上部及周圍를厚覆ᄒᆞᆷ이가장安全ᄒᆞᄂᆞ早生桑園으로狹小ᄒᆞᆫ場所면容易ᄒᆞ거니와廣大ᄒᆞᆫ桑園에普及키難ᄒᆞ며

第五撒水法은薰烟ᄒᆞ기難ᄒᆞᆫ境遇或小數桑園에對ᄒᆞ야行ᄒᆞ면効力이大ᄒᆞ니霜降前夜或太陽未昇ᄒᆞ야서喞筒或噴霧器等으로水를連續散布ᄒᆞᆷ이可ᄒᆞ오然ᄒᆞᄂᆞ右諸法이過難ᄒᆞᆫ者ᄂᆞᆫ아니로되周密히其法를行ᄒᆞ기不

易ᄒᆞ나霜害憂慮가有ᄒᆞᆫ地方엔晚生桑을多植ᄒᆞᆷ이完全ᄒᆞ도다

共同苗圃을設置ᄒᆞᆷ이必要

養桑은蠶業의進步ᄒᆞᆷ을隨ᄒᆞ야其需用이年加歲增ᄒᆞᆯ것은當來의勢라現今我國에셔蠶業을必要로目的ᄒᆞ야從事者도有ᄒᆞ고經營者도多ᄒᆞ나此業이發達ᄒᆞ야國家의大財源을作ᄒᆞᆯ것은指日可期로다一日이라도速히桑園을設ᄒᆞ고栽培方法을講ᄒᆞ며苗木改良의優劣을品評ᄒᆞ야其模範을全國에示ᄒᆞᆯ지라養蠶을經營ᄒᆞᄂᆞᆫ者養桑의必用됨을不知ᄒᆞᆷ은아니로되但其價格의廉ᄒᆞᆫ者만善ᄒᆞᆯ뿐不是라土地의適否를勿問ᄒᆞ며遠方에셔購入ᄒᆞ야日光風雨에多日曝洒ᄒᆞᆫ者와假植에不完全(桑苗賣下時에便易ᄒᆞᆫ곳에假植ᄒᆞᄂᆞᆫ데規則이不完全)ᄒᆞ야枯木同樣의衰弱品으로桑園을作ᄒᆞ고桑量收獲의不豐을坐欲ᄒᆞ나實로於此에遺憾이不無ᄒᆞ도다現在狀況은몬져桑苗栽培所를各坊里農會의事業으로設置ᄒᆞ고又奬勵ᄒᆞᄂᆞᆫ方法을加ᄒᆞ며無上ᄒᆞᆫ良苗로風土에適宜ᄒᆞᆫ者를栽植ᄒᆞ고分配方法을協定ᄒᆞ야實行에安心케ᄒᆞᆯ지니此實行이普及ᄒᆞ면第一遠方運搬의不便을可止ᄒᆞᆯ것이오地方에慣ᄒᆞᆫ健全無害의良種으로써各坊里에移植이甚便ᄒᆞ야移植後에桑園의繁茂를可觀이오飼育上에精密를盡意ᄒᆞ야一層優美ᄒᆞᆫ良繭을可收니普通農事에多大ᄒᆞᆫ影響이何에至ᄒᆞ리오故로百이라도몬져共同苗圃을設置ᄒᆞᆷ이現在에第一急務로信ᄒᆞᆸᄂᆞ니다

本會第一回紀念日祝辭

反求室主人

是日也에懷過去而說將來(此篇은近日來到故로今回에特히揭載홈)

本主人은漢城을一別혼지殆히數度星霜을經ᄒᆞ얏시니此西北學會란法人의生出은厥後의事라責任은只一分子에在홀而已로되今日에惹出되는感念은本法人의先天卽漢北西友의時로브터起見을作홈은自然不已의情衷에基因홈이로다

凡物合之의理致는一也로되方法은有異ᄒᆞ며聲應氣通이同一其趣로되先後는差隔이有홀지라盖西北은與東與南이均可連接이니東北之會와西南之合이何嘗其理가無ᄒᆞ관되謝東達南ᄒᆞ고特特然西北이合之乎아議者謂西北은地理上開拓四千年의歷史를共有ᄒᆞ고五百年受屈이同病相憐의感이存혼지라其密接혼關係가如是ᄒᆞ고蓄積혼鬱憤이同一ᄒᆞ니其事ㅣ不謀而自協ᄒᆞ며其心이不求而自合ᄒᆞ야步武는畿湖에後홀가恐ᄒᆞ고氣魄은東南에先홈을矜ᄒᆞᄂᆞ니爭易爲猜오矜或近傲ᄒᆞ야隱隱然五里霧中에光層이閃忽홈은其直線이未透홈과恰如ᄒᆞ야杞憂의者로ᄒᆞ야곰化翁의게華風一陣을借ᄒᆞ는觀을致혼다ᄒᆞᄂᆞ니余曰唯唯否否라西北의同病相憐과歷史的密接의關係는議者의言과異同이別無ᄒᆞ나爭은寧히公德心으로公義에先步코져홀지며矜은他動的의影響이有혼지未知ᄒᆞ거니와決코主動的은아니라此를不諒홀진되杞憂子를向ᄒᆞ야一言으로誤解의懷를氷釋ᄒᆞ리니嗚呼라邦家의今日所遭는同舟遇風의日이라知者鈍者長者短者를勿論ᄒᆞ고理檣修楫에戮力을各盡ᄒᆞ야但越岸에攀着홈이必皆同一의希望이어

는實暇에猶先我後의次序를計ᄒᆞ며墻內의官事를念起홀가回頭一想ᄒᆞ라疇昔黨禍가淸議에始ᄒᆞ니是는善因이라謂키足ᄒᆞ나終然喪邦의惡果를末免ᄒᆞ얏시니凡時代變遷ᄒᆞ고社會陶汰ᄒᆞ는際에立ᄒᆞ야造端을營ᄒᆞ는者ㅣ必先宇內大勢를肝衡ᄒᆞ고國家將來의地位를鞏固케홀方道를講究홀而已니敢히私心偏倚로公正至平을無視ᄒᆞ는奸細輩의心術을取홀것우萬無是理홀섇不啻라其或些少의瑕疵를發見홀지라도互相務諭ᄒᆞ고各自讓步ᄒᆞ며失和를猶恐ᄒᆞ고補缺을是圖ᄒᆞ야一氣相連ᄒᆞ고一脉貫通이면於是乎大韓族이一大團을成ᄒᆞ야所謂魂이此를賴ᄒᆞ야作ᄒᆞ고力이此를依ᄒᆞ야生ᄒᆞ리니此는越岸攀着의庶幾ᄒᆞ는其日을指홈이라以此觀之컨ᄃᆡ向所謂方法의有異와先後의差隔은始之二也에終之一也오作之各也에成之合也ㅣ니於斯에何慮가有ᄒᆞ며何思가有ᄒᆞ리오此는非特本主人의窺管이如是라卽我西北全體의主義오又非特西北의主義라畿湖東南이必以一辭로贊同홀줄노認ᄒᆞ노라因祝曰

願我西北學會의教育機關은只合養成無名之大男兒ㅣ오不要鑄出有名之大男兒이며且不願聲譽之先播ㅣ오但求事業之成績홈

世界將來에空中生活과 空中戰爭

皇城子

快飲子一大白ᄒᆞ고高倚元龍百尺樓ᄒᆞ야宇內를縱觀ᄒᆞ고古今을俯仰ᄒᆞ니噫라隣國이相望ᄒᆞ야鷄狗가相聞ᄒᆞ되民至老死에不相往來ᄒᆞ든時代가變遷ᄒᆞ야五大洋六大洲의

各色殊種이往來如織ᄒᆞ고朝夕與處ᄒᆞᄂᆞᆫ時代가되얏스니民族의進化와社會의展步가實로不可思議의事라謂ᄒᆯ디인ᄃᆡ目今大洋大陸의生活과戰爭이一層更進ᄒᆞ야將來空中生活과空中戰爭이有ᄒᆷ에至ᄒᆞ니輿言及此에不覺仰天大呌로다

所謂空中生活과空中戰爭이緣何而生고彼西人의空中飛行器와空中飛行船과空中飛行樓가次第發明되야成績을迭奏ᄒᆞ니世界將來에엇지空中生活과空中戰爭이無ᄒᆞ겟ᄂᆞᆫ가近日海外各報를據ᄒᆞᆫ건ᄃᆡ大約如左ᄒᆞ더라

盖空中飛行氣毬ᄂᆞᆫ德國人쓰에쓰베린伯이發明ᄒᆞᆫ것인ᄃᆡ其試驗은二三時間에同國콘스탄湖와빗텔훨트間에約三百哩를空中으로飛行ᄒᆞ얏다ᄒᆞ고同쓰에쓰베린式飛行艇은三十六名을載ᄒᆞ고飛揚을試ᄒᆞ야諸種運輸를行ᄒᆷ에好成績을得ᄒᆞ얏다ᄒᆞ고瑞西國루세룬及德國후리드릿히스河間에交通의便宜를得키爲ᄒᆞ야空中飛行船의定期飛行을開始ᄒᆞ기로ᄒᆞᆫ다ᄒᆞ고英國의新軍用飛行器ᄂᆞᆫ試驗ᄒᆞᆫ結果로好成績을得ᄒᆞ얏다ᄒᆞ고美國人라이드氏兄弟ᄂᆞᆫ歐洲를視察ᄒᆞ고還國ᄒᆞ야空中船을製造ᄒᆞ고秘密實驗ᄒᆞᆫ다ᄒᆞ며又美國블류힐氣象臺에셔十六年間을供職ᄒᆞ야風力을測量ᄒᆞ기에從事ᄒᆞ든크례톤氏ᄂᆞᆫ輕氣毬를乘ᄒᆞ고뱌스톤에셔離發ᄒᆞ야大西洋을渡越ᄒᆞ야英國에到達ᄒᆯ經營인ᄃᆡ同氏가言ᄒᆞ기를地上에셔二英里만昇去ᄒᆞ면西方을向ᄒᆞ야退去ᄒᆞᄂᆞᆫ風潮가有ᄒᆞ니此風을從ᄒᆞ야往ᄒᆞ면三千哩의太西洋을게우四日이며渡往ᄒᆞ깃다ᄒᆞ얏고英國某富豪ᄂᆞᆫ

루이녀손造船所內에附設ᄒᆞᆫ空中飛行船製造會社에委託ᄒᆞ야飛行樓閣을製造中이라ᄒᆞ엿스니世界將來에空中生活과空中戰爭이有ᄒᆞᆯ것은固屬無疑ᄒᆞᆫ事가아닌가

噫라現世界에民智의靈巧와器機의便捷이日生不窮ᄒᆞ야神而愈神이如彼其不可思議에出ᄒᆞ거늘尙此太古洞天에搆木爲巢ᄒᆞ고結繩爲政ᄒᆞ든時代를痴談ᄒᆞ는民族은如何ᄒᆞᆫ生活과如何ᄒᆞᆫ競爭을作ᄒᆞ깃는가九萬里長空에扶搖而直上者를吾願見之ᄒᆞ노라

我國現在의果樹改良

金鎭初

抑數年前果樹栽培의調査를據ᄒᆞᆫ즉京城附近과如히果樹를盛히栽培ᄒᆞ는處에在ᄒᆞ야는速히改良에着手ᄒᆞᆷ이가장必要ᄒᆞ며또適切ᄒᆞ니爲先着手의方法을記ᄒᆞ면左와如ᄒᆞ니라

一、林檎을伐採ᄒᆞ고此에苹(洋林檎)果의良種을高接ᄒᆞᆯ事

二、一時에高接을行ᄒᆞ면一二年은收入이全無ᄒᆞᆯ憂가有ᄒᆞᆫ故로所有株數를應ᄒᆞ야幾株式五六年間에接換ᄒᆞᆯ事

三、現時의林檎은老木의根株을切ᄒᆞ야數本이分出ᄒᆞ얏스니此는一本或은二本으로減ᄒᆞᆯ事

四、密植에過ᄒᆞᆫ者는適宜히間拔ᄒᆞᆯ事

五、剪定과施肥를實行ᄒᆞᆯ事

右와如히改良法을實行ᄒᆞ면十數年後에는品質優良ᄒᆞᆫ者를産出ᄒᆞ야當業者의利益이大히增加ᄒᆞᆯ지니高接을行ᄒᆞ면二三年부터結實ᄒᆞ야五六年을經ᄒᆞᆯ時는結果가稍히增加ᄒᆞ는도다

高接을行ᄒᆞᆫ者는普通苗木을植ᄒᆞᆫ者보담結實이速ᄒᆞ고또收量이多ᄒᆞ니一은苹果의適否를試ᄒᆞ고一은速히改良ᄒᆞ는手段으로ᄒᆞ야善히此法을實行ᄒᆞᆯ지니梨와桃等도亦然ᄒᆞ니라

梨는大木이多ᄒᆞᆷ으로써皆高接을行ᄒᆞᆷ은實로至難ᄒᆞ니可及的小ᄒᆞᆫ者를撰ᄒᆞ야高接을行ᄒᆞᆯ지니라

京城附近과如히竹竿이無ᄒᆞᆫ地方에는普通의苗木을植ᄒᆞ야도純然ᄒᆞᆫ棚造는經濟上의不許ᄒᆞ는바이니盃狀植立尖塔形植立或不完全ᄒᆞᆫ棚造에適ᄒᆞ고大木에高接ᄒᆞᆫ者는勿論盃狀植立으로ᄒᆞᆷ이適宜ᄒᆞ니라

種類는洋種「바ㅣ도렛도」等과日本에서栽培ᄒᆞ는長十郞、大平、早生赤等을高接ᄒᆞ면可ᄒᆞ고接木後에剪定과施肥를適宜히實行ᄒᆞᆷ이可ᄒᆞ니라

桃는生長이速ᄒᆞᆫ者인즉新良種의苗木을求ᄒᆞ야栽植ᄒᆞᆷ이良好ᄒᆞ나然이나苹果梨等과如히多少間高接을行ᄒᆞᆷ이亦一捷經이니라

桃는剪定의如何를因ᄒᆞ야結實에影響ᄒᆞᆷ이頗大ᄒᆞ니速히剪定法을習得ᄒᆞᆷ이肝要ᄒᆞ고또桃는往往히過密ᄒᆞᆫ者ㅣ多ᄒᆞ니剪定과間拔을行ᄒᆞ야써相當ᄒᆞᆫ距離로排置ᄒᆞ야空氣와流通과日光의透財를善히ᄒᆞᆷ이肝要ᄒᆞ니라

柿는今日栽培ᄒᆞ는以上에別로加力ᄒᆞᆯ必要가無ᄒᆞ나但脫澁의方法이拙劣ᄒᆞ니其良法을習得ᄒᆞᆷ이肝要ᄒᆞ니라

櫻桃(日本語 雲雀梅)는剪定이不完全ᄒᆞ고또過히密植ᄒᆞ니間拔ᄒᆞ고또剪定ᄒᆞᆯ지니라

肥料는都會附近에在ᄒᆞ야는該都會의人糞

尿와塵埃等을利用ᄒᆞ야各種果樹에施肥ᄒᆞ면費用도少ᄒᆞᆯ이니栽培者ᄂᆞᆫ速히此ᄅᆞᆯ利用ᄒᆞᆯ지니라

柿ᄂᆞᆫ甘柿와澁柿가有ᄒᆞᆫᄃᆡ澁柿ᄂᆞᆫ到處에適地이나甘柿ᄂᆞᆫ南方곳木浦釜山羣山密陽三浪津等地에適ᄒᆞ니此亦當業者의注意ᄒᆞᆯ바이니라

栗과柿ᄂᆞᆫ到處에生長結實ᄒᆞ니栗林과柿林等을作ᄒᆞᆷ이可ᄒᆞ니라

柑橘等은溫暖ᄒᆞᆫ氣候ᄅᆞᆯ好ᄒᆞᄂᆞᆫ故로濟州島에適ᄒᆞ니當業者ᄂᆞᆫ速히柑橘의栽培ᄅᆞᆯ擴張ᄒᆞ야外國의輸入을防ᄒᆞᆯ지니라

以上에述ᄒᆞᆫ바ᄂᆞᆫ但記者의拙ᄒᆞᆫ私見에不過ᄒᆞ니當業者ᄂᆞᆫ此ᄅᆞᆯ叅考로ᄒᆞ야實地로精査改良ᄒᆞᆷ을希望ᄒᆞ노라 (果樹의剪定法과施肥法은來月項에發刊ᄒᆞᄂᆞᆫ果樹栽培法을叅考ᄒᆞᆷ)

体育이國家에對ᄒᆞᆫ効力

會員 李鍾滿

韓半島帝國黑甜鄕에夢寐ᄒᆞ던民族이挽近六七年來로教育이國家에對ᄒᆞ야如何ᄒᆞᆫ効力이有ᄒᆞᆷ을確然醒悟ᄒᆞ야鍾鳴鼎食으로安享富貴ᄒᆞ던富貴家도教育教育ᄒᆞ고奴顏婢膝로朱門垂頭ᄒᆞ던阿世輩도教育教育ᄒᆞ고峨冠博帶로守戶談古ᄒᆞ던學行家도教育教育ᄒᆞ고飯藜衣葛로草野躬耕ᄒᆞ던野農家도教育教育ᄒᆞ야士農工商貴賤을勿論ᄒᆞ고教育이吾國에利ᄒᆞ며吾家에利ᄒᆞ며吾身에利ᄒᆞᆷ으로認치아니ᄒᆞᄂᆞᆫ者가無ᄒᆞ도다然而此教育ᄒᆞᄂᆞᆫ方法에ᄂᆞᆫ三大要素가有ᄒᆞ니智育德育體育이是라智育이라ᄒᆞᆷ은人의智識을

開發ᄒᆞ야國民으로ᄒᆞ야곰文明ᄒᆞᆫ種族을作成홈이오德育이라홈은人의德性을涵養ᄒᆞ야國民으로ᄒᆞ야곰善良ᄒᆞᆫ種族을作成홈이오體育이라홈은人의身體를健康ᄒᆞ야國民으로ᄒᆞ야곰勇壯ᄒᆞᆫ種族을作成ᄒᆞᄂᆞᆫ바라然則國民教育者의地位에處ᄒᆞ야完全ᄒᆞᆫ教育으로完全히教育코져ᄒᆞ면智德體三要件이可히須臾라도相離치못ᄒᆞᆯ者ㅣ오반다시相須相待ᄒᆞ야完全ᄒᆞᆫ教育의効力을生홈이例如衣食住三要件이吾人生活上에必要ᄒᆞ야可히一도缺치못홈과同一ᄒᆞ다謂ᄒᆞ기를確然無疑ᄒᆞ노라然이나述者ᄂᆞᆫ教育當局者에게對ᄒᆞ야敢히一言으로敬告ᄒᆞ노니智德體三育中에體育브터先務ᄒᆞ여야智育德育의目的을可히得達ᄒᆞ리라ᄒᆞ노라何者오人은天地間에最貴ᄒᆞᆫ者임으로人이人된職分을完了코져ᄒᆞ면小而一身一家에關係되ᄂᆞᆫ事業과大而一國一天下에關係되ᄂᆞᆫ事業이決코人의身體的勤勞와人의身體的行動이아니면何事던지可히成就키難ᄒᆞᆫ지라故로個人一身에도疾病이侵染ᄒᆞ야氣力이健旺치못ᄒᆞ면萬事가無心ᄒᆞ야自然히無用의人이되ᄂᆞᆫ바요一家에도疾病衰弱ᄒᆞᆫ人만充滿ᄒᆞ면其家가自然衰敗ᄒᆞᄂᆞᆫ바이오一國一天下에疾病老弱ᄒᆞᆫ民族이多數ᄒᆞ면其國其天下ᄂᆞᆫ此에基因ᄒᆞ야其終萎靡不振ᄒᆞᄂᆞᆫ惡結果의悲觀을呈ᄒᆞ리로다試觀ᄒᆞ라我邦五百年來로家家마다詩禮오人人마다道德을尊崇ᄒᆞ야스니德育이盡善치아니홈도아니오禮樂射御書數六藝로人人마다事業을作ᄒᆞ야人生八歲브터二十三十ᄭᆞ지此學에從事케ᄒᆞ야스니智育이盡美치아니홈도아니나胡

爲乎今日吾人이되야스며胡爲乎今日吾國이되얏ᄂᆞ뇨余ᄂᆞᆫ大聲疾呼ᄒᆞ야曰我邦自來教育에體育이缺乏ᄒᆞᆫ所以로今日吾人과今日吾國이되얏다ᄒᆞ노라何者오人의身體ᄂᆞᆫ內而五臟六腑와外而四大五常을包括搆成ᄒᆞᆫ主物이라此에附屬된從物은반다시主物의處分을從치아니ᄒᆞ면決코完全ᄒᆞᆫ効用을得ᄒᆞ기難홈이原理原則인故로臟腑가完健ᄒᆞ야食物을善히消化홈도此外部를搆成ᄒᆞᆫ身體가健全ᄒᆞᆫ然後事뇨耳能善聽ᄒᆞ며目能善視ᄒᆞ며口能知味ᄒᆞ며鼻能辨臭ᄒᆞ며手能善措ᄒᆞ며足能善蹈홈이一切히身體健全ᄒᆞᆫ然後事가아니라ᄒᆞ기不能ᄒᆞᆫ것은況乎人의重要ᄒᆞᆫ地位에處ᄒᆞᆫ頭腦上作用으로發展되ᄂᆞᆫ智識이거나人의心性上作用으로涵養되ᄂᆞᆫ德行에至ᄒᆞ야決코此外部身體가健全敏活홈이아니면完全히其奧微ᄒᆞᆫ境界와深遠ᄒᆞᆫ原理를尋究索玩치못ᄒᆞ리라ᄒᆞ노라人의身體와智德兩者의關係를物에比ᄒᆞ야大而言之ᄒᆞ면身體ᄂᆞᆫ天地와如ᄒᆞ고智德은天地間에在ᄒᆞᆫ山川草木禽獸와如ᄒᆞ니若上天下地가非常ᄒᆞᆫ變則으로天翻ᄒᆞᄂᆞᆫ同時에地亦覆ᄒᆞᆫ다假定ᄒᆞᆯ진ᄃᆡ此間에在ᄒᆞᆫ山川이비록奇麗ᄒᆞ다ᄒᆞ더라도此境遇에其奇麗홈은保維키不能ᄒᆞᆯ바뇨艸木禽獸가苑興蕃息ᄒᆞᆫ다ᄒᆞ더라도此境遇에其苑興蕃息ᄒᆞᆫ狀態를維持키難ᄒᆞ야一切히消滅에歸홈은明瞭ᄒᆞᆫ事오小而言之ᄒᆞ면身体ᄂᆞᆫ器와如ᄒᆞ고智德은食物과如ᄒᆞ니夫食物中에ᄂᆞᆫ千百種의味를包含ᄒᆞ야八珍香需와如히眞甘ᄒᆞᆫ味도有ᄒᆞ고甘露玉液과如히仙靈ᄒᆞᆫ味도有ᄒᆞ고醋와如히酸ᄒᆞᆫ味도有ᄒᆞ고水와如히淡ᄒᆞᆫ味도

有ᄒᆞ야食物의種類를一一히枚擧키難ᄒᆞ나만약其食物을貯藏ᄒᆞ야存在ᄒᆞ얏던器皿이破碎ᄒᆞ면其千百種의味와千百種의食物이水泡에歸ᄒᆞᆯ것이아닌가此와如히人에게關係되ᄂᆞᆫ世間千萬事가반다시此身体의作用에係屬치아인者가無ᄒᆞᆷ은一定不變ᄒᆞᆯ原理原則이라ᄒᆞ여도過言이아니거든況乎人의資格을養成ᄒᆞᄂᆞᆫ智德兩個物을体育를捨ᄒᆞ고何에求ᄒᆞ리오以上은体育이智育德育보다반다시先務되ᄂᆞᆫ要旨를槩述ᄒᆞᆫ바어니와此로부터体育이國家에對ᄒᆞᄂᆞᆫ効力을三要件에分ᄒᆞ야余ᄂᆞᆫ斷言ᄒᆞ노라

第一、体育은精神的國民을養成ᄒᆞᄂᆞᆫ根本이라旣述ᄒᆞᆫ바와如히人의腦髓로부터發展ᄒᆞᄂᆞᆫ完全ᄒᆞᆫ精神은반다시健康ᄒᆞᆫ身体作用으로부터從出ᄒᆞᄂᆞ니故로國民

된者가人人마다体育을完受ᄒᆞ야人人마다勇壯ᄒᆞᆫ男兒를作成ᄒᆞ면此로부터何事던지奮發ᄒᆞᄂᆞᆫᄃᆡ로其目的을得達ᄒᆞ리라ᄒᆞ노라

第二、体育은國民의團合力을發生케ᄒᆞᄂᆞᆫ原因이라体操場에体操敎師가一次口令ᄒᆞᄂᆞᆫ同時에被敎者卽一般生徒幾百幾千人이其指揮命令에服從ᄒᆞ야左向ᄒᆞ면一切히左向ᄒᆞ고右向ᄒᆞ면一切히右向ᄒᆞᆷ은体育의必要가何如ᄒᆞᆫ지知치못ᄒᆞᄂᆞᆫ人으로觀覽ᄒᆞ면沒趣味ᄒᆞ나其內容의必要ᄂᆞᆫ一般人에게團合力을生케ᄒᆞᄂᆞᆫᄃᆡ不外ᄒᆞ도다何者오幾百幾千人의身体ᄂᆞᆫ各其相分ᄒᆞ여스나左亦同右亦同ᄒᆞ게ᄒᆞᆷ이其主旨인바幾百幾千에分ᄒᆞᆫ身体를搆合ᄒᆞ야一身과如히行動코져ᄒᆞᆷ이아닌가其形式的으로부터如斯히團合ᄒᆞ

면內部의精神的團合은此를因호야可期홀바라호노라

第三、体育은國家自强의基礎라　吾人이運動場에集會호야或廣跳호며或高跳호며或競走홈이皮相으로觀察호면不必要훈遊戱的行動이라홀지나其實効를豫想호면다만吾人一身에利益이有홀뿐아니라國家自强이此에在호다確言호리로다何者오現今二十世紀競爭時代는優勝劣敗라故로今日에決코其國民된者의勇往直前호는心과冒險活潑훈氣를養成홈이아니면其國으로호여곰自强이라호는令名을享受케호기不能홈은吾人이目擊호는바인띄此目的을得達코저호면身体의健旺勇壯홈이엇지必要치아니호다호리오今夫運動等事는其本意인바身体上血脈을流通케호야其健旺勇壯훈效果를得코저홈이니此乃余의体育으로써自强基礎라호는所以라

以上에論述훈三大必要로敢히体育이智育德育보다宜先홈과且國家에對훈効力이如何홈으로써敎育當局者諸氏에게提拱호노니惟願國家를爲호야國民敎育을義務的으로熱心호시는諸氏는愚言을採用호야大韓帝國으로호여곰自强基礎에建設케호기를切望호노라

論英人之推崇孔學

遠東報照謄

英國駐威海衛大臣陸節氏致書香港韋保三博士云承惠孔子聖像數幅拜謝拜謝但貌似釋家恐係僞作或自東洋傳來鄙意宜廣登中西各報勸人勿購藉免以僞亂眞玆特奉上新攝像片內有大成殿及孔聖陵並今衍聖公令貽小影蓋曲阜爲仲尼發祥之地而衍聖公之

府第在焉閣下試一比較之便知香港學堂供奉之像與此大相懸殊矣日前山東大吏曾到鄙署晤會允代訪求孔聖暨門人各肖像如有所得當刋成一書以華英文依次解釋知與尊意適同此甚可欣慰者也昔故友韓妥瑪領事曾著一書名曰文廟祀位指南已付梓矣惜今書版無存尊處幸籌欵若干重爲刋布不佞雖力有未逮然居恒仰慕孔聖亦何敢不樂爲玉成乎方今環海學人競尚新理稽古右文之事漠然置之蓋雖先正典型亦且束諸高閣矣夫中國聖賢迭興何代蔑有然泰山之於邱垤河海之於行潦惟孔子實造其極則焉吾人幸來東亞果能提倡此會垂諸久遠俾千載以下不忘聖德是誠明哲之舉也豈不懿乎嗚乎英人之推尊孔子者亦已至矣蓋歐洲學者之來中國也多往瞻謁孔子廟堂一觀其車服禮器以爲榮華世界之崇拜偉人於此可見而吾孔子之學亦實有可以崇拜者在焉卽彼希臘大師號稱文明哲學之鼻祖者亦且望而却步則其他又何論乎比年以來四子書之譯本遍於環球有英文有德文有俄法文凡海外儒家苟欲精研漢學者罔不手置一編以與其本國哲儒之言參互而考證故其言曰孔子者中國之大教育也又中國之大政治家也此卽吾儒之所謂內聖而外王者是也孔子以一身而兼教育家政治家此眞生民以來所未嘗有天將以夫子爲木鐸不其信哉今之人非不推尊孔子矣然其所謂推尊孔子者衣深衣之衣冠章甫之冠藉此而自顯其儒術云耳否則揣摩時尚竊功名而盜科第猶自命爲代聖賢立言凡此者均爲孔學之所不許也孔子生於衰周之時本其所學旣欲改良一代之教育並欲改良一代

之政治故其立言之精深博大非後學者所易窺而巍巍乎莫之能尙矣吾國士大夫雖嘗服習孔氏之書然一究其實際則固不知敎育爲何政治又爲何但能襲取三皮毛空言性理以自文其識見亦何出歐洲人士之下哉歐洲人之得聞孔子學說姑不論其深淺若何而卽知孔子之爲敎育家爲政治家則誠得推尊孔子之道者矣記者嘗言尊孔之事在精神而不在形式何謂精神卽人人明於孔學之源流不爲敎育家卽爲政治家而箋注之功猶其末也尊孔以精神庶幾漢學之復興而國粹亦因以保存勿替也朝夕而拜之弦歌而祝之直形式已耳何足語於尊孔乎英人之收藏聖像亦不免徇於形式而其崇拜偉人之念亦足多焉曩聞某西字報刊有杏壇傳敎一圖其衣冠純用今制是誠陸節氏所稱以僞亂眞者燕書郢說其謬誤殆不免乎太史公曰高山仰止景行行止雖不能至心嚮往之尊孔者請事斯語也可矣

憲法上八大自由에就하야(續)

第二 集會結社의自由

夫人類는結社的動物이라古代와如히人族이最히稀少하야人이孤立的으로生活하든時代는寧히例外에屬한者오個人制度가發達한今日에在하야는共同生活을不爲하고孤立的으로此世에活動코저함은實로不可能의事라何者오大抵臣民은諸般의目的을達하기爲하야國家的社會的經濟的의諸事項을硏究할必要가有하니此目的을達코저할진대반다시一時的又는永續的으로同志가互相結合하야衆智를取치아니함이不可

ᄒᆞ니是以로今日多數文明國立法例에集會結社의自由ᄂᆞᆫ憲法上으로特히保證ᄒᆞ야大概國家가干涉지아니ᄒᆞᄂᆞᆫ方針을採用ᄒᆞ고惟其違法或은禁止ᄒᆞᆫ바事項을目的ᄒᆞᄂᆞᆫ者를制限ᄒᆞᆷ에止ᄒᆞᆯᄲᅮᆫ이라然則此自由ᄂᆞᆫ人民의必須ᄒᆞᄂᆞᆫ根本的의權利오又況立憲國에在ᄒᆞ야ᄂᆞᆫ必要不可缺ᄒᆞᆯ者ㅣ라然而集會와結社의性質을概論컨ᄃᆡ

集會라ᄒᆞᆷ은共同의目的을爲ᄒᆞ야多數人의集合ᄒᆞᆫ者로一時的의性質을有ᄒᆞᆫ者를謂ᄒᆞᆷ이라故로大祭日과如ᄒᆞᆷ은多數人의集合ᄒᆞᆫ者라도共同의目的을不有ᄒᆞᆷ으로集會가아니며結社ᄂᆞᆫ多少永續의目的으로永續의結合을組成ᄒᆞᆫ者로ᄃᆡ集會ᄂᆞᆫ一時的의性質을有ᄒᆞᆫ者ㅣ며又結社ᄂᆞᆫ現在에多數人이會同치아니ᄒᆞ야도存在ᄒᆞᆷ을得ᄒᆞ되集會에在ᄒᆞ야ᄂᆞᆫ實際多數人이會同ᄒᆞᆷ을要ᄒᆞᄂᆞ니라

結社라ᄒᆞᆷ은社員이自定ᄒᆞᆫ共同의目的을達ᄒᆞ기爲ᄒᆞ야多少永續的으로組成ᄒᆞᆫ多數人의結合ᄒᆞᆷ을云ᄒᆞᆷ이니卽結社ᄂᆞᆫ契約上의關係라故로契約으로부터設立ᄒᆞ야契約으로부터目的을定ᄒᆞ고契約으로브터社員互相間의關係를定ᄒᆞᆫ者ㅣ라是以로地方의自治團體ᄂᆞᆫ合意에依ᄒᆞ야成立ᄒᆞᄂᆞᆫ者ㅣ아님으로結社가아니며家族團體ᄂᆞᆫ其目的이團體員의自定ᄒᆞᆫ者ㅣ아님으로結社가아니며又賣買關係ᄂᆞᆫ共同의目的을不有ᄒᆞᆷ으로結社가아니라然而結社와集會의相殊ᄒᆞᆫ點은前述ᄒᆞᆫ바에依ᄒᆞ야推知ᄒᆞᆯ비나然이나結社에도通常其日的된事項을硏究ᄒᆞ기爲ᄒᆞ야實際集會ᄒᆞᆷ이有ᄒᆞ니此境遇에ᄂᆞᆫ結社法을適用ᄒᆞᄂᆞᆫ同時에集會法도亦適用ᄒᆞᆷ을注意ᄒᆞᆯ

비라然而此結社는大概干涉을不受하는者로되各國民法에依하야觀察하건되但各種結社中法人에限하야官廳의許可를受함이可한者로規定한지라또日本國警察法에는秘密의結社及安寧秩序를妨害하는結社及集會는禁止함을得한다規定하고且政談集會及政社의集會에는多少의制限을設할뿐이더라

第二、信書秘密의自由

大凡國의內外와洋의東西를勿論하고諸般의情形을朝暮相通하야門庭三五步를出치아니하고海外千萬里의消息을能悉함은何를由함인가三尺童子와問할지라도必曰此通信機關의發達을由함이라謂할지라然則此通信을國家政略上으로論할진되萬機의變狀과諸般의情況을像想하야一國家又는國際上에此機關의作用을由하야巨大한効果가發生함은尙矣勿論이어니와又其一國內에生活하는臣民도私益又는其他諸般關係로此機關作用을依하야重大한利害關係가發生하나니此今日多數文明國憲法上에「信書秘密의自由」라特揭하야國家機關으로此秘密을護守하는所以라

信書라함은何를謂함니뇨郵便電信等으로써送付하는一切書信을包含한義라然而此信書는封緘與否를不問하나니故로封緘이無한葉書等도此에包含함이라然而此에對하야或學者는云하되信書의秘密이라함은發信者가他人으로하야고此를知得한비되지아니함이不可하니此意思는卽其書信을封緘함에依하야推測할者ㅣ되는故로封內의事實에만限하야秘密의自由가有하다云

ᄒᆞᄂᆞᆫ지라然이나信書의秘密이라ᄒᆞᆷ은반드시信書全體되지아니ᄒᆞᆷ이不可ᄒᆞ며又秘密은반드시發信者、受信者兩人間에만限ᄒᆞᆯ者ㅣ아니오郵遞官吏도他一般人民의게對ᄒᆞ야漏洩ᄒᆞᆷ이不可ᄒᆞᆫ秘密이有ᄒᆞᄂᆞ니是以로封緘ᄒᆞᆫ一事로써發信者의意思ᄅᆞᆯ推測ᄒᆞᆷ은不可ᄒᆞᆫ者ㅣ니若發信者、受信者及其住所、信書의交通이有ᄒᆞᆫ事等을漏洩ᄒᆞᄂᆞᆫ時ᄂᆞᆫ信書中의事項에關ᄒᆞᆫ秘密도亦保全ᄒᆞ기不能ᄒᆞᆷ에至ᄒᆞᆯ지라故로郵遞官吏等은다만信書中에在ᄒᆞᆫ事ᄅᆞᆯ調査ᄒᆞ거나又ᄂᆞᆫ漏洩ᄒᆞᆷ을不得ᄒᆞᆯᄲᅮᆫ아니오尙且或信書의發送이有ᄒᆞᆫ事와又ᄂᆞᆫ信書ᄅᆞᆯ發ᄒᆞᆫ者及領受ᄒᆞᆫ者의姓名、住所等을一切他人의게漏洩ᄒᆞᆷ을不得ᄒᆞᄂᆞᆫ비라然而此信書의秘密을獨히郵遞官吏ᄲᅮᆫ아니라一般官吏에對ᄒᆞ야도亦保護케ᄒᆞᄂᆞᆫ비로ᄃᆡ但刑事審問、破産又ᄂᆞᆫ民事訴訟의或境遇에ᄂᆞᆫ例外로此ᄅᆞᆯ犯ᄒᆞᆷ을得ᄒᆞᆯᄲᅮᆫ이라

(未完)

雜　俎

國民的主義

梅溪盧義瑞

今夫公天之道ᄂᆞᆫ巍巍蕩蕩焉ᄒᆞ사極其運行也則動者植者가雖萬化無窮ᄒᆞᄃᆡ理本無二ᄒᆞ고同人之道ᄂᆞᆫ尊尊親親焉ᄒᆞ나究其所自來則某氏何族이抑千派分傳이로ᄃᆡ始祖ᄂᆞᆫ爲一니라仰觀蒼蒼穹隆之氣形ᄒᆞ고俯瞰詵詵羣情之精神ᄒᆞ니乾坤一皮殼裏에活動ᄒᆞ면셔乾坤一胞子中同情의本을離ᄒᆞ고ᄂᆞᆫ物數에計入지못ᄒᆞᆷ이明白한비오一鼻祖下同氣의族을愛지안코난骨肉에親密케ᄒᆞᆷ이甚難ᄒᆞᆯ비라現存時代에大活動ᄒᆞᄂᆞᆫ諸部族으

로言ᄒᆞ면專制主義ㅣ一變ᄒᆞ야民族主義을招來ᄒᆞᆷ에祖先崇奉의血統을繹綸貫徹ᄒᆞ야螞蛩相負와蚿蛇相憐의情을一層鞏固ᄒᆞᆷ에所謂國權도玆에挽回ᄒᆞ며富强도玆에釀成ᄒᆞ며技術도玆에進就ᄒᆞ며精理도玆에探做ᄒᆞ며備禦도玆에完全이ᄒᆞ야始也에ᄂᆞᆫ龜玆의邦土와粒蒸의種族으로寸進尺得에民族이日增月加ᄒᆞ며疆域이前延後長ᄒᆞ야大洲大洋을耽耽虎視ᄒᆞ며自東自西로碌碌鯨貪ᄒᆞᆷ을逞코져ᄒᆞ니如此ᄒᆞᆫ前頭에思想을奮發ᄒᆞ며腦神을精勵ᄒᆞ야彼大活動ᄒᆞᄂᆞᆫ部族은如何ᄒᆞᆫ智術技能인가明確히發見ᄒᆞ라면其特皇天이宥賜ᄒᆞᆫ비도아니오化工이獨專ᄒᆞᆫ비도아이오山靈水精이全美ᄒᆞᆫ비도아이오祭政一致의影響으로大舞臺에割據ᄒᆞᆫ줄노明認ᄒᆞᆯ비가아인가吾東球一帶에生存活動ᄒᆞᄂᆞᆫ同胞兄弟姊妹은國家가自身上에係在ᄒᆞᆫ줄노神腦을大醒ᄒᆞ야思慮을廣博히ᄒᆞ사吾種族은同是一本이니同族을相愛치안으면其本을忘ᄒᆞᆷ이오同是始祖의本을忘ᄒᆞ면乃祖乃父을背ᄒᆞᆷ이오同是乃祖乃父을背ᄒᆞ면自身을棄ᄒᆞᆷ이니自身은卽吾國民二千萬血統團合的本이안난가故로本分된心身을抛棄ᄒᆞ면血統團合이皴裂ᄒᆞᆯ거시오又團合이皴裂이면國家가頹敗에境遇을當ᄒᆞᆯ리니卽國魂을擔着ᄒᆞᆫ自身을尊重確立ᄒᆞ야團體的血統을合成ᄒᆞ라면惟成韓鼻祖된檀君命義을提喚醒覺지아니치못ᄒᆞᆯ지라如今崇奉鼻祖ᄒᆞ와信仰을一致則疆域上萬戶千門도同室鬩으로看做ᄒᆞᆷ에在ᄒᆞ고百子千孫도同胞情으로矜憫ᄒᆞᆷ에在ᄒᆞᆯ지라若檀君鴻蒙의歷史을槪論컨ᄃᆡ我韓三千里邦土가天造草

昧ᄒᆞᆷ에北韓鴨綠江以東太白山檀木下에降精ᄒᆞ시니計其曆數컨ᄃᆡ卽開國立極四千二百四十二回也라首出聖靈ᄒᆞ사公天의命을受ᄒᆞ심에無極ᄒᆞᆫ造化로至道을誕敷ᄒᆞ시니溯漠窮壤과瀛海諸島々지化洽均沾ᄒᆞᆷ에東西가咸稱君子國聖人化라ᄒᆞ더니而今에遺風餘韻이寂然無聞ᄒᆞᆷ은何故오吾同胞에血統繼合이蟜蛩蚑蛇의情에도不及ᄒᆞᆫ所致가아닌가上天之道ᄂᆞᆫ一言도無聞ᄒᆞ삼에四時運行而萬物이發生ᄒᆞᄂᆞ니旣往은已矣여니와自今으로ᄂᆞᆫ國民的苗脉을崇奉一致의主義로奮發ᄒᆞ면我韓이將來大舞臺에確據ᄒᆞ야列强의風潮을凌駕ᄒᆞ고永遠ᄒᆞᆫ福音을受ᄒᆞᆯ지니惟我同胞同胞여

張門烈婦

黃海道平山郡下龍巖面一里雲川居士人張寅汲之孫婦驪興閔氏故委員憲煥之婦也曾事舅姑養之以孝葬之以禮閨範端懿里咸稱誦本年五月十四日其夫張公不幸棄世於京城寓所而閔氏聞計奔哭奉還遺骸克襄先壠絕食七晝延及終虞奄忽從殉古之斷臂別目之烈節不可同日而語也似此烈行天之所格人之所難若終歸於泯滅　國家褒典無路可施士林將美何以發現由是本郡士林呈郡道至有轉報掌禮院故自該院啓聞于
天陛特褒卓異之行表厥宅里ᄒᆞᆫ다더라

○各國의商船(汽船)數爻

各國의商船數를槩據ᄒᆞᆫ건ᄃᆡ英國은六千七百四十七隻이오美國은六千五百九十九隻이오德國은一千一百二十六隻이오瑞典은七百三十三隻이오腦威ᄂᆞᆫ五百五十一隻이

오俄國은五百二十二隻이오西班牙는四百二十七隻이오丁抹國은四百三十九隻이오日本은三百二十七隻이오奧國은二百二隻이오淸國은未詳其數더라

我國歲時風俗記

十月

二十日

江華海中에有險礁ᄒᆞ니曰孫石項이라ᄒᆞ니方言에謂山水險隘處爲項이라嘗有梢工孫石者ㅣ以十月二十日로冤死于此ᄒᆞ니遂以名其地라至今ᄭᆞ지値是日ᄒᆞ야多風寒栗烈ᄒᆞ면舟人이戒嚴ᄒᆞ고居者가亦謹備衣裘ᄒᆞᄂᆞ니라

十一月

冬至

觀象監에明年曆書를進ᄒᆞ되 御覽及頒賜上件은皆粧纏ᄒᆞ고其次는有靑粧曆白曆中曆月曆常曆等名色ᄒᆞ야以紙品粧樣으로爲別이라京司各衙門에서는預具紙物ᄒᆞ야付本監印出ᄒᆞ야長官與郞僚가例分有差ᄒᆞ야爲酬應鄕隣之用吏曹吏는分主縉紳諸家所主家ᄒᆞ야自一命以上名屬銓郞者는例呈靑粧曆一件ᄒᆞᆷ으로李槎川東淵詩에曰吏送靑粧曆家傳赤豆粥이라ᄒᆞ니라

十二月

濟州는古耽羅國이라地産柑橘ᄒᆞ야歲貢에以至臘二月로至京師ᄒᆞ면頒賜舘學生ᄒᆞ시고下御題試取를如節日製之例ᄒᆞ야賜第ᄒᆞᄂᆞ니名曰黃柑製라申恕庵靖夏詩에曰八道箋文同日至、濟州柑橘二番來라ᄒᆞ니盖至日에詠禁中事라貢柑之來에値寒極ᄒᆞ면自

上으로領貢人을引見ᄒᆞ시고賜衣宣飯ᄒᆞ야以示柔遠之意ᄒᆞ시니濟人이覬望恩澤ᄒᆞ야必候極寒而入城故로柑製가多在臘月ᄒᆞ니라

臘日

國曆에用冬至後第三未ᄒᆞ야爲臘은以東方盛德이在木이라有事于 太廟ᄒᆞ야並四爲五大享이라人家에亦或祭先ᄒᆞ야朔叅과節薦의儀와如ᄒᆞ니라

內醫院及諸營門이以臘日로造諸種丸劑ᄒᆞ야公私京鄕에無不波及ᄒᆞᄂᆞᆫᄃᆡ淸心丸蘇合丸이最有奇數라燕京人이以淸心丸으로爲起死神丹ᄒᆞ야我使入燕에自王公貴人으로無不聚首來乞ᄒᆞ야往往不勝娚聒이라傳方ᄒᆞ되不能成이與藥飯一般ᄒᆞ니亦可異也로다或曰燕中에無牛黃ᄒᆞ야代用駞黃故로雖

依方造成ᄒᆞ나服之無靈이라未知信否로다

臘日所獲禽獸가皆佳ᄒᆞᄃᆡ而黃雀이利於老弱이라ᄒᆞ야人家에서多張網捕之ᄒᆞᄂᆞ니라周禮에羅氏가中春에羅春鳥ᄒᆞ야以養國老라ᄒᆞ엿스니周之中春은卽今之十二月이라鄭氏注에春鳥ᄂᆞᆫ今南郡黃雀之屬이라ᄒᆞ니라

除夕

人家軒閣廊廡門竈圊溷에皆點燈達夜ᄒᆞ야上下老幼가限鷄鳴不眠을謂之守歲라童稚가困睡則嚇ᄒᆞ야曰睡除夕ᄒᆞ면雙眉白이라ᄒᆞ더라內醫院에셔辟瘟丹을製ᄒᆞ야進御ᄒᆞ면正朝早晨에一炷를焚ᄒᆞᄂᆞ니其方은東醫寶鑑에見ᄒᆞ얏ᄂᆞᆫᄃᆡ歌曰神聖辟瘟丹留傳在世間正元焚一炷、四季保平安이라閭巷間에或盛絳囊佩之ᄒᆞᄂᆞ니라

吾人이和合ᄒᆞ여야生存

李承喬

天時不如地利오地利不如人和라吾人이相和ᄒᆞ면天地之氣亦和ᄒᆞ야泰和中에在ᄒᆞᆫ者ㅣ何事를不遂며何事를不成이리오一家ㅣ和則其家ㅣ興ᄒᆞ고一鄕이和則其鄕이興ᄒᆞ고一國이和則其國이興이어늘今日의自侮自伐이鬩墻에甚ᄒᆞ야其侮其伐을莫之能禦ᄒᆞ니可以怨天乎아可以尤人乎아怨尤라도無奈ㅣ오憂悶이라도亦莫及이니蔽一言曰父父子子君君臣臣夫夫婦婦長長幼幼朋朋友友之道ㅣ斯明ᄒᆞ야歸于人和而已로다惟我西北會館이都下에建立ᄒᆞ야空中에聳起ᄒᆞ니兒郞偉ㅣ拋樑搆楨ᄒᆞ야雕甍靑甓이如翬斯飛라道路ㅣ駭盰ᄒᆞ고濟濟學生의咿唔聲聲이雲霄에徹入ᄒᆞ야上帝愛聞ᄒᆞ시샤將來福音이無量無極이로다告厥成功이三個人에能力所及이아니오是兩鄕人士의團體中出來ᄒᆞᆫ것이라互相忠愛ᄒᆞ며互相勸勉ᄒᆞ며互相協議ᄒᆞ며互相果斷ᄒᆞ며互相勤勞ᄒᆞ며方鳩孱功ᄒᆞ야能成其大ᄒᆞ니倘或謂之四千年來初有之事ㅣ라美哉輪美哉奐이여入必和ᄒᆞ고出必和ᄒᆞ고聚而ᄒᆞ고散而和ᄒᆞ야今日之忠愛가如前日之忠愛ᄒᆞ고今日之勸勉이如前日之勸勉ᄒᆞ고今日之協議가如前日之協議ᄒᆞ고今日之果斷이如前日之果斷ᄒᆞ고今日之勤勞가如前日之勤勞ᄒᆞ야戀戀不已ᄒᆞ고源源不懈ᄒᆞ야愛我會館을如我家室ᄒᆞ고愛我會員을如我家族ᄒᆞ야一以敎育事務로熱心熱性이면未勘之債를可淸이오未來之事ㅣ可興이라凡

民俊秀ㅣ皆入此學ᄒᆞ야庠舍ㅣ不能容ᄒᆞ야第一回二回三回로千回萬回卒業則教育家도此에多出이오哲學家도此에多出이오經濟家도此에多出이오外交家도此에多出이오政治家도此에多出이라人才之盛이未有盛於此者也ㅣ니竊爲之心禱而頂祝萬萬이로다苟能如此면非徒爲西北之幸福이라亦將有以利吾國이니噫라事業之成이伊誰之力고非勸勉이면不能이오非教育이면不能이오非勤勞면不能이로ᄃᆡ果斷이爲第一이라若無財政家之果斷義捐이면多般經費가從何出來며既無經費則何事를可遂乎아西北人士가共同響應ᄒᆞ야隨力捐補가何莫非義理所發而惟李鍾浩氏一萬圜과趙鼎允氏五千圜은巨欵辦出이其義를不可及이오其勇을不可及이라西北教育之興을後之秉史筆者ㅣ必大書特書曰李鍾浩趙鼎允之功이라ᄒᆞ리니可不欽艷而起敬哉아好貨愛貨는人之常情이라有財貨者ㅣ非無靳慳이로ᄃᆡ公益上慈善上에는不得不捐出者ㅣ如兩氏之義且勇이로다凡今庸夫는知其積而不知其散ᄒᆞ야戴文之牛ㅣ莫非其子之耻辱이오守錢之虜ㅣ便是時人之譏笑ㅣ라憎其譏笑ᄒᆞ야富人은怨貧人ᄒᆞ고憎其吝嗇ᄒᆞ야貧人은怨富人ᄒᆞ니互相不和者ㅣ此ㅣ오外他不和者亦非一二라老人은憎其新進少年之跳踉ᄒᆞ고少年은憎其頑固老人之腐敗ᄒᆞ며班人은憎其常人之登用ᄒᆞ고常人은憎其班人之驕傲ᄒᆞ며京人은憎其鄕人之魯質ᄒᆞ고鄕人은憎其京人之浮文ᄒᆞ며且曰某家兒ㅣ有何才能ᄒᆞ야登壇演說이라ᄒᆞ며某家兒ㅣ有何經綸ᄒᆞ야社會確論이라ᄒᆞ며某家兒ㅣ有

何智識ᄒᆞ야勸勉教育이라ᄒᆞ고勝己者ᄅᆞᆯ厭之ᄒᆞ며佞己者ᄅᆞᆯ悅之ᄒᆞ야各自異心ᄒᆞ고各自異論ᄒᆞ야弊到此劇ᄒᆞ니以之感傷和氣ᄒᆞ야禍亦酷矣라上天이悔禍ᄒᆞ샤必有協和ᄒᆞ니協和之道ᄂᆞᆫ斷斷無他ㅣ라富人이公益上捐貨則貧人이喜之ᄒᆞ고貧人이不怨則富人이喜之ᄒᆞ며老人의思想이維新則少年이不以腐敗로目之ᄒᆞ고少年이智識開發則不必跳踉이라老人이愛之重之ᄒᆞ며班人이學問을發達ᄒᆞ면錦上添花ㅣ오常人이忠信篤敬ᄒᆞ면驕傲가何至며京人은鄉人의質을擴充ᄒᆞ고鄉人은京人의文을擴充ᄒᆞ야文質彬彬을克圖ᄒᆞ며演說家와教育家ᄅᆞᆯ實心贊揚ᄒᆞ고事事件件을反求諸己則吾人和合이自在其中이라況吾西北人士ᄂᆞᆫ團體之名譽ㅣ顯著라雖團體未成이라도期圖完全이어든己成ᄒᆞᆫ團體ᄅᆞᆯ不可稍弛라設有憾情이라도忍之又耐ᄒᆞ고設有嫌隙이라도容之又恕ᄒᆞ야一切教育上事業에協議講究ᄒᆞ야有進無退ᄒᆞ면生存을可得이오畿湖關東湖南嶠南諸學會가次第設立ᄒᆞ니此卽教育界嚆矢라一以人和로注意ᄒᆞ야貧人은熱心贊成ᄒᆞ고富人은熱心寄補ᄒᆞ야共進文明이면孰能侮之아吾人生存이在我也ㅣ오不在人乎哉ㄴ져

人物考

李膺擧傳

李膺擧의字ᄂᆞᆫ士澄이오號ᄂᆞᆫ德巖이니其先은公州人으로中世에移住寧邊ᄒᆞ니라五世祖之賢이以部將으로當壬辰亂ᄒᆞ야殉節於露梁ᄒᆞ고之賢의子命達이以遼東伯裨將으로殉節於深河ᄒᆞ고命達의子時英이當丁卯

亂ᄒᆞ야殉節於安州ᄒᆞ니三世旌閭ᄂᆞᆫ古所罕有라公의曾祖時芳은時英의弟니贈戶曹叅議ᄒᆞ고祖廷益은贈戶曹叅判ᄒᆞ고父世麟은贈工曹判書ᄒᆞ니皆由公貴라公의容儀가秀朗ᄒᆞ고精采가峻整ᄒᆞ야赫赫有照人者라肩背에有白痣ᄒᆞ야至右膝ᄒᆞ니相者ㅣ云ᄒᆞ되貴且壽라ᄒᆞ며又云ᄒᆞ되當爲白衣宰相이라ᄒᆞ더라父判書公이性嚴有法度라公이嘗讀書山房이라가歲除를當ᄒᆞ야歸覲ᄒᆞᆫᄃᆡ判書公이曰吾兒ᄂᆞᆫ讀書山房ᄒᆞ야不命之來라來者ᄂᆞᆫ何咨고ᄒᆞ니公이悚然ᄒᆞ야退歸讀書ᄒᆞ니라公이卓異ᄒᆞᆫ姿로ᄡᅥ家庭의訓을服ᄒᆞ야工課日進ᄒᆞ나見聞의廣博지못ᄒᆞᆷ으로ᄡᅥ畿湖間經學家에從學ᄒᆞᆫ지十年이라及其歸也에温凊의久曠을恨ᄒᆞ야搆屋에絶意ᄒᆞ고日常親側에左右ᄒᆞ야滫瀡를躬奉ᄒᆞ더니判書

公이病篤ᄒᆞᆷ의血指以進ᄒᆞ야三日을得延ᄒᆞ고及喪에廬墓三年ᄒᆞ고闋服ᄒᆞᆫ後에도課日拜掃ᄒᆞ야不以雨雪或廢ᄒᆞ니라友愛諸弟가甚篤ᄒᆞ니公이或出而未歸ᄒᆞ면諸弟가不敢先飯ᄒᆞ더라公이嘗誨子姪ᄒᆞ야曰吾家先의三世殉國은汝輩가不可忘也니라公이於經史子集에無不淹貫ᄒᆞ야手寫成帙者ㅣ多ᄒᆞ되最愛春秋ᄒᆞ야曰隻字片言이皆大義甚嚴ᄒᆞ니不可尋常讀過라ᄒᆞ고雖盛暑라도衣冠을必整ᄒᆞ고終日端坐ᄒᆞ야未嘗少有惰容이러라自奉은甚薄ᄒᆞ되接賓은惟厚ᄒᆞ며貧窮患難을賙恤ᄒᆞᆷ에ᄂᆞᆫ有無를不顧ᄒᆞ더라平生에厲操淸潔ᄒᆞ야一毫를不以取諸人이라嘗在山寺ᄒᆞᆯ싀有欲饋生魚者ᄒᆞ야不敢進ᄒᆞ고囑傍人而告어ᄂᆞᆯ公이却之ᄒᆞ니傍人이不敢强ᄒᆞ고餒之瓮中이라緇徒가傳爲美談ᄒᆞ고

及爲正卿ᄒᆞ야還鄕ᄒᆞᆯ새府使林著喆이爲製軺軒ᄒᆞ야遺之曰大夫ᄂᆞᆫ不可以徒步라ᄒᆞᆫᄃᆡ公이固辭라府使ㅣ躬扶以上ᄒᆞ니公이勉乘而出이라가至邑邸ᄒᆞ야使人還之ᄒᆞ고謝曰村巷路狹ᄒᆞ야無所乘之라ᄒᆞ니遂爲官庫物ᄒᆞ니라又戒子孫及門人曰人之生也에寸陰을可惜이오文武의學을固當隨材成就나農業을不可不勤이라又曰學은當專心致志니若被外誘則難成이라ᄒᆞ고又曰不患人不知오惟患學不至라ᄒᆞ고又曰持身은當以退一步로爲安樂法이오持心은雖千萬이라도不能奪然後에可矣라ᄒᆞ니此皆自得之實이라公於聞達榮譽에泊然無求ᄒᆞ나積累之久에士望이蔚然ᄒᆞ야道伯과御史가交章薦之ᄒᆞ고若尹相國著東徐相國龍輔李相國性源諸公이先後　筵白ᄒᆞ니　上이曰此等人은須

別般收用이라야可以奬勵道內오況一門三忠은可知其名家라ᄒᆞ시고始除崇靈殿郞이라가仍遷康陵叅奉ᄒᆞ야特承召見ᄒᆞ니　上이諭之曰汝之登聞은非徒大臣薦이라己有所稔悉也라年幾何矣오ᄒᆞ신ᄃᆡ對曰臣年이七十有五니다又以飮泚職事로勉之ᄒᆞ시고仍顧左右曰外貌가若是淸偉ᄒᆞ니其中所存을可知라ᄒᆞ시다公이就直未幾에謝歸鄕里러니居二年에進階嘉善ᄒᆞ야除同知中樞府事라가粤四年에陞資憲ᄒᆞ야特拜知中樞府事ᄒᆞ시고降旨于地方官ᄒᆞ야諭以年老未盡用之意ᄒᆞ시고戊午에降特旨曰適閱道啓ᄒᆞ니其先三忠中故學生命達은立慬이在於戊午ᄒᆞ니其在念其家之道에不可無示意라ᄒᆞ시고仍特除都摠府都摠管ᄒᆞ사降旨曰固知筋力之難强而第以乘馹上來事下諭焉이라

ᄒᆞ시니公이適有疾ᄒᆞ야以在外로遞라가久之에始克登程ᄒᆞ니 上이聞之ᄒᆞ시고復除都摠管ᄒᆞ사仍飭沿路ᄒᆞ야以安車豐供으로護之ᄒᆞ야至京師ᄒᆞ니卽蒙入對ᄒᆞ야 上이命近前者ㅣ三ᄒᆞ시고曰不見卿이久矣러니卿之韻貌가無減於曩日이로다ᄒᆞ시고仍以乞言諭之ᄒᆞ시니公이奏對進退가動合規度ᄒᆞ니殿上侍者가嘖嘖相語曰雖自少出入禁闥者라도不能過也라ᄒᆞ더라仍特除漢城判尹ᄒᆞ시니公이陳疏乞歸ᄒᆞᆫᄃᆡ批曰擢用卿者는欲使一方人士로知所勸於飭躬修行이니卿其量筋力行公ᄒᆞ라居月餘에以省歸로請由ᄒᆞᆫᄃᆡ 上이命寫牌招時傳敎一通ᄒᆞ야以給ᄒᆞ시고仍賜內府丸劑ᄒᆞ시며又使給馬供饋케ᄒᆞ시니皆異數也라逮庚申 國哀ᄒᆞ야公이以老病으로未克奔哭이나猶蔬食三年ᄒᆞ니世以爲難ᄒᆞ니라年이九十有三에考終于第ᄒᆞ니訃聞에自朝家로賻祭如例ᄒᆞ다

詞藻

遊牛峯寺四首　陽明

洞門春靄蔽深松飛磴纏空轉石峯猛虎踞崖如出柙斷螭蟠頂訝懸鐘金城絳闕應無處翠壁丹書尙有踪天下名區皆一到此山殊不厭來重

縈紆鳥道入雲松下數湖南百二峯巖犬吠人時出樹山僧迎客自鳴鐘凌飈涉險眞扶病異日探奇時舊踪欲扣靈關問丹訣春風蘿薜隔重重

偶尋春寺入層峯曾到渾疑是夢中飛鳥去邊懸棧道馮夷宿處有幽宮溪雲晚度千巖雨海月涼飄萬里風夜擁蒼崖臥丹洞山中亦自有

王公

一臥禪房隔歲心五峯烟月聽猿吟飛湍映樹懸蒼玉香粉吹風落細金翠壁烟多霜蘚合石牀春盡雨花深勝遊過眼俱陳迹珍重新題滿竹林

喜雨　蘭谷

旱天一雨洗春城、不費金錢潔又淸、北岳森羅生活畵、南江怒起放雄聲、行何新政如人事、賴此殊恩富物情、穢惡盡流東海去、大韓日月復光明

農夫歌

畔世少年

왓도다왓도다　봄이왓도다
지나갓든봄철이　다시왓도다
뫼놉고물맑은　우리나라에
지나갓든봄철이　다시왓도다

압늬와뒷뫼에　어름풀니고
먼산갓가운산　눈이녹난다
풀폭이폭이마다　속닙나오고
나무가지가지마다　엽이돗난다
어화우리農夫들아　精神차려라
아릿들웃들에　ᄯᅦ느저간다
날늬온장기잇다　밋지말고
살진쇼잇다고　자랑말지라
날늬온장기와　살진소라도
이ᄯᅦ가지나가면　쓸듸업도다
일하기어렵도고　게르지말고
놀기가조타고　쉬지말어라
아랫들웃들의　조흔논밧을
우리의조상이　니루우섯네
어렵고수고로움　만히참으며
한이랑두어이랑　니루우섯네

수고로울ᄯᆡ에는 ᄯᆞᆷ을흘니고
어려울ᄯᆡ에는 눈물흘녓네
눈물은줄기줄기 눈물보ᄐᆡ고
ᄯᆞᆷ발은방울방울 흙에섯겻네
祖上의주신것을 직혀가려면
ᄂᆡ몸이게르고는 할수업도다
아참부터저녁ᄭᆞ지 힘써지으면
깃븜으로조흔열ᄆᆡ 거두리로다

會事記要

隆熙三年六月十九日下午三時에臨時通常會를開ᄒᆞ고副會長鄭鎭弘氏陞席ᄒᆞ다書記가點名ᄒᆞ니出席員이三十四人이러라金允五氏特請ᄒᆞ기를司察員은會長이自辟ᄒᆞ자ᄒᆞᆷ이異議가無ᄒᆞ야李敏相氏로會長이自辟ᄒᆞ다書記가前會會錄을報告ᄒᆞᆷ이利原郡支會에서入會金支用ᄒᆞᆫ事에對ᄒᆞ야崔在學氏動議ᄒᆞ기를該事件을再論ᄒᆞ자ᄒᆞᆷ이姜錫龍氏再請으로可決되다崔在學氏動議ᄒᆞ기를本會에서利原郡支會에指名ᄒᆞ되新入會員名簿와入會金支用額數를本會에請求ᄒᆞ면本會에서支出케ᄒᆞ야文簿를整理ᄒᆞ고新入會員氏名을會報에揭載ᄒᆞ자ᄒᆞᆷ이金允五氏再請으로可決된後前會錄을接受ᄒᆞ다

會計員朴景善氏의五月度會金收入額과用下明細書를報告ᄒᆞᆷ이金允五氏特請ᄒᆞ기를可受ᄒᆞ자ᄒᆞᆷ이異議가無ᄒᆞ다

祥原郡振興學校支校請願書를公佈ᄒᆞᆷ이崔在學氏特請ᄒᆞ기를該校가旣有學部承認인즉認許ᄒᆞ자ᄒᆞᆷ이異議가無ᄒᆞ다

鳳山郡朝陽學校支校請願書를公佈ᄒᆞᆷ이金亨燮氏特請ᄒᆞ기를李達元氏擔保書가有ᄒᆞ

고亦有學部承認인즉認許ᄒᆞ자ᄒᆞᆷ이異議가無ᄒᆞ다

載寧郡文昌學校支校請願書를公佈ᄒᆞᆷ이崔在學氏特請ᄒᆞ기를既有學部承認인즉認許ᄒᆞ자ᄒᆞᆷ이異議가無ᄒᆞ다

郭山郡南山學校支校請願書를公佈ᄒᆞᆷ이金允五氏特請ᄒᆞ기를崔在學氏擔保書가有ᄒᆞ니認許ᄒᆞ자ᄒᆞᆷ이異議가無ᄒᆞ다

本會員朴漢榮李敏相兩氏의議案을次第公佈ᄒᆞᆷ이崔在學氏特請ᄒᆞ기를兩氏의議案辭義가本會의發展을深愛ᄒᆞ는ᄃᆡ出ᄒᆞ얏스나別노혀目下에急히採用ᄒᆞᆯ事件은無ᄒᆞ니接受만ᄒᆞ자ᄒᆞᆷ이異議가無ᄒᆞ다

本校長李鍾浩氏의辭免請願書를公佈ᄒᆞᆷ이金允五氏動議ᄒᆞ기를該請願書는姑爲留案ᄒᆞ자ᄒᆞᆷ이柳東作氏再請으로可決되다

明川郡支會第一號報明書를公佈ᄒᆞ다

城津府支會第一號報明書를公佈ᄒᆞ다

雲山郡支會第一號報明書를公佈ᄒᆞ다

金川郡支校大明學校卒業ᄒᆞᆫ報告를公佈ᄒᆞ다

延安順川義州郡學事視察委員諸氏의報明書를公佈ᄒᆞ다

嘉山郡會員劉鶴鳴氏의五圜金寄附ᄒᆞᆫ公函과崔齊三崔齊祥兩氏의各三圜金寄附ᄒᆞᆫ公函을次第公佈ᄒᆞ다

評議員崔在學氏意見書를公佈ᄒᆞᆷ이柳東作氏動議ᄒᆞ기를該意見書를採用ᄒᆞ되一個年에兩期를分ᄒᆞ야支會와支校에指明ᄒᆞ자ᄒᆞᆷ이金允五氏再請으로可決되다

金允五氏動議와玄昇奎氏再請으로閉會ᄒᆞ다

長淵郡支會任員氏名

會長 金基鼎
副會長 張顯奎
總務員 韓箕璿
評議員 金基鼎 韓箕瑢 崔東元 元致玹 金鴻洙 吳宗錫 金鎭鶴 丁滿靈 張東煥
會計員 金鎭鶴 吳宗錫
書記員 金甫淵
事務員 金裕承
司察員 崔東元 丁滿靈

雲山郡支會任員氏名

會長 金炳杰 事務員 崔昌烈
副會長 康樂洙 評議長 李桂植
總務員 李慶植 評議員 李允瑞
會計員 金秉濟 書記員 李重承

金瑄九

泰川郡支會任員氏名

會長 金尙運
副長會 李允實
總務員 白樂慶
評議員 白麟涉 李暻浩 金基承 金鼎觀 金國柱 白鎔益 白聖植 裴永黼 金兌顯 金達浩 邊昇炳 都贊禹 邊永箕 白淮承 金基淸 白鎔德 朴應虎 白鎔晋
會計員 金昌璉
書記員 白圭範
事務員 金炳源 白樂允
司察員 朴炳乾

邊昇永

學界消息

延安郡延興學校內의測量科를設立ᄒᆞᆫ後卒業試驗을經ᄒᆞ얏ᄂᆞᆫᄃᆡ卒業生의氏名이如左ᄒᆞᆷ

優等

申鉉琦 申鉉謨 劉舜夏 趙炳夏
文德泰 金光鉉 劉重鉉 梁範錫
張斗煥 李 灼 朴聖極 朴興龍

及第

金世永 文信根 李萬夏 姜學俊
金泰鉉 許鍾聲 申鉉聲 權寧邦
洪季星 許 濯 崔聖俊 金永燦
李蘭燮 申鉉洙 林淳默 權寧喆

柳在元

延安郡에在ᄒᆞᆫ德義學校와熙明學校가合ᄒᆞ야鳳南學校라名稱ᄒᆞᆫ後校況이一新擴張되엿더라

朔州郡士人金峻煥沈龍斌明允贊三氏가明用善氏의孝行을褒揚ᄒᆞᆫ寄函이如左ᄒᆞᆷ
朔州士人明用善本西蜀人年纔六歲父以嗽患告向海濱於焉數年奄遭母喪孤子情狀不忍復言居諸如流年丁成童慨然自誓離父幾年罔知在沒尙不尋訪豈是人子爰方啓行匍匐轉進晝祝山川夜祈星辰只是尋父一願而已周流兩霜蒙天所感幸到北靑榛倉洞地在父旣永逝靑山一塚罔極其痛尤當如何千里返葬哭不絕聲三年居廬禮無踰節噫爲子孝親當然分事不必過高較諸前後古人所罕今人所難本省士人屢度呈稟只有道臣嘉尙題

證未蒙 表恩況且客秋擧實収單獨此有漏不堪至惜最後奉告

正誤

嘉山會員康鍵三氏의鍵字를以健字로誤植이기以鍵字로正誤홈

海州會員吳明龜氏以敦根으로改名홈

義州人金秉峻氏는年今三十一也軍人服役이今至七年인ᄃᆡ天不假年ᄒᆞ야今春에偶嬰難醫之祟ᄒᆞ야奄然長逝故同僚諸氏가不勝悲憤ᄒᆞ야捐義安葬ᄒᆞ얏더라

會計員報告 第三十二號

一圜二十六錢五里 會計員任置條

一百十七圜四十五錢 月報代金収入條郵稅幷

二十八圜 會票五十六枚代金収入條

四百四十二圜 本校學生月謝金収入條

二百五十圜 李甲處貸入條

合計八百三十八圜七十一錢五里

第三十二回新入會員入會金収納報告

康弼文	載寧	梁晶浩	龜城	許德堯	龜城
金基道	龜城	張載翰	龜城	金昌浚	龜城
崔得樫	龜城	崔啓明	龜城	許 洛	龜城
朴義敬	龜城	李承華	龜城	李準範	龜城
裵香茯	龜城	朴賛杜	龜城	金基鐸	龜城
高永漢	龜城	金益龍	龜城	金在浚	龜城

李賛成 龜城 趙允玉 龍川 朴夢日 龜城
吳昌植 江西 韓宅奎 江西 金鍾濩 延安
各一圓式
合計二十四圓

第三十二回月捐金收納
報告

金宅奎 一圓 自一月至十月十朔條
張齊玉 九十錢 自二年十月至三年六月九朔條
洪性肅 三十錢 自四月至六月三朔條
朴泳霽 一圓十錢 自二年一月至十一月十一朔條
表致禎 一圓 自二年十月至三年七月十朔條
吳起泳 二圓六十錢 自元年十一月至三年十二月二十四朔條
安昌浩 二圓 自二年一月至三年八月二十朔條
金庸濟 七十錢 自一月至七月七朔條
朴昌鎭 七十錢 自一月至七月七朔條
張鎭奭 一圓五十錢 自元年三月至二年五月十五朔條
鄭在弼 三十錢 自五月至七月三朔條
李闓珪 二圓十錢 自元年十二月至三年八月二十一朔條
合計十四圓二十錢

第三十二回寄附金收納
報告

金義善 六圓
合計六圓

第六回本校義捐金收納報告

姜華錫	二圜	六月條
鄭鎭弘	二圜	五月條
吳錫裕	一圜	六月條
李相鉉	六十錢	自四月至六月條
金義善	二圜	五月條
韋京燮	十錢	六月條
林宗民	十錢	六月條
金得麟	十錢	六月條
李炳淑	十錢	六月條
辛德鉉	十錢	六月條
鄭昌殷	十錢	六月條
李昌薰	十錢	六月義
金炳河	十錢	六月條
宋仁明	十錢	六月條
閔泳龜	十錢	六月條
朴萬根	十錢	六月條
申鳳秀	十錢	六月條
劉時亨	十錢	六月條
太明軾	五圜	六月條
張在植	一圜	五月六月條

姜錫龍 三十錢 六月條
吳相翊 一圓 六月條
金錫權 三十錢 六月條
柳東作 二圓 六月條
玄昇奎 五圓 六月條
金達河 五圓 六月條
李達元 二圓 五月條
朴景善 三十錢 六月條
金允五 一圓 五月條

合計三十一圓八十錢

第十二回建築費義捐金

收納報告

金亨鍾 一圓
李相晋 一圓
崔明植 一圓
崔允德 二圓
李始馥 一圓
元楨溥 二圓
李泰學 一圓
楊星鎭 五十錢
羅達承 五十錢
金庸濟 五圓

金㙯鉉 三十圜
金喆善 二圜
金潤起 三圜
利原郡支會 二百圜 義捐ᄒᆞ신諸員의氏名은姑不錄送故隨到揭載
金鍾濩 二十圜 百圜中
李鍾浩 一千圜
合計 一千二百七十圜
以上六共合二千一百八十
四圜七十一錢五里內
第三十二回用下報告
自六月十五日至七月十五日
二圜七十六錢 洋紙封套小筆白紙價幷

五十錢 木甬一介價
四十錢 新聞掛機五個價
六圜 花階被莎役費莎價幷
三十八錢 水灑器一介價
一圜五十八錢 礦物標本求送事各支會支校指明書七十九度發送郵稅
五十五錢 잉크墨一甬價
五十錢 三錢郵票十六枚一錢郵票二枚價幷
四百四十八圜 本校經費支給條
三十錢 洗手器一介價
一圜四十五錢 明川載寧義州端川長淵海州六處月報送小包費
七十錢 六月朔水價

一百四十圜 主筆會計書記五月六月兩朔月銀條

三十圜 使丁二名五月六月兩朔月給條

一千一百五十圜 本會舘建築費中八次給條

三十七錢 月報一千七百部負貰及繩子價幷

十八圜 電話使用料自七月一日至九月末日條

一圜 上品印朱價

八十錢 官報代金七月朔先金條

六圜 五里郵票一千二百枚價

八十九圜 十三號月報一千七百部印刷費紙價製册費幷

十二圜六十錢 謄寫版一坐價

一百六十八圜 木板墻、大門、運動柱、鞦韆、琉璃窓、役費

二圜 海鶴李沂氏賻儀條

五十四圜二十八錢 李熙直寄附沓土証明次

四圜五十一錢 堤川往返旅費測量手數料幷 李熙直歡迎會費條

十五錢 手巾布三尺價

二十五圜 十四號月報印刷費中先金條

合計二千一百六十四圜八十三錢除

在十九圜八十八錢五里 會計任置

附錄

官報抄錄

家屋稅法施行細則

第一條　家屋稅法第九條에依ᄒᆞ야申告ᄅᆞᆯᄒᆞᆯ者ᄂᆞᆫ家屋의所在、構造、間數及變更、滅失ᄒᆞᆫ事由ᄅᆞᆯ記載ᄒᆞᆫ申告書ᄅᆞᆯ卽時該家屋所在地ᄅᆞᆯ管轄ᄒᆞᄂᆞᆫ財務署에提出ᄒᆞᆷ이可ᄒᆞᆷ但讓受ᄒᆞᄂᆞᆫ境遇에在ᄒᆞ야ᄂᆞᆫ讓渡人의住所、姓名及權利移轉ᄒᆞᆫ事由ᄅᆞᆯ附記ᄒᆞᆷ이可ᄒᆞᆷ

第二條　家屋稅法第七條에依ᄒᆞ야家屋稅의減免을蒙코ᄌᆞᄒᆞᄂᆞᆫ者ᄂᆞᆫ其事由ᄅᆞᆯ記載ᄒᆞᆫ申請書ᄅᆞᆯ該家屋所在地ᄅᆞᆯ管轄ᄒᆞᄂᆞᆫ財務署에提出ᄒᆞᆷ이可ᄒᆞᆷ

附則

本令은家屋稅法施行日로브터此ᄅᆞᆯ施行ᄒᆞᆷ

酒稅法施行稅則

第一條　酒類ᄅᆞᆯ製造코져ᄒᆞᄂᆞᆫ者ᄂᆞᆫ其住所、姓名、製造場의位置及製造ᄒᆞᆯ酒類의稅類ᄅᆞᆯ記載ᄒᆞᆫ免許申請書ᄅᆞᆯ所轄財務署에提出ᄒᆞᆷ이可ᄒᆞᆷ其免許ᄅᆞᆯ受ᄒᆞᆫ事項을變更코져ᄒᆞᄂᆞᆫ時도亦同ᄒᆞᆷ

第二條　財務署長은酒類製造免許申請者가納稅ᄒᆞᆯ資力이無ᄒᆞᆷ으로認ᄒᆞᆫ時ᄂᆞᆫ免許ᄅᆞᆯ與치아니ᄒᆞᆯ事ᄅᆞᆯ得ᄒᆞᆷ但相當ᄒᆞᆫ保證人又ᄂᆞᆫ擔保物을提供ᄒᆞᆫ時ᄂᆞᆫ此限에在치아니ᄒᆞᆷ

第三條　酒類製造의免許ᄅᆞᆯ與ᄒᆞᆫ時ᄂᆞᆫ第一號書式의免許準備牌ᄅᆞᆯ交付ᄒᆞᆷ

第四條　酒稅法第五條에依ᄒᆞᆫ申告書에ᄂᆞᆫ酒類의製造方法及製造期間을幷記ᄒᆞᆯ事를要홈　新히酒類를製造코저ᄒᆞᄂᆞᆫ者ᄂᆞᆫ免許申請書와共히酒類의造石數、酒類의製造方法及製造ᄒᆞᆯ期間을申告ᄒᆞᆯ事를要홈

第五條　酒類製造者가廢業코저ᄒᆞᄂᆞᆫ時ᄂᆞᆫ所轄財務署의免許에繳消를請求ᄒᆞ고同時에準牌를返納홈이可홈

第六條　免許準牌를亡失ᄒᆞ거나又ᄂᆞᆫ毁損ᄒᆞᆫ時ᄂᆞᆫ遲滯말고卽時所轄財務署에申出ᄒᆞ야準牌의再交付를請求홈이可홈

附則

第七條　酒稅法附則第二項에依ᄒᆞ야免許를受코저ᄒᆞᄂᆞᆫ者ᄂᆞᆫ免許申請ᄒᆞᄂᆞᆫ同時에隆熙三年에製造ᄒᆞᆯ酒類의製造方法及期間製造ᄒᆞᆫ石數等을申告홈이可홈

第八條　本令은酒稅法施行日로브터此를施行홈

煙草稅法施行細則

第一條　煙草를耕作ᄒᆞ거나又ᄂᆞᆫ煙草販賣業을營爲코ᄌᆞᄒᆞᄂᆞᆫ者ᄂᆞᆫ其住所、姓名及煙草稅法第三條又ᄂᆞᆫ第四條의種別을記載ᄒᆞᆫ免許申請書를所轄財務署에提出홈이可홈免許를受ᄒᆞᆫ事項을變更코ᄌᆞᄒᆞᄂᆞᆫ時도亦同홈

第二條　前條에依ᄒᆞ야免許를與ᄒᆞᆫ時ᄂᆞᆫ煙草耕作者에ᄂᆞᆫ第一號書式에依ᄒᆞ고煙草販賣業者에ᄂᆞᆫ第二號書式에依ᄒᆞ야免許準牌를交付홈

第三條　煙草를耕作ᄒᆞ거나又ᄂᆞᆫ煙草販賣業을營爲코ᄌᆞᄒᆞᄂᆞᆫ者ᄂᆞᆫ免許申請書와共

히耕作場又는販賣場의位置及植付煙草의根數를申告ᄒᆞᆷ이可ᄒᆞᆷ其申告ᄒᆞᆫ事項을變更ᄒᆞᆫ時는遲滯말고卽時申告ᄒᆞᆷ을要ᄒᆞᆷ

第四條 煙草耕作者又는煙草販賣業者가其耕作又는販賣業을廢止코자ᄒᆞ는時는所轄財務署에免許의繳消를請求ᄒᆞ고同時에準牌를返納ᄒᆞᆷ이可ᄒᆞᆷ

第五條 免許準牌를亡失ᄒᆞ거나又는毁損ᄒᆞᆫ時는遲滯말고卽時所轄財務署에申出ᄒᆞ야準牌의再付를請求ᄒᆞᆷ이可ᄒᆞᆷ

第六條 烟草耕作者는其耕作地一個所마다耕作者住所、姓名及耕作의種別을記ᄒᆞᆫ標木을建ᄒᆞᆷ이可ᄒᆞᆷ

附則

本令은烟草稅法施行日로브터此를施行ᄒᆞᆷ

寄附金品募集取締規則

第一條 寄附其他名義의如何를勿論ᄒᆞ고金品을募集코저ᄒᆞ는者는左開事項을具ᄒᆞ야內部大臣及募集의目的된事業의主務大臣에게請願ᄒᆞ야許可를受ᄒᆞᆷ이可ᄒᆞᆷ

一募集의目的及其方法
二募集ᄒᆞᆯ區域及期限
三募集金品의種類數量及其保管方法
四事業計劃
五收支預筭
六募集의主가된事務所所在地
七募集者의住所、職業、姓名、年齡、團體에在ᄒᆞ야는其名稱及代表者의住所、職業、姓名、年齡

前項第一號乃至第四의事項을變更코

저ᄒᆞᆯ時는其事由를具ᄒᆞ야許可를受ᄒᆞᆷ이可ᄒᆞ되第五號乃至第七號의事項에變更이生ᄒᆞᆫ時는七日以內로此를申告ᄒᆞᆷ이可ᄒᆞᆷ

第二條 募集의許可를受ᄒᆞᆫ者가他人으로ᄒᆞ야곰募集에從事코져ᄒᆞᆯ時는募集從事者의住所、職業、姓名、年齡을具ᄒᆞ야內部大臣에게申告ᄒᆞᆷ이可ᄒᆞ되其住所、職業姓名에變更이生ᄒᆞ거나此를解任ᄒᆞᆫ時는七日以內로申告ᄒᆞᆷ이可ᄒᆞᆷ

第三條 募集을廢止中止又는終了ᄒᆞᆫ時는收支計筭書를添付ᄒᆞ야七日以內로內部大臣에게申告ᄒᆞᆷ이可ᄒᆞᆷ

第四條 暴行脅迫又는詐欺의手段으로應募케ᄒᆞᆷ을不得ᄒᆞᆷ

第五條 內部大臣은必要로認ᄒᆞᆫ境遇에는募集을停止制限又는禁止ᄒᆞ며又는募集從事者의變更을命ᄒᆞᆷ이有ᄒᆞᆷ

第六條 警察官은募集에關ᄒᆞᆫ帳簿書類를檢閱ᄒᆞᆷ을得ᄒᆞᆷ

第七條 本令又는本令에基因ᄒᆞᆫ命令을違反ᄒᆞᆫ者는拾五圜以下의罰金에處ᄒᆞᆷ
團體를處罰ᄒᆞᆯ境遇에는其代表者를處罰ᄒᆞᆷ

第八條 本令을依ᄒᆞ는請願及申告는管轄地方長官을經由ᄒᆞᆷ이可ᄒᆞ되但漢城府에在ᄒᆞ야는警視總監을經由ᄒᆞᆷ이可ᄒᆞᆷ

附則

本令은頒布日로브터施行ᄒᆞᆷ

實業學校令 (隆熙三年四月二十六日 勅令第五十六號)

第一條　實業學校는實業에從事홈에須要혼教育을施홈으로써目的홈

第二條　實業學校의種類는農業學校、商業學校　工業學校及實業補習學校로홈

蠶業、林業、畜產及水產에關혼學科目을主要로教授ᄒᆞ는學校는農業學校로看做홈

徒弟學校는工業學校의種類로홈

第三條　實業學校는二種類以上을合ᄒᆞ야一校로홈을得홈

第四條　實業學校는其設立의區別에從ᄒᆞ야國의費用으로設置ᄒᆞ는者를官立이라ᄒᆞ고道、府又는郡의費用으로設置ᄒᆞ는者를公立이라ᄒᆞ고私人의費用으로設置ᄒᆞ는者를私立이라홈

第五條　公立又는私立實業學校의設置及

廢止는學部大臣의認可를受홈이可홈

第六條　實業學校의修業年限은三個年으로홈但土地情況에依ᄒᆞ야一個年以內를伸縮홈을得홈

實業學校에二個年以內의速成科를置홈을得홈

第七條　實業學校에入學홈을得홀者는年齡十二歲以上의男子로普通學校를卒業혼者又는此와同等의學力이有혼者됨이可홈但速成科에關ᄒᆞ야는本文規定에依치아니홈을得홈

第八條　實業學校의教科用圖書는學部에서編纂혼者이나又는學部大臣의檢定을受혼者를用홈이可홈

學校長은學部大臣의認可를受ᄒᆞ야前項以外의圖書를用홈을得홈

第九條　實業學校에서는授業料入學料를徵收홈을得홈
第十條　實業補習學校及徒弟學校에關ᄒᆞ야는學部大臣이別段의規定을設홈을得홈
第十一條　本令施行에關ᄒᆞᆫ規則은學部大臣이定홈
附則
本令은頒布日로브터施行홈

光武十年十二月一日刊

會員注意

會費送交	會計員	漢城中部校洞二十九統一戶 西北學會館內 朴景善
	受取人	西北學會
原稿送付	編輯人	漢城中部校洞二十九統一戶 西北學會館內 金達河
	條件用紙	隨便
	期限	每月十日內

主筆 朴殷植

編輯兼發行人 金達河

印刷人 李達元

印刷所 普成社

發行所 漢城中部校洞二十九統二戶 西北學會

發賣所
皇城中署布屛下 廣學書舖
皇城小安洞 大韓書林
皇城尙洞 博文書館
皇城罷朝橋 中央書舖

◎定價

一冊	金十錢	(郵費一錢)
六冊	金五十五錢	(郵費六錢)
十二冊	金一圓	(郵費十二錢)

◎廣告料

半頁	金五圓
一頁	金十圓

會員注意

一 本會月報ᄅᆞᆯ購覽코져ᄒᆞ거나本報에廣告ᄅᆞᆯ揭載코져ᄒᆞ시ᄂᆞᆫ 僉君子ᄂᆞᆫ西北學會事務室로申請ᄒᆞ시ᄋᆞᆷ

一 本報代金과廣告料ᄂᆞᆫ西北學會會計室로送交ᄒᆞ시ᄋᆞᆷ

一 先金이盡ᄒᆞᆫ時에ᄂᆞᆫ號數ᄅᆞᆯ朱圈으로證明ᄒᆞᆷ

一 本報ᄅᆞᆯ購覽코져ᄒᆞ시ᄂᆞᆫ 僉君子ᄂᆞᆫ住所姓名을昭詳記送ᄒᆞ야西北學會事務室로ᄒᆞ시ᄋᆞᆷ

一 論說詞藻等을本報에記載코져ᄒᆞ시ᄂᆞᆫ 僉君子ᄂᆞᆫ西北學會會館內月報編輯室로寄送ᄒᆞ시ᄋᆞᆷ

特別廣告

本會月報의發行이今至三十一號인ᄃᆡ代金收合이極히零星ᄒᆞ와繼刊ᄒᆞ기極窘ᄒᆞᆯ뿐不是라況本會館及學校建築에經用浩繁은一般會員과僉紳士의知悉ᄒᆞ시ᄂᆞᆫ바이니義務를特加ᄒᆞ시와遠近間購覽ᄒᆞ시ᄂᆞᆫ僉員은迅速送交ᄒᆞ시고本會員은月捐金도並計朔送致ᄒᆞ시와會務와校況을日益進就케ᄒᆞ심을千萬切盼

本學會告白

光武十年十二月一日
明治三十九年十二月一日
第三種郵便物認可

西北學會月報

隆熙三年十月一日發行(每月日一回發行)
(第一卷第十六號)

發行所 西北學會

隆熙三年十月一日西北學會月報第一卷第十六號要目

西北學會月報(第一卷第十六号)

論說

本報의過去와未來

一記者

盖報舘의名義가各殊ᄒᆞ야或季報도有ᄒᆞ며或月報도有ᄒᆞ며又或半月報도有ᄒᆞ며至若旬報、五日三日報、每日報、半日報ᄭᆞ지有ᄒᆞ며且性質이不同ᄒᆞ야政務에對ᄒᆞ야官報가有ᄒᆞ며地理學에對ᄒᆞ야地學報가有ᄒᆞ며兵學에對ᄒᆞ야水陸軍報가有ᄒᆞ며農務에對ᄒᆞ야農學報가有ᄒᆞ며商政에對ᄒᆞ야商會報가有ᄒᆞ며醫學에對ᄒᆞ야醫報가有ᄒᆞ며工務에對ᄒᆞ야工程報가有ᄒᆞ며天算聲光化電專門各家에對ᄒᆞ야各히一報가有ᄒᆞ야種種의方面으로新知新見을發表ᄒᆞᆷ으로爲先報篇을閱覽ᄒᆞᄂᆞᆫ者ㅣ該報의名義와性質을審知ᄒᆞᆫ後에全篇을可히讀過ᄒᆞᆯ滋味가有ᄒᆞᆯ지오不然ᄒᆞ야實業報에서政治를求코자ᄒᆞ며學報에서時事痛論을求코자ᄒᆞ면此ᄂᆞᆫ山에登ᄒᆞ야魚를求ᄒᆞ며水에入ᄒᆞ야薪을採ᄒᆞᆷ에何異ᄒᆞ리오本報의創刊ᄒᆞᆫ本意ᄂᆞᆫ卽一月一回로學術과技藝上의新知新見을發表ᄒᆞ야我西北同胞로더부러知識을交換ᄒᆞ며精神을聯絡코자ᄒᆞᆷ인즉本報의名義ᄂᆞᆫ卽月報오性質은卽學報라本報의成立이于今四載에記者의苦心猷爲ᄂᆞᆫ可히血腦를灌注ᄒᆞ얏다謂ᄒᆞᆯ지나但學術이淺短ᄒᆞ고知識이謭劣ᄒᆞ야長年漫呌가紙墨을徒費ᄒᆞᆯ뿐이오同胞諸氏의智德을啓發ᄒᆞᆯ能力이無ᄒᆞᆷ은是愧是悚이온지라然이나惟幸同胞諸氏의深厚ᄒᆞ신眷愛와隆摯ᄒᆞ신贊成을蒙荷ᄒᆞ야今日ᄭᆞ지本

報의命運을保有ᄒᆞ얏스니諸氏를對ᄒᆞ야感謝ᄒᆞᆫ意를一一히容喙치못ᄒᆞᆯ지라今日로自ᄒᆞ야諸氏의盛意를一分奉荅ᄒᆞ기爲ᄒᆞ야報面을一層刷新케ᄒᆞ며教育上의必要ᄒᆞᆫ言論과學術技藝上의切緊ᄒᆞᆫ講說을是敷是衍ᄒᆞ야本報의特色을呈露코자ᄒᆞ오니設或諸氏의高見에不適合ᄒᆞᆫ衍論이有ᄒᆞᆯ지라도質問歸正ᄒᆞ시기是望이오며且記者의不才로腦力專注ᄒᆞᆫ줄을容恕ᄒᆞ시샤本報로ᄒᆞ여곰我西北人士의聲氣聯絡ᄒᆞᄂᆞᆫ機關이되게ᄒᆞ며知識交換ᄒᆞᄂᆞᆫ資料가되게ᄒᆞ면記者가諸氏로더부러非常ᄒᆞᆫ榮光을是享ᄒᆞᆯᄲᅮᆫ外라諸氏의 厚賜를因ᄒᆞ야本報의繼續ᄒᆞᆯ能力도自生ᄒᆞᆯ지니如此ᄒᆞᆫ地頭에야次第로擴張ᄒᆞ야我全國二千萬同胞의一體愛眷을被ᄒᆞᆯ지오報篇의程度가逐漸高達ᄒᆞ야三千里疆土의木鐸을作ᄒᆞᆯ지니此가將來本報의希望ᄒᆞᄂᆞᆫ바로다

告我學生諸君

松南

諸君諸君이여我二千萬同胞가一聲으로曰可敬可愛라ᄒᆞᄂᆞᆫ至誠을諸君에게獻ᄒᆞ며一心으로曰可崇可拜라ᄒᆞᄂᆞᆫ懇意를諸君에게供ᄒᆞ나니諸君은試思ᄒᆞ라前日에도學生이無ᄒᆞᆫ바ㅣ아니언마ᄂᆞᆫ如此ᄒᆞᆫ敬愛와如此ᄒᆞᆫ崇拜를未聞ᄒᆞ얏더니今日諸君에게對ᄒᆞ야胡爲乎非常ᄒᆞᆫ敬愛와非常ᄒᆞᆫ崇拜를若是히供獻ᄒᆞᄂᆞᆫ가此ᄂᆞᆫ諸君의高尙ᄒᆞᆫ人格을敬愛ᄒᆞ며諸君의勇敢ᄒᆞᆫ氣槩를崇拜ᄒᆞ며淵深ᄒᆞᆫ學術을敬愛ᄒᆞ며眞實ᄒᆞᆫ忠義와謙恭ᄒᆞᆫ德儀를崇拜ᄒᆞᆷ이아닌가忠君愛國의眞志士가諸

君이며破壞建設의大英雄이諸君인然故ㅣ아닌가然ᄒᆞᆫ즉諸君이如此히無前ᄒᆞᆫ敬愛와如此히絕後ᄒᆞᆫ崇拜ᄅᆞᆯ被受ᄒᆞ얏스니諸君이果然人格을高尙케ᄒᆞ며氣槪ᄅᆞᆯ勇敢케ᄒᆞ며學術을淵深히硏究ᄒᆞ며忠義ᄅᆞᆯ眞實히充養ᄒᆞ며德儀ᄅᆞᆯ謙恭히操持ᄒᆞ며忠君愛國의眞志士가되고表裏相殊의假志士가되지말며破壞建設의大英雄이되고與世浮沉의假英雄이되지말지니此ᄂᆞᆫ諸君의平日素養ᄒᆞᆫ바라本筆로加論ᄒᆞᆯ바無ᄒᆞ나學生의部分을試觀ᄒᆞ면本執筆人이亦三觸感이不無ᄒᆞᆫ지라相敬相愛ᄒᆞᄂᆞᆫ地에웃지善行만讚道할理가有ᄒᆞ리오亦善에不及ᄒᆞᄂᆞᆫ者ㅣ有ᄒᆞ면忠告의言을奉陳ᄒᆞᆷ이眞實로相敬相愛ᄒᆞᄂᆞᆫ道理가아닌가若一言의忠告을不陳ᄒᆞ고曰學生某君의行爲가盡善치못하다ᄒᆞ며且曰學生某君의學業이誠勤치못ᄒᆞ다ᄒᆞ야當面으로ᄂᆞᆫ相規相戒치안코背後로ᄂᆞᆫ曰是曰非의批評이有ᄒᆞ면是ᄂᆞᆫ諸君을實로敬愛치안코敬愛ᄅᆞᆯ假飾ᄒᆞᆷ이며實로崇拜치안코崇拜ᄅᆞᆯ假飾ᄒᆞᆷ이아닌가本執筆人은諸君을對ᄒᆞ야假敬愛ᄅᆞᆯ不忍ᄒᆞ며假崇拜ᄅᆞᆯ不忍ᄒᆞᄂᆞᆫ者라不得不眞實ᄒᆞᆫ敬愛와眞實ᄒᆞᆫ崇拜ᄅᆞᆯ諸君에게奉獻코자ᄒᆞ노니幸諸君은狂瞽의言으로勿棄ᄒᆞ고恕受ᄒᆞᆯ道가有ᄒᆞᆯ가大抵恬侈滅義ᄅᆞᆯ戒ᄒᆞ고節儉力行을勸ᄒᆞᆷ은先聖의至訓이有ᄒᆞᆫ者라如何ᄒᆞᆫ人을勿論ᄒᆞ고奢侈ᄅᆞᆯ尙ᄒᆞ면驕淫에自陷ᄒᆞ며儉約을守ᄒᆞ면德義에轉入ᄒᆞ나니儉奢二者ᄅᆞᆯ執ᄒᆞ야人의賢否ᄅᆞᆯ批評ᄒᆞᆯ만ᄒᆞ도다何者오一狐裘三十年의晏平仲의名節이何如ᄒᆞ며身着傭衣ᄒᆞ든大彼得의事業이何如ᄒᆞᆫ가古今天下에帝王公侯의地

位를帶有ᄒᆞᆫ者도儉으로써興ᄒᆞ고奢로써亡커든而況書生時代에야加論ᄒᆞᆯ바有ᄒᆞ리오現時各國을觀ᄒᆞᆯ지라도書生時代에ᄂᆞᆫ衣服과飮食에各學校制限이有ᄒᆞ야貧富를勿論ᄒᆞ고制限內에履行ᄒᆞ되萬若儉奢가得中치아니면停學을命ᄒᆞᄂᆞᆫ境界가有ᄒᆞ니此를推ᄒᆞ야觀ᄒᆞ면古今東西를不問ᄒᆞ고書生의資格으로侈靡不節ᄒᆞᆫ者ᄂᆞᆫ社會正紀에一大罪人이될지로다本執筆人도客年에日本東京에遊ᄒᆞᆯ時에目擊ᄒᆞᆫ바를言ᄒᆞᆯ지라도一般書生의儉素ᄒᆞᆫ風度와謙恭ᄒᆞᆫ儀容은可히特色을呈露ᄒᆞ얏다謂ᄒᆞᆯ지라彼所謂倫理와道德은我가敬愛치안코자ᄒᆞ나書生界의一邊特色은自心으로甚히崇拜ᄒᆞᄂᆞᆫ傾嚮이有ᄒᆞ얏또다然ᄒᆞᆫ즉本執筆人은我學生諸君에게希望ᄒᆞ기를儉素ᄒᆞᆫ風度와認恭ᄒᆞᆫ儀容이彼의以上에存在코자ᄒᆞ며勇敢ᄒᆞᆫ氣槪와眞實ᄒᆞᆫ忠義도彼의以上에存在코자ᄒᆞ얏더니今秋歸國ᄒᆞᆫ翌日에日本留學生野球團觀光을因ᄒᆞ야訓鍊院에出往ᄒᆞᆫ즉各社會紳士諸氏와各學校學生諸君이一體로場內에會同ᄒᆞᆫ지라就中紳士諸氏의衣冠을槪察ᄒᆞ니醇儉質素의風儀가殆히野俗에近ᄒᆞᆫ지라此ᄂᆞᆫ現時國家의物質이發達치못ᄒᆞ얏스니衣食의程度가不得不此에止ᄒᆞᆯ者라堂堂히敬慕ᄒᆞᆯ바이나學生諸君의儀表를周視ᄒᆞ니反對的으로紳士보다衣冠이幾倍華侈ᄒᆞᆫ지라此가學生諸君의全部가如是ᄒᆞᆷ은아니나綿繡帽子에綾羅周衣가웃지書生身分上에掛着ᄒᆞᆯ物이되ᄂᆞᆫ가諸君諸君이여經濟學을讀ᄒᆞ얏ᄂᆞᆫ가奢侈ᄂᆞᆫ文明의步武라ᄒᆞ얏스니諸君이文明步武에是趍코자ᄒᆞᄂᆞᆫ가盖國家의物質이

發達ᄒᆞ야各樣物品의製造가華侈ᄒᆞ면尋常ᄒᆞᆫ衣食器用이華侈ᄅᆞᆯ不期ᄒᆞ고自然히華侈ᄒᆞᆯ지라如此ᄒᆞᆫ奢侈ᄂᆞᆫ文明의步武가되려니와今日諸君의所着이盡是自家의製造品인가不然ᄒᆞ면必外人輸入을資ᄒᆞᆯ지니諸君은靜히思ᄒᆞ라全國의金融이日漸涸竭ᄒᆞ고同胞의生活이去益困難ᄒᆞᆷ은源因이何에在ᄒᆞᆫ가必也輸入이日加ᄒᆞ고輸出이日縮ᄒᆞ야全般經濟가若是히恐慌ᄒᆞᆫ者가아닌가然ᄒᆞᆫ즉諸君이此ᄅᆞᆯ爲先審視ᄒᆞ야節儉을躬行ᄒᆞ고侈風을防遏ᄒᆞᆷ이諸君의責任이아닌가忠君愛國의眞志士ㅣ되ᄂᆞᆫ諸君이며破壞建設의大英雄되ᄂᆞᆫ諸君이여今日諸君의行動이二千萬民族의模範이될지며三千里疆土의指南이될者ㅣ아닌가諸君이華侈에自陷ᄒᆞ면二千萬民族이華侈에自陷ᄒᆞᆯ지오諸君이謙恭의德容이無ᄒᆞ면二千萬民族이謙恭을亦失ᄒᆞᆯ지며諸君의氣槩가勇敢치못ᄒᆞ면二千萬民族의氣槩가亦勇敢치못ᄒᆞᆯ지니本執筆人이諸君에게對ᄒᆞᆫ希望이若是히特深ᄒᆞᆫ즉諸君의自期自望ᄒᆞᄂᆞᆫ바ㅣ如何ᄒᆞ며抑我二千萬同胞가諸君에게對ᄒᆞᆫ希望이亦又如何ᄒᆞᆫ地에在ᄒᆞᆫ깃ᄂᆞᆫ가諸君諸君이여深思深思ᄒᆞᆯ지어다

甚矣今年之水旱災異

觀海客

我國同胞의生活程度ᄅᆞᆯ試觀ᄒᆞ라工業界가泥古不振ᄒᆞ야人造物의輸出이絕無ᄒᆞᆫ즉我同胞의生活이工業에不在ᄒᆞᆯ지며商業界가去益凋殘ᄒᆞ야內外國의貿易이不興ᄒᆞᆫ즉我同胞의生活이亦商業에不在ᄒᆞᆯ지라然ᄒᆞ면我同胞의所謂生活ᄒᆞᄂᆞᆫ道塗가但히天然的

農産物에在ᄒᆞᆯ뿐이아닌가今日에我同胞의生活前途를試問코자ᄒᆞ노니大抵西北諸道는昨年에水灾를偏被ᄒᆞ야文川等地에餓莩가相續ᄒᆞ며東南諸道도亦大歉을幸免ᄒᆞ얏스나窮年生活에甁罍이已罄ᄒᆞ야슬지라然ᄒᆞ나但來頭의希望ᄒᆞ는바가今年農作이大吉ᄒᆞ야如干貸借ᄒᆞᆫ升米斗粒을還償ᄒᆞ며極頭苦瘁ᄒᆞᆫ飢腸枯胃를少潤ᄒᆞᆯ者이러니彼蒼者天이여我同胞를不吊ᄒᆞᆷ이此極에胡至ᄒᆞ는가今年春夏의交에旱灾가非常ᄒᆞ야三南等地에는當初에秧苗를不移ᄒᆞᆫ者ㅣ十常六七이요夏秋의交에는連霖이非常ᄒᆞ야平南順川成川等地에人命死傷과家屋漂流ᄒᆞᆫ者가十百으로써難計ᄒᆞᆯ지오咸南各郡에는水災를不被ᄒᆞᆫ處가無ᄒᆞ야隄防의潰決과穗苗의枯損이慘不忍聞ᄒᆞᆯ境遇에至ᄒᆞ얏스니嗚乎噫嘻라過渡ᄒᆞᆫ生活은些少의甁儲가不無ᄒᆞ고貸借가路가少寬ᄒᆞᆷ으로呼吸을今月ᄭᆞ지保有ᄒᆞ얏거니와今後生活은積窮極渴을因ᄒᆞ야一升粒의相借와一文錢의相貸가從此無計ᄒᆞ리니一念이此에到ᄒᆞᆷ의涕淚가盈眶ᄒᆞ고愁限이逼骨ᄒᆞ야失聲大哭ᄒᆞᆷ을自裁치못ᄒᆞ리로다設使今日로全國의財源이流通ᄒᆞ고商工業이發展ᄒᆞ더라도以錢換穀의道가自有ᄒᆞᆯ지니奚足多憂리오마는金融의涸渴이逐日益甚ᄒᆞ고商工業의前進이渺然無期ᄒᆞᆫ즉同胞諸氏가目下溝壑을何術로써免코ᄌᆞᄒᆞ는가抑死亡을坐待코자ᄒᆞ는가古人詩에云호되天不能窮力穡家라ᄒᆞ니此言이果然萬古의至箴이될지로다諸氏는試思ᄒᆞ라近年以來에果然穡事에對ᄒᆞ야力을盡ᄒᆞ며勤을致ᄒᆞ얏는가本記者의所見ᄒᆞᆫ者로言ᄒᆞᆯ

지라도日前에平安南北道學界를觀察ᄒᆞ기爲ᄒᆞ야當地로遊歷ᄒᆞᄂᆞᆫ路邊에田畈을槪視ᄒᆞ니西疇南畝에稂莠가混雜ᄒᆞ야嘉穀이失色ᄒᆞ며南山北原에草木이一無ᄒᆞ야景色이蕭然ᄒᆞᆫ지라此가設或關西一路만如是ᄒᆞᆯ지라도或可支過의望이有ᄒᆞᆯ지나三南諸道ᄂᆞᆫ比此尤甚ᄒᆞ며東北諸道가亦然ᄒᆞ니作業의不力이如此ᄒᆞ면設或水旱炎異가絶無ᄒᆞᆯ지라도絲身穀腹의策이至難ᄒᆞᆯ者가아닌가況我國近來의水旱의荐災가偶然이아니오實로我가自招自取ᄒᆞᆫ者라此에對ᄒᆞ야彌災의方法을施行치아니면今年明年又明年에水旱의災異가相續不絶ᄒᆞᆯ지니如此ᄒᆞᆫ地頭에ᄂᆞᆫ設又力을盡ᄒᆞ며勤을致ᄒᆞᆯ지라도有秋의望이無ᄒᆞᆯ者ㅣ아닌가諸氏가今日ᄭᆞ지ᄂᆞᆫ地廣人稀ᄒᆞᆷ을是賴ᄒᆞ야作業을不勤히ᄒᆞ고도糊活이如前ᄒᆞ얏스며水旱을注意치안코도收獲이僅有ᄒᆞ얏슴으로生命을幸保ᄒᆞ얏스나今日은內外가交通ᄒᆞ야人類가複雜ᄒᆞᆷ으로生活營業의大戰場이起ᄒᆞᄂᆞᆫ지라萬若作業에怠惰ᄒᆞ면我田我園이勤者의所有가될지오我衣我食을托付ᄒᆞᆯ處가無ᄒᆞᆯ지며水旱을預備치아니면穀苗田畓의受損은尙矣勿論ᄒᆞ고家屋이漂流ᄒᆞ고山谷이變遷ᄒᆞᆯ際에氣息을能保ᄒᆞᆯ機會가有ᄒᆞᆯ가嗚乎同胞여此가諸氏의目擊ᄒᆞᄂᆞᆫ慘境이如是ᄒᆞᆫ즉將來의尤極慘憺ᄒᆞᆯ境遇ᄂᆞᆫ不見是圖ᄒᆞᆯ者ㅣ아닌가然ᄒᆞᆫ즉諸氏가不得不死中에서生을求ᄒᆞᆯ지니其可生의道를請컨ᄃᆡ一言으로妄陳코자ᄒᆞ노니幸諸氏ᄂᆞᆫ留意ᄒᆞᆯ지어다大槪水旱의荐臻ᄒᆞᆷ이森林不盛에在ᄒᆞᆫ지라何也오國內山川에森林이茂密ᄒᆞ면水蒸氣를善히發生

홈으로雨澤이種種ᄒᆞ야亢旱의憂가鮮少ᄒᆞ며設又暴雨가驟注홀지라도雨鈴이先히樹葉에渟溜ᄒᆞ야次第로川渠에流下홈으로猝地漲水의患이亦無홀지니森林의利益이單純히燃料築材에만必要홀뿐外라水旱災異에對ᄒᆞᆫ關係가若是히多大ᄒᆞ도다然ᄒᆞᆫ즉諸氏가不得不森林繁植에對ᄒᆞ야爲先注意홀지며農業改良에對ᄒᆞ야亦又用力ᄒᆞᆫ然後에幾死復生의一路가幸至홀지오不然ᄒᆞ면彼智我愚ᄒᆞ며彼勝我劣의營業으로加以災異相續홀지니何術로써生命을爲先保有ᄒᆞ리오然ᄒᆞ나森林繁植과農業改良에對ᄒᆞ야諸氏가如何ᄒᆞᆫ方法을不知홀지니諸氏ᄂᆞᆫ請컨ᄃᆡ農科大學卒業生金鎭初金志侃元勛常三氏를向ᄒᆞ야其方法을請求ᄒᆞ면該三氏가誠을盡ᄒᆞ며力을竭ᄒᆞ야前導홀지오且今日에도同胞諸氏의生活營業을指示코자ᄒᆞ야農林講習所를開始ᄒᆞ얏스니諸氏ᄂᆞᆫ趂速히農林發達에注意ᄒᆞ야前塗生活를是圖홀지어다

過去現在로推將來

會員 咸益謨

凡家가亾ᄒᆞ야도亾ᄒᆞᆫ理由를知ᄒᆞ여야回復홀日이必有ᄒᆞ리라ᄂᆞᆫ格言은今日我二千萬同胞가腦髓에刻入ᄒᆞ야硏究홀者로다我大韓은亞細亞東隅에僻在ᄒᆞ야支那列國時代에覇業競爭ᄒᆞᄂᆞᆫ中에叅列치못ᄒᆞ고間或滿洲等地와些少ᄒᆞᆫ交爭이有ᄒᆞ얏스나紛亂이太甚치아니ᄒᆞ고其後漢唐宋文明에醉惑不醒ᄒᆞ며元明淸强大에勢力自服ᄒᆞ야自然事大的思想으로漸次依賴的思想이變幻ᄒᆞ야獨立心과合同力이徐徐히減滅ᄒᆞ고다만俠

險ᄒᆞᆫ倨傲心으로稱曰禮義之邦이라ᄒᆞ야絕對的으로進步發育의源泉되ᄂᆞᆫ外交를拒絕ᄒᆞ니利害의經驗이乏ᄒᆞ야就利避害키不能이오智識의交換이絕ᄒᆞ야舍短取長키亦難ᄒᆞ니譬컨ᄃᆡ村巷의人이都會의人으로優劣이有ᄒᆞᆷ은其本性이懸隔ᄒᆞᆫ비아니라交際의稠稀와競爭의淺深을由ᄒᆞᆷ이오兼ᄒᆞ야地味가肥沃ᄒᆞ야勞力을少加ᄒᆞ고도產物을多收ᄒᆞ며氣候가適度ᄒᆞ야百物을完成ᄒᆞ니天惠의美味와耕穫의良實이舉皆蕃殖豐富ᄒᆞ야夏虫이氷을不知ᄒᆞᆷ과如히不足의感覺이無ᄒᆞᆷ으로一人이耕之에十人이食之라故로人民의性質과體力이自然懈怠ᄒᆞᆯ뿐아니라本來名分이有ᄒᆞᆫ國風으로兩班이常民을對ᄒᆞ야自己의奴隸로視ᄒᆞ며財產討豪ᄒᆞᄂᆞᆫ弊習으로一縷布一粒米를不織而衣ᄒᆞ며不耕而食ᄒᆞ니無恒產無恒心의無賴輩오遊衣遊食ᄒᆞᄂᆞᆫ亡國鬼라大抵國家ᄂᆞᆫ生產이多ᄒᆞ고消費가少ᄒᆞ여야其國이되거ᄂᆞᆯ生產만아니ᄒᆞᆯ뿐아니라消費ᄂᆞᆫ消費되로ᄒᆞ다가畢竟에挾雜의手段을用ᄒᆞ야富者에財를驅奪ᄒᆞ니班漢의區別과貧富의葛藤으로人民의貯畜力이減ᄒᆞ야生產이大損ᄒᆞ고生產이損ᄒᆞᆷ으로生活이困難ᄒᆞ야山野에盜賊이遍行ᄒᆞ니交通이絕阻ᄒᆞᆫ지라交通은物貨追遝과生產補益과其他人民往來로智識交換의至大ᄒᆞᆫ關係가有ᄒᆞ거ᄂᆞᆯ엇지國富增殖과社會發達을期望ᄒᆞ리오噫라與外通商이于今五十餘年에由來의弊習을改革ᄒᆞ고更張의新法을頒布ᄒᆞ야舊日의面目이未嘗不改新ᄒᆞ엿다ᄒᆞ나尙今文化가敷洽치못ᄒᆞᆷ은其法制가不善ᄒᆞᆫ바아니라當局者의實行치못ᄒᆞᆫ責도不無ᄒᆞ

고人民도亦舊習에狃ᄒᆞ야新法을反抗홈으로社會에狀態는如前히腐敗ᄒᆞ고人民의思想은依舊히固陋ᄒᆞ도다

學校는人民敎育의精神培養ᄒᆞ는一大機關이어늘我國內의學校가相繼而立ᄒᆞ되所敎ᄒᆞ는科目은地誌歷史筭數外語에不過ᄒᆞ니地誌外語가此乃富强之策耶아地誌歷史는姑捨ᄒᆞ고某學校이던지外語時間이其半에居ᄒᆞ니所料가不過外人雇傭的主義라此는自國의精神을失ᄒᆞ고外國의精神을移入ᄒᆞ는者니比前吟風咏月ᄒᆞ던敎育에不過ᄒᆞ고設或外國에遊學ᄒᆞ는者가其勇進의氣像은頂禮恭賀홀者不無ᄒᆞ나所學은法律政治에不過ᄒᆞ니人人이皆是法政이면物質發達은誰가擔任ᄒᆞ리오五百年間을虛飾으로以ᄒᆞ고도今日에實事를求치아니ᄒᆞ는가不得不農工商實業에從事ᄒᆞ야物質을改良ᄒᆞ고至於勞働ᄭᆞ지라도不厭不倦ᄒᆞ며相併相進ᄒᆞ야分分錢錢이라도塵合泰山되여吾人의擔負ᄒᆞᆫ巨欵의國債를報償ᄒᆞ야埃及의債主逼迫으로財政紛亂된舊跡을明鑑不蹈ᄒᆞ면循環ᄒᆞ는天運이엇지我韓에不復ᄒᆞ리오故로往者는不追어니와來者를可及홀지라或曰政治改良이라或曰敎育擴張이라或曰宗敎라實業이라ᄒᆞ야論者의意見이各히不同ᄒᆞ나何가急務가아니며何가善策이아니리오마는現今形便을顧察홀진ᄃᆡ兩甲之更張에國權이雖云獨立이나財政實權이日消月削ᄒᆞ야今日困急이如此ᄒᆞᆫ境遇에當ᄒᆞ엿스니雖大法律大政治家라도其所施가별수업시失斧得斧의同樣으로前轍을復蹈홀것이오如何ᄒᆞᆫ宗敎로正道와德義를養

成ᄒᆞ야性質을感化코져ᄒᆞ나實効를立見키亦難ᄒᆞ니但技術工藝等을汲汲輸入ᄒᆞ야萬般製造에進而不退면海航陸車의運搬輸漕로貿易이擴張ᄒᆞ고高山廣野에礦産林業으로利用이自足ᄒᆞ야不可缺ᄒᆞᆯ衣食住三者의原料로外國의輸出을要ᄒᆞ고輸入을不要ᄒᆞ면人民은生活이快樂ᄒᆞ고國家의稅額은日增月加ᄒᆞ야二十世紀實業朝鮮이될지라然則人은非常ᄒᆞᆫ禍을當ᄒᆞ야도落心치말고轉禍爲福의道를思ᄒᆞᆯ지니我一般人民은空然히輕擧妄動치말고櫛風沐雨ᄒᆞ야도右論과如히實業에從事ᄒᆞ야實權을回復ᄒᆞᆫ後에次次로歐洲文化의三大原素되ᄂᆞᆫ希臘의學術과羅馬의法律과猶太의宗敎를採集ᄒᆞ야敎而化之ᄒᆞ며新聞雜誌演說等과其他書籍으로도經濟上組織制度機關設備의實効될것을著述發刊ᄒᆞ야衆智를啓發ᄒᆞ며依賴㤼懦欺狂等亂俗을一切拔去ᄒᆞ고忠愛의思想을充飽ᄒᆞ면國民全體가仝心合力으로履行周旋ᄒᆞ야自由ᄒᆞᆫ天賦의能力을活用ᄒᆞᆯ지니何權을不復이리오嗟我同胞同胞ᄂᆞᆫ汲汲히研究ᄒᆞᆯ지어다不佞은狂愚를不辭ᄒᆞ고管見을略陳ᄒᆞ와江湖博識君子에誠惶誠恐을冒ᄒᆞ오니有志諸氏ᄂᆞᆫ余의短處를攻擊ᄒᆞ고輿論의眞理를究ᄒᆞ야行ᄒᆞ기만ᄒᆞ면第一幸甚이로다

敎育部

物理學

朴漢榮述

序論

單位

一 基本單位 FUNDAMENTAL UNITS. 某量을測ᄒᆞᆫ다云홈은其量과同種類되ᄂᆞᆫ量을取ᄒᆞ야標準을作ᄒᆞ야測코저ᄒᆞᄂᆞᆫ量과比를求홈이니此標準의量을單位 UNITS 라稱ᄒᆞᄂᆞ니라例컨ᄃᆡ机의長을一尺尺度의標準으로測ᄒᆞ야机의長이其三倍가되면一尺은長의單位오机의長은三尺이니라

物理學에서ᄂᆞᆫ各種의量을測ᄒᆞᄂᆞᆫ故로此等量에適當ᄒᆞᆫ單位의種類도亦多ᄒᆞ니라然이나長、質量、 時의單位를先定ᄒᆞ면此等의適當ᄒᆞᆫ組織을因ᄒᆞ야作ᄒᆞ기能ᄒᆞ니例컨ᄃᆡ一尺이라云ᄒᆞᄂᆞᆫ長의單位를因ᄒᆞ야一平方尺이라云ᄒᆞᄂᆞᆫ面積의單位或은一立方尺이라云ᄒᆞᄂᆞᆫ體積의單位를定홈을得홈이是라故로長、質量時의三單位를基本單位라名ᄒᆞᄂᆞ니此等의組織을因ᄒᆞ야成ᄒᆞᆫ單位를組成單位DERIVED UNITS.라名ᄒᆞᄂᆞ니라

基本單位ᄂᆞᆫ總히他單位의基가되ᄂᆞᆫ故로此에就ᄒᆞ야詳述코저ᄒᆞ노라

二 長의單位UNITS OF LENGTH. 長의單位ᄂᆞᆫ國을因ᄒᆞ야相異ᄒᆞ나科學上에用ᄒᆞᄂᆞᆫ單位ᄂᆞᆫ佛國에서制定ᄒᆞᆫ單位니同國政府에서保管ᄒᆞᆫ米突原器라稱ᄒᆞᄂᆞᆫ者ㅣ라此原器ᄂᆞᆫ白金과「이리슘」의合金으로成ᄒᆞᆫ H形의切口가有ᄒᆞᆫ棒이니此棒의溝底에刻ᄒᆞᆫ二點間의距離가攝氏零度에當ᄒᆞᆫ長을一米突로定ᄒᆞ얏ᄂᆞ니此ᄂᆞᆫ長의標準이라卽左表에示홈과如홈

1粁(啓路米突)KILOMETER.=10粨(赫得米突)

1粨(赫得米突)HECTOMETER=10×10籵

(大可米突)

1 料(大可米突) DECAMETER,=10 米（米突)

1 米(米突) METE R. =10粉(大始米突)

1 粉(大始米突) DECIMETER=10 糎(先知米突)

1 糎(先知米突) CENTIMETER=10 耗（美利米突) MILLIMETER

日本에서ᄂᆞᆫ明治二十四年에萬國同盟度量衡法에加盟ᄒᆞᆫ以來로佛國의米突原器와同形으로作ᄒᆞᆫ白金과「이리슘」의合金의棒으로長의基本을作ᄒᆞ야政府에保管ᄒᆞ얏스되此棒의攝氏○、一五度에當ᄒᆞᆫ二點間距離의三十三分之十을一尺이라名ᄒᆞᄂᆞ니此에因ᄒᆞ야丈、寸、里、町、間等의單位도定ᄒᆞ얏ᄂᆞ니라

1 丈 =10 尺 =100 寸

1 里 =36 町 =36×60 間 =36×60×6 尺

英國에서制定ᄒᆞᆫ哩(마일)、碼(야드)、呎(후-트)、吋(인치)等은如左ᄒᆞᆷ

1 哩 MILE.=1760 碼 YARD.=1760×3呎 FOOT =1760×3×12吋 INCH.

次에英佛及日本의長의比較表를揭ᄒᆞ노라

英	1 吋	=8.382 分	=2.540 糎
	1 呎	=1.006 尺	=30.48 糎
	1 哩	=0.4098 里	=1.609 粁
佛	1 糎	=3.3 分	=0.3937 吋
	1 米	=3.3 尺	=3.281 呎
	1 粁	=0.2546 里	=0.6214 哩
日	1 尺	=0.303 米	=0.9942 呎
	1 町	=109.1 米	=119.3 碼
	1 里	=3.927 粁	=2.44 哩

化學

白星煥 述

硝子(琉璃)GLASS

種類

硝子의種類ㅣ甚多ᄒᆞ나此ᄅᆞᆯ大別ᄒᆞ면左의三種으로可分ᄒᆞᆯ지니

加里硝子(보에미야)ᄂᆞᆫ其質이堅ᄒᆞ고熔解키難ᄒᆞᆫ故로化學器械及裝飾品에用ᄒᆞ고

曹達硝子ᄂᆞᆫ通常硝子니藥瓶及窓硝子等으로用ᄒᆞ고

鉛硝子(후린도)ᄂᆞᆫ光線을屈折ᄒᆞᄂᆞᆫ力이强ᄒᆞᆫ故로望遠鏡、顯微鏡其他光學器械의「렌쓰」及裝飾品으로用ᄒᆞᄂᆞ니라

原料

硝子의種類에因ᄒᆞ야其原料가各異ᄒᆞ나其

主要ᄒᆞᆫ者에就ᄒᆞ야擧ᄒᆞᆯ진ᄃᆡ左와如ᄒᆞ니

加里硝子　炭酸加里、珪酸、炭酸칼슘、

曹達硝子　炭酸曹達、珪酸、炭酸칼슘、

鉛硝子　炭酸加里、珪酸、酸化鉛、

珪酸은砂、石英、燧石、等으로炭酸칼슘은石灰石、大理石、白堊等으로炭酸曹達은炭酸曹達의他硫酸曹達과石炭粉末의化合物로代用ᄒᆞᆷ을可得ᄒᆞᄂᆞ니라

原料ᄅᆞᆯ適當히配合ᄒᆞᆫ後에窯中에入ᄒᆞ고十分劇烈케ᄒᆞ면溶解ᄒᆞ야飴狀의硝子液을成ᄒᆞᆷ

成分

硝子의成分은其種類에因ᄒᆞ야各異ᄒᆞ나

加里硝子　珪酸加里、珪酸칼슘、

曹達硝子　珪酸曹達、珪酸칼슘、

鉛硝子　珪酸加里、珪酸鉛、
善良ᄒᆞᆫ硝子ᄂᆞᆫ左의式에適應홈을要ᄒᆞᄂᆞ니

A2 CAS I6 O14

右의式에 A ᄂᆞᆫ加里及曹達或은兩者를代表ᄒᆞ며鉛硝子에對ᄒᆞ야ᄂᆞᆫ CA 의代에 PB 를入홈

器用의製造

麥酒瓶等을造홈에ᄂᆞᆫ飴狀의硝子液을鐵管의一端에附着케ᄒᆞ고他一端을口로吹ᄒᆞ면飴狀液이漸次膨大ᄒᆞ야殆히瓶狀을成ᄒᆞ되但其底邊이尖嘴形을成ᄒᆞᆯ지니玆에其底邊을他金屬棒으로少히押入ᄒᆞ고其口를所欲에應ᄒᆞ야切ᄒᆞ면完全ᄒᆞᆫ一個瓶을成了ᄒᆞᄂᆞ니라

板硝子를製홈에ᄂᆞᆫ初에鐵管의一端에硝子溶液을附ᄒᆞ고吹ᄒᆞ야瓶等을製ᄒᆞᆯ時와如히膨大케ᄒᆞ야其兩頭를切ᄒᆞ야玆에其圓筒狀을縱切ᄒᆞ야窯中에入ᄒᆞ고劇烈케ᄒᆞ면柔軟케되야縱切ᄒᆞᆫ痕跡되로縱裂되ᄂᆞ니此를平板上에置ᄒᆞ고金屬棒으로延擦ᄒᆞ야板狀으로製得ᄒᆞᄂᆞ니라

洋燈의瓶(등피)等熱을能耐ᄒᆞᄂᆞᆫ硫子器ᄂᆞᆫ多量의時間으로徐徐히冷却ᄒᆞᆫ者니急히冷却케ᄒᆞᆫ者ᄂᆞᆫ破키易ᄒᆞ니라

色硫子

硝子에染色ᄒᆞᄂᆞᆫ方法은金屬酸化物을硝子와共히熔融홈에在ᄒᆞ니其酸化物에因ᄒᆞ야各種의色을着ᄒᆞ나今에其數種의例를左에記ᄒᆞ노라

赤　赤色酸化銅
黃　硫化안지몬
綠　黑色酸化銅

靑　酸化고바ㅣ루도
紫　二酸化만강
桃紅　鹽化金

無機化學

日本留學生鄭利泰

盖化學은萬有學의一部門인ᄃᆡ物体實質의變化에因ᄒᆞᆫ現狀을研究ᄒᆞᄂᆞᆫ學科니라

化合体의三大別

凡化合体ᄂᆞᆫ其理學的性質이大異ᄒᆞᄂᆞᆫ要之컨ᄃᆡ此를大別ᄒᆞ야酸과鹽基及鹽의三類로分ᄒᆞᆷ을得ᄒᆞᆯ지니라

(第一)酸、酸이라稱ᄒᆞᄂᆞᆫ者ᄂᆞᆫ水에溶解ᄒᆞᄂᆞᆫ度에應ᄒᆞ야酸性及酸味를呈ᄒᆞ고又多數의色素中特히藍色刺屈謨斯를赤色으로變케ᄒᆞᄂᆞᆫ機能이有ᄒᆞ며又其最히特徵되ᄂᆞᆫ處ᄂᆞᆫ金屬에由ᄒᆞ야交換ᄒᆞᆷ을得ᄒᆞᆯ만ᄒᆞᆫ水素(H)의一原子或은數原子를含有ᄒᆞ야此를交換ᄒᆞᆯ時에ᄂᆞᆫ鹽類를生成ᄒᆞᄂᆞᆫᄃᆡ例를擧ᄒᆞ야言ᄒᆞ면硝酸($NO_2(OH)$)은一種의酸이라硝酸의水素를金屬加僧謨(K)과交換ᄒᆞᆯ時에ᄂᆞᆫ硝石$NO_2(OK)$이라稱ᄒᆞᄂᆞᆫ一種의鹽類를生ᄒᆞ며水素를發生ᄒᆞᄂᆞᆫᄃᆡ其反應은左式과如ᄒᆞ니라

($HNO_3+K=KNO_3+H$)又鹽酸(H CL)金屬亞鉛(ZN)을接觸ᄒᆞᆯ時에ᄂᆞᆫ亞鉛은鹽酸中의水素를驅逐ᄒᆞ고格魯兒(CL)과化合ᄒᆞ야格魯兒亞鉛($ZN\ CL_2$)이라稱ᄒᆞᄂᆞᆫ一種의鹽을生成ᄒᆞᄂᆞᆫᄃᆡ其交遞式은左와如ᄒᆞ니라

$$ZN+2HCL=ZNCL_2+2H$$

(第二)鹽基、鹽基라ᄂᆞᆫ者ᄂᆞᆫ金屬과水素及酸의二素又ᄂᆞᆫ金屬과水素及硫黃(S)으로生成ᄒᆞᆫ化合体라水에溶解ᄒᆞᄂᆞᆫ者ᄂᆞᆫ大抵鹹味를有ᄒᆞ야全히酸類와反對의反應을呈ᄒᆞ

는니酸類로由ᄒᆞ야赤色으로變ᄒᆞᆫ利屈謨斯紙를藍色으로變ᄒᆞ며又 훼놀후다레인)溶液에는深紅色을呈ᄒᆞᄂᆞᆫ性이有ᄒᆞ며又鹽基는酸과相接할時에는其鹽基中의金屬이酸中의水素와交換ᄒᆞ야鹽을化生ᄒᆞ며一方에는水를生ᄒᆞᄂᆞᆫᄃᆡ今에一例를擧ᄒᆞ야言ᄒᆞ면水酸化加留謨K(OH)는强ᄒᆞᆫ鹽基라此에鹽酸(H CL)을注加ᄒᆞ면格魯兒加留謨(KCL)라稱ᄒᆞᄂᆞᆫ一種의鹽을生成ᄒᆞ며一方에는水를化生ᄒᆞᄂᆞᆫᄃᆡ其反應式은左와如ᄒᆞ니라

K(OH)+HCL=KCL+H2O

又金屬과水素及硫黃으로生成ᄒᆞᆫ鹽基類一名所謂硫鹽基(如硫化水素加里之化合体)는鹽酸과接觸ᄒᆞᆯ時에는格魯兒加留謨(KCL)를生成ᄒᆞ며此際에硫化水素(H2S)를發生ᄒᆞᄂᆞᆫᄃᆡ其反應은左式과如ᄒᆞ니라 KSH+HCL=KCL+H2S

(第三)鹽、鹽이라稱ᄒᆞᄂᆞᆫ者는金屬原子와酸類中에存ᄒᆞᆫ水素原子와交換ᄒᆞᆷ으로由ᄒᆞ야生成ᄒᆞᆫ者니라今에例를擧ᄒᆞ야言ᄒᆞ면鹽基卽水酸化那篤留謨(NA OH)에酸類卽鹽酸을注加ᄒᆞ면互相交換ᄒᆞ야格魯兒那篤留謨(NACL)를化生ᄒᆞ며一便에는水를生成ᄒᆞᄂᆞᆫᄃᆡ其交遞式은左와如ᄒᆞ니라 HCL+NAOH=NACL+H2O

又水에溶解ᄒᆞᄂᆞᆫ鹽類는結晶機能을現ᄒᆞ며各各特異의味를有ᄒᆞ니水에不溶解ᄒᆞᄂᆞᆫ鹽類는大槪以上의性을不有ᄒᆞ며又鹽類는大抵植物性色素에變化를不呈ᄒᆞ니此를換言ᄒᆞ면卽中性의反應을呈ᄒᆞᄂᆞᆫᄃᆡ然而炭酸珪酸等의弱ᄒᆞᆫ酸類와加留謨及那篤留謨等의强ᄒᆞᆫ鹽基性을有ᄒᆞᆫ金屬을含有ᄒᆞᆫ鹽類는

赤色刺屈譚斯를藍色으로變ᄒᆞ며又强ᄒᆞᆫ酸과弱ᄒᆞᆫ鹽基로成ᄒᆞᆫ鹽類ᄂᆞᆫ藍色刺屈譚斯를赤色으로變ᄒᆞᄂᆞ니라

(第四)中性物、凡非酸、非鹽、基非鹽의化合体此를名ᄒᆞ야中性物이라稱ᄒᆞᄂᆞ니라

衛生部

生理學

李命燮

國家ᄂᆞᆫ個人의集合體라個人의身體가完全ᄒᆞ며完全치못홈으로써其國의富强과貧弱을比例ᄒᆞᄂᆞᆫ지라故로身體의健康을保有ᄒᆞ고生命을長遠케홈은個人의幸福뿐아니라國家將來에多大ᄒᆞᆫ影響이有ᄒᆞᄂᆞ니是以로猥越을冒ᄒᆞ고生理와衛生을諸君一般에紹介ᄒᆞ노라

生理學의定義

(但圖本은印刷의方便을從ᄒᆞ야讓홈)

生理學은生活現像、構造及狀態를講究ᄒᆞᄂᆞᆫ學科로國民一般에知케홈인ᄃᆡ左에二部로分홈

一、生理學總論 此ᄂᆞᆫ生活의通性(有生物質의本性)을講究홈이오

一、生理學各論 此ᄂᆞᆫ(人他動物植物)及該生活體各機關의生活現狀을研究홈이라

然ᄒᆞᆫᄃᆡ左에研究홀바ᄂᆞᆫ人體生理學綱要中爲先腦髓를說明홀터인ᄃᆡ文法은平易ᄒᆞ고文字의煩冗蔓長은避ᄒᆞ노라

腦髓ᄂᆞᆫ神經系中에一部로生活上에最重要ᄒᆞᆫ者니柔軟ᄒᆞᆫ白色의物質로頭蓋腔을塡充ᄒᆞᆫ球形의神經塊로成ᄒᆞ야大腦、小腦、延髓의三部로組成ᄒᆞᄂᆞ니라

大腦는腦髓의前上部에位ᄒᆞ야其大部分을占ᄒᆞ니此大腦는縱溝로因ᄒᆞ야左右兩半球에分ᄒᆞ니라其表面에는縱橫으로蜿曲ᄒᆞᆫ夥多의皺褶이有ᄒᆞ니顯著히凸凹를有ᄒᆞ야外觀이畵雲과如ᄒᆞᆫ지라今에實驗ᄒᆞ기爲ᄒᆞ야此大腦를切斷ᄒᆞ야其內部를檢査ᄒᆞ면內部에는多量의柔軟ᄒᆞᆫ白質로成ᄒᆞ고表面에는灰白質로成ᄒᆞ니灰白質의大部分은其表面에皺裂을成ᄒᆞ니此를大腦의皮質部라云ᄒᆞ고또此를二種으로區別ᄒᆞ니一은卽中心腔의周圍에存ᄒᆞᆫ것이오一은卽其底邊에存ᄒᆞᆫ것인ᄃᆡ前者를中心腔灰白質이라ᄒᆞ고後者를腦底灰白質이라云ᄒᆞ며其側壁을成ᄒᆞᆫ處는胼胝體라名ᄒᆞ는者가有ᄒᆞ니橫列ᄒᆞᆫ纖維로成ᄒᆞ야兩半球를連絡ᄒᆞ니라

小腦는大腦의下面과延髓의上背面에在ᄒᆞ고同히縱線으로由ᄒᆞ야左右二葉에區分ᄒᆞ얏스며其大는大腦의八分一에不及ᄒᆞᆷ의全히大腦로蔽包ᄒᆞᆫ故로上에서見ᄒᆞᆯ時는隱在ᄒᆞ야見ᄒᆞ기不能ᄒᆞ니라其表面에는數多ᄒᆞᆫ積이有ᄒᆞ야橫走ᄒᆞ고此部의灰白質은主ᄒᆞ야外面에在ᄒᆞ지만은橫線을沿ᄒᆞ야穿入ᄒᆞᆫ者는內部에鋸齒狀을成ᄒᆞ고又其白質中에는延髓로브터分ᄒᆞᆫ纖維를含有ᄒᆞ며此纖維는其灰白質에入ᄒᆞ고又灰白質로由ᄒᆞ야는新纖維를出ᄒᆞ야大腦로向ᄒᆞ니라

延髓는脊髓上面에在ᄒᆞᆫ部分이니脊髓와同히前後에裂溝가有ᄒᆞ야左右二半에分ᄒᆞ니라然而延髓는脊髓의上端이라고云ᄒᆞ야도可ᄒᆞ니라

脊髓는延髓下에連續ᄒᆞ야脊柱管內를充ᄒᆞᆫ棒狀의神經塊로成ᄒᆞ야長十七吋(인치)許

上은隨髓에達ᄒᆞ고下ᄂᆞᆫ脊柱의尾部에達ᄒᆞ며各其兩側에二根이有ᄒᆞ야三十一對의神經幹을出ᄒᆞ니其上肢와下肢에屬ᄒᆞᆫ神經幹을出ᄒᆞᆫ部分은特히膨大ᄒᆞ니라

以上에述ᄒᆞᆫ바ᄂᆞᆫ다만腦髓의各部分과搆造ᄅᆞᆯ言ᄒᆞ기에不過ᄒᆞ얏스나左에一言을加ᄒᆞᆯ바ᄂᆞᆫ其作用이라

(大腦의作用)大腦ᄂᆞᆫ記憶、思考、想像、判斷等의諸般高尙ᄒᆞᆫ精神的作用을管掌ᄒᆞᄂᆞᆫ者니眼耳等과如ᄒᆞᆫ諸感覺器의刺戟을感ᄒᆞ며隨意筋을運動케ᄒᆞ고自己의存在ᄅᆞᆯ知ᄒᆞᆷ도大腦皮質部의作用인즉萬若實驗的으로此大腦의皮質部ᄅᆞᆯ切斷ᄒᆞ면睡眠ᄒᆞᆷ과如ᄒᆞ야身體ᄂᆞᆫ死치아니ᄒᆞ나人된性質을失ᄒᆞᄂᆞ니라

(小腦의作用)小腦ᄂᆞᆫ卽全身의運動을主宰ᄒᆞ야各筋肉의收縮으로互相矛盾치아니ᄒᆞ게ᄒᆞᄂᆞᆫ故로若此部ᄅᆞᆯ傷ᄒᆞᆯ時ᄂᆞᆫ步行跳走ᄅᆞᆯ如意케ᄒᆞ지못ᄒᆞᄂᆞ니라

(延髓의作用 延髓ᄂᆞᆫ反射運動을掌轄ᄒᆞᄂᆞ니反射運動이란것은意志가업시起ᄒᆞᄂᆞᆫ運動이니라延髓ᄂᆞᆫ反射自働의中樞로成ᄒᆞ야精神作用에對ᄒᆞ여서ᄂᆞᆫ但只傳導의逕路가되니此部의中樞ᄂᆞᆫ咀嚼運動、食物의嚥下、眼瞼의閉鎖、噴嚔、咳嗽等을主ᄒᆞ고又自働中樞에서ᄂᆞᆫ呼吸運動心臟血管의皷舞制止等을主ᄒᆞᄂᆞᆫ故로延髓의輔助가無ᄒᆞ야反射運動이란者ㅣ無ᄒᆞ면吾人은呼吸만ᄒᆞ랴고ᄒᆞ야呼吸ᄒᆞᄂᆞᆫ事에惚忙ᄒᆞ야何事에던지働作ᄒᆞᆯ餘暇가無ᄒᆞᆯ지니라

反射運動과用意運動間에ᄂᆞᆫ判然ᄒᆞᆫ區別이無ᄒᆞ니用意運動도屢屢히反覆ᄒᆞ면反

射運動을成ᄒᆞᄂᆞ니小兒가初에ᄂᆞᆫ步行ᄒᆞ기ᄌᆞ못困難ᄒᆞ나年深月久ᄒᆞ면步行跳走ᄅᆞᆯ容易ᄒᆞᆷ이其一例라

(脊髓의作用)脊髓ᄂᆞᆫ其作用이二種이有ᄒᆞ니一은手、足、軀幹의神經及腦髓에連絡ᄒᆞ며一은手足軀幹에對ᄒᆞᆫ反射運動의中樞가되ᄂᆞ니라

腦髓도筋肉과如히長時間을繼續ᄒᆞ야使用ᄒᆞ며疲勞ᄒᆞ며同一事에思考ᄒᆞᆯ時ᄂᆞᆫ더욱疲勞ᄒᆞᄂᆞ니此ᄂᆞᆫ疲勞物質이積在ᄒᆞᆷ으로因ᄒᆞᆷ이라如斯ᄒᆞᆫ境遇에ᄂᆞᆫ休憩ᄒᆞ야血液으로疲勞物質을運去케ᄒᆞᆯ지니睡眠이라ᄒᆞᆷ은此ᄅᆞᆯ云ᄒᆞᆷ이라睡眠時間은大人은七八時小兒ᄂᆞᆫ此보다長ᄒᆞᆷ이適當ᄒᆞ니라ᄯᅩ大腦의作用이半이나休止ᄒᆞᆷ에當ᄒᆞ야尙히中樞內에서一種의精神機能을現出ᄒᆞᄂᆞᆫ事가有ᄒᆞ니此ᄅᆞᆯ夢이라云ᄒᆞᄂᆞ니라

腦髓ᄂᆞᆫ人體中에最重要ᄒᆞᆫ者라其質은極히柔軟ᄒᆞ야損傷키易ᄒᆞᆷ으로吾人身體中에서ᄂᆞᆫ腦髓ᄅᆞᆯ爲ᄒᆞ야他器官에서可히見치못ᄒᆞᆯ完全ᄒᆞᆫ裝置가有ᄒᆞ니卽毛髮及皮膚下에頭蓋가有ᄒᆞ며頭蓋內部에ᄂᆞᆫ三個腦膜이有ᄒᆞ야腦ᄅᆞᆯ保護ᄒᆞ니表面에在ᄒᆞᆫ者ᄂᆞᆫ硬腦膜이오其次ᄂᆞᆫ蜘蛛膜이오其次ᄂᆞᆫ軟腦脉이며蜘蛛脉과軟腦膜間에ᄂᆞᆫ淋巴와如ᄒᆞᆫ一種液体가充ᄒᆞᆫ故로衝突을受ᄒᆞ야도腦에無害ᄒᆞ니라

胎生法略說

會員金基雄

竊就宇宙間萬物之大勢ᄒᆞ야溯究其繁殖之原因컨딘或有實而傳種ᄒᆞ며或生子而嗣後

ᄒᆞ니所謂有生生之理者是也로다於乎라天之生物也에各有其生生之理ᄒᆞ야以爲繁殖ᄒᆞ시니人於其間에誰不有子女生育之心이리오마ᄂᆞᆫ既不知生産之理면莫能任意爲之者此也라世界文明之國은早知其生産之理故로別無無子絶嗣之人ᄒᆞ고又少虛弱病身之兒ᄒᆞ니是豈非自身之福이며其國之幸歟아以故로民由是繁盛ᄒᆞ고國由是而强大ᄒᆞ야占彼莫强之位이거ᄂᆞᆯ我國은姑末然ᄒᆞ야不知生産이爲一生之大關ᄒᆞ고無規情慾으로隨意相交에失其生産之期而以致絶嗣之境뿐더러如或生産이라도多有虛弱之兒而又有畸形之子ᄒᆞ니前程의慘惡은姑捨ᄒᆞ고國家의影響이不少ᄒᆞ니祖先의不孝오國家의罪人이로다嗚呼라人生의必先研究者果非其生之理乎아欲究其生産之理ᆫ된必先知其胎生之學也故로不佞이不揣學淺ᄒᆞ고玆抄胎生學之一法ᄒᆞ야略記于左ᄒᆞ노라

玆記胎生法略說은人種發育上原因을攻究홈으로써目的ᄒᆞᆫ者

(一)孕胎의原因　男子의精虫과女子의卵子가混合的作用으로因ᄒᆞ야成孕ᄒᆞᄂᆞᆫ것인ᄃᆡ男子의精液은睾丸으로븟터製出되ᄂᆞ니此搆造ᄂᆞᆫ無數ᄒᆞᆫ細胞가互相凝結ᄒᆞᆫ者라其中包在ᄒᆞᆫ者가卽精虫이니精液을顯微鏡으로써檢査ᄒᆞ면精虫의形狀이頭軆尾三部로成ᄒᆞ야非常ᄒᆞᆫ運動을作ᄒᆞ난故로男女交接時에精液이射出되면其中精虫이揚揚運動으로子宮頭를由ᄒᆞ야喇叭管外口에到達ᄒᆞ면此에在ᄒᆞᆫ卵子와互相逢着ᄒᆞ야精虫과卵子의交合的變化로成胎되ᄂᆞᆫ것이며女子의卵子ᄂᆞᆫ卵巢으로븟터脫出되ᄂᆞ니此搆造도

亦是細胞로造成ᄒᆞᆫ者라此卵子中에包在ᄒᆞᆫ者를種小胞라稱ᄒᆞ며又此中에包在ᄒᆞᆫ者를胚班이라稱ᄒᆞ고又卵子周圍에在ᄒᆞᆫ者를卵膜이라稱ᄒᆞ나니卵子의脫出原因은卵巢子ㅣᄒᆞᆨ氏胞가許多ᄒᆞᆫ卵子를被包한것인ᄃᆡ此胞가發育되면其內에在ᄒᆞᆫ卵子도亦是發育되며完成ᄒᆞ여잠으로此胞을破裂ᄒᆞ고一朔에一回式脫出ᄒᆞ되月經朔에ᄂᆞᆫ此구라ㅣᄒᆞᆨ氏胞도亦發育됨을因ᄒᆞ야卵子가多히ᄂᆞᆫ月經할際에脫出ᄒᆞᄂᆞᆫ故로卵子의脫出期를乘ᄒᆞ야仍爲交接ᄒᆞ면容易히成孕ᄒᆞᄂᆞ니라

(二)孕胎의現像　精虫과卵子가輸卵管外口에서逢合ᄒᆞ엿다가更히子宮으로落下되ᄂᆞᆫᄃᆡ如何ᄒᆞᆫ事情에因ᄒᆞ야精虫과卵子가混合ᄒᆞᆫ後에無力ᄒᆞ야子宮에落下치못ᄒᆞ면腹腔姙娠을成ᄒᆞ야分娩時에大端ᄒᆞᆫ危險을貽ᄒᆞ며醉後에男女交接ᄒᆞ면男子의精液射出이或出或止됨으로精液이分離되야卵核雙八ᄒᆞ면往往히孖胎를成ᄒᆞ고卵子가子宮에流出된後에精虫을逢着ᄒᆞ야受胎ᄒᆞ면兒孩의氣質이微弱ᄒᆞ여지ᄂᆞ니라

(三)細胞分割의現像　精核과卵核이結合된後에再히分割되여多數ᄒᆞᆫ小圓形을成ᄒᆞ엿다가更히集合ᄒᆞ며疊疊히連接됨으로桑實樣을成ᄒᆞ니此를桑實期라稱ᄒᆞ며又小後에ᄂᆞᆫ內部가空虛ᄒᆞ야環狀을呈ᄒᆞ니此를腔胞期라稱ᄒᆞ고如此히發育된後에ᄂᆞᆫ更히一部가凹入ᄒᆞ엿다가메구지魚狀을呈ᄒᆞᄂᆞᆫ故로此를小腹期라稱ᄒᆞᄂᆞ니此各葉의進化ᄒᆞᄂᆞᆫ現像을胚葉形成이라稱ᄒᆞ며此胚葉이外中內三葉으로各各分割進化ᄒᆞ야漸次兒孩形像與臟器及諸具를形成ᄒᆞᄂᆞ니라

外葉은脊髓,腦、五管器、水晶体(眼)、上皮、毛、爪甲、等諸節을成ᄒᆞ며
中葉은筋肉、骨格、結締織、血管、血液、漿液膜、을成하되但泌尿器ᄂᆞᆫ特히中葉에在ᄒᆞᆫ胚上皮로形成ᄒᆞᄂᆞ니라
內葉은消化器、呼吸器、가되ᄂᆞ니라
受胎ᄒᆞᆫ지三週後에四枝隆起가突出ᄒᆞ야五週를經ᄒᆞ면四肢形像을稍成ᄒᆞ되手指ᄂᆞᆫ二朔後에形成되며足趾ᄂᆞᆫ六朔後에形成되ᄂᆞ니라

人物考

金良彥傳

仁廟朝振武功臣晋興君金公의諱ᄂᆞᆫ良彥이오字ᄂᆞᆫ益善이니系出晋州ᄒᆞ고世居平壤ᄒᆞ니距今二百六十五年前癸未에生ᄒᆞ다自幼로天性이至孝ᄒᆞ고及長에肄業鄕校ᄒᆞᆯ식常曰人當事父盡孝ᄒᆞ고事君盡忠이라ᄒᆞ니人皆異之러라其父德秀가擢武科ᄒᆞ고屢立戰功ᄒᆞ야超至訓正이러니戊午深河의役에牛尾嶺에서戰死ᄒᆞ니公이北望長號ᄒᆞ야幾死復甦ᄒᆞ고三年闋喪後에도常爲素服ᄒᆞ고不與人戲笑宴樂ᄒᆞ며大書復讐二字ᄒᆞ야佩之ᄒᆞ고募得戰亡子若孫五百餘ᄒᆞ야名曰復讐軍이라ᄒᆞ고日夜로講明復讐之義ᄒᆞ야不釋弓矢ᄒᆞ고不解刀劒ᄒᆞ며冬月氷合後에率其軍戍邊이러니迨甲子适變ᄒᆞ야公이奮然曰此賊을未滅ᄒᆞ고야日後復讐를其可望乎아ᄒᆞ고都元帥께請ᄒᆞ야斥堠將이되야轉鬪千里ᄒᆞᆯ식鞍嶺之戰에戮力殲賊ᄒᆞ니朝廷이錄勳ᄒᆞ야軍器寺主簿를授ᄒᆞ고又泰川縣監을除ᄒᆞ니公이曰聖恩이罔極ᄒᆞᆫ데錄勳은非本

心이오抑情行公ᄒ면是는復讐의名을假ᄒ야官爵의餌를홈이라ᄒ야三上書力辭ᄒ고仍戌邊호되恒如敵到러라丁卯에建虜가犯安州時에詣於兵使南以興ᄒ야唾手抵掌曰此讐를可復이면吾死無恨이라ᄒ더라敵이逼城下ᄒ니城中이洶懼라公이謂主將曰事在急矣니背城血戰ᄒ야決一死生이라豈可臨敵苟免乎아堅守信地ᄒ고顧謂其徒曰惟有一死면不失爲忠孝鬼니豈可退一步幸生리오皆應曰諾다俄而敵兵이梯城ᄒ야矢下如雨어늘公이手挽勁弓ᄒ야射殺甚衆ᄒ니敵이不敢近이라回視中營ᄒ니烈焰이冲天이어늘公이曰主將이已死矣니當竭力抗城ᄒ야以償此心이라ᄒ고矢盡釼折이어늘持鞭棍ᄒ야奮迅擊殺ᄒ니敵이散而復合이라公이大呼直前ᄒ니身被十餘創ᄒ고四顧無援

이라遂投池而死ᄒ다城陷數日에其子世豪가冒死入城ᄒ야覓屍池中ᄒ니怒氣勃勃如生ᄒ고遍身箭簇이多至數升이러라啓聞ᄒ야贈崇政大夫判義禁府事晋興君ᄒ고賜祭旌閭ᄒ다祭文에曰호되氣鍾山西ᄒ니赳赳干城이라業專弓馬ᄒ니綽有名聲이라末拔行間ᄒ야逆竪稱兵이라奮呼先登에妖氛廓清이라鞍峴之捷에功莫與爭이라太常成績ᄒ고麟閣丹青이라方擬歷試ᄒ야用究平生터니遽爾云亡ᄒ야屢改晦明이라曰篤不忘에予實愴情이라代致泂酌ᄒ야用酹精靈이라ᄒ엿더라平壤忠武祠는卽高句麗名臣乙支文德妥靈之所也라文德은生於本府石多山之南ᄒ고公은生於石多山之北ᄒ며又其發跡效節이俱在安州ᄒ니兩賢事蹟이千載同揆뿐더러生於石多山者前後旣同ᄒ고

建功立節於安州者又與之同符ᄒᆞ니以公配享於乙支文德之廟가正與岳武穆之配諸葛廟로同一義也라安州忠愍祠에以殉節功臣南以興朴命龍金浚等十六人으로配享ᄒᆞ되從其職次ᄒᆞ야分坐東西ᄒᆞ니公居其一也라賜額曰忠愍祠라ᄒᆞ다

文藝

送李東暉先生之北

沛東野人

詩曰靡不有初鮮克有終先生、可謂有初有終之人也、我國自十數年以來、慨祖國之多難、憤時事之日非、舊臂揮淚明目張膽、以挽回國權、開發民智、爲己任者、能幾人焉、吾不知其多也設或以志士自處者、云有幾人焉、或一日二日有志、或一月二月有志、或一年二年有志、能十年有志者盖寡矣、又或朝焉政治、晝焉教育、暮焉實業、營營逐逐、若有求者然、如此志士則盖多矣、先生則早覺文明、國家中興、亶不外乎教育之說、唱導之、已先乎人矣、其至誠懇惻之言、能感人頑腦、其悲憤勇敢之氣、能衝人冷血、是以開城江都之間、民志之不變、乃先生之誠力也、警視廳之內、肉體之犧牲、乃先生之生活也、然惟百折不屈、萬挫不撓、食時曰教育、寢時曰教育、行走言笑、皆曰教育教育至有一涕泣而一學校成、一演說而一社會立、若使先生千百涕泣、千百演說則、將來千百學校社會之成立、可期而待矣、嗚乎先生行矣乎、父母妻子團欒之樂、盖人情之常欲也、惟先生則十數年祖國悲觀、樂不及乎此、風行露宿、踽踽屑屑、其苦如是而不爲苦矣、其戚如是而不爲戚矣、高山正芝之痛哭比先生則猶不爲善哭矣、馬丁路得之堅忍、比先生則猶不爲善忍矣、嗚呼愛國之志士有如此先生者而國勢之岌業、日甚一日何也、英雄之下無無名英雄則吾未見其成功也、高山正芝之一號、日本之能就維新、以其國民之大和魂統一也、馬丁路得之一叫、西歐之能保自由、以其同胞之宗教力團合也、現今我國之不能自立者、實我一般同胞之不能自振也、先生之晝夜悲泣、置躬無所者、良以此也、今我西北積久沉鬱之餘、聞先生之哭而不知爲何聲 、聞先生之演而又不知爲何說、始於昨年、北方若個人士始覺先生之哭之意然頑腦冷血、 乃觸耳之一時己耳、 今又閉門欲睡此先生之又發一哭處也嗚乎先生行美哉、今月志士義務、各自一方面着手非徐非急、次第振起、乃上策也、現方島山先生在西則西不足憂也、 惟北則先生不得不往也北同方胞雖云泥舊、 其堅忍誠實則全國之最也、 醒覺雖在人後而其終始保守則必不在人後矣、以其堅忍也故、必敬愛其先生之堅忍也、 以其誠實也故必歡迎其先生之誠實也、 嗚乎先生之北之日、當立見其藹藹興起之風矣、先生亟亟行矣哉、然、 不佞則臨先生之別、特有一悵悵然難堪者、先生遠離則不佞無從以承誨、不佞向日因友人强勸、飮酒面赤、先生據理論諭、節節佩服、 若先生不在則誰賜此規、 幸先生雖在千里之外不有遐棄則不佞之成人、亦可有期矣嗚乎先生行矣哉

吊朴賢基文

金源極

人生人死、固是定理、生不足喜、 死不足悲

也、但殀壽各異、壽者固可喜而妖者尤可悲耶曰否否勿論壽而死夭而死死之之塗則一也不足爲輕重於悲喜也然人之死也不悲其形骸之長逝而特有悲慟者存焉顏淵之死孔子之哭之慟盖悼道無傳也非特悲其人之逝也嗚乎今君之長逝也源極之所以悲之者盖亦有異焉時事多難可與共力挽回者君也醇儉質實爲流俗模範者君也剛毅沉重爲青年表準者君也嗚乎君之資格有如是者矣不惟如是亦其好學之熱膨脹于中長夏窮日吸暑灌腦偶爾滯泄轉作痢症千里庭闈冒疾來往盖此盛暑雖健全無病之人一失調攝難保喘息而况强疾力作險途峻坂往復悠遠雖銅身鐵膓能保其不死乎彼蒼者天胡寧忍斯源極之所以含悲茹慟其意果安在乎吾與君有同硏之義則此可爲悲乎悲則悲矣而吾不覺獨悲也君之老親在堂弱妻啼閨則此可爲悲乎此亦君家之私戀非吾之所以獨悲也但君之遠大之志不能就焉而國家將來見失一部分之英雄最吾所以最悲者也其醇儉質實之儀表剛毅沉重之氣槩自此無從以得見而青年流俗輩無所以模範之標準之此吾所以又悲也嗚乎君之肉體雖逝而君之靈魂則必有在也抱持生前之願必耿耿啼泣於九原矣其陰助我國家宜佑我同胞亦可信認也靈其有知感我斯言

祝賀西北學會內農林講習所

筆山夢人李錫龍

古人이有言호되一年之計는莫如種穀ᄒᆞ고十年之計는莫如種樹라ᄒᆞ니種穀은卽農業

也오種樹ᄂᆞᆫ卽林業也니農林은國之大本이오民之生命이라故로國之富强도舍是면難可得이오民之煖飽도舍是면無以供인故로孔子ㅣ曰旣富矣어던又敎之라ᄒᆞ시고管子ㅣ曰衣食足而知禮節이라ᄒᆞ얏스며强如英吉利而以商業으로富甲於天下ᄒᆞ고雄如美利堅而以農業으로富甲於天下ᄒᆞ얏스니實業의効가若是偉大ᄒᆞ도다嗚呼라今日我韓에學校가雲興ᄒᆞ고敎育의日新ᄒᆞ야演壇雄辯으로時時振勵曰敎育이急先務라ᄒᆞ며報館公筆로日日警醒曰敎育이急先務라ᄒᆞ며其他頂韓天韓地衣韓衣食韓食ᄒᆞ야凡有血性者ㅣ면莫不曰敎育敎育이라ᄒᆞ야今日에一學校를發起ᄒᆞ고明日에又一學校를設立ᄒᆞ나非日語則英文이오今日에一學課를卒業ᄒᆞ고明日에又一學課를修了ᄒᆞ나非法律則政治오工業卒業이有ᄒᆞ지만所製ᄂᆞᆫ尙無一寸燐이오發達은未見一烟草이며商業學科가有ᄒᆞ지만土貨ᄂᆞᆫ日見減色ᄒᆞ고金融은去益漏巵ᄒᆞ니日語英文等學이非不吾人之交際上要素오法律政治等學이非不吾人之權利上要務나蓋飢寒이切骨에毫無廉耻ᄂᆞᆫ洋之東西와世之古今에人情之常이니實業이時日退步ᄒᆞ야生活이支供無地ᄒᆞᆫ境遇에將到ᄒᆞ면奚暇에凍餒轉溝의民을驅ᄒᆞ야今日競爭舞臺에進ᄒᆞ리오是以로朝建夕廢의學校가在在皆是오昨設今止의社會가比比皆然ᄒᆞ니此ᄂᆞᆫ非但團體力이不完ᄒᆞ고公益心이薄弱而然이오實緣於財政之窘絀이라今夏의最近狀況으로觀ᄒᆞᆯ지라도西道之水災北道之蝗災와南道之旱災가互相交攻ᄒᆞ야家屋之漂流와農植之損害와人命之死亾

을罔有縷數라生活이益困ᄒᆞ고苦痛이日甚ᄒᆞᆫ中에天災가又從而加之（然이나天不殃我라我必自作）ᄒᆞ야到處窮蔀에祇是庚癸之歌而已오所過市巷에盡是桂玉之愁而已라甁罍이已罄에啼兒가索飯ᄒᆞ고薪炭이已盡에白髮이叫寒ᄒᆞ야淸翰이難可信天ᄒᆞ고寒號가難可經冬인즉若此地頭에今日教育ᄒᆞ야明日効果를立見ᄒᆞ고今日團體ᄒᆞ야明日實力이自至ᄒᆞᆫ들熱心이安能不冷ᄒᆞ며團體가安得不缺이리오然則今日急務ᄂᆞᆫ農林의實業을發達ᄒᆞ야富源을自開ᄒᆞ고公益을普施ᄒᆞ야禿山禿山又禿山、行行見見盡禿山의譏嘲를免ᄒᆞ고家家有廩高如許、大好人間快活年의豊況을作ᄒᆞ야學校의資本을鞏固ᄒᆞ야教育의實效를企圖ᄒᆞᆯ만不若ᄒᆞᆯ지라嗚乎라土壤은膏腴ᄒᆞ건만農業을不達ᄒᆞ

야千萬斯倉과三百其囷을難可得이오山原은重疊ᄒᆞ건만林業을不達ᄒᆞ야蜀山兀立과牛山童濯을難以免이라如此ᄒᆞᆫ所以로炭素가倍夥ᄒᆞ고酸素가甚尠에傳染의病이時時流行ᄒᆞ고雨度가不適ᄒᆞ고旱度가超過에非常의歎을年年獨當ᄒᆞ니到此境遇에誰가此를救ᄒᆞ며誰가我를蘇ᄒᆞᆯ가惟其西北學會一大法人이是已라目今農林講習所의廣告가一播에入學請願이水滙雲會ᄒᆞ야莫宏莫大ᄒᆞᆫ講堂에舍不能容ᄒᆞ니可想其我韓人士之實業界生熱也로다然則我韓의農作도此로由ᄒᆞ야轉凶爲豊ᄒᆞᆯ지며我韓의森林도此로由ᄒᆞ야反赤爲靑ᄒᆞᆯ지니救主耶蘇의天來福音과帝禪如來의普濟道音을今日此擧에對ᄒᆞ야亦復可見이로다玆에又農學士金鎭初金志侃元勛常三氏의게一大祝賀를特呈ᄒᆞ노

니今日外國遊學生이盛且幾千餘人에達ᄒᆞ얏ᄉᆞ나法學士가十之八九오政治生이十之七八인中에惟三氏ᄂᆞᆫ不此之爲ᄒᆞ고我國舊慣에最賤之最卑之ᄒᆞ던農學을卒業歸國ᄒᆞ야今日我韓에農學의鼻祖ᄅᆞᆯ作ᄒᆞ얏ᄉᆞ니抑未知彼至仁至公ᄒᆞ신天이憐我民之不達農業ᄒᆞ야復送神農后稷於我韓而致有今日之盛擧耶아吁亦壯矣로다愚以爲有是講習所兮에有是講師也라ᄒᆞ노라語不知裁에賀不盡意ᄒᆞ압ᄂᆞ니다

演劇場主人에게

達觀生

여보 演劇場을 웃더ᄒᆞᆫ물건인줄 아시오 ᄯᅩᄒᆞᆫ 社會一方面에多大ᄒᆞᆫ關繫가잇소 本人이日本東京에이슬ᄯᅢ에도 演劇場의概論을擧ᄒᆞ아 諸氏의採用ᄒᆞ시기ᄅᆞᆯ 深祝ᄒᆞ온지라 諸氏도演劇場設立ᄒᆞᆫ本意ᄂᆞᆫ

다름아닐지라 想必腐敗ᄒᆞᆫ風俗을改良ᄒᆞ며 閭巷間淫詞俚謠ᄅᆞᆯ 防杜코자ᄒᆞᆷ이오 本人도亦諸氏ᄅᆞᆯ對ᄒᆞ야 이갓치希望ᄒᆞ얏더니 今秋歸國ᄒᆞᆫ以後에 漢城內各社會各學校各敎會의觀覽을畢ᄒᆞ고 一夜ᄂᆞᆫ月色을乘ᄒᆞ야街頭에散步ᄒᆞ다가 忽然히鎖吶洋皷소ᄅᆡ가 耳邊을來打ᄒᆞᄂᆞᆫ지라

同行友人을向ᄒᆞ야 물은즉 所謂演興社라ᄒᆞᄂᆞᆫ演劇場에서 노ᄂᆞᆫ音樂소ᄅᆡ라ᄒᆞ거ᄂᆞᆯ 一次觀覽ᄒᆞᆯ想覺이發ᄒᆞ야 友人으로더부러 買券入場ᄒᆞᆫ즉 時가임의下午八時頃이지ᄂᆞᆫ지라 무ᄉᆞᆷ열어가지동당거리ᄂᆞᆫ소ᄅᆡ에 귀ᄂᆞᆫ쏘고 아모演戲도ᄒᆞᄂᆞᆫ

것을볼슈업더니 一時頃을지나서 小鼓잡은者ㅣ三名이突出ᄒᆞ더니 다리를들고도라가면서 두손으로小鼓를 놉프락나즈락ᄒᆞᄂᆞᆫ貌樣이 可笑치도안코可責ᄒᆞᆯ것도업ᄂᆞᆫ中에 무슴노ᄅᆡ라고도ᄒᆞᄂᆞᆫ貌樣인ᄃᆡᄒᆞᆫ참들고아ᄂᆡ면서 지지괴ᄂᆞᆫ가운ᄃᆡ노ᄅᆡ曲調를 알아들을수업서 겻테안즌友人다려 무른즉 曰鸞鳳歌曰四巨里曰방에打令曰膽破蓏打令이라ᄒᆞᄂᆞᆫᄃᆡ 其中에大概들은曲調를略記ᄒᆞᆫ즉 (에라노하라나못노킷다열네반죽어도나못노킷다) (물길나간다고강짜말고살궁장알의박움물파라)ᄒᆞᄂᆞᆫ소리等屬인ᄃᆡ참머리압픈光景을 볼수업서 나오자ᄒᆞᆫ즉同行ᄒᆞᆫ友人의말이 좀더귀경ᄒᆞ면 實地로滋味스러운演戲가잇다고좀더보기를 懇請ᄒᆞ거ᄂᆞᆯ

不得已ᄒᆞ야良久히안즌즉 웬妓生一名이 ᄯᅩᄒᆞᆫ雜打令으로 倡夫를比肩進退ᄒᆞᄂᆞᆫ淫戲ᄲᅮᆫ이오 ᄯᅩ좀잇다가ᄒᆞᄂᆞᆫ놀음은 春香이과李道令이 서로作別ᄒᆞᄂᆞᆫᄯᆡ에ᄒᆞᄂᆞᆫ貌樣 참男女觀光者의誨淫ᄒᆞᆯ資料가될ᄲᅮᆫ이라 嗟흡다諸氏여 이런일을참아ᄒᆞᆯᄯᆡ가되ᄂᆞᆫ가 國家의岌業ᄒᆞᆫ時勢가 다맛一般人民의知識으로ᄡᅥ挽回ᄒᆞᆯ者ㅣ아닌가 現方外各國의演戲場을볼지면或古來風俗도眞相으로說道ᄒᆞ며或閨門之內에妻妾爭妬ᄒᆞᄂᆞᆫ眞相을活劇ᄒᆞ야少年男子로ᄒᆞ여곰蓄妾ᄒᆞᆯ思想을안두게ᄒᆞ며 靑年少娥輩로ᄒᆞ여곰 남의嬌妾이안될想覺을鼓吹ᄒᆞᄂᆞᆫ지라그當場遊戲에實地를畫出ᄒᆞᆷ으로그喜激을演ᄒᆞᆷ이 滿塲男女가 感喜ᄒᆞᆫ心으로喝采ᄒᆞ며 그悲激을演ᄒᆞᆷ이 滿塲男女가

亦揮淚悲啼ᄒᆞ는지라 그善心을感發ᄒᆞ며逸志를懲創ᄒᆞᆷ이如是ᄒᆞ거ᄂᆞᆯ 諸氏의今日演戱가 此에毫髮도近似치아니ᄒᆞ니諸氏를向ᄒᆞ야痛惜을不禁ᄒᆞ리로다或者諸氏가營業上의關係로 이갓치俚雜ᄒᆞᆫ遊戱를아니ᄒᆞ면 我國民程度에 觀光ᄒᆞᆯ滋味가업서ᄒᆞᆯ지니 不得不嗜聞樂見을

쏫차營業의振興을圖謀코자ᄒᆞᄂᆞᆫ지 아지못ᄒᆞ거니와 設或그러ᄒᆞᆯ지라도 營業上에도關係가잇게ᄒᆞ고 風化改良에도効力이 잇게ᄒᆞ야 一篇小說을滋味잇게、지어니되 我國古來貪官汚吏의政治도包含ᄒᆞ며 閨門內妻妾爭妬의獘端도寓意ᄒᆞ며或乙支文德의薩水大戰ᄒᆞ든形容이며桂月香의賊將謀斬ᄒᆞ든眞相을這這히活劇ᄒᆞ면 一般觀聽이忠義勇敢의大氣槪를皷發ᄒᆞᆯ지며 古來政俗의不美ᄒᆞᆫ것을不得不改良ᄒᆞᆯ思想도發現ᄒᆞᆯ지니 演戱의資料가如此ᄒᆞ면 웃지今日과갓치淫女蕩子輩幾個式만 入場觀光ᄒᆞ리오 必也一般社會紳士淑女諸氏도 觀聽치아닐者ㅣ업스리니 그러ᄒᆞᆫ後에ᄂᆞᆫ諸氏의營業도擴張ᄒᆞᆯ지오 今日風化改良의大勳勞도 諸氏에게歸ᄒᆞᆯ지니 諸氏ᄂᆞᆫ 深思熟慮ᄒᆞ야 其演戱의如何改良을硏究ᄒᆞᄂᆞᆫ境遇이면 本人도또ᄒᆞᆫ一体로助力ᄒᆞ기를自期ᄒᆞ얏ᄂᆞᆫ지라幸諸氏ᄂᆞᆫ本人을對ᄒᆞ야 呶呶漫說로너기지말고 本人의깁고간절ᄒᆞᆫ同情을 推恕ᄒᆞ시기千萬발아압ᄂᆞ니다

金川郡大明學校尋常科丱童生徒柳元八의一時間應

試ᄒᆞᆫ文이如左ᄒᆞ다

吾人生路ᄂᆞᆫ只在敎育

現今時代ᄂᆞᆫ何時오ᄒᆞ면敎育을發展ᄒᆞ야智識을確立ᄒᆞ고競爭心으로國家의責任을擔負ᄒᆞ야世界의文明鼻祖ᄅᆞᆯ自期코야生活ᄒᆞᆯ時代라此時代ᄅᆞᆯ當ᄒᆞ야敎育이아니면更히何ᄅᆞᆯ從ᄒᆞ야生ᄒᆞ리오敎育이無ᄒᆞ면劣敗에陷ᄒᆞ야低下位에落ᄒᆞᄂᆞ니個人도敎育이無ᄒᆞ면亦然ᄒᆞ거든況全國의敎育이發達치못ᄒᆞᆷ이리오萬一不幸하低下位에陷落ᄒᆞ면國家가亡ᄒᆞ야他人의奴隷가됨은天演의必至라然則엇지吾人의生路만敎育에在ᄒᆞ리오國家의文明도亦敎育에在ᄒᆞᄂᆞ니敎育二字ᄂᆞᆫ高ᄒᆞ기天과如ᄒᆞ고深ᄒᆞ기淵과如ᄒᆞᆫ지라然則其高其深을又如何ᄒᆞᆫ地位에서致ᄒᆞᆯ고ᄒᆞ면將來에國家가文明ᄒᆞ야吾人이上等人族으로生活ᄒᆞᄂᆞᆫ同時에得見ᄒᆞ리니國家의將來前道ᄅᆞᆯ預占ᄒᆞᆷ에ᄂᆞᆫ其國의敎育如何ᄅᆞᆯ先觀ᄒᆞᆯ지라大抵現時에敎育을捨ᄒᆞ고世界上에優勝ᄒᆞᆫ國이되고자ᄒᆞ면此ᄂᆞᆫ食을棄ᄒᆞ고飽ᄅᆞᆯ求ᄒᆞᆷ과如ᄒᆞ리니엇지得ᄒᆞ리오蔽一言ᄒᆞ고今日은何國을勿論ᄒᆞ고敎育을發達ᄒᆞ여야事業을成就ᄒᆞ고國家을富强케ᄒᆞᄂᆞᆫ時代니故로現時敎育은吾人의生路만될ᄲᅮᆫ不啻라國家의文明을養成ᄒᆞᄂᆞᆫ一大機關이라ᄒᆞ노라

談叢

蟻의習性

金源極述

諸氏의己知ᄒᆞ시ᄂᆞᆫ바와如히蟻라ᄒᆞᄂᆞᆫ動物은身體가至極히小ᄒᆞ나其習性은大端히滋味슬어운일이有ᄒᆞ고옛젹부터知慧만ᄒᆞᆫ動

物을蟻와蜜蜂이라稱ᄒᆞ오 蟻의動物上位置ᄂᆞᆫ昆虫類中에膜翅屬인ᄃᆡ 其特徵은腹部와胷部의境界가非常ᄒᆞ게가늘어。 움즉걸이기쉬운物건이올시다 第一其口器의構造ᄅᆞᆯ볼지라도、小腮와下唇이咀嚼器가되야 大腮가動치안코도咀嚼ᄒᆞᄂᆞᆫ일이되며 大腮ᄂᆞᆫ特別히種種ᄒᆞᆫ事爲에使用ᄒᆞᄂᆞᆫ것이오 ᄯᅩ針을持ᄒᆞᆫ놈도有ᄒᆞ고針을不持ᄒᆞᆫ놈도有ᄒᆞ나、如何ᄒᆞ든지

毒을貯蓄ᄒᆞᆫ囊이이서 蟻酸이라ᄒᆞᄂᆞᆫ一種酸類ᄅᆞᆯ敵에게注射ᄒᆞᄂᆞᆫ禦具가有ᄒᆞ오 次에活潑ᄒᆞᆫ形狀을불만ᄒᆞᆫ일이만소。 蟻도蜜蜂과ᄒᆞᆫ가지로 社會的生活을營ᄒᆞᄂᆞᆫ지라、그ᄒᆞᆫ社會가운ᄃᆡ 雌雄과働蟻과의三種이이스며。 ᄯᅩ그働蟻가운ᄃᆡᄂᆞᆫ 敵을攻擊ᄒᆞ며 社會ᄅᆞᆯ保護ᄒᆞᄂᆞᆫ兵士며 食物을集ᄒᆞ며 幼虫을養育ᄒᆞᄂᆞᆫ職目이잇고 兵士의方은普通働蟻보다 頭部가크고顎骨도잘發達ᄒᆞ야 敵을攻擊ᄒᆞᆷ의 조흔構造ᄅᆞᆯ가저잇소

雌蟻雄蟻ᄂᆞᆫ그리만치안코 働蟻ᄂᆞᆫ非常ᄒᆞ기만하 一社會의太半은動蟻가되며 이動蟻ᄂᆞᆫ實로生殖器가업고 雌蟻가卵을産ᄒᆞ야孵化ᄒᆞᄂᆞᆫ것이라 大抵普通働蟻ᄂᆞᆫ翅가업스나或엇든ᄯᅢ에 굴음貌樣으로空中에뫼여뵈이ᄂᆞᆫ것은 雄蟻과雌蟻라ᄒᆞ나니

蟻도ᄯᅩᄒᆞᆫ蠶과ᄒᆞᆫ가지로完全ᄒᆞᆫ變態가이서卵으로브터幼虫이되고 蛹을지나 成虫이되나니 그成虫ᄒᆞᆷ의밋처 翅가잇ᄂᆞᆫ雌雄의蟻와 翅가업ᄂᆞᆫ働蟻가이서 有翅ᄒᆞᆫ雌雄은 一年中에一定ᄒᆞᆫ時期ᄅᆞᆯ限ᄒᆞ야

空中에羣飛ᄒᆞ야 交尾ᄒᆞᆫ後에 地上에

셜어저 翅가업시되며 雄은直死ᄒᆞ나니
其後에雌는動蟻의引導를심입어再次舊巢에還入ᄒᆞ며 或은싀로巢를만글고 卵을産ᄒᆞ는것이오
蟻의種類에는 大蟻、黑蟻、黃蟻、 家蟻가잇는딕我國에는此等色色의蟻가다이스나
他國에此外에도別般種類가만히잇는지라 英國에産ᄒᆞ는(오루미가상인이아)라稱ᄒᆞ는蟻는非常히勇敢ᄒᆞᆫ氣로軍事를 조하ᄒᆞ는지라 他種類의蟻巢를 攻擊ᄒᆞᆯ식그幼蟲을奪歸ᄒᆞ야 成虫ᄒᆞᆫ後에 此蟻를奴隷로使役ᄒᆞᆫ지라然ᄒᆞ나此種類는奴隷를使役치안코도自働生活이되기能ᄒᆞ며 此外歐洲大陸에住ᄒᆞ는(아마존)이라稱ᄒᆞ는蟻는全혀奴隷를 依賴ᄒᆞ야生活ᄒᆞ고自己로는生活ᄒᆞᆯ能力이無ᄒᆞᆫ지라 然ᄒᆞᆫ즉奴蟻輩가 엇지ᄒᆞ여 글언無能ᄒᆞᆫ種類를撲殺치안코 저의上典으로 떠여살엿는고ᄒᆞ면 此理由는明言ᄒᆞ기 얼어우나 大槪推測上으로볼지라도 久久히主從의關係가이서 遺傳性이되여 今日ᄭᆞ지子子孫孫히續行ᄒᆞᆫ것이오他理는無ᄒᆞᆯ듯ᄒᆞ더라
蟻의性質과習慣을 色色으로觀察ᄒᆞ면참滋味슬어운事實을發見ᄒᆞᆫ것이만소 英國에(사ㅣ존라봇구)라ᄒᆞ는사롬이 有名ᄒᆞᆫ物理學士로서 昆虫의來歷을 잘研究ᄒᆞ는딕 其中特別히蟻에는 깁ᄒᆞᆫ興味를 붓쳐 自家에다蟻를養ᄒᆞ고 長時試驗으로 色色의好結果를 知得ᄒᆞ얏는딕
次에其中二三을 擧ᄒᆞ야紹介코자ᄒᆞ노라
大槪蟻가他蟻에對ᄒᆞᆫ行爲는 그時期와境

遇ᄅᆞᆯ 쫏차달은지라 假令蟻가但一疋만 될ᄯᆡᄂᆞᆫ 非常히畏怯ᄒᆞ야 直히逃去ᄒᆞ나 徒衆이이서 援助ᄒᆞᄂᆞᆫ境遇에ᄂᆞᆫ大端히 活潑ᄒᆞ게振舞ᄒᆞᄂᆞᆫ지라 一日은氏가 蟻의徒衆을對ᄒᆞᆫ愛情을 試驗코저ᄒᆞ여 或巢에서六疋蟻ᄅᆞᆯ取出ᄒᆞ야 瓶中에入ᄒᆞ고 踈布로其口ᄅᆞᆯ塞ᄒᆞ야 巢口에置ᄒᆞᆫ지라 踈布의目이空張ᄒᆞᆷ으로 瓶中에在ᄒᆞᆫ蟻가 外ᄅᆞᆯ能見ᄒᆞᆯ뿐外라觸角과ᄂᆞᆫ 相交ᄒᆞ게된지라 其同衆의蟻가 同情을表ᄒᆞ야 食物을與ᄒᆞ나 外에在ᄒᆞᆫ蟻ᄂᆞᆫ內ᄅᆞᆯ向見키難ᄒᆞᆫ貌樣이러라 然ᄒᆞ나晝에ᄂᆞᆫ人의見ᄒᆞᆷ을憚ᄒᆞ야 愛情이無ᄒᆞᆫ체ᄒᆞ고 夜에ᄂᆞᆫ種種의食物을給與ᄒᆞ거ᄂᆞᆯ 氏가更히試코자ᄒᆞ야 其方法을變ᄒᆞ야 二個瓶을持來ᄒᆞ여 一瓶에ᄂᆞᆫ前과如히 同衆의六疋蟻ᄅᆞᆯ入ᄒᆞ고 他一瓶에ᄂᆞᆫ 種類가同ᄒᆞ고巢가異ᄒᆞᆫ六疋蟻ᄅᆞᆯ入ᄒᆞ야 前과同樣으로裝置ᄒᆞ야두엇더니 同衆의蟻가 時時로來看ᄒᆞ다가 各히저의徒衆잇ᄂᆞᆫ瓶에 前往ᄒᆞ여 非常ᄒᆞᆫ注意ᄅᆞᆯ喚起ᄒᆞ며 其瓶上에一二疋式盡日徘徊ᄒᆞ고 或時에ᄂᆞᆫ數多ᄒᆞᆫ蟻가 哨兵貌樣으로 附近을警戒ᄒᆞ되 每日如是ᄒᆞ더니 一週日後에ᄂᆞᆫ一處의蟻가 瓶口踈布ᄅᆞᆯ 嚼破ᄒᆞ고驅出ᄒᆞ야 他瓶의蟻敵을侵殺ᄒᆞᆫ지라 氏가侵入ᄒᆞᆯ時에ᄂᆞᆫ實見치못ᄒᆞ얏스나 二疋蟻의死体가 一은瓶上에在ᄒᆞ며 一은瓶口에在ᄒᆞᆫ즉 此ᄂᆞᆫ警戒ᄒᆞ든哨兵이오 六疋蟻ᄂᆞᆫ 全혀鏖殺ᄒᆞᆫ지라 以上事實을推測ᄒᆞ면 同衆을相護ᄒᆞᄂᆞᆫ愛情이며 敵壘ᄅᆞᆯ突擊ᄒᆞᄂᆞᆫ敵愾心이 凡他動物의比ᄒᆞᆯ바아니로다

未完

狡猾ᄒᆞᆫ猿猩

滑稽生

예젹에 한猿猩이가이셔 特別히狡滑ᄒᆞᆫ쇠가만ᄒᆞᆫ지라 一日은山外에出遊ᄒᆞ다가 거이(蟹)를 偶然히맛나 ᄒᆞ는말이허허 그ᄃᆡ본지올알세(猿)하참올익못보왓네(蟹)

(猿)曰그러나저러나 오롤은八月秋夕랄이니 함께어느村閭에가서 떡盜賊질이나ᄒᆞ여보세거이(蟹)가또ᄒᆞᆫ열어랄굼주울이든餘에 食欲이生ᄒᆞ야 함께가기를許諾ᄒᆞ고 그山알의村中에 드러가니 ᄒᆞᆫ조만ᄒᆞᆫ草屋에서 떡을치는ᄃᆡ 그主人은떡메를잡고 그妻는떡쌀을쪄서 밧그로담어너여오는즈음에 猿猩이가 거이(蟹)과約束호ᄃᆡ 귀에붓치고ᄒᆞ는말이ᄃᆡ단히秘密ᄒᆞ더라 이욱고 거이는 그집壁올듣타서들어가더니 집안에서兒孩우는소리가急히나더라 그主人의妻가兒孩우는소리를 듯고 크게驚惶ᄒᆞ야 집안에 들어가보니 兒孩코ᄯᅳᆼ에서 피가ᄃᆡ롱갓치흘으는지라 그어미가兒孩를거더안고 울면서 그집아비를 불너ᄒᆞ는말이 떡인지난장인지 치누라고 얼은兒孩를홈차눕펴두엇드니 무슴恠常ᄒᆞᆫ일인지 兒孩코에서 피가 손악비오들ᄒᆞ오 아끄가련ᄒᆞᆫ일이야ᄒᆞ는소리여 그집아비도 또ᄒᆞᆫ 驚怯ᄒᆞ여 ᄶᅱ여들어가보고 서로兒孩를맛안고 구구걸이는즈음에 猿猩이란놈은 마당에잇는떡을지고

다라ᄂᆞᆫ지라
(아셔、猿猩이와거이(蟹)파約束ᄒᆞᆫ말은、거이ᄂᆞᆫ、집안에들어가、兒孩코올、물게ᄒᆞ고、그뒤에、져ᄂᆞᆫ、ᄯᅥᆨ올집어가자ᄂᆞᆫ狡計ᄅᆞᆯ、서로말ᄒᆞᆫ것이로다
그夫妻가兒孩ᄅᆞᆯ 계우달ᄂᆡ야 눕피고 ᄯᅥᆨ올 가지려나가니 ᄯᅥᆨ은간곳이업ᄂᆞᆫ지라 仰天噓唏ᄒᆞᆯᄯᆞᄅᆞᆷ이더라
猿猩이가ᄯᅥᆨ을 지고 그압시ᄂᆡ가에나가니거이(蟹)도 ᄯᅩᄒᆞᆫᄯᆞᆯ아온지라 간싸ᄒᆞᆫ猿猩이가 ᄯᅥᆨ을獨食ᄒᆞᆯ凶計가나셔 거이덜여ᄒᆞᄂᆞᆫ말이 이곳은 地勢도卑下ᄒᆞ고ᄯᅩᄒᆞᆫ景色도업스니 져南山上上峯에 올나가 조ᄒᆞᆫ景色도 구경ᄒᆞ고 ᄒᆞᆫ번빅불이먹ᄂᆞᆫ것이 죳타하거ᄂᆞᆯ 거이(蟹)ᄒᆞᄂᆞᆫ말이 나ᄂᆞᆫ다리가 ᄶᅧᆯ너서 걸음도잘못것고 여섀지오ᄂᆞᆫᄃᆡ도 숨이차서 견ᄃᆡᆯ슈업스니 아무데서나 먹ᄂᆞᆫ것이 죳타ᄒᆞ되 狡滑ᄒᆞᆫ猿猩이가 제힘만밋고 ᄯᅥᆨ을메고 나ᄂᆞᆫ드시 山上으로 올나가ᄂᆞᆫ지라 거이(蟹)가죽을힘을 ᄂᆡ여顚之倒之ᄒᆞ면서 猿猩의뒤ᄅᆞᆯ ᄯᆞᆯ아올나가니간싸ᄒᆞᆫ猿猩이가 ᄯᅩᄒᆞᆫ쐬ᄅᆞᆯ닉여曰 져놉ᄒᆞᆫ나무ᄭᅳᆨ뒤에 올나가먹ᄂᆞᆫ것이 죳타ᄒᆞ고 나무ᄭᅳᆨ뒤로 발아올나가니 거이ᄂᆞᆫᄒᆞᆯ길업서 ᄃᆞᆰ쫏든기가 집웅발아보ᄂᆞᆫ貌樣으로 寒心ᄒᆞ고 안졋더니 간싸ᄒᆞᆫ猿猩이가 제져조만밋고 싹은나무가지에
ᄯᅥᆨ글읏올 안고나안잣다가 나루가지가 불어지면서 ᄯᅥᆨ글읏시 널여구울어
거이잇ᄂᆞᆫ압바외돌구영에 ᄲᅢ저들여간지라 거이가안자바든福이라코코가깁버

ᄒᆞ여 바외돌구영에 기여들어가서 셕을滋味잇기먹을ᄯᅴ에 猿猩이가닐여와본즉 좁은돌구영으로 들어갈수ᄂᆞᆫ업고 거이덜여 ᄒᆞᄂᆞᆫ말이 네가無情ᄒᆞ고無禮ᄒᆞᆫ놈이로다 當初붓허 나과네가 ᄒᆞᆫ가지로 힘을써서 가저온셕을 너홈자먹은니 그런힝위가 어ᄃᆡ잇ᄂᆞᆫ냐ᄒᆞ거ᄂᆞᆯ 거이(蟹)ᄒᆞᄂᆞᆫ말이 네가當初에홈자먹자ᄂᆞᆫ凶計로일너절너 가지고ᄃᆡᆼ이다가 天佑神助ᄒᆞ신福으로 너압헤셜예주니 너의狡惡ᄒᆞᆫ마암을 寃痛히녀겨 홈자먹을수밧게업다ᄒᆞᆫᄃᆡ 猿猩이가할길업서 제밋ᄒᆞᆯ 거이(蟹)ᄒᆞᆫᄃᆡ 向ᄒᆞ야 不正ᄒᆞᆫ穢臭를射코자ᄒᆞ거ᄂᆞᆯ 거이가 두엄지발로 猿猩의밋ᄒᆞᆯ ᄊᆡ물어ᄯᅴ니 猿猩이가 압ᄒᆞᆷ을 이기지못ᄒᆞ여 ᄯᅱ여나서보니 궁ᄃᆡᆼ이여 더리가 죄ᄲᅡ지고 피가ᄒᆞᆯ으ᄂᆞᆫ지라 至今토록 猿猩의뒤밋헤 더리업ᄂᆞᆫ것은 그ᄯᅴ거이ᄒᆞᆫᄃᆡ물여ᄲᅡ진ᄭᅡᄃᆞᆰ이오 거이엄지발에 더리만ᄒᆞᆫ것도 그ᄯᅴ猿猩의밋더리를물어ᄲᅢᆸ은것이라ᄒᆞ오

記者曰呼乎라萬古에狡猾을밋고正義를無視ᄒᆞᄂᆞᆫ者ᄂᆞᆫ저猿猩이과何異ᄒᆞ리오畢竟제먹을것도못먹고身體ᄭᆞ지亡ᄒᆞ게되엿도다

詞藻

早秋苦熱登南山

頭山主人

披襟午日陟南山 飄拂微凉最樹間 漢水千波常舊響 長安半幅摠新顔 經年捿屑

問何事 偸暇逍遙非敢閒 絕頂謠祠看不忍 無言長嘯夕陽還

同 香山吳載明

漢城八月陟南山 風水最佳天地間 走車層屋摠新界 盤石偃松依舊顔 登臨非我本無志 奇觀與君同得閒 掛樹汗巾猶未曝 斜陽又見鳥飛還

同 鶴隱金斗燮

秋思徘徊木覓山 蒼松一逕白雲間 尺釼不平高士氣 玉樓恐暮美人顔 五江歸帆斜陽倒 三子遊筇此日閒 寄語澗頭洴澼女 幾回洗得染塵還

協成學校賛誦韵

李晩堂

雙穖凌雲躡上頭 能敎烈士減時憂 中央珍寶書成庫 西北精神石起樓 報國丹明爭日月 干霄氣直讀春秋 兩關義血鮮殊澤 矧且校風聞五洲

雜 俎

歐洲泰東學界泰斗 막스、물너博士의儒敎論(上)

막스、물너博士(西紀一八二三—仝一九〇一年)는第十九世紀思想界의巨人이니特히泰東列國의學藝와言習의研究家로世界에著名ᄒᆞ니라 右에譯出ᄒᆞᆫ바는西曆一千九百年九月發行「第十九世紀」雜誌上에揭載ᄒᆞᆫ바博士의最終儒敎論이라 舊稿로되叅考ᄒᆞᆯ點이不無ᄒᆞ기로玆에譯出ᄒᆞ노라

譯者 識

支那에는自來로國教가唯一뿐아니라三教가並存ᄒᆞ얏스니곳國家가許可保護ᄒᆞᆫ宗ᄒᆞ야全혀國民的法教가된者는孔夫子ᄭᅴ셔集大成ᄒᆞ신儒教ㅣ라儒教는原來孔夫子ᄭᅴ셔創立ᄒᆞ신것이아니오또儒教의經書中孔夫子ᄭᅴ셔自作ᄒᆞ셧다ᄒᆞ는것이一無ᄒᆞ니라儒教의經書는第一은五經이니곳易經、書經、詩經、禮記、春秋오第二는四書니곳論語、大學、中庸、孟子니라

孔子ᄭᅴ셔는古聖先王을崇信ᄒᆞ심으로스스로道의作者가아니라傳者라ᄒᆞ사

述而不作、信而好古

라ᄒᆞ셧고또左와如히言ᄒᆞ시니라

吾十有五而志于學、三十而立、四十而不惑、五十而知天命、六十而耳順、七十而從心所欲不踰矩

그리ᄒᆞ고孔夫子ᄭᅴ셔는國內諸侯가能히所說을採用ᄒᆞ야王法을成ᄒᆞ는者ㅣ無ᄒᆞᆷ을嘆ᄒᆞ시고紀元前(西曆)四百七十八年에下世ᄒᆞ시니此語로由ᄒᆞ야推度ᄒᆞ건된夫子는活動的改革者는아니엿고또夫子의生存中에支那宗教思想의平穩、沈靜ᄒᆞᆫ表面에對ᄒᆞ야스ᄉᆞ로一次小波瀾도衝起치아니ᄒᆞ얏슴을推知할지니라　孔夫子는揷疑할것업시同時衆人의以上人이라그러나그法教는古來로傳來ᄒᆞ는信奉에根據ᄒᆞᆷ이니夫子下世後에何等徽號로尊稱ᄒᆞ얏던지夫子ᄭᅴ셔傳來ᄒᆞ던信奉과밋그再興을信ᄒᆞ신것은斷定코否認치못ᄒᆞᆯ지니라　夫子의孫子思가聖人은人의師表(卽理想)오孔子는聖人의

師表라ᄒᆞ얏스니孔夫子ᄭᅴ서常人에超絶ᄒᆞᆫ智와德이備在ᄒᆞ심은無論이나그러나子思가孔夫子로써神이라ᄒᆞᆫ것은過ᄒᆞ니라 大抵、子思는스ᄉᆞ로理想上의聖人을寫出ᄒᆞᆫ後에孔子는此에正合ᄒᆞᆫ者라ᄒᆞ야孔子의德을天地에比ᄒᆞ야左와如히言ᄒᆞ니라

仲尼、祖述堯舜、憲章文武、上律天時下襲水土辟如天地之無不持載無不覆幬、辟如四時之錯行如日月之代明、萬物並育而不相害、道並行而不相悖、小德川流、大德敦化、此天地之所以爲大也

此와如히單只一地方小吏로終身ᄒᆞᆫ孔夫子를그次代의人은이미天地에比ᄒᆞ얏는데此天이란것은곳神DIVINC이라ᄒᆞᆷ이니孔子의尊敬을受ᄒᆞ심이참意外에過大ᄒᆞ도다 孔夫子ᄭᅴ서는經書에散見ᄒᆞᆷ과如히當身의宗敎의敎義가自己나神(곳上帝)에게로歸ᄒᆞ라ᄒᆞᆷ에는크게反對ᄒᆞ셧스니自己의人格을韜晦ᄒᆞ라기를更見치못ᄒᆞ노라原來、吾人이他로서受來ᄒᆞ는바는多ᄒᆞ고自己로增廣ᄒᆞᆷ은極少ᄒᆞᆷ은普通의眞理라、그런데此를自口言破ᄒᆞ는者는孔夫子一人뿐이라、然이나그結果가如何ᄒᆞ얏나냐ᄒᆞ면今日에夫子의敎를崇奉ᄒᆞ는者ㅣ數億이로다

(此下一節省略)

支那宗敎의根本的觀念이미우그國語와相關된것은레ᄭᅦ博士가創言ᄒᆞ얏는데博士는實노自來吾人이知悉치못ᄒᆞᆫ바支那엣國語와宗敎의發達層階를究明ᄒᆞ얏더라、旣往에吾人이支那의宗敎는總히(아리안)人種(泰東의印度와泰西列國의人種總數)의宗敎와如히自然崇奉과는關係가少無ᄒᆞ고支那宗敎에는如

何ᄒᆞᆫ神傳과如何ᄒᆞᆫ神이업다ᄒᆞ던것은全혀吾人이그發達層階를知치못ᄒᆞᆫ故ㅣ라、大抵여러가지神傳的宗教的觀念이支那에서發生ᄒᆞ기를印度、埃及、巴比倫(古昔國)보담도居先ᄒᆞᆷ은揷疑치못ᄒᆞᆯ지니、그神傳的宗教的觀念이言語中에遺存ᄒᆞᆯ뿐아니라레스博士의所論과如히距今四千年或六千年前에創造ᄒᆞ얏단文字上에서도査出ᄒᆞᆯ슈잇나니라

此事ᄂᆞᆫ古代의事蹟을研究ᄒᆞᄂᆞᆫ學者의모름직이留神ᄒᆞᆯ것이라、自然物로브터自然의神으로進ᄒᆞᆫ일은거문ᄒᆞᆯ노(아리안)民族에存ᄒᆞ다ᄒᆞᆷ은普遍히推想돌ᄒᆞᄂᆞᆫ바니印度의吠陀(古代文學印度의教理와文學의源泉이된經典)中에ᄂᆞᆫ天際에輝燿ᄒᆞᄂᆞᆫ日月星辰뿐아니라曙光이며夜며雨、雷며山、河며草木等도崇奉ᄒᆞᆫ것이分明ᄒᆞᆫ데이러듯各種을崇奉ᄒᆞᆫ것이드듸여多神教(衆神을崇奉ᄒᆞᄂᆞᆫ宗教)가되엿스나伊中에도單神教의胚胎가隱存ᄒᆞ야天空이며大陽을崇奉ᄒᆞᄂᆞᆫ것이那終에單神(곳衆神의上에位ᄒᆞᆫ、大神)을思得ᄒᆞ도록發達된지라

이說明은다른民族과未開ᄒᆞᆫ野蠻人의宗教觀念에도移用ᄒᆞᆷ을得ᄒᆞᆯ듯ᄒᆞ더라、此와近似ᄒᆞᆫ自然(物)崇奉의痕跡이支那에도存ᄒᆞᆫ데支那의宗教ᄂᆞᆫ孔夫子以前에神傳的層階를모든事件에遺留ᄒᆞᆫ듯ᄒᆞ더라、支那의宗教ᄂᆞᆫ散文的이오決코詩的이아니며、또宗教的(곳神秘ᄒᆞᆫ)教義나又ᄂᆞᆫ個人의狂熱的信奉等屬보담도오히려道德的과밋實在的常識의體系리、吾人이萬若宗教로써神의啓示라던지또그存在、事能、性質等의啓示(卜者나先知者等의名目으로ᄒᆞᄂᆞᆫ)라ᄒᆞᆯ

젼된孔子와밋그後弟子들은全혀無宗敎者오無神論者(宇宙에大主宰가 압다하난論者)란論評을免치못할지나그러나레ᄭᅳ氏가明證ᄒᆞᆷ과如히支那의國語와밋文字로由ᄒᆞ야無神論者가아님을知得ᄒᆞ노라、(此下의印度의DYANS希臘의ZENS羅馬의JNPITEN語源同一論一節省略)

博士레ᄭᅳ氏가言ᄒᆞᆷ과如히支那人이天이라云ᄒᆞᆷ을天空과日과의記號오兼ᄒᆞ야神의名稱이라　支那學者가(一)이란字와(大)란字로써(天)이란字을構成ᄒᆞ니그럼으로天은原來부터(唯一이오最大ᄒᆞᆫ것)이란意義러라　그러나이天이라고ᄒᆞᆷ은年代的으로말고心理的으로말ᄒᆞ면神이란義로通用ᄒᆞ기ᄂᆞᆫ伊後의事ㅣ니라　支那의文字ᄂᆞᆫ距今五千年以前곳西曆紀元前三四千年間에造出ᄒᆞᆫ것이니萬若黃帝로創造者라ᄒᆞ면黃帝卽位의年은西曆紀元前二千六百九十七年이오伏羲로써創造者라ᄒᆞ면그卽位의年은全三千六百九十七年이라是等이다太古鴻荒의事인즉毋論分明치못ᄒᆞ거나그러나吾人의疑問은此等文字創造者以前에唯一의最大神이人民의信奉ᄒᆞᆫ바ㅣ되여서天이란字가이믜VENO(眞實)로보담도오히려BEN TNO VATO(發見된것)으로天은唯一이오最大ᄒᆞᆷ을表示ᄒᆞᆷ이아닌지라　그러나孔夫子ᄭᅴ서天、帝、上帝等을同義로用ᄒᆞ셧슨즉이믜伊時天字의義ᄂᆞᆫ分明히吾人의眼으로仰觀ᄒᆞ난碧空이아니라太空의背後에存在ᄒᆞᆫ바見知ᄒᆞᆯ슈업ᄂᆞᆫ動因이된지라、그러코太空이란義로用ᄒᆞᄂᆞᆫ天과神이란義로用ᄒᆞᄂᆞᆫ天과의相差ᄂᆞᆫ맛치印度에서言ᄒᆞᄂᆞᆫ바

太空을表ᄒᆞ는DYAUO 와神을表ᄒᆞ는DYAUS와의相差와如히大ᄒᆞ며、또支那에서던지印度에서던지神이란것의原來思想은厥初에는吾人의眼子에映ᄒᆞ는바곳見得ᄒᆞ난天으로서發達ᄒᆞ야온것이러라

(以下次號)

(NS生譯)

女學生諸氏여

新民子

여보 우리나라四千年婦人社會의歷史를보시오閨門으로獄署를作ᄒᆞ고 掩耳蔽目ᄒᆞ며 窮屈抑塞으로 一生을啼送ᄒᆞ든婦人歷史가아닌가

今日二十世紀文明風潮가 新舞臺를成ᄒᆞ야 男女의同等自由를主唱ᄒᆞᆷ으로婦女同胞諸氏가 社會에躍出ᄒᆞ야 維新ᄒᆞᆫ面目을一擧ᄒᆞ니 果然諸氏의四千年來一初의歷史가發見ᄒᆞ얏도다

그러나 幽閒貞靜의本能을善守ᄒᆞ며 寬裕優尙의節目을確持ᄒᆞ야 正大ᄒᆞᆫ行動을못ᄒᆞ게되면 또ᄒᆞᆫ諸氏가自手로婦女社會를撲滅ᄒᆞᆷ이니今日諸氏의謹愼ᄒᆞᆯ바ㅣ何如ᄒᆞᆫ地에 在ᄒᆞᆫ가

就中女學生諸氏는 더욱重大ᄒᆞᆫ責任이有ᄒᆞᆫ지라 社會의活劇을 見ᄒᆞ면 心志가蕩逸ᄒᆞ는者도 諸氏가戒責ᄒᆞᆯ지오 人情의隱微를接ᄒᆞ면 身體가腐解ᄒᆞ는者도諸氏가警喩ᄒᆞᆯ지라 爲先自己의一動一靜을嚴重히ᄒᆞ고 一般婦女界의模範的이되야 婦女歷史의最首席을 占領ᄒᆞᆯ者ㅣ諸氏ㅣ아닌가

諸氏諸氏여 今日諸氏의意氣가活發ᄒᆞ고肉體가健全ᄒᆞ야 街上에셔行行ᄒᆞᆷ을見ᄒᆞᆫ즉 疾走掃臂ᄒᆞᄂᆞᆫ外觀이 爽快無比ᄒᆞᆫ지라 그러나 外觀만是尙ᄒᆞ고 內容이不實ᄒᆞ면 諸氏의可愧ᄒᆞᆫ事가아닌가頭髮을半洋製로 쪽지고 쌤쥐雨傘에洋鞋子로 흔들거리고 뎅이면 女學徒ㅣㄴ줄아시오 貞淑ᄒᆞᆫ德行을 잘닥ᄭᆞ시고優美ᄒᆞᆫ學術을 잘硏究ᄒᆞ야 衣服의奢侈로冶容을切勿ᄒᆞ며 肢體의軟弱으로 偸安을切勿ᄒᆞᆯ지어다 今日社會의良妻될者ㅣ諸氏며 家庭의賢母될者ㅣ諸氏라 綦縞의儉德으로梁鴻의門에入ᄒᆞᆯ者도 諸氏며三遷의敎로孟子의聖을 遂成ᄒᆞᆯ者도諸氏아닌가今日諸氏가 此責任을實地로擔負치안코 虛僞에自陷ᄒᆞ면 國家將來의興亡關係도 有ᄒᆞᆯ뿐外라 諸氏의身分을閉錮케ᄒᆞᆯ公議가必起ᄒᆞ리니 萬若如此ᄒᆞᆫ境遇를 當ᄒᆞ면 來頭悲慘ᄒᆞᆫ生活이過去生活보다 더옥至毒ᄒᆞᆯ지니 諸氏ᄂᆞᆫ三思ᄒᆞᆯ지어다

本執筆人이諸氏의全体를對ᄒᆞ야批論ᄒᆞᆷ은아니나 近日에傳聞ᄒᆞᆫ바ㅣ를據ᄒᆞᆯ지라도 一女學生이 何許官人과 潛行ᄒᆞ야塔洞僧房에 出遊ᄒᆞ얏다ᄒᆞ니 彼此兩間에如何ᄒᆞᆫ情契와如何ᄒᆞᆫ親屬의關係가有ᄒᆞᆫ지不知ᄒᆞ거니와 女學生의身分이되야旅行運動을作ᄒᆞᆯ지라도 同學生徒와可히作伴ᄒᆞᆯ지어ᄂᆞᆯ 官人의私後를 追逐ᄒᆞ야 花雨世界를 醉耽ᄒᆞ니 設或純潔을堅持ᄒᆞ고 貞操가高尙ᄒᆞ다라도 外面으로 倏看ᄒᆞ면 體貌를損失ᄒᆞᆷ이不無ᄒᆞᆫ

지라 本執筆人이 此를聞ᄒᆞ고 諸氏를 對ᄒᆞ야 含默無言을 不忍ᄒᆞᆯ者라 同情의敬愛가特深ᄒᆞᆷ으로如此히吸吸ᄒᆞ는바며 또는 諸氏의部分中에 一二不完美ᄒᆞᆫ者의行動이 有ᄒᆞᆷ을因ᄒᆞ야 諸氏의全体名譽가損傷됨을深惜ᄒᆞ야但其當者의耳邊에警鍾을打送코자ᄒᆞᆷ이로다

聞童謠

春夢子

舊調 량반 량반 두량반 ᄆᆡ파라 셕량반

聞者ㅣ曰이곡조는、우리나라、이왕량반들이、일홈은、량반이라고、자처ᄒᆞ나、힝위는、ᄆᆡ빅정이마도、못ᄒᆞᆫᄭᆞ둙에、 일어ᄒᆞᆫ동요를、들을만ᄒᆞ지오、 아마、즉금은、량반이라는작자들이、좀회ᄀᆡᄒᆞ랴고ᄒᆞ지오、 그러면、이곡조도、좀ᄀᆡ량ᄒᆞ는것이、좃소、

新調 량반 량반 저량반 문명ᄒᆞᆫ사 참량반 갓단곡조라도、량반들에가게가、ᄃᆡ단히잇소

舊調 돌ᄯᅡ라가세 별ᄯᅡ라가세 서장국으로 명길너가세

聞者ㅣ曰명길너가랴면、돌ᄯᅡ라가고、별ᄯᅡ라가는ᄃᆡ、무슴관게、잇나、오를랄은、(성준경정)ᄒᆞ는시ᄃᆡ지오、 글언솔이ᄒᆞ고는、명이길기는、고사ᄒᆞ고、 명이제명이못되깃소、ᄂᆡ솔이、한마ᄃᆡ들어보오、

新調 낫도가고、밤도가세、문명궤도로 명길너가세

이것이、참명길방법이오

舊調 아가 아가 우지마라 너우는소리

舊調

일촌간장 다 탄다

聞者ㅣ曰이것은、어미죽은아히나、아비죽은아히、울음소리여、이것치、속상ᄒᆞᄂᆞᆫ모양이오그러면、날아업고、집업ᄂᆞᆫ、아히우ᄂᆞᆫ소리를、뉘가불상히녀일사룸잇나、참일촌간장달일이、이로세

이곡조ᄂᆞᆫ 기량치안여도 그가운ᄃᆡ열어가지의미가포함ᄒᆞ엿소

舊調

뒤동산에 할미쏫은 늙으나 절므나곱으러젓네 련당압헤 진달ᄂᆡ쏫은봄철이간다고 슬허마라

聞者ㅣ曰이곡조ᄂᆞᆫ、ᄃᆡ단히자미잇소우리同胞들은、저할미쏫처럼、늙으나、절므나、곱으러지지말고、진달ᄂᆡ쏫처럼봄철가ᄂᆞᆫ것을、악겨、사업상에、 진보ᄒᆞ여봅시다

舊調

형님、형님、사촌형님、 시집사리 엇더턴가 고쵸당쵸 밉다ᄒᆞ니 시집사리웨 더 미울가

형님형님 사촌형님 시집사리 밉다ᄒᆞ니 고쵸보다 엇더턴가

동싱동싱 사촌동싱 고쵸당쵸 밉다지만 시집보다 더밉깃나 당홍치마열두폭이 거적문안에서 다록안네

聞者ㅣ曰이곡조를、들음의、비상ᄒᆞᆫ감격이、나오、ᄃᆡ져녀자가、되여서ᄂᆞᆫ、시집사리를、직분으로、알ᄲᅮᆫ외라、 또ᄒᆞᆫ실가의원만ᄒᆞᆫ화락으로、지닐것인ᄃᆡ、고쵸당쵸보다、 더밉다고ᄒᆞ니 규문지ᄂᆡ에무슴화기가、잇스리오

이것은다름아니라、녀자의교육이、서지못ᄒᆞ여、부쳐간의화락을、아지못ᄒᆞ며、

또는혼인을、부모의전제로만、한사람에、이러ᄒᆞᆫ폐단이、종종ᄒᆞ니 가정의부모、되는이들은、되단히주의ᄒᆞᆯ것이、아닌가

銕工組合所趣旨書

蓋今日은生存競爭의世界라利用厚生의道를前日의比로勉勵ᄒᆞᆯ지라도事業의競爭이日月增進홈을因ᄒᆞ야生存을保有키難ᄒᆞ거든況我國은利用厚生의道를口頭로止誦ᄒᆞ고實際로履行ᄒᆞᆫ者全無ᄒᆞᆫ지라所以로人民生活上의日用되는銕物에對ᄒᆞ야爲先延展變化의性質을不知홈으로凡百器械가頑鈍素樸ᄒᆞ야其作用이便利치못ᄒᆞ나彼外人은特別히銕工學이有ᄒᆞ야其延性展性의如何를講究無餘ᄒᆞ야銕器를鑄造홈으로其光澤이奇麗ᄒᆞ며其重量이輕便ᄒᆞ며其釔刃이利捷ᄒᆞ며其價值가低廉ᄒᆞᆫ지라如此ᄒᆞᆫ利器가輸入됨의本有ᄒᆞᆫ頑器가無用에自歸ᄒᆞ고有限ᄒᆞᆫ金融이局外流出ᄒᆞ야生活의困難繼至홈은目下의事實이아닌가諸氏가各其自家의日用ᄒᆞ는器類를試觀ᄒᆞ라木石의諸具는姑此勿論ᄒᆞ고銕器에至ᄒᆞ야는雖自國産物을酷愛ᄒᆞ는同胞라도運用의輕捷을因ᄒᆞ야永辭키難ᄒᆞ리니其知識이此에不及ᄒᆞ는諸氏는或全數貿用ᄒᆞ기라도倫來의理니國民生活前途에念及홈이仰屋長吁ᄒᆞᆯ바로다所以로本人等이銕工組合所를發起ᄒᆞ고股金을募集ᄒᆞ야同胞의銕器上利用을供코자ᄒᆞ며國內靑年中慧眼巧手가具有ᄒᆞᆫ者를募集ᄒᆞ야或實習을應ᄒᆞ며或銕工學을講磨ᄒᆞ야將來人民의生活을保持ᄒᆞ며國家의富强을計

圖ᄒᆞ기로目的ᄒᆞ고趣旨ᄅᆞᆯ玆에仰佈ᄒᆞ오니凡我有志同胞ᄂᆞᆫ齊聲協贊ᄒᆞ심을千萬切望

隆熙三年八月三十日平北寧邊郡

發起人明以恒

柞蠶組合所趣旨書

盖柞櫟은我國의最盛ᄒᆞᆫ林木이오養蠶은我國의固有ᄒᆞᆫ營業이라如此히最盛ᄒᆞᆫ林木과固有ᄒᆞᆫ營業으로趂早히柞蠶飼育의方法을覺知ᄒᆞ얏드면民産의發展과國富의增殖에對ᄒᆞ야多大ᄒᆞᆫ影響이有ᄒᆞ얏슬지로다第此柞蠶營業이淸國山東地方에셔始現ᄒᆞ야蠶絲産出이年增歲加ᄒᆞᆷ으로挽近歐米各國輸出品의第一位ᄅᆞᆯ占得ᄒᆞᆫ지라況我國은地質과氣候가淸國地方보다尤爲佳良ᄒᆞᆯ뿐더러三千里區域內滿山遍野가無非天産的柞櫟世界니苟使我一般同胞로奮然着手ᄒᆞ면多大ᄒᆞᆫ資本을不要ᄒᆞ고贍富ᄒᆞᆫ利益을是圖ᄒᆞᆯ지니諸氏ᄂᆞᆫ皇城典洞柞蠶會社의實驗을試觀ᄒᆞ라今年淸州驪州等地方의收繭ᄒᆞᆫ利가十倍以上에達ᄒᆞ얏고且日本人이我國內柞蠶營業地ᄅᆞᆯ調査ᄒᆞ야曰逐年二億萬圓의財産을增殖ᄒᆞ리라ᄒᆞ니如此ᄒᆞᆫ實驗과如ᄒᆞᆫ富源을知得ᄒᆞ고奮發猷爲치아니면生活의困難을免ᄒᆞᆯ時日이豈有ᄒᆞ리오若今年明年을推過ᄒᆞ면傍觀者의着手ᄅᆞᆯ難免ᄒᆞᆯ지며且事業을擴張ᄒᆞ야全國에普及케ᄒᆞ랴면一二個人의能力으로ᄂᆞᆫ到底不能ᄒᆞᆯ者라所以로本人等이柞蚕組合所ᄅᆞᆯ發起ᄒᆞ고股金을收合ᄒᆞ야明春으로國內各地에一齊始業케ᄒᆞ기로目的ᄒᆞ고趣旨ᄅᆞᆯ玆에仰佈ᄒᆞ오니凡我有志同胞ᄂᆞᆫ亟賜同意ᄒᆞ심을千萬切望

隆熙三年八月二十六日
柞蚕組合所發起人等

談 叢

甲乙問答　　耳長子

終南山이嵯峨ᄒᆞᆫᄃᆡ松風은瑟瑟ᄒᆞ고秋月은溶溶ᄒᆞᆫ지라于時에耳長子ㅣ가愀然ᄒᆞᆫ懷抱를難裁ᄒᆞ야短杖洋鞋로街頭에서逍遙ᄒᆞ는ᄃᆡ越便蒼林속에何許ᄒᆞᆫ二個人이오면가면서酬酢ᄒᆞ는소리에 耳朶가忽驚ᄒᆞ야 자서히注視ᄒᆞ니 달싹거리는나무신과 팔낭거리는 널분소ᄆᆡ 貌樣이 저건너사롬이데

張皇ᄒᆞᆫ酬酌을 다 記憶ᄒᆞᆯ수 업스나 大槪 우리케切當ᄒᆞ고反求ᄒᆞᆯ만ᄒᆞᆫ말 멧마듸를 略記ᄒᆞ야 一般同胞로 더부러 共聞코저ᄒᆞ노라

(甲)韓國사롬이 古來로 生活營業을 무엇히먹고살안나뇨

(乙)허허아무말도말게 韓國사롬에게도 生活營業이라는것이 잇나遊衣遊食은 古來의習慣이오 農工商實業은賤視ᄒᆞ는날아이니 生活上營業은 몰으는날아이라ᄒᆞ여도過言이아니지오

(甲)그러면 遊衣遊食ᄒᆞ는者도 金錢싱길道理가잇기여 살앗지오

(乙)韓國兩班이란사롬들 生活은 殘民의財產을 强賊질ᄒᆞ여먹고살드니 今日은法律ᄃᆡ문에 그것도못ᄒᆞ고 별로 生活ᄒᆞ는지만은가보데

(甲)별로生活ᄒᆞ면 엇드키生活ᄒᆞ나 아모러키 生活ᄒᆞ다라도 굴머죽지아니

면 當幸이지
(乙)所謂兩班이란者들이 知識이 그러
ᄒᆞᆫ가 먹을것업다고 집文書 家藏汁
物 다典當잡혀오면 一時범의차반으
로 즌당치들먹고 주제넘게錦繡綾羅
몸에감고 축쳑거리다가 다시더잡
힐物件 업스니 즈금은 아마 절문
别室 둔兩班들은 秘密賣淫ᄭᆞ지 식
히나보데
(甲)兩班들은 ᄯᅳ치아니면 별악맛깃다
저살生活도 못ᄒᆞᄂᆞᆫ자덜 世上에살아
서ᄂᆞᆫ무엇ᄒᆞ나 그러면全國이 죄글언
가
(乙)죄글얼이가 잇나 第一亡ᄒᆞᆫ자들은
京城內人들이니 兩班常놈 勿論ᄒᆞ고
生活ᄒᆞᆯ줄 全혀 몰으고 잡혀먹을야
기 볼일못보다가 來終에ᄂᆞᆫ 엇더케
ᄒᆞ라ᄂᆞᆫ지
(甲)이식의 즌고ᄅᆡ財產家들이 典當文
書를 裝置ᄒᆞᆯ곳이 업다드니 그런典
當文書들인가
(乙)明年ᄭᆞ지만 典當잡으면 京城內에
ᄂᆞᆫ家屋이니 家藏汁物이니 짓들것업
스리 죄우리것이로세
(甲)허허좃키ᄂᆞᆫ 조흐나 慘酷ᄒᆞᆫ일이로
세 저망ᄒᆞᆯ일 저ᄒᆞᄂᆞᆫ것 뉘가불상타
깃나 사요나라
耳長子가此說을聞ᄒᆞ고骨寒膽戰ᄒᆞ야
寢食을渾忘ᄒᆞ얏도다 大抵全國內生
活이 目下岌業ᄒᆞᆷ은 加議ᄒᆞᆫ바ㅣ
無ᄒᆞ나 況京城內同胞諸氏야亦有耳
有目ᄒᆞᆯ지라 貧家生活이節儉ᄒᆞᄂᆞᆫ것

이 最上策이거ᄂᆞᆯ 朝夕을難繼ᄒᆞ면서도 奢侈ᄂᆞᆫ 如前코자ᄒᆞ니 諸氏의今日生活程度가 能히如前保持ᄒᆞᆯ수 잇ᄂᆞᆫ가 如此ᄒᆞᆷ으로 傍觀者의批評이耳不忍聞ᄒᆞᆯ境遇ᄭᆞ지 至ᄒᆞ니 此를推究ᄒᆞ면 一言도過當ᄒᆞᆫ것이 업ᄂᆞᆫ지라實事가必有ᄒᆞᆫ것이오 ᄯᅩᄂᆞᆫ將來所遭가彼의預言을難免ᄒᆞᆯ지니 大醒奮起ᄒᆞᆯ지어다

龍岡郡多美面學務會에對ᄒᆞ야羅錫璂氏가贊成ᄒᆞᆫ全文이如左ᄒᆞ니

大凡宇宙間萬物이芸芸職職ᄒᆞ며林林葱葱ᄒᆞ야各其發生ᄒᆞᄂᆞᆫ機能이有ᄒᆞ며團聚ᄒᆞᄂᆞᆫ性質이有ᄒᆞᆫ지라而況人類ᄂᆞᆫ萬物中最靈ᄒᆞᆫ部位를占據ᄒᆞ야鳥獸虫魚와相羣치못ᄒᆞ고人與人駢處ᄒᆞᄂᆞᆫ間에固有ᄒᆞᆫ仁義禮智의性情으로愛敬이特深ᄒᆞ고孚合이愈摯ᄒᆞᆫ지라故로家族과社會와國家의境界大小ᄂᆞᆫ不同ᄒᆞ나人類團合而成은一也라雖然이나人이生活ᄒᆞᄂᆞᆫ期間에欲望이不無ᄒᆞᆫ故로戕性喪德이比比有之ᄒᆞ야同胞를仇視ᄒᆞ며甚至同門操戈ᄒᆞ야身家를敗亡ᄒᆞ며國家를傾覆ᄒᆞᄂᆞ니歷史上으로試觀컨ᄃᆡ周武ᄂᆞᆫ亂臣十人의同心同德으로興ᄒᆞ고殷紂ᄂᆞᆫ億兆夷人의離心離德으로亡ᄒᆞ며近來西國에도葡萄牙丁抹은地不過數千方哩ᄒᆞ며民不過數百萬口로ᄃᆡ亦自屹然獨立ᄒᆞ야並駕列强ᄒᆞ고印度ᄂᆞᆫ二億二千萬人衆과一百五十萬方哩로도虎狼의口에呑噬를未免ᄒᆞᆷ은其人心團合與否에所致가안인가況又今日은東西洋文物風潮가大闢ᄒᆞ야黃白黑銅色의人類가其民族保護主義로弱肉强食ᄒᆞ며物競天擇을

一公例라稱ᄒᆞᄂᆞᆫ지라我邦人은從來로家族的觀念이多ᄒᆞ고國家的觀念이少ᄒᆞᆫ故로各自分門立黨ᄒᆞ야秦越의瘠視와蠻蜀의角抵로隱然ᄒᆞᆫ一戰爭局을作ᄒᆞ야今日無前의悲慘을媒孽ᄒᆞ엿ᄉᆞ니嗚乎痛矣라肆我　大皇帝陛下ᄭᅦ옵셔聖詔를渙發ᄒᆞᄉᆞ國民의平等權으로團合을主倡ᄒᆞ시며學校를繼興ᄒᆞᄉᆞ人材를作成케ᄒᆞ시고各省有志紳士도懇逼ᄒᆞᆫ言論으로人心을鼓動ᄒᆞ야各社會를組成ᄒᆞ니社會의性質은家族觀念을擴張ᄒᆞ야國家觀念을提醒코져홈이라就中學會ᄂᆞᆫ敎育機關으로萬事萬理를總括之ᄒᆞ며硏磨之ᄒᆞ며會通之ᄒᆞ며發揮之ᄒᆞ야萬古를貫徹ᄒᆞ고萬衆을指導ᄒᆞᄂᆞᆫ地라所以로我西北學會가倡起ᄒᆞ고畿湖와嶠南과湖南과關東의學會도繼踵蔚興ᄒᆞ니我韓文明의發達은指日可望이어니와凡事가積小而成大ᄒᆞ고自近而及遠ᄒᆞᄂᆞ니所以로學會에도本支의區別이有ᄒᆞᆫ지라然ᄒᆞ야國有國會ᄒᆞ고道有道會ᄒᆞ고郡有郡會ᄒᆞ고面有面會ᄒᆞᄂᆞ니此ᄂᆞᆫ多美面學會가設立ᄒᆞᆫ目的이라譬컨ᄃᆡ人의臟腑筋肉과皮骨爪髮이聯絡組合ᄒᆞ야一完人을成ᄒᆞ나다만腦髓神經의貫注가無ᄒᆞ면活動調節이痲痺ᄒᆞ고精神智識이狂亂ᄒᆞᆯ지라然則吾面의形式上學會ᄂᆞᆫ旣立ᄒᆞ얏거니와精神上學會가完備ᄒᆞᆫ지鯫生도此面의一髮分子로僉位同胞를愛敬ᄒᆞᄂᆞᆫ情이肫摯ᄒᆞᆫ故로僭妄을不揆ᄒᆞ고一言으로奉勸ᄒᆞ노니僉位同胞ᄂᆞᆫ形式上學會만設立지말고精神上學會를完備ᄒᆞ야衷心으로團合을是事ᄒᆞ고誠力으로敎育을益展ᄒᆞ야吾面學界의文明光線이我韓全球에普照ᄒᆞ기를千萬虔祝ᄒᆞᄂᆞ이

다

講苑

東洋의道學源流

謙谷朴殷植

道學者ᄂᆞᆫ天人合一의道라世間各種學問이皆人事上과物質上에就ᄒᆞ야其理를研究ᄒᆞ고其用을發達ᄒᆞᄂᆞᆫ바어니와道學은人爲와形質에不止ᄒᆞ고元元本本의工夫로知性知天ᄒᆞ며萬學의頭腦를立ᄒᆞᄂᆞᆫ바라是故로人生斯世ᄒᆞ야道學의本領이無ᄒᆞ면비록科學上精深ᄒᆞᆫ工夫가有ᄒᆞᆯ지라도終是俗學科窠臼中生活을不免ᄒᆞᆯ지니엇지虛渡一生의歎이無ᄒᆞ리요ᄯᅩᄒᆞᆫ個人의資格이不完全ᄒᆞᆯᄲᅮᆫ안이라一般社會에就ᄒᆞ야道學이不明ᄒᆞ면凡厥橫目二足의徒가惟是功利를競逐ᄒᆞ고詐力을使用ᄒᆞ야人道를蔑棄ᄒᆞ고天理를背逆ᄒᆞᄂᆞᆫ境遇이면一家之內父子兄弟間에도視若仇讎者ㅣ有ᄒᆞᆯ지니天下의亂이何所止泊乎아是故로道學은不可一日不明於天下者니豈可曰迂緩而忽之리오余ᄂᆞᆫ號謂儒徒者라特別히東洋의道學源流를擧ᄒᆞ야妄論을發表ᄒᆞ노니極知僭踰ᄒᆞ야無所逃罪나區區忱誠은實有不得已者ㅣ存焉ᄒᆞ니社會僉彦은其亦諒只어다夫我東洋의道學發明이最古ᄒᆞᆫ지라粤昔聖人이首出庶物ᄒᆞ샤天을則ᄒᆞ야敎를立ᄒᆞ시니其德은天을配ᄒᆞ시고其政은天을代ᄒᆞ심이라伏羲氏ᄂᆞᆫ河圖를受ᄒᆞ사八卦를畫ᄒᆞ시니是ᄂᆞᆫ聖人이皇天의啓示ᄒᆞ심을蒙ᄒᆞ야萬代人文의始祖되신바라文王과周公과孔子ᄭᅴ셔皆此를贊述ᄒᆞ옵시고夏禹氏ᄂᆞᆫ洛書를受ᄒᆞ야九疇를叙ᄒᆞ시니箕子ᄭᅴ옵서其學을得ᄒᆞ야周武王ᄭᅴ傳ᄒᆞ시

고孔子春秋를作ᄒᆞ시ᄂᆞᆫ日에天書가降ᄒᆞ고麒麟이至ᄒᆞ엿스니天人感應의機가不其著乎아其他聖賢의千言萬語가皆天道를原ᄒᆞ야教를立ᄒᆞ시니書에曰惟皇上帝ㅣ降衷于下民이라ᄒᆞ며詩에曰上帝臨汝ᄒᆞ시니無貳爾心이라ᄒᆞ며論語에曰天命之謂性이라ᄒᆞ며孟子ㅣ曰知其性則知天이라ᄒᆞ며董子ㅣ曰道之大原이出於天이라ᄒᆞᆷ이是라後世에至ᄒᆞ며王道가熄ᄒᆞ고覇術이盛ᄒᆞ야人爲의詐力으로功利를競爭ᄒᆞ니天人合一의道가遂히不明不行ᄒᆞ엿도다趙宋時代에至ᄒᆞ야周張程朱諸賢이出ᄒᆞ야太極의理를說ᄒᆞ야其蘊을發揮ᄒᆞ고主靜居敬窮理의工夫로實踐을삼으시니於是에道學의宗旨가大明於世ᄒᆞ얏고嗣後三百有餘年을歷ᄒᆞ야王陽明子出ᄒᆞ야致良知의說을主倡ᄒᆞ야知行合一의工夫로實踐을삼앗으니此ᄂᆞᆫ吾東洋道學界에서天人合一의道를先後發明ᄒᆞᆫ源流라

(未完)

通信一束

三和港紳士林祐敦氏等十五人이本會建築費不足金義捐에對ᄒᆞᆫ趣旨書와義捐氏名과金額如左ᄒᆞᆷ

嗟我西北同胞諸氏여五百年屈沉ᄒᆞ엿든歷史를回想ᄒᆞ라牛馬도아니오木石도아니오同一ᄒᆞᆫ人類로서何故를因ᄒᆞ야同族의虐待를甘受ᄒᆞ얏ᄂᆞᆫ가此ᄂᆞᆫ無他라人形이雖有ᄒᆞ나人格이卑劣ᄒᆞ며人性이雖有ᄒᆞ나人文이未備ᄒᆞ야駸駸然此의陷ᄒᆞᆫ者아닌가今日에至ᄒᆞ야我西北先進諸氏가此를奮發ᄒᆞ야國都中央에學會를設立ᄒᆞ고一般同胞의知識

을交換ᄒᆞ며青年子弟의學術을培養ᄒᆞ기爲ᄒᆞ야爲先會舘과學校를三層華屋으로廣濶히建築ᄒᆞ얏스니我西北一般人士의依歸ᄒᆞᆯ所가始生ᄒᆞ얏도다然ᄒᆞᆫ즉我西北同胞의此舘을視ᄒᆞᆷ이各其自己의家屋과如ᄒᆞᆯ지라此家가毁損ᄒᆞ면我가依ᄒᆞᆯ處가無ᄒᆞᆯ지오此家가完全ᄒᆞ면我가歸ᄒᆞᆯ處가有ᄒᆞᆯ지니諸氏가此舘의盛衰命運에對ᄒᆞ야深功ᄒᆞᆫ觀念이何如ᄒᆞᆯ가本人等이日前에因事上京ᄒᆞ엿다가西北學會內容을詳聞ᄒᆞᆫ즉其維持의基礎가他無一缺이나但建築費五千圜을尙히淸帳치못ᄒᆞᆷ으로主務諸氏의浩歎이屋을仰ᄒᆞ고天을噓ᄒᆞ니읏지我西北同胞된者가此를惜然히聞ᄒᆞᆯ者인가現今我會員을計ᄒᆞᆯ지라도二千六百餘名以上에達ᄒᆞ얏고且一步을更進ᄒᆞ야思ᄒᆞ면我西北同胞야會員非會員이豈有ᄒᆞ리오然ᄒᆞᆫ즉我西北同胞의總員額이大略三百万名以上에達ᄒᆞᆯ지니읏지三百萬人口의多로써五千圜淸償의力이絶無ᄒᆞ리오所以로本人等이爲先本港有志諸氏로더브러經議ᄒᆞ여各自히隨力義捐ᄒᆞᆫ金額이五百十四圜에達ᄒᆞᆫ지라大抵一勺의水가實效를奏ᄒᆞ기難ᄒᆞ옵기合塵成山의力을希望ᄒᆞ야玆에仰佈ᄒᆞ오니凡我同胞諸氏는千万注意ᄒᆞ심을切望

特賀義捐

三和港商業會議所金百圓
李承祚氏金五拾圓
林祐敦氏金參十圓
李孝健氏金參十圓
元容德氏金參拾圓
金柄珣氏金參拾圓
李容璉氏金參十圓
朴萬化氏金貳拾圓
金永權氏金二十圓
金正民氏金貳拾圓
宋南一氏金拾圓
金應石氏金拾圓
吳鑽泳氏金拾圓
張世琳氏金拾圓

崔大峻氏金五圓
張世郁氏金五圓
鄭應基氏金五圓
崔秉嫌氏金五圓
李希燮氏金五圓
金炳淵氏金五圓
崔秉勳氏金五圓
朴基英氏金參圓
金尙愚氏金貳圓
羅東玉氏金貳圓
魯起元氏金貳圓
朴秉琇氏金貳圓
田仁畯氏金貳圓

崔國鉉氏金拾圓
金能權氏金拾圓
裵亨湜氏金貳圓
李圭鉉氏金貳圓
金貞鉉氏金壹圓
金養坤氏金壹圓
金仁煥氏金壹圓
韓致璣氏金壹圓

一光學徒金貳拾五圓二十三錢五里（學生捐義）
三崇學校金十圓九十錢（學生捐義）
五星學校金六圓九十錢（學生捐義）

本執筆人이三和港紳士諸氏義捐趣旨書와及金額人員氏名簿를讀見홈이油然의興感을不勝ᄒ리로다大抵本會舘의剏立은我西北同胞諸氏의義血이凝集된者라然ᄒ나但事力이不逮ᄒ야始終莫保의歎이坐談偶語에發ᄒ더니何幸天來福音과

如ᄒᆞᆫ此趣旨書ᄅᆞᆯ奉接ᄒᆞ얏도다盖此三和港은一小街也로ᄃᆡ一朝醵集ᄒᆞᆫ金額이此에達ᄒᆞ얏ᄉᆞᆫ즉若我西北一般同胞가一體如此히出義ᄒᆞ면ᄋᆞᆺ지債帳만妥淸ᄒᆞᆯ뿐이리오卽基本이積立ᄒᆞ야將來同胞에對ᄒᆞᆫ好個事業이繼至ᄒᆞᆯ지로다

本會舘內에農林講習所를設立ᄒᆞ고各支會支校에公函ᄒᆞᆫ全文이如左ᄒᆞ니

敬啓者國家의文明蒸進이敎育에亶在ᄒᆞᆷ은一般國民의今日例言이된지라然ᄒᆞ나敎育의當務를但知ᄒᆞ고何者ㅣ急先됨을不知ᄒᆞ면此는農家가先耕後耘의次序를失ᄒᆞ야雖勞力이百倍ᄒᆞᆯ지라도有秋의期望이無有ᄒᆞᆷ과如ᄒᆞᆯ지로다大槪現世列强의文明ᄒᆞᆫ原因을槪考ᄒᆞ면或은法律이爲先發達ᄒᆞ면或은武力이爲先伸張ᄒᆞᆫ所以나各其國家의所遭ᄒᆞᆫ境遇가不同ᄒᆞᆫ지라今日我國으로觀ᄒᆞ면敎育初程에萬不一完이라何者가急務ㅣ아니리오마는現頭國勢의最是岌嶪ᄒᆞᆫ一大問題가曰生活上困難이是已로다我同胞諸氏가此에對ᄒᆞ야硏究를不要ᄒᆞ고口頭相傳으로曰敎育曰敎育이라ᄒᆞ면不出幾年에生命을難保ᄒᆞ리니奚暇에文明에進就ᄒᆞᆯ餘地가有ᄒᆞ리오然ᄒᆞᆫ즉今日敎育의急先務가實業에不得不歸重ᄒᆞᆯ지라且以實業으로言之라도我國의封鎖舊慣으로商工業에至ᄒᆞ야는發展ᄒᆞᆯ計圖가如干ᄒᆞᆫ短期에不在ᄒᆞᆫ즉必也今日一步明日一步를進就ᄒᆞ려니와農業에至ᄒᆞ야는四千年農産國으로一般人民의生活營業이天然的穀物一種을是賴ᄒᆞᆫ者인즉農家의經營이至勤且勞ᄒᆞ다可謂ᄒᆞᆯ지나但農利上收益이穀物에在ᄒᆞᆫ줄만知ᄒᆞ고農家의副業되는果樹栽培와家畜飼養과森林繁植의必要를昧然不知ᄒᆞᆷ으로山川이童濯ᄒᆞ고村落이蕭條ᄒᆞ야生活上困難이極頭에漸至ᄒᆞ니此는束手待縛ᄒᆞᆷ과同一ᄒᆞᆫ지라其誰를怨尤ᄒᆞ리오所以로本會가我人民營業上

에發達이容易ᄒᆞ고收益이神速ᄒᆞᆫ方針을爲先硏究ᄒᆞ야本舘內에農林講習所를發起ᄒᆞ고日本東京農科大學卒業生金鎭初元勛常金志侃三氏를講師로延聘ᄒᆞ야來九月十三日(陰七月二十七日)로開學日子를預定ᄒᆞ고卒業期ᄂᆞᆫ七個月速成으로爲限이온바敎授科目及試驗課程을玆에左開仰佈ᄒᆞ오니照亮ᄒᆞ신后自貴支會(校)로廣佈郡內ᄒᆞ시와合格ᄒᆞᆫ青年子弟를多數選送ᄒᆞ시와臨期入學케ᄒᆞ심을敬要

左開

敎授科目

果樹栽培學　森林學　土壤學

肥料學　家畜學　獸醫學

試驗科目

國漢文作文　算術

答許守謙氏函

敬啓者貴函槪意內本會報儒敎求新論中에從事於陽明學派云云之說이大不合意ᄒᆞ니退會狀을卽爲繕送ᄒᆞ라이온바此를査ᄒᆞᆫ즉　執事之高見이未知以如何工夫로爲儒敎之中心点이온지窃不勝訝惑이로다盖堯舜禹之執中과孔孟之仁義와程朱之性理와王陽明之良知說이其天人合一之道則一也어ᄂᆞᆯ今以陽明學之中流萬派之殊論으로輒欲排斥ᄒᆞ니窃非平日承望於執事者也라且雜誌論說은各種學家가咸以意見陳述ᄒᆞ야共作智識交換之機關者也요不獨抱持其宗敎性質者則此論彼論이只在具眼者之取舍而已이올지라若以執事로言之라도其學術也人格也ㅣ吾西北之所信望者則本會報之言

論이苟有謬誤處면申辨其理ᄒᆞ야使之歸正이具是先覺者之責任이거ᄂᆞᆯ不惟不如是라本會全部로더부러遠離相絕코자ᄒᆞ니執事獨善其身之計ᄂᆞᆫ縱云美矣나孔子博施濟衆之義가願又安在哉아本會之望於執事者尤係逈別이옵기玆庸肅覆ᄒᆞ오니更賜明教ᄒᆞ심을爲要

會事記要

隆熙三年八月十九日下午一時에臨時通常會를開ᄒᆞ고臨時會長玄昇奎氏陞席ᄒᆞ다

書記가點名ᄒᆞ미出席員六十三人이러라

書記가前會錄을報告ᄒᆞ미可受ᄒᆞ다

會計員이七月度會金收入額과用下明細書를報告ᄒᆞ미可納ᄒᆞ다

順川郡普光學校長金鏞氏의支校請願를公佈ᄒᆞ미崔在學氏特請ᄒᆞ기를該校가既爲學部承認則認許ᄒᆞᄌᆞᄒᆞ미異議가無ᄒᆞ다

江西郡日新學校長韓宅奎氏의支校請願을公佈ᄒᆞ미李達元氏特請ᄒᆞ기를該校가既爲學部承認인즉認許ᄒᆞᄌᆞᄒᆞ미異議가無ᄒᆞ다

延安郡延興學校主申宗均氏의支校請願을公佈ᄒᆞ미李達元氏動議ᄒᆞ기를該校가已承學部認許ᄒᆞ고將來의擴張을確認인즉認許ᄒᆞᄌᆞᄒᆞ미崔在學氏再請으로可決되다

副總務許憲氏辭免請願를公佈ᄒᆞ미金淮炳氏動議ᄒᆞ기를該氏의辯護事務關係가果如請願辭義인즉接受許免ᄒᆞᄌᆞᄒᆞ미崔在學氏再請으로可決되다

本會月報主筆朴殷植氏辭免請願書를公佈ᄒᆞ미崔在學氏動議ᄒᆞ기를該請願이寔出於會務發展인즉接受許免ᄒᆞᄌᆞᄒᆞ미金淮炳氏

再請으로可決되다
書記尹冕濟氏辭免請願書를公佈ᄒᆞᄆᆡ金洮炳氏特請ᄒᆞ기를該氏事勢가果如請願인즉接受許免ᄒᆞᄌᆞᄒᆞᄆᆡ異議가無ᄒᆞ다
總務李氏甲議案內開에本會館內에農林講習所를設立ᄒᆞ고一般人民의農林業을發達케ᄒᆞ야來頭生活上에進步케ᄒᆞ되講師ᄂᆞᆫ農科大學校卒業生金鎭初金志侃元勛常三氏가擔負ᄒᆞ기로議定인즉速히設立ᄒᆞᄌᆞᄒᆞᄆᆡ金義善氏動議ᄒᆞ기를今日急務가實業敎育인즉該案을採用ᄒᆞᄌᆞᄒᆞᄆᆡ辛錫忠氏再請으로可決되다
長淵郡支會長金基鼎氏의任員組織ᄒᆞᆫ事會票三十枚와月報十五部請求報明書를公佈可受ᄒᆞ다
利原郡支會長姜永璣氏의任員改選ᄒᆞᆫ報明書를公佈ᄒᆞ다
价川郡支會長李根秀氏의本年度五月末日까지收支表報明書를公佈ᄒᆞ다
崔在學氏特請ᄒᆞ기를本會報主筆事務가時急인즉當會에셔選定ᄒᆞᄌᆞᄒᆞᄆᆡ異議가無ᄒᆞ야主筆은金源極氏從多數被選ᄒᆞ다
金義善氏動議ᄒᆞ기를副總務許免ᄒᆞᆫ代에選定方法은單薦으로ᄒᆞᄌᆞᄒᆞᄆᆡ劉禮均氏再請으로可決되야金源極氏從多數被選ᄒᆞᄆᆡ一般會員이拍手相見禮를行ᄒᆞ다
評議員崔在學氏議案內開에各郡支會支校에指明ᄒᆞ야山經水誌와風土古蹟을搜報ᄒᆞ야地理學科上에參考를資料케ᄒᆞᄌᆞᄒᆞᄆᆡ金洮炳氏動議ᄒᆞ기를該議案을採用ᄒᆞᄌᆞᄒᆞᄆᆡ金在益氏再請으로可決되다
明川郡支會長盧慶祖氏의會金十圜과會票

代金十圓上送ᄒᆞᆫ報明書를公佈ᄒᆞ다
泰川郡支會長金尙運氏의任員組織ᄒᆞᆫ報明書를公佈ᄒᆞ다
寧邊郡支會長韓東禹氏의礦物票本三種上送ᄒᆞᆫ報明書와新入會員會金五圓과月報三十部請求報明書를公佈可受ᄒᆞ다
雲山郡支會長金炳杰氏의任員組織ᄒᆞᆫ報明書를公佈ᄒᆞ다
龜城郡支會長金秉祚氏의新入會員十八人會金十八圓上送ᄒᆞᆫ報明書를公佈可受ᄒᆞ다
開城郡支會長金瀅植氏가區域의關係로支會認許狀還送ᄒᆞᆫ公函을公佈可受ᄒᆞ다
定平郡支校長尹東協氏가本支校間關係의如何를詳細指明ᄒᆞ라ᄂᆞᆫ報明書公佈ᄒᆞ다
遂安郡支校光興學校長李義元氏가本年度五月末日ᄭᆞ지收支對照表와礦物標本上送ᄒᆞᆫ報明書를公佈ᄒᆞ다
高原郡支校長金容秀氏가本年收支表와第三學卒業成蹟表와礦物所産面里名을錄送ᄒᆞᆫ報明書를次第公佈ᄒᆞ다
崔在學氏持請ᄒᆞ기를學會令에依ᄒᆞ야各郡支會에請願書式을刷送ᄒᆞ야一齊히承認케ᄒᆞᄌᆞᄒᆞ미異議가無ᄒᆞ다
穩城郡普興學校長崔齊岡氏가設校承認後에敎科書를齊一ᄒᆞᆯ目的으로敎科書貿送ᄒᆞ라ᄂᆞᆫ報明書를公佈ᄒᆞ다
北靑郡維新學校長李泰英이改遞ᄒᆞ고李求泰氏로選定ᄒᆞᆫ報明書를公佈ᄒᆞ다
龜城郡支校大同學校長金光浚氏의該校第一學年試驗成蹟表와報明書를公佈ᄒᆞ다
順川郡仁昌學校長李基韞의該校第一二回高等尋常第二學年進級成蹟表와本年度收

支表와任員改選ᄒᆞᆫ報明書를次第公佈ᄒᆞ다

博川郡博明學校長柳淙柱氏가鑛物票本五種上送ᄒᆞᆫ公函을公佈ᄒᆞ다

江東郡支校就明學校長李斗範氏請願內開에本會句管本郡儒林契田與錢이空自消融於酒食之費ᄒᆞ니該財團을本校에寄附收用케ᄒᆞ라ᄒᆞ미崔在學氏動議ᄒᆞ기를該財團을該校에寄附ᄒᆞ되契田證明을本郡에서繕出ᄒᆞ야本會에서保管ᄒᆞ고該契金錢은信實人의게任置ᄒᆞᆫ擔保書를本會에서保管ᄒᆞ게ᄒᆞᄌᆞᄒᆞ미李達元氏再請으로可決되다

端川郡支會員崔秉軫氏等의聯署公函과該郡支會長金允恊氏等의電報을次第公佈ᄒᆞ미金義善氏動議ᄒᆞ기를該郡守가支會任員組織에捺章差出ᄒᆞᆫ事ᄂᆞᆫ會體의正當ᄒᆞᆫ公式을錯誤케ᄒᆞ엿스나支會長電報辭意를見ᄒᆞᆫ즉一切相反되니左論右議가本會發展ᄒᆞᆯ目的은同一ᄒᆞᆫ지라兩方의和平的으로荅函ᄒᆞᄌᆞᄒᆞ미李達元氏再請으로可決되다

白川郡李基永氏等의支會請願書를公佈ᄒᆞ미金淮炳氏動議ᄒᆞ기를該郡守本會員全鳳薰氏ᄂᆞᆫ人民의思想皷動과青年教育에殫竭誠力ᄒᆞᄂᆞᆫ바ᄂᆞᆫ一般會員이稔知ᄒᆞᄂᆞᆫ바이오또擔保書가有ᄒᆞ니除視察認許ᄒᆞᄌᆞᄒᆞ미李達元氏再請으로可決되다

延安郡學事視察委員申鉉弼第五回入會金四圜과月報를多數勸讀케ᄒᆞᆫ報明書를公佈ᄒᆞ다

明川郡學事視察委員崔寅極氏가會員募集과月報勸讀ᄒᆞᆫ報明書를公佈ᄒᆞ다

本會員車聖龍氏가新入會金二圜과本校義捐五朔條一圜上送ᄒᆞᆫ公函을公佈可受ᄒᆞ다

价川郡支會長李根洙氏의廣達振明兩校調査報明書를公佈ᄒᆞ다

甕津花山協成校長尹錫衡氏가該校를設立者로改正請願ᄒᆞᆫ報明書를公佈ᄒᆞ다

江西郡韓宅奎吳昌植兩氏의入會請願書를公佈可受ᄒᆞ다

平南成川順川兩郡水災被害事에對ᄒᆞ야救恤義捐發起趣旨書를公佈ᄒᆞᆷ의金明濬氏가同胞救恤의槪意를激功說明ᄒᆞᆫ후崔在學氏動議에金淵炳氏再請으로閉會ᄒᆞ다

會計員報告　第三十三號

十九圜八十八錢五里　會計員任置條

一百二十九圜二十一錢　月報代金收入條郵稅幷

二十圜　會票代金收入條

合計一百六十九圜○九錢五里

第三十三回新入會員入會金收納報告

申在倫 信川	李承祚 信川	邊錫周 延安
鄭在倫 延安	孔炳憲 延安	申宗均 延安
車元慶 宣川	申益壽 郭山	李益謙 平壤
金志梓 義州	李道敏 鐵山	金鼎治 寧邊
金秉集 寧邊	柳秉塤 寧邊	車子敬 寧邊
崔碧鶴 寧邊	李基永 白川	崔秉奎 白川
姜震馨 白川	趙景植 白川	金基宗 白川
朴炳玹 白川	劉容弼 白川	李承德 白川
趙鍾殷 白川	安鼎鎬 白川	宋炳玉 白川

張宜承 白川
崔鎭杰 白川
李承國 白川
姜淑永 白川
洪鐘運 白川
李誠均 白川
趙喆彙 白川
宋在晟 白川
李禎茂 順川
金奎泰 順川
李悌瓊 信川
李源瑛 定州
趙焜均 定州
金時漸 郭山
鄭性祿 義州
盧貞根 定州

崔燉七 白川
李承昌 白川
安承軒 白川
崔中誠 白川
尹元善 白川
宋洛基 白川
趙泰元 白川
金永權 三和
金俊寬 順川
黃翰周 平壤
卓應昊 定州
李鍾殷 定州
張順擧 義州
鄭昌鈺 郭山
崔昌元 定州
南鳳熙 延安

李用器 白川
沈宜璟 白川
徐光憲 白川
朴台緖 白川
李周鶴 白川
邊永國 白川
朴英鎭 白川
金鳳濬 順川
金瀅珏 順川
郭純一 甑山
趙達均 定州
李載善 定州
都寅權 載寧
白炳天 龍川
金善應 嘉山
林載南 載寧

朴尙奎 載寧
延秉祐 甲山
金炳烈 甲山
全亨鍾 甲山
劉昌烈 甲山
洪載箕 甲山
朴樂春 甲山
韓暻說 甲山
趙來賢 甲山
金鳳星 甲山
朴鳳周 甲山
趙學寶 義州
金廷俊 銕山
邊雲中 泰川
吉國柱 寧邊
全燦元 寧邊

崔錫勳 義州
趙洛淳 甲山
申泰周 甲山
尹台裕 甲山
鄭龍殷 甲山
韓鳳南 甲山
太炳翊 甲山
兪畊稙 甲山
鄭允朝 甲山
朴炳喆 甲山
朴庚濟 甲山
韓載昕 義州
金國俊 銕山
安鳳燦 泰川
韓命燮 寧邊
吳憲泳 寧邊

朴哲奎 甲山
鄭寅壽 甲山
朴庚禧 甲山
延書鎭 甲山
趙晶琉 甲山
姜峻求 甲山
朴仁琭 甲山
李仁載 甲山
金昌漢 甲山
金滿秋 甲山
金俊恒 甲山
金相葉 郭山
安鳳泰 泰川
邊善富 泰川
宣鎭奎 寧邊
崔利涉 寧邊

洪靈龍 平山 吳弼圭 延安 各一圓式

合計一百二十五圓

第三十三回月捐金收納報告

李益謙 一圓 自三年七月至四年四月十朔條

李昇薰 一圓九十錢 自二年二月至三年八月十九朔條

金柄珣 一圓三十錢 自三年六月至四年六月十三朔條

朴萬化 一圓三十錢 自三年六月至四年六月十三朔條

姜興周 七十錢 自二年六月至十二月七朔條

金鳳濟 四十錢 自五月至八月四朔條

會計員報告

尹應斗 一圓五十錢 自二年六月至三年八月十五朔條

金鎭初 一圓 自七月至四年四月十朔條

金元燮 一圓五十錢 自二年七月至三年九月十五朔條

元容德 一圓 自五月至四年二月十朔條

申錫定 三十錢 自二年一月至三月三朔條

金子明 一圓 自五月至四年二月十朔條

金錫桓 一圓八十錢 自二年四月至三年九月十八朔條

合計十四圓七十錢

第七回本校義捐金收納報告

申錫定 一圓二十錢 自二月至十二月

吳相奎	二十圓	自六月至七月
韋京燮	二十錢	自七月至八月
林宗民	二十錢	自七月至八月
金得麟	二十錢	自七月至八月
李炳淑	二十錢	自七月至八月
辛德鉉	二十錢	自七月至八月
鄭昌殷	二十錢	自七月至八月
李昌薰	二十錢	自七月至八月
金炳河	二十錢	自七月至八月
宋仁明	二十錢	自七月至八月
閔泳龜	二十錢	自七月至八月

朴萬根	二十錢	自七月至八月
申鳳秀	二十錢	自七月至八月
劉時亨	二十錢	自七月至八月
高永植	二十錢	自七月至八月
車聖龍	一圓	自三月至七月
鄭鎭弘	四圓	自六月至七月
金允五	三圓	自六月至八月
吳相翊	二圓	自七月至八月
姜華錫	四圓	自七月至八月
玄昇奎	五圓	七月
李達元	三圓	自六月至八月

李　甲	三十圜	自六月至八月
金亨燮	二圜	自五月至六月
李奎瀅	一圜	自一月至五月
李秉壽	八圜	自五月至八月
金錫權	六十錢	自七月至八月
朴景善	六十錢	自七月至八月
柳東作	四圜	自七月至八月
李麟在	六圜	自四月至九月
張日煥	一圜	月報社義捐

合計 一百圜二十錢

第十三回建築費義捐金收納報告

宋大憲	三十圜	
張起學	十圜	二十圜條畢來
姜琓熙	五十圜	
李鍾浩	八百圜	
李承駿	五十圜	百圜中
金仁鉉	十圜	
魯鎭堯	五圜	
林始英	十圜	
邊基瑚	一圜	
金奎冕	一圜	

高膺翊	一圓
趙鳳禧	一圓
梁元常	一圓
李文膺	一圓
李命赫	一圓
李東奭	一圓
李寅植	一圓
劉漢烈	五圓
康基夏	二圓
李寅相	一圓
金啓龍	一圓
姜念伯	一圓
李達鉉	二圓
金聲弼	六圓
張漢弼	一圓
金正奎	五圓
梁君翊	一圓
金舜圭	一圓
劉學烈	一圓
李源甫	三圓
羅鳳喆	五圓
徐庚洙	三圓

咸星九 一圜
姜禧錫 一圜
朴萬英 二圜
姜承祚 二圜
姜明洙 二圜
陳鳳燁 二圜
趙元奭 一圜
趙東秀 一圜
金復鉉 五圜
金麟相 二圜
崔祥龍 二圜

林鍾賢 五圜
柳秉龍 十圜
韓夏鎔 三圜
朴孝謙 三圜
金基坤 三圜
申昌熙 一圜
姜炯球 一圜
金基夏 一圜
朴熙豐 三圜
金秉允 一圜
權炳旭 一圜

金忠熙 一圜
朱韋鎌 一圜
任百禹 一圜
崔敏恒 二圜
權邵周 二圜
李龍根 二圜
黃相熙 二圜
韓相麟 五圜
金相鶴 二圜
金永寬 一圜
張文赫 一圜

崔鏞漢 一圜
韓永鎬 一圜
李鳳林 一圜
朱在賓 五圜
金鎬俊 一圜
金運集 一圜
張贊會 二圜
張錫觀 二圜
元和中 一圜
金孝根 二圜
盧璡根 一圜

高宗倫 五圜
金永根 二圜
文錫烈 一圜
韓基鳳 四圜
朱 堣 十圜
金昌甫 一圜
商會所 十圜 咸興
大昌學校 二圜 咸興
崔龍鎭 二圜
權尙濬 一圜
金曾瑚 一圜

李弘允 一圜
徐慶默 三圜
金 鐸 十圜
普成學校 二圜 咸興
昌明學校 二圜 咸興
黃舜河 一圜 咸興
新慶學校 二圜 咸興
典洞學校 二圜 咸興
普明學校 二圜 咸興
東明學校 二圜 咸興
育龍學校 二圜

大勝學校 二圓 咸興
豐昌學校 二圓 咸興
高敬必 十圓
金文善 二圓
都鉉求 五十錢
金稷周 五十錢
朱 偶 十圓
姜升周 五圓
姜鎭斗 五圓
朴在厚 五圓
張麟鎬 二十圓

金仕俊 三十圓
姜泰鎔 二十圓
魯斗震 十圓
姜喆周 五圓
姜永璣 一百圓
鄭一善 三十圓
朴履璨 二圓
許 塤 二圓
金琦鉉 二圓
申羲益 十圓
申命元 三十圓

趙公陶 一圜
邊舜植 一圜
金萬燮 一圜
郭寅洙 一圜
金子有 一圜
邊熙聖 一圜
李鳳甲 一圜
徐尙淵 二圜
呂賢奎 二圜
鄭鳳升 一圜
鄭憲朝 五圜

朴勝源 二圜
梁泰麟 一圜
梁泰運 一圜
鄭　顯 一圜
洪嚋運 二圜

合計一千四百九十八圜

以上五共合一千九百○六圜九十九錢五里內

第三十三回用下報告 自七月十五日至九月十五日

三圜七十一錢 洋紙封套印札紙小筆價幷

一圜 延安明川義州載寧長淵寧邊月報送小包費

會計員報告

五十九錢 敎育俱樂部松石園會費

五十四圜 十四号月報印刷費紙價製冊費畢給

六圜 五里郵票一千二百枚價

七十錢 七月八月兩朔水價

一圜六十錢 八月九月兩朔官報代金條

七十圜 主筆會計書記七月朔月銀條

三十圜 使丁二名七月八月兩朔月給條

十圜 端川學生金東燮退柩時賻恤條

三圜八十二錢 各支校支會更刊規則六十五處送小包費

五圜 書記尹冕濟八月半朔月給條

五百圜 本會館建築費中九次給條

十九圜四十錢 更刊規則一千部印刷費紙價製冊費

五十錢 南宮檍氏大夫人賻儀條

一圜五十錢 三錢郵票五十枚價

二十錢 端川郡來會金五十圜推尋回電費

六十圜 主筆會計書記八月朔月銀條

八十七圜五十五錢 本校經費中支給條

十九圜八十五錢 鉄絲門琉璃窓灰壁冊床等役費

六十五圜 十五号月報一千七百部印刷費紙價製冊費給條

一圜 編輯室叅考件太陽雜誌朝鮮雜誌價

七十錢 韓龍曾吳錫裕兩氏先大夫人賻儀條

五圜 永興學生朴賢基賻恤條

三百九十八圜咸鏡南北道募金委員李東暉一週年旅費
合計一千三百四十五圜十二錢除
在五百六十一圜八十七錢五里內
三百五十圜李甲處貸入條還報
二百圜韓一銀行貯蓄
合計五百五十圜除
在十一圜八十七錢五里會計任置

光武十年十二月一日發刊

會員注意

會費送交	會計員 漢城中部校洞二十九統二戶 西北學會館內 朴景善
	受取人 西北學會
原稿送付	編輯人 漢城中部校洞二十九統二戶 西北學會館內 金達河
	條件 用紙 從便 期限 每月十日內

主筆 朴殷植
編輯兼發行人 金達河
印刷人 李達元
印刷所 普成社
發行所 漢城中部校洞二十九統二戶 西北學會
發賣所 皇城中署布屛下廣學書舖
皇城小安洞 大韓書林
皇城[illegible]洞 博文書館
皇城罷朝橋 中央書舖

◎定價

一冊	金十錢(郵費一錢)
六冊	金五十五錢(郵費六錢)
十二冊	金一圜(郵費十二錢)

◎廣告料

半頁	金五圜
一頁	金十圜

會員注意

一 本會月報를購覽커나本報에廣告를揭載코져ᄒᆞ시ᄂᆞᆫ 僉君子ᄂᆞᆫ西北學會庶務室로申請ᄒᆞ시압

一 本報代金과廣告料ᄂᆞᆫ西北學會會計室로送交ᄒᆞ시압

一 先金이盡ᄒᆞᄂᆞᆫ時에ᄂᆞᆫ封皮上에捺印으로證明홈

一 本報를購覽코져ᄒᆞ시ᄂᆞᆫ 僉君子ᄂᆞᆫ住址統戶를昭詳記送于西北學會庶務室ᄒᆞ시압

一 論說詞藻等을本報에記載코져ᄒᆞ시ᄂᆞᆫ 僉君子ᄂᆞᆫ西北學會會館內月報編輯室로寄送ᄒᆞ시압

特別廣告

本會月報의發行이今至三十二號인ᄃᆡ代金收合이極히零星ᄒᆞ와繼刊ᄒᆞ기極窘ᄒᆞᆯ쌘不是라況本會館及學校建築에經用浩繁은一般會員과僉紳士의知悉ᄒᆞ시ᄂᆞᆫ바이니義務를特加ᄒᆞ시와遠近間購覽ᄒᆞ시ᄂᆞᆫ僉員은迅速送交ᄒᆞ시고本會員은月捐金도並計朔送致ᄒᆞ시와會務와校況을日益進就케ᄒᆞ심을千萬切盼

本學會告白

光武十年十二月一日
明治三十九年十二月一日
第三種郵便物認可

西北學會月報

隆熙三年十一月一日發行(每月一日一回發行)

(第一卷第十七號)

發行所 西北學會

隆熙三年十一月一日西北學會月報第一卷第十七號目次

論說

本會舘의撮影

一記者

隆熙二年十月十五日에煉瓦赤彩와啄石皎影으로搆造ᄒᆞᆫ三層華屋이纖匈中央의雲霄半空에巍巍然聳出ᄒᆞ얏스니其名은曰西北學會會舘이라嗚乎我西北同胞諸氏여本舘建築에對ᄒᆞ야如何ᄒᆞᆫ熱誠을盡ᄒᆞ며如何ᄒᆞᆫ義血을注ᄒᆞ야如此히宏大ᄒᆞᆫ事業을告訖ᄒᆞ얏ᄂᆞᆫ가噫라十年前時代를遭ᄒᆞ얏드면今日보다十倍의熱誠과百倍의義血을注盡ᄒᆞᆯ지라도建築외制限을因ᄒᆞ야吾輩가能히此屋을成立치못ᄒᆞ얏슬지오設又今日에自由建築ᄒᆞᄂᆞᆫ期會를遭ᄒᆞ야도我國都城內에雄立ᄒᆞᆫ萬國靑年會舘과韓美電氣會社가能히本舘으로더부러對峙가될者이나此二屋은純然ᄒᆞᆫ本國民의能力으로結果ᄒᆞᆫ者ㅣ아니오多少外援을是依ᄒᆞᆫ者이로되但히國民의自力으로如此ᄒᆞᆫ鉅工을是成ᄒᆞᆫ者ᄂᆞᆫ四千年建築歷史에本舘의成立이初有ᄒᆞᆫ光彩가될지로다所以로本舘을落成ᄒᆞᄂᆞᆫ日에我西北五道의同胞諸氏를第三層最高樓에一齊請會ᄒᆞ고盛宴을陳設ᄒᆞ며賀觴을勸酬ᄒᆞ야莫大ᄒᆞᆫ慶祝을施行코자ᄒᆞ얏드니不幸히金融枯渴의機會를遭ᄒᆞ고農業不登의歲年을値ᄒᆞᆷ으로此를莫遂ᄒᆞ니仰屋浩歎을晝宵不已ᄒᆞᄂᆞᆫ바라然ᄒᆞ나我西北一般同胞ᄂᆞᆫ無非此屋의主人이될지어ᄂᆞᆯ今에其屋의主人되여其屋의結搆如何와形模如何를不知ᄒᆞ면此ᄂᆞᆫ諸氏의大缺憾이될지오又ᄂᆞᆫ某事物을勿論

ᄒᆞ고親見外聞의間에其感觸됨이大히懸殊ᄒᆞᆫ者라是故로本舘의模形을一般同胞諸氏의坐觀을供코저ᄒᆞ야開卷第一面에撮影謄寫ᄒᆞ얏ᄉᆞ오니諸氏ᄂᆞᆫ各히此圖을覽ᄒᆞᄂᆞᆫ同時에該舘에自己가捿留ᄒᆞᄂᆞᆫ一樣으로知ᄒᆞᆯ지오該舘의維持方針의如何를亦自硏究ᄒᆞᆯ지니其爲效가亦必多大ᄒᆞ리로다若或諸氏가但히屋宇의高濶로써自足ᄒᆞ고永久保維ᄒᆞᆯ經紀를不爲ᄒᆞ면有初無終의歎이不無ᄒᆞᆯ지오若又此舘을始終保維치못ᄒᆞᄂᆞᆫ日이면我西北同胞의一般恥辱은何如ᄒᆞᆫ地位에落在ᄒᆞᆯ깃ᄂᆞᆫ가如是ᄒᆞᆷ으로三和港紳士林佑敦氏等三十六人이本舘의建築費不足額을萬一充補ᄒᆞ기爲ᄒᆞ야六百餘圜을醵集送付ᄒᆞ얏고其他鳳山信川同胞等郡도次第로義捐會를發起ᄒᆞᆫ다ᄒᆞ니諸氏의義務가一體로如是ᄒᆞ면本會舘의維持ᄂᆞᆫ多憂ᄒᆞᆯ바無ᄒᆞᆯ지오從此以後로知識程度가日漸高達ᄒᆞ야幾倍高濶ᄒᆞᆫ屋宇를增廣ᄒᆞᆯ지니惟願諸氏ᄂᆞᆫ此影을常目在前케ᄒᆞ야各히自警ᄒᆞ야曰我의知識도何如ᄒᆞ면此屋과如히高濶ᄒᆞᆯ고ᄒᆞ며我의團體力도何如ᄒᆞ면此屋과如히堅密ᄒᆞᆯ고ᄒᆞ며本舘에對ᄒᆞᆫ善後方略은何如ᄒᆞ면最好ᄒᆞᆯ가ᄒᆞ야時時로觀覽硏究ᄒᆞ심을是望是祝ᄒᆞ노라

今日은吾人의活動時代

松南

昔에孔子가席不暇暖ᄒᆞ고墨子가突不暇黔ᄒᆞ얏스니盖其何故를因ᄒᆞ야如是히終身栖栖ᄒᆞ얏ᄂᆞᆫ가其意가特別히兼善博愛ᄒᆞᄂᆞᆫ救世主義로出ᄒᆞᆷ이로다然ᄒᆞ나其時ᄂᆞᆫ海陸이

不通ᄒᆞ고華東가有界ᄒᆞ야足迹이支那九州幅內에止ᄒᆞᆫ지라所以로孔道墨學이區區히東洋一隅에서流行ᄒᆞᆯ뿐이니웃지時代不遇의歎이無ᄒᆞ리오萬若孔子로ᄒᆞ여곰今日에生ᄒᆞ얏스면六洲五洋에梯航이不休ᄒᆞᆯ지오時宜와世變을察ᄒᆞ야宗敎上에大宗敎家가되여一般人民으로ᄒᆞ여곰道德上生活을是樂케ᄒᆞᆯ지며敎育上에大敎育家가되여一般靑年으로ᄒᆞ여곰學術上普通을是圖케ᄒᆞᆯ지며政治上에大政治家가되여國家의安寧秩序와人民의自由幸福을是得케ᄒᆞᆯ지라웃지今日儒林으로自處ᄒᆞᄂᆞᆫ諸氏와如히山樊에固坐ᄒᆞ야祖國興亡과同族休戚을不問ᄒᆞᆯ理가有ᄒᆞ리오非但儒家諸氏만如是ᄒᆞᆷ이아니라一般商業家工業家農業家ᄭᆞ지라도平生眼孔이樊籠에不出ᄒᆞ야前進ᄒᆞᆯ希望이初無ᄒᆞ니此ㅣ本執筆人의晝夜長吁ᄒᆞᄂᆞᆫ바로다

今에諸氏를爲ᄒᆞ야活動ᄒᆞᆯ前途를紹介코자ᄒᆞ노니諸氏ᄂᆞᆫ或可參量ᄒᆞᆯ지어다第一敎育界로論ᄒᆞ면全國內靑年이相當ᄒᆞᆫ普通知識은內地各學校에서도可學ᄒᆞᆯ만ᄒᆞ다假定ᄒᆞᆯ지나各專門科에至ᄒᆞ야ᄂᆞᆫ姑히完全ᄒᆞᆫ一個所가無ᄒᆞᆫ즉學術上에遠大ᄒᆞᆫ目的을抱ᄒᆞᆫ者ᄂᆞᆫ不得不外國에留學ᄒᆞᆯ지라設或幾個留學生이有ᄒᆞ기ᄂᆞᆫᄒᆞ나但日本에出遊ᄒᆞᄂᆞᆫ者뿐이오西歐北米에至ᄒᆞ야ᄂᆞᆫ眞個學術에有志ᄒᆞᆫ者ㅣ罕少ᄒᆞ고率皆勞動夜學의同胞니웃지眞詮ᄒᆞᆫ學問을修得ᄒᆞ리오今日我同胞의生活程度를槪察ᄒᆞ면純然ᄒᆞᆫ留學으로歐米列國에出往ᄒᆞ기가亦至難ᄒᆞᆫ지라其或知識이粗具ᄒᆞ고身體가健康ᄒᆞᆫ者ᄂᆞᆫ不得不勞動留學을兼圖ᄒᆞᆯ지니此ᄂᆞᆫ但히學術上에만注

意홀뿐外라今日時勢의如何히變轉홈과各國國際의如何히隆替됨을視察홈이亦一大學問이니此는他日外交上活動의預備가될지며我와最近혼支那는老大혼帝國으로政權이雖或萎靡ᄒ얏스나實業上에至ᄒ야는我의模倣홀만혼處가多혼지라具眼혼신同胞는一度遊覽을是圖홈이亦至可홀지며且我國商業을是觀ᄒ면國內의輸出은絕無ᄒ고國外輸入은全盛ᄒ니來頭經濟의恐慌이益甚홈은寒心홀處이나此가一日二日에猷焉홀能力이不及홀지오但目下의殘利를收拾홈으로目的홀지라도十三道에商會를組織ᄒ야資本을合收ᄒ고各國物品의眞輸入을實行ᄒ면其利益이倍蓰홀지며又는內外物情을並行知得홀지니此는商業家諸氏의活動이될지라今日漢陽商會의成立과韓美興業株式會社의發起가商業界의嚆矢가되얏스니本執筆人의滿心贊成ᄒ는바이나但民知가不均ᄒ야中央의一商會가웃지鉅大혼利源을弋取ᄒ며韓美興業會社로觀ᄒ면其目的은良好ᄒ나元來我同胞가外人을酷信ᄒ야財簿를自管치못ᄒ고他에專任ᄒ니此는外人이設或信用을失홀理가無ᄒ다고假定홀지라도我의相當혼權利를過度히讓與홈이亦失責이아닌가今日滿洲貿易의大機會가至ᄒ얏스니諸氏가또혼眼을擡ᄒ야審視ᄒ는가世界戰爭의端이一二에不止ᄒ나商業戰爭이最是劇烈혼者라ᄒ노니商業家諸氏가雙臂를張ᄒ고活活潑潑혼運動을始作홀지며且工業家諸氏는今日尤甚零落혼地位에在혼지라自振홀能力이少無홈은本執筆人이亦知ᄒ는바라然혼地頭에는活動

홀前途를知ᄒᆞ야도束手沒策에歸홀지나但可及홀能力으로次第履行홈이亦良好ᄒᆞᆫ者ㅣ아닌가現今寧邊郡紳士明以恒氏가鐵工組合所를發起ᄒᆞ얏스니鐵冶諸氏는此處에就ᄒᆞ야或實習或實學을得홀지오其外切當ᄒᆞᆫ建築上必要는吾人이不得不目下實行홀者라或建築場에除雇賃從事ᄒᆞ야도可히管斑을窺得홀지오其他軍略上機械上에就ᄒᆞ야는亞細亞洲幅內에서도活動見習홀處가多有ᄒᆞ거늘諸氏는此를不爲ᄒᆞ고窮屈抑塞으로歲月을費送ᄒᆞ고生活의漸次困難을口頭로漫叫ᄒᆞ니將來의活動能力이何處로從ᄒᆞ야出來ᄒᆞ리오嗚乎諸氏여贅說을幸히勿棄ᄒᆞ고十分留意홀지어다

我國古代文明의流出

秋醒子

世界文明歷史를參攷ᄒᆞ며人物進化消息을溯究홈이我韓半島江山이四千年以來로第一等光彩를呈露ᄒᆞ얏도다凡我同胞가舊日의自國文明의如何를不揣ᄒᆞ고但今日의所致된境遇를倏看ᄒᆞ야曰我國은古來로封閉沈鬱ᄒᆞ야野暗的境界에低落ᄒᆞ얏다ᄒᆞ니此는諸氏가前을瞻홀뿐이오後를不眄홈이니읏지知識競爭世界에能立홀資格이有ᄒᆞ리오今日國家의文明이他에讓步홈은古人의責이아니오實로吾輩의責이며今日民族의生業이甚히困難홈도古人의失이아니오亦吾輩의失이로다何者오彼歐米列强을觀홀지라도十八世紀以前의歷史가極히野昧ᄒᆞᆫ風氣를露出ᄒᆞ얏스니此는歐米各國古人의失責이될지나十九二十世紀에至ᄒᆞ야는

宇內를馳騁ᄒᆞ고天下를縱橫ᄒᆞ야物質上道德上의文明이東西古今에絶無ᄒᆞᆫ實況을發現ᄒᆞ얏스니此ᄂᆞᆫ歐米各國今人의做得ᄒᆞᆫ바라ᄒᆞᆯ지로다胡爲乎我國民族의作爲ᄂᆞᆫ比古漸降ᄒᆞ야古代文明을抹殺無餘ᄒᆞ고古人의無爲無能을反嘲ᄒᆞ니此ᄂᆞᆫ夏虫이氷을不知ᄒᆞᆷ과如치아니ᄒᆞᆫ가現今東洋에先明으로自處ᄒᆞᄂᆞᆫ日本의物質上文明이西洋으로舶來ᄒᆞᆫ것이라ᄒᆞᆯ지나其世界에自誇ᄒᆞᄂᆞᆫ今日特色은悉皆曾前我國에서輸入된者ㅣ라本執筆人이其往蹟을槪擧ᄒᆞ야我國의古代文明이何如히外國에流出된것을同胞諸氏에게紹介코자ᄒᆞ노라

距今一千六百十三年前日本應神天皇十六年에百濟王仁이論語十卷과千字文一卷을日本에帶往ᄒᆞ야朝廷과皇族에게敎授ᄒᆞᆷ이朝廷과皇族이王仁을對ᄒᆞ야師禮로事ᄒᆞ니日本의文學이自此로始有ᄒᆞᆫ지라其後距今一千三百九十三年前日本繼體天皇七年百濟王이五經博士를命送ᄒᆞ야日本王室과國民에게普及敎授ᄒᆞᆷ으로轉轉히文章에發達되야終히聖德太子가憲法十七條를奉ᄒᆞᆷ에至ᄒᆞ얏스며其後距今一千二百九十三年前日本推古天皇十五年에日皇이小野妹子와高向玄理와僧旻等을我國과隋唐에留學으로派送ᄒᆞ얏스니彼開化進取의思想이此時로붓허基因ᄒᆞ엿도다大抵日本人의特性이進取發達을是尙ᄒᆞᆷ으로當初文學의輸入은我國으로始ᄒᆞ얏스나模造를不務ᄒᆞ고但國体에應用ᄒᆞ야乃終에ᄂᆞᆫ自國特色을作ᄒᆞ나니此ᄂᆞᆫ吾輩의可히驚服ᄒᆞᆯ者距今一千三百五十三年前이로다其後日本應神天皇十四年百濟王이佛敎를日本에佈傳ᄒᆞ니聖

德太子가佛象을奉ᄒᆞ고宗敎講義를聽ᄒᆞ며天皇이亦自身率先ᄒᆞ야三寶에歸依ᄒᆞᆷ으로宗敎의勢力이大端히擴張되나是時에國論이沸騰ᄒᆞ야佛象을難波에投ᄒᆞ며信徒를殺害ᄒᆞᆷ이歐羅巴數百年前의宗敎戰爭과如ᄒᆞᆫ지라然ᄒᆞ나次第로星霜을經ᄒᆞ야國体에混和適合케ᄒᆞ며甚至親鸞上人이라ᄒᆞᄂᆞᆫ者ㅣ出ᄒᆞ야倡議ᄒᆞ기를肉食妻帶가決코宗敎와相戾ᄒᆞᆯ理가無ᄒᆞᆫ지라宗敎도國体에應用ᄒᆞ야信仰ᄒᆞᆷ이可ᄒᆞᆯᄲᅮᆫ아니오且肉食妻帶를並行ᄒᆞᆷ이無妨ᄒᆞ다ᄒᆞ야反히宗敎의力으로써王室의尊嚴과國民의幸福을導迎ᄒᆞ얏ᄉᆞ니其一種特色은我國의固守虛無ᄒᆞᆫ佛敎에比ᄒᆞᆯ바아니며又一千四百四十三年前에高麗僧曇徵이日本에往ᄒᆞ야圖畫學을敎授ᄒᆞ니於是에土佐派、雪舟派、狩野派가各各巧妙를研究ᄒᆞ야繼又唐宋의名畫를模造ᄒᆞᆫ故로今日日本의美術이宇內에一種特色을成立ᄒᆞ얏ᄉᆞ며又距今一千六百十三年前(日本應神天皇十四年)에百濟王이女工을日本에命送ᄒᆞ야織組와裁縫을敎授ᄒᆞ야衣服의制度를始定ᄒᆞ얏슴으로今日日本의織物이世界博覽會에讚賞을得ᄒᆞ얏ᄉᆞ며又距今一千四百十三年前(日本顯宗天皇六年)日本人이高麗木工을延聘ᄒᆞ야寺院建築과佛象雕刻을始刱ᄒᆞ얏ᄉᆞ며其他磁器陶器等物을悉皆我國으로브터模倣ᄒᆞ야今日諸般物質上文明이世界列邦의稱道ᄂᆞᆫ快得키難ᄒᆞ다ᄒᆞᆯ지나東洋一隅에最先明ᄒᆞᆫ地位로自處ᄒᆞᆷ은夸言이아닌者ㅣ아닌가嗚乎我同胞諸氏여靜히思ᄒᆞ라文學上宗敎上工業上을勿論ᄒᆞ고數千年前先明ᄒᆞᆫ國으로自振自勵치못ᄒᆞ고一日二日에漸漸退步

ᄒᆞ야今日에至ᄒᆞ야ᄂᆞᆫ毫絲의特色이無ᄒᆞ고我를是模是學ᄒᆞᆫ外人은絕大ᄒᆞᆫ特色을二十世紀新舞臺上에서揚揚自夸ᄒᆞᄂᆞᆫ디何故로우리同胞ᄂᆞᆫ我의傳來ᄒᆞ든文明事業을不守ᄒᆞᆫ過責을自悔치못ᄒᆞ고反히彼의所獨有ᄒᆞᆫ能術로認看ᄒᆞ야我先民諸氏를無視ᄒᆞ니此ᄂᆞᆫ諸氏의不思가甚且甚焉ᄒᆞᆫ者라自今以往으로古代의文明을紹興케ᄒᆞ며新世의文明을加入ᄒᆞ야世界萬國에空絕ᄒᆞᆫ特色을發現ᄒᆞ심을是望是祝ᄒᆞ노라

敎育家의職分

春夢子

敎育이란者ᄂᆞᆫ社會를改良ᄒᆞᄂᆞᆫ原動力이될지니國家가依ᄒᆞ야愈榮ᄒᆞ며民庶가依ᄒᆞ야愈安ᄒᆞᄂᆞᆫ지라所以로敎育에從事ᄒᆞᄂᆞᆫ者ㅣ赤誠으로써人을化ᄒᆞ며卓識으로써人을導ᄒᆞᆫ然後에야敎育을被ᄒᆞᆫ靑年子弟도亦精神的活動으로社會에周旋ᄒᆞᆯ지오不然ᄒᆞ야表面에徒注ᄒᆞ고實際를不求ᄒᆞ야但히書籍을讀ᄒᆞᆷ에汲汲ᄒᆞ며理則을講ᄒᆞᆷ에惴惴ᄒᆞ야外로ᄂᆞᆫ熱心의壯觀을現ᄒᆞ나內로ᄂᆞᆫ識德의一貫이乏ᄒᆞᆫ지라是以로忽甲忽乙ᄒᆞ며忽犬忽馬ᄒᆞ야統一의思想이無ᄒᆞ면비록百年을涵養ᄒᆞᆯ지라도何處에施措ᄒᆞᆯ가今日諸氏가荒漠ᄒᆞᆫ平野에繩을張ᄒᆞ고開拓의初步를奏ᄒᆞᆷ과如ᄒᆞᆫ지라然ᄒᆞ나水利의便否와運搬의難易에至ᄒᆞ야ᄂᆞᆫ尙히設施를深試치못ᄒᆞᆫ者니本執筆人이此에對ᄒᆞ야將來劃策을一問코자ᄒᆞ노라

敎育의名義가學校를專指ᄒᆞ야言ᄒᆞᆫ者ㅣ아니라爲先自己의一身을社會의潮流에投ᄒᆞ

야其趨嚮을豫定홈이亦皆教育界의事業이될지라昔에撲希倍路는幼兒教育홈으로써顯ᄒ고倍司他洛戢은實物指教로써有名ᄒ얏스나此가다社會的大教育家는아니라惟全社會에躍出ᄒ야一身을犧牲으로供ᄒᆫ者는盧梭氏가其人이며人生의難을殉ᄒ야肉體를暴露ᄒᆫ者는基督氏가其人이라此數君子가能히隻手로써社會의趨向을歸正ᄒ며人心의歸一을質定ᄒ얏스니諸氏가果然如此히卓絕ᄒᆫ社會的大教育家의事業을注意ᄒ는가

社會發達의原則이至極히簡明ᄒ고人生教養의理法이亦至極히簡明ᄒᆫ지라一書를得ᄒ면卽迷耽ᄒ며一說을聞ᄒ면又迷惑ᄒ야遑遑茫茫에新奇를是務ᄒ니今日教育界의師友가大概如是ᄒᆫ지라進化의理가新說新理를研究홈은當然ᄒᆫ工程이나此를省識ᄒ야實際에應用ᄒ고自重의德을尙ᄒ며自信의念을厚케ᄒ야新說과新理로써補翼홈이適當ᄒᆫ學則이아닌가千百의理法이其体가各異ᄒᆫ즉一貫의思想으로一律의下에叢集케홀지니엇지遑遑茫茫으로써惟日不足ᄒ리오

今日我國에有名ᄒᆫ教育家李東暉氏는十年血淚로晝夜漣漣ᄒ야學校의産出이十數로써計치못홀지오安昌浩氏는我國의第一初完全ᄒᆫ中學校를設立ᄒ고青年子弟를誠心으로써誘導ᄒ며技術로써涵養ᄒ는지라此二君子의義務는本筆로加讚홀바無ᄒ나全國二千萬同胞內에更히教育家로獻身ᄒ는者ㅣ此外에無ᄒᆫ가有ᄒᆫ가設或有ᄒ다홀지라도主一ᄒᆫ精神이無ᄒ야被教育青年中의

政治를學ᄒᆞᆫ者ᄂᆞᆫ政治學의奴隷가될지며法律을學ᄒᆞᆫ者ᄂᆞᆫ法律學의奴隷가될지며其餘各科學을學ᄒᆞᆫ者가悉皆各科學의奴隷가될ᄲᅮᆫ이면將來社會의調和手段과國民의統一思想을誰가倡導ᄒᆞ리오歲月은如流ᄒᆞ고國運은多艱ᄒᆞ니諸氏ᄂᆞᆫ請컨ᄃᆡ各其職分을早速히勉盡ᄒᆞ야敎育의本領을先立ᄒᆞ기를是望ᄒᆞᆯᄲᅮᆫ外라또ᄒᆞᆫ多數ᄒᆞᆫ敎育家가林林出來ᄒᆞ야重大ᄒᆞᆫ負荷를互相分擔ᄒᆞ기를尤望尤祝ᄒᆞ노라

敎育部

(講壇)西洋敎育史　頭山逸民

第一節　希臘之敎育

東洋諸國의各個人은其國의制度習俗에撿束ᄒᆞᆫ바되야能히自由로發達치못ᄒᆞ나니印度의階級制度와埃及의僧侶勢力이各히個人의自由發達을妨害ᄒᆞᆷ이不尠ᄒᆞᆫ지라西洋諸國은此에反ᄒᆞ야個人을最重히녀이ᄂᆞᆫ故로自由發達ᄒᆞᆷ이最早ᄒᆞ니라

古代의希臘國은西洋諸國中에開化가最古ᄒᆞᆫ者라其國이山脉과海灣이種種分劃ᄒᆞ야天候가快適ᄒᆞ고地勢가複雜ᄒᆞᆷ으로居民이愉快로ᄡᅥ自由를愛ᄒᆞ며高尙으로ᄡᅥ美術을好ᄒᆞᆯᄲᅮᆫ外라海岸線의延長과交通上의便利를賴ᄒᆞ야文明의進步를大助ᄒᆞ얏스니此ᄂᆞᆫ希臘人의固有ᄒᆞᆫ性質이된지라其國自然ᄒᆞᆫ風土의影響으로敎育의一種特色이別具ᄒᆞ니라

希臘의宗敎가自然히驚歎ᄒᆞᆯ者ㅣ有ᄒᆞ니其國民陶冶에影響이大及ᄒᆞᆫ지라阿林伯과得爾喀等의宗敎上祭及公開遊戲等은無非愛

國心을達케ᄒᆞ며又技術競爭心을醒起ᄒᆞᆷ으로著名ᄒᆞᆫ美術과科學이發達ᄒᆞᆯ際에体育이並히發達되얏더라希臘敎育의要素가音樂과体操의二者뿐이라音樂으로써精神을陶冶ᄒᆞ며體操로써身体를磨勵ᄒᆞ야內心의善美와外形의善美가兩相融合ᄒᆞ더라

希臘中에敎育으로著名者ᄂᆞᆫ卽德利亞族所建의斯巴達及埃阿尼族所建의雅典이니二者의敎育이其趣가互相大異ᄒᆞ더라

斯巴達이西歷紀元前八百二十年頃에來喀五士氏가憲法을制定ᄒᆞᆷ이斯巴達武人의敎育에由ᄒᆞᆫ지라國家公共의事業을務ᄒᆞ고各個人의自由를排斥ᄒᆞ야先히女子敎育에注意ᄒᆞ나專히蹋踘、角觸、各種体操術로써相競ᄒᆞ야其身體를鍛鍊ᄒᆞ고恒常男子로더부러隊伍를相成ᄒᆞ나니故로婦人을視ᄒᆞᆷ이家族의一部分뿐아니라卽國家의一部分이되ᄂᆞᆫ지라然ᄒᆞ나婦人이男子를尊敬ᄒᆞᆷ은特別ᄒᆞ며其結婚은國家監督의下에在ᄒᆞ야恒常强者와强者가相配ᄒᆞ더라兒童이初生ᄒᆞᆷ이先히官廳으로由ᄒᆞ야其体格을檢視ᄒᆞ야萬若虛弱ᄒᆞ면谿谷間에棄ᄒᆞ고但强壯ᄒᆞᆫ兒童을僅養ᄒᆞᆯ뿐이라生ᄒᆞᆫ六年中에家庭에서養育ᄒᆞ여七歲에至ᄒᆞ면國家로設立ᄒᆞᆫ養育塲에入ᄒᆞ야元老議會監督의下에在ᄒᆞ며每日驅足、飛跳、角力、圓盤投、槍投等術을練習ᄒᆞ고또ᄒᆞᆫ山林에遊獵ᄒᆞ야艱苦를慣嘗ᄒᆞᆯ뿐아니라足에履를不著ᄒᆞ며頭에冠을不覆ᄒᆞ며二十歲로自ᄒᆞ야冬에惟一衣를服ᄒᆞ고其寢處ᄂᆞᆫ僅히枯草를疊ᄒᆞ야榻을作ᄒᆞ며비로소兵役을服ᄒᆞ나니三十歲에至ᄒᆞ야ᄂᆞᆫ成人이되야每日飮食을共히ᄒᆞ되體操ᄂᆞᆫ不得不練

習ᄒᆞ더라

斯巴達이비록軍事上敎育을重히녁이나精神敎育이少缺ᄒᆞ여心情을陶冶ᄒᆞ기爲ᄒᆞ야音樂을用ᄒᆞ며體操로補助ᄒᆞ고唱歌에至ᄒᆞ야ᄂᆞᆫ優柔를排斥ᄒᆞ고勇壯活潑의曲을貴히녁이며其他ᄂᆞᆫ僅히習字를課ᄒᆞᆯ而已러라

其後斯巴達의敎育法을擴張ᄒᆞᆫ者ㅣ畢達哥拉士라ᄒᆞᄂᆞᆫ氏가出ᄒᆞ야(紀元前六百年頃)一學校를起ᄒᆞ고寄宿舍를設ᄒᆞ야斯巴達의嚴格ᄒᆞᆫ訓鍊法을施行ᄒᆞ더라

斯巴達의武事的敎育으로더부러相對ᄒᆞᆫ者ㅣ雅典의文事敎育이是니雅典은梭倫의立法을由ᄒᆞ야導ᄒᆞᆫ者라(紀元前約六百三十八年)梭倫의法이來喀瓦士의憲法으로더부러其趣가頗異ᄒᆞ야宗敎를改良ᄒᆞ며祭禮를愼重ᄒᆞ고勇士의詩歌를貴重히홈으로雅典이自由精神을陶冶ᄒᆞᄂᆞᆫ母國이되야美術及科學의美果를終結ᄒᆞ니라

雅典이家庭生活에對ᄒᆞ야斯巴達에較ᄒᆞ면自由가되니其婚因을結홈의宗敎的儀式을從ᄒᆞ야一夫一婦의制를行ᄒᆞᆫ지라然ᄒᆞ나婦人을尊敬홈이斯巴達에不及ᄒᆞ며因ᄒᆞ야女子敎育을不着ᄒᆞ고又兒童이生홈의乳母와保姆에게直委ᄒᆞ야其母ᄂᆞᆫ多히關係가無ᄒᆞ더라

男子七歲에保姆의手에離ᄒᆞ야敎僕에게移ᄒᆞ니(敎僕은卽年長之奴隷)恒常敎僕과伴隨ᄒᆞ야保護監督을受ᄒᆞ며世間의習慣으로써敎ᄒᆞ더라

其敎科目則駈足、角力、槍投及圓盤投、飛躍、是曰五藝니其他ᄂᆞᆫ游泳을極重히ᄒᆞ며萬若游泳을不能ᄒᆞᄂᆞᆫ者ᄂᆞᆫ男子의耻辱으로

知ᄒᆞ니雅典人의体操를練習ᄒᆞᄂᆞᆫ目的이斯巴達의軍事教育과稍異ᄒᆞ야오직其身体를善히ᄒᆞᆯᄯᆞᄅᆞᆷ이러라

十六歲에至ᄒᆞ야비로소教僕의手에離ᄒᆞ야十八歲에成丁이되여國家官廳指導의下에國家的生活準備가無ᄒᆞ면或詭辯派에入ᄒᆞ야國家學을修ᄒᆞ며及修辭法을學ᄒᆞ나니라

學校의教育外에社會組織의影響으로써希臘의開化를進行ᄒᆞ니美術、建築、雕刻、繪畵가優秀에共臻ᄒᆞ야少年의心情을善히陶冶ᄒᆞᆷ이러라雅典教育의特徵이心身發達을先謀ᄒᆞ나其缺點은奴隷의教育을不顧ᄒᆞ며女子의教育을欠闕ᄒᆞᆷ이러라

經濟學의必要라

韓相愚

現今我國의程度를觀察ᄒᆞᆯ진ᄃᆡ科學의如何를勿論ᄒᆞ고必要치아님이無ᄒᆞ되一自司法權委托以來로法學의必要가最急ᄒᆞᆫ것은一般人民의共知ᄒᆞᄂᆞᆫ바라置諸ᄒᆞ고至於經濟學ᄒᆞ야ᄂᆞᆫ凡我人類의生活上根本的必要ᄒᆞᆫ學問인故로左에經濟學의槪意를擧ᄒᆞ야其必要ᄒᆞᆫ理由를言코져ᄒᆞ노라

大抵吾人人類ᄂᆞᆫ羣居的動物이라故로其生活의目的을達ᄒᆞᄂᆞᆫᄃᆡᄂᆞᆫ一個人이單獨孤立ᄒᆞ야ᄂᆞᆫ不能ᄒᆞ고반다시他人의助力을要ᄒᆞᄂᆞᆫ지라於是에人類가互相結合ᄒᆞ야團體를組成ᄒᆞᄂᆞᆫ必要를生ᄒᆞᄂᆞ니此團體에包在ᄒᆞᆫ人類及其生存發達上必要手段의種種活動을總稱ᄒᆞ야人類社會라ᄒᆞ고此人類社會의一部分을區劃ᄒᆞ야一定ᄒᆞᆫ領土內에在ᄒᆞ

야唯一의主權下에서活動ᄒᆞᄂᆞᆫ것을稱ᄒᆞ야國家的社會라(國家)ᄒᆞ고此國家的社會의必要的活動을外界物質的으로觀察ᄒᆞ야此ᄅᆞᆯ經濟社會라稱ᄒᆞᄂᆞ니此經濟社會의範圍內에存在ᄒᆞᆫ財貨ᄅᆞᆯ利用ᄒᆞ야衣食住의必要ᄅᆞᆯ滿足케ᄒᆞᆯ目的으로써活動ᄒᆞᄂᆞᆫ것을經濟的活動이라稱ᄒᆞ고此經濟的活動에關ᄒᆞᆫ理法을論究ᄒᆞᄂᆞᆫ學問을稱ᄒᆞ야經濟學이라ᄒᆞ니라故로經濟學研究의內容은人欲과物質이相觸ᄒᆞ야成立ᄒᆞᆫ價値의變動과消滅에關ᄒᆞᆫ理法이니卽生産交換分配消費等에關ᄒᆞᆫ法則이오其研究의對象은卽社會經濟의現象이라然則此社會經濟의現象은卽吾人人類의生活上直接間接의關係ᄅᆞᆯ有ᄒᆞᆫ것이니凡我人類ᄂᆞᆫ社會的生活ᄒᆞᄂᆞᆫ社會의一員으로他人에對ᄒᆞᆫ實際上關係如何ᄅᆞᆯ知得ᄒᆞ야自己의直正ᄒᆞᆫ生活方針을完定ᄒᆞ야社會의地位ᄅᆞᆯ保ᄒᆞ며國民의義務ᄅᆞᆯ盡코저ᄒᆞ랴면社會經濟現象의如何ᄅᆞᆯ不知ᄒᆞ고ᄂᆞᆫ其目的을達ᄒᆞ기不能ᄒᆞᆫ지라故로何專門職務ᄅᆞᆯ不問ᄒᆞ고經濟思想을有치아니면自己一個人目的의失敗ᄂᆞᆫ姑舍ᄒᆞ고一般社會의共同目的을敗損케ᄒᆞᆯ지니如斯ᄒᆞᆫ理由ᄅᆞᆯ推究ᄒᆞ드ᄅᆡ도經濟學의必要ᄂᆞᆫ明言을不待ᄒᆞ고도可知ᄒᆞᆯ바어니와更히世界大勢ᄅᆞᆯ擧ᄒᆞ야論ᄒᆞᆯ진ᄃᆡ

往在十五世紀中葉ᄒᆞ야西班牙가新大陸發現以來로泰西各國의趨勢ᄂᆞᆫ各其領土ᄅᆞᆯ開拓ᄒᆞ며商權을擴張ᄒᆞ야自國의經濟上利益을收ᄒᆞᆯ目的으로外交上軍事上學術上技藝上의各方面으로萬般競爭이激烈ᄒᆞ야一大風波가滔滔不息ᄒᆞ더니挽近十九世紀以來

로ᄂᆞᆫ我東洋大陸에波及ᄒᆞ야軍艦商船이太平洋上에彌滿ᄒᆞ야其勢가日復盛壯ᄒᆞ되其政策은畢竟經濟上利益을收ᄒᆯ目的에不過ᄒᆞᆫ것이어니와惟我韓國에對ᄒᆞ야最是切迫ᄒᆞᆫ韓日關係를論ᄒᆯ진ᄃᆡ日本은維新以來에商工이漸次發達됨으로其國을商工國地位에置ᄒᆞ야泰西各國으로더브러經濟上利益을爭코져ᄒᆞᄂᆞᆫ目的으로不過數十年間二大軍事의政策은其本領이韓滿經營에在ᄒᆞᆷ이라謂ᄒᆯ지라故로一自新條約以來로所謂司法權委任이니軍隊廢止니金融機關의設備이니交通機關의修築이니ᄒᆞᄂᆞᆫ諸般政策은殖民事業의手段으로自國의領土를擴張ᄒᆞ야商工國地位를鞏固케ᄒᆞ야經濟上利益을完收코져ᄒᆞᄂᆞᆫᄃᆡ不過ᄒᆞᆫ지라然則如斯ᄒᆞᆫ時代에如斯ᄒᆞᆫ關係에處ᄒᆞᆫ韓國人民으로ᄒᆞ야곰世界의大勢와韓日의關係如何를推究ᄒᆞ야自國의現象及將來를維持保存코져ᄒᆯ진ᄃᆡ經濟思想이아니면엇지其策을得ᄒᆞ리오以上에述ᄒᆞᆫ바와如히一國內에生存ᄒᆞᄂᆞᆫ國民과國民間의關係와世界에列立ᄒᆞᆫ國家와國家間의關係의如何를勿論ᄒᆞ고其生存發達上에ᄂᆞᆫ可히秒刻을不離ᄒᆯ것은卽經濟思想인故로論者ᄂᆞᆫ經濟學을指ᄒᆞ야人類生活上根本的必要ᄒᆞᆫ學問이라ᄒᆞ노라

學說

物理學（續） 朴漢榮

三　質量의單位 UNITS OF MASS, 質量의單位도各國이相異ᄒᆞ되科學上에用ᄒᆞᄂᆞᆫ者ᄂᆞᆫ佛國에서制定ᄒᆞᆫ單位라同政府에서保管ᄒᆞᆫ白金과「이리슘」의合金一塊를原器로ᄒᆞ

야此를一歧路久覽(瓩)이라名ᄒᆞᄂᆞ니其各種의名稱은左와如니라

1瓩千 KILOGRAM,=10瓩百(赫得久覽)
1瓩百 HECTOGRAM,=10瓩十(大可久覽)
1瓩十 DECAGRAM,=10瓩(久覽)
1瓩GRAM, =10瓩分(大始久覽)
1瓩分 DECIGRAM,=10瓩厘(先知久覽)
1瓩厘 CENTIGRAM,=10瓩毛(美利久覽)
1瓩毛 MILLIGRAM,

日本에서도明治二十四年以來로佛國의瓩原器와同質同大로作ᄒᆞᆫ合金塊를基本을作ᄒᆞ야一歧路久覽의衡目이라稱ᄒᆞᄂᆞ니其四分의十五를一貫이라名ᄒᆞᄂᆞ니라

1貫=1000匁
1匁=10分
1分=10厘

1厘=10毛

又英國에셔制定ᄒᆞᆫ單位ᄂᆞᆫ噸과封度와「온쓰」와「ᄭᅳ렌」等이니次表와如ᄒᆞ니라

1噸TON,=2240封度POUND,=2240×16「온쓰」OUNCE,=2240×7000「ᄭᅳ렌」GRAIN,

次에英佛日의衡目比較表를揭ᄒᆞ건ᄃᆡ

1噸 =270,9貫=1016瓩千
1封度 =121,0匁=453,6瓩
1온쓰 =7,560匁=28,35瓩

1瓩千 =0,2667貫=2,205封度
1瓩 =0,2667匁=15,43ᄭᅳ렌

1貫 =3,75瓩千=8,267封度
1匁 =3,75瓩=0,1323온쓰

四 時의單位UNITS OF TIME,ᄂᆞᆫ左에示ᄒᆞᆷ과如ᄒᆞ니라

1日=24時=1440分=86400秒

1時＝60分＝3600秒
1分＝ 60秒

以上에記ᄒᆞᆫ長、質量、時의三基本單位中時의單位는秒、長의單位는糎、質量의單位는瓦ᄅᆞᆯ用ᄒᆞ야成ᄒᆞᆫ組成單位ᄅᆞᆯC G S 單位라云ᄒᆞ는ᄃᆡ計算上에廣用ᄒᆞᄂᆞ니라

五 溫度의單位UNITS OF TEMPERATURE,

物體冷暖의度卽溫度ᄅᆞᆯ比較ᄒᆞᆷ에는通常寒暖計ᄅᆞᆯ用ᄒᆞᄂᆞ니寒暖計의種類도殆多ᄒᆞ되普通으로用ᄒᆞ는者는水銀寒暖計라此는水銀의膨縮을因ᄒᆞ야溫度ᄅᆞᆯ比較ᄒᆞ는器械니細ᄒᆞᆫ硝子管의膨脹ᄒᆞᆫ部分에水銀을入ᄒᆞ고其內의空氣ᄅᆞᆯ善히排除ᄒᆞᆫ後細管外部分에目을付ᄒᆞ야水銀이膨脹ᄒᆞ야管目의一을昇ᄒᆞ는溫度의增加ᄅᆞᆯ溫度ᄅᆞᆯ比較ᄒᆞ는標準卽單位라云ᄒᆞᄂᆞ니라通常으로用ᄒᆞ는寒暖計의目은攝氏華氏의二種이有ᄒᆞ니攝氏寒暖計는融解ᄒᆞ는氷의溫度ᄅᆞᆯ零度로ᄒᆞ고沸騰ᄒᆞ는水에서發ᄒᆞ는蒸氣의溫度ᄅᆞᆯ百度로ᄒᆞ야其間을百等分ᄒᆞ야零度以下及百度以上도同一ᄒᆞᆫ分等으로目을付ᄒᆞᆫ者ㅣ니科學上에는此ᄅᆞᆯ多用ᄒᆞ며華氏寒暖計는氷點을三十二度로ᄒᆞ고沸騰點을二百十二度로ᄒᆞ야其間을百八十等分ᄒᆞ야前後ᄅᆞᆯ同一ᄒᆞᆫ分等으로目을付ᄒᆞᄂᆞ니라

第一篇 總說

一 物理學PHYSICS 吾人의感覺을動ᄒᆞ는各事物과其變遷은皆自然科學의材料인ᄃᆡ其研究ᄒᆞ는範圍는極廣ᄒᆞᄂᆞ니此全般의知識을通覽ᄒᆞ는便宜ᄅᆞᆯ計ᄒᆞᆷ으로此ᄅᆞᆯ部門으로分ᄒᆞ야互相類似ᄒᆞᆫ現象을各部에集ᄒᆞᄂᆞ니物理學은其一部門이니라

若物理學을初學ᄒᆞᄂᆞᆫ者에게徑先히此學의內容을說ᄒᆞ며且此와密接關係가有ᄒᆞᆫ他學科의境界를示ᄒᆞ면反히勞多功少ᄒᆞᆯ지니此ᄂᆞᆫ物理學의範圍를了解ᄒᆞᆷ에必要ᄒᆞᆫ知識은物理學의全般을學ᄒᆞᆫ後가아니면充分히收得ᄒᆞ기不能ᄒᆞᆫ故니라然이나預히物理學에셔其攻修ᄒᆞᆯ事項의大要와讀者의注意ᄒᆞᆯ要點을提示ᄒᆞᆷ은必要ᄒᆞ니라

物理學에셔ᄂᆞᆫ力의作用을受ᄒᆞᆫ物體의運動을論ᄒᆞ며又音、熱、光、磁氣、電氣等에關ᄒᆞᆫ諸現象을硏究ᄒᆞ며其他現象間의關係를求ᄒᆞ되少數의確實ᄒᆞᆫ實驗上事實로許多ᄒᆞᆫ現象을說明ᄒᆞᆷ을目的ᄒᆞᆯ지니故로事物의正確ᄒᆞᆫ觀察OBSERVATIONS實驗 EXPERIMENTS은物理學의基礎니라

生理學 續

李命燮

第二 骨骼篇

第一章 骨及骨의搆造

人體의內部에ᄂᆞᆫ硬固ᄒᆞᆫ無數의骨이有ᄒᆞ야或은軀幹四肢의中心에在ᄒᆞ야軸을成ᄒᆞ고或은頭部胸部의外圍에在ᄒᆞ야其內腔을圍繞ᄒᆞ니是等骨은生時에ᄂᆞᆫ蒼白色을呈ᄒᆞ고稍히彈性이有ᄒᆞ니人體中最堅牢ᄒᆞᆫ組織質이니라

今에一肢骨을取ᄒᆞ야檢査ᄒᆞ면外部에ᄂᆞᆫ一種白色의薄膜이有ᄒᆞ야密密히此를包被ᄒᆞ스나니此를骨膜이라ᄒᆞᄂᆞ니라骨膜은甚히血管과神經이富ᄒᆞ야骨을擁護ᄒᆞ야骨의營養을司ᄒᆞᄂᆞ니라次에一肢骨을縱斷ᄒᆞ야內部의搆造를見ᄒᆞ면骨은其外面에在ᄒᆞ야ᄂᆞᆫ最緻密ᄒᆞᆫ質로成ᄒᆞ야內部ᄂᆞᆫ稍히鬆粗ᄒᆞ

며中心에는一空洞이有ᄒᆞ야中에脂肪樣의物質로充ᄒᆞ니此를骨髓라名ᄒᆞ고兩端膨大ᄒᆞᆫ部에至ᄒᆞ야는如斯히空洞이無ᄒᆞ나其質은一層鬆粗ᄒᆞ야全혀海綿(海綿은動物의名인ᄃᆡ彈性이有ᄒᆞ니라)狀을呈ᄒᆞ니라如斯히骨의內部가鬆粗ᄒᆞᆷ은其大에比ᄒᆞ야重量을減ᄒᆞᆷ을爲ᄒᆞᆷ이오特히其中空ᄒᆞᆷ은少量의物質을用ᄒᆞ야可及的大ᄒᆞᆫ骨을成ᄒᆞᆫ者니今에若一定量의物質을用ᄒᆞ야小ᄒᆞᆫ中實의杆과大ᄒᆞᆫ中空의杆을製ᄒᆞ야兩者의强度를較ᄒᆞ면中空ᄒᆞᆫ便이遙히堅固ᄒᆞ리라(骨의堅固ᄒᆞᆷ은一立方吋은能히八千磅重量을堪ᄒᆞᆷ을以ᄒᆞ야知ᄒᆞᆯ지라)又此肢骨의兩端이特히大ᄒᆞᆷ은關節의搆成과幷히腱의附着에便ᄒᆞ기爲ᄒᆞ야特히大ᄒᆞᆫ것이니라

今又骨(指硬骨)의一片을顯微鏡으로檢ᄒᆞᆯ時는其骨質中에는處處에小溝가有ᄒᆞ니血管의通路라此小溝를圍繞ᄒᆞ야無數ᄒᆞᆫ輪層이有ᄒᆞ니其層間에는亦夥多ᄒᆞᆫ小體가有ᄒᆞ야幷列ᄒᆞ고小體로由ᄒᆞ야는絲狀의突起를放出ᄒᆞ야互相輪層의間을貫通ᄒᆞ니此小體는卽骨細胞라名ᄒᆞ는것인ᄃᆡ輪層을成ᄒᆞᆫ物質은卽是等의細胞로因ᄒᆞ야分泌ᄒᆞᆷ으로骨中의無機物質을成ᄒᆞ는것이라

第二章　骨의成分과幷其形狀

骨은前의搆造로因ᄒᆞ야推究ᄒᆞ야도其中에는無機質과有機質이存在ᄒᆞᆷ을知ᄒᆞᆯ지니今에一骨片을火中에投ᄒᆞᆯ時는其有機分은悉皆燒去ᄒᆞᆫ後에는白色의脆ᄒᆞᆫ骨灰만殘ᄒᆞᄂᆞ니此骨灰는卽燐酸石灰及炭酸石灰니骨을成ᄒᆞ야硬固ᄒᆞᆫ物質이라(人類의骨은多量의燐酸石灰와少量의炭酸石灰로成ᄒᆞ고下等動物은次第로炭酸石灰의量을加ᄒᆞᄂᆞ니라)今又他骨片을鹽酸中에浸ᄒᆞᆯ時는酸은

石灰質을溶ᄒᆞᄂᆞᆫ故로柔軟ᄒᆞ야彈力이有ᄒᆞᆫ有機質、만殘ᄒᆞᄂᆞ니此ᄂᆞᆫ卽此ᄂᆞᆫ膠質이니骨을柔軟케ᄒᆞᄂᆞᆫ것이라然ᄒᆞᆫ딕骨의硬度ᄂᆞᆫ全혀此二物質의分量에關ᄒᆞᆫ것인딕其分等은人의年齡으로由ᄒᆞ야同치아니ᄒᆞ니幼時에ᄂᆞᆫ大概有機質이富ᄒᆞᆫ故로柔軟ᄒᆞ나年長ᄒᆞᆷ에從ᄒᆞ야次第로硬固ᄒᆞᄂᆞ니라(幼時의骨은其三分의一以上은有機成分이나老人의骨은其三分의二以上은無機成分이니라)

今又骨의形狀을見ᄒᆞ면四肢骨과如ᄒᆞᆫ者ᄂᆞᆫ細長ᄒᆞ고椎骨과如ᄒᆞᆫ者ᄂᆞᆫ短大ᄒᆞ고頭蓋骨과如ᄒᆞᆫ者ᄂᆞᆫ扁平ᄒᆞ야全身骨이其相對를成ᄒᆞᆫ者外에ᄂᆞᆫ一도同一ᄒᆞᆫ者無ᄒᆞ니盖其効用이各異ᄒᆞᆷ에基ᄒᆞᆷ이라形狀도스사로不同ᄒᆞ니라元來骨은身體의支柱를成ᄒᆞ야其體形을支保ᄒᆞᄂᆞ니或은空壁을擁ᄒᆞ야內部의柔軟ᄒᆞᆫ器官을保護ᄒᆞ며또ᄒᆞᆫ筋肉을附着ᄒᆞ야身體外部의運動을主ᄒᆞᄂᆞᆫ者ᄂᆞᆫ其身體의中軸이되야體形을支持ᄒᆞᄂᆞᆫ骨은最堅牢를要ᄒᆞᄂᆞᆫ故로椎骨과如히短大ᄒᆞ고其筋을附着ᄒᆞ야體体外部의運動을營ᄒᆞᄂᆞᆫ者ᄂᆞᆫ槓杆作用을主ᄒᆞ기爲ᄒᆞ야四肢骨과如히細長ᄒᆞ고又內部의柔軟ᄒᆞᆫ器官을保護ᄒᆞᄂᆞᆫ者ᄂᆞᆫ腔壁을擁護ᄒᆞ기爲ᄒᆞ야頭蓋骨과如히扁平ᄒᆞ니如斯히骨의形狀이種種各殊ᄒᆞᆷ은其効用에因ᄒᆞᆷ을知ᄒᆞᆯ지니라

第三章 軟骨

普通骨의硬固ᄒᆞᆫ者ᄂᆞᆫ前章에示ᄒᆞᆷ과如히堅牢ᄒᆞᆫ質을成ᄒᆞ얏스나然이나始終柔軟ᄒᆞᆫ質을保有ᄒᆞᆫ者ㅣ有ᄒᆞ니此를軟骨이라稱ᄒᆞᄂᆞ니라軟骨은多數히前의硬骨端에附着ᄒᆞ고或은骨의屈撓를要ᄒᆞᄂᆞᆫ部分에存在ᄒᆞ니其彈性이多ᄒᆞᆫ故니라然而此軟骨을組成ᄒᆞᆫ物

은細胞及軟骨素라名ᄒᆞᄂᆞᆫ有機質이니其顯微鏡的搆造ᄂᆞᆫ硬骨과異ᄒᆞ니라

然而硬骨은最初此軟骨로由ᄒᆞ야化生ᄒᆞᆫ것이多ᄒᆞ니此ᄅᆞᆯ骨化라稱ᄒᆞᄂᆞ니初生兒에在ᄒᆞ야ᄂᆞᆫ脊椎骨과頭骨과如ᄒᆞᆫ者도多分은此軟骨로成ᄒᆞ니라故로其頭部ᄅᆞᆯ壓ᄒᆞᆯ時ᄂᆞᆫ骨質이甚히柔軟ᄒᆞᆷ을檢知ᄒᆞᆯ지라然이나歲月을經ᄒᆞᆷ을從ᄒᆞ야次第로硬度가加ᄒᆞᆷ은此其骨化ᄅᆞᆯ證明ᄒᆞᆷ이明燎ᄒᆞ니라元來骨化라ᄒᆞᄂᆞᆫ것은石灰分이次第로軟骨中에沉澱ᄒᆞᆷ을由ᄒᆞ야成ᄒᆞᆫ者인ᄃᆡ其石灰分은飮食物中으로붓허來ᄒᆞᄂᆞᆫ것이라然ᄒᆞ면彼幼兒ᄅᆞᆯ哺育ᄒᆞᆷ에乳汁은最必要ᄒᆞᆫ成分이多ᄒᆞ니라

（未完）

文藝

青巖寺記

雙城逸民

三角山一枝脉嶒崚磅礴直馳東南始焉屈曲圍繞終焉平穩排置左分爲曲曲清溪右列爲点点翠巒其中有青巖寺寺之結搆甚矮小而其幽寂清閒可謂道禪逸人之居也余以長年塵想恨不早來而一觀矣今年秋客遊長安適値厲氣流行乍計城外止泊但恨未有定居趦趄囁嚅者有日矣一日奉尺牘卽余友崔君麟請余同遊之意也遂蹶起喟然曰疾病固是患難中最愼者而矧此熾染流行如星如火雖家人父子之親互避不見是例事也今崔君蕭蕭客驂彷徨于藤蔓石磴之中一身安危勢難暇保憧憧爾思終不我遐棄余雖頑石寧不知感卽就謙谷老師朴殷植氏具道其實共謀行李出至城東十里始見碧澗逶迤蒼松森列乃從斜蹊曲徑徐入其中翠微一室開戶迎之者卽

崔君及李君恩雨韓君相愚方置酒掃榻而待之也遂乘夜歡飮召致僧侶數人共議賦詩一絕僧侶皆以不文辭之其中有曰朴處士能解作詩共叙觴詠之情而已翌日欲探本寺歷史問諸僧徒悉皆模糊說去而當初創立事蹟初不能開喙嗚乎僧徒諸君凡一小物一小事皆有歷史況寺刹卽自處於天上天下惟我獨尊之地而諸君亦皆釋氏如來之門徒則特以大慈大悲之心必先講究其救世主義也如欲救世必先審其世界之興亡歷史然後亦可以實地救世也今諸君不審自家之如何沿革歷史則其空空之覺無乃已甚乎嗚乎諸君傳鉢之書意必有在而諸君之不講推可知矣白雲流水心共淸淨諸君此可爲道耶道則道矣余不足稱也紅塵紫陌跡與殊絕諸君此可爲樂耶樂則樂矣余不足羨也但區區所望於諸君者眞講釋氏之道實踐釋氏之行超海使節學松雲大師之壯氣臨難憤義效靈圭上人之大勇則諸君價値非但有光於佛門抑亦有辭於國家萬世而最後榮光其將超上於極樂世界也諸君盍念之哉余旣執筆不得不以略聞記之此寺之北距五里許古有百波上人之講道菴菴廢以後建設此寺而未知何時云也粤在哲廟時賜號慶國寺云而其後大院王殿下屢臨此地拜佛云云爾遂爲之記

二十世紀新舞臺靑年에對ᄒᆞ야

筆山夢人李錫龍

天下之難可遇者는時也오天下之不再來者는年也라故로齊人이曰雖有智慧나不如乘時라ᄒᆞ고魯論에曰日月逝矣라歲不我與라

ᄒᆞ얏스니寔是古之格言이오今之正鑑이라可謂ᄒᆞᆯ지로다時ㅣ如是難遇也故로厄宋厄陳에孔席이不暖ᄒᆞᄃᆡ竟不免乘桴之嘆ᄒᆞ시고遊齊遊梁에鄒轍이不遑ᄒᆞᄃᆡ終亦有出晝之日ᄒᆞ얏스며年이如是不再也故로呑二周滅六國에席捲四海ᄒᆞᄃᆡ三山仙藥이不延秦帝之壽ᄒᆞ고禪泰山惑方士에渴求長生ᄒᆞᄃᆡ汾水秋風이能醫漢帝之病ᄒᆞ얏스ᄃᆡ時之難遇와年之不再가往古來今에大抵若此ᄒᆞ도다嗚乎라難再의年으로以ᄒᆞ야難遇의時를當ᄒᆞᆫ今吾二十世紀新舞臺의靑年이여諸君이先而生十九世紀十八世紀라도今日二十世紀靑年에不及ᄒᆞᆯ지오後而生二十一世紀二十二世紀라도今日二十世紀靑年에不及ᄒᆞᆯ지어ᄂᆞᆯ幸而不先不後히此時代에生ᄒᆞ얏스니壯哉偉哉라靑年諸君이여然則十九世紀十八世紀에도靑年이有ᄒᆞᆯ지오二十一世紀二十二世紀에도靑年이有ᄒᆞᆯ지어ᄂᆞᆯ特히今日二十世紀靑年에至ᄒᆞ야如是大崇拜大敬愛를呈ᄒᆞᆷ은何故인가蓋二十世紀前世紀에ᄂᆞᆫ海陸이未闢ᄒᆞ고黃白이不通ᄒᆞ야東自東西自西ᄒᆞ야孔子孟子의哲學으로도支那一局에서만遊歷ᄒᆞ며秦始皇成吉思汗의英雄으로도東洋一隅에서만雄飛ᄒᆞ며乙支公의勇略으로도日入處天子(隋煬帝)만驚倒ᄒᆞ며梁萬春의雄韜로도天策上將軍(唐太宗) 만罵逐ᄒᆞ며十三州를獨立ᄒᆞᆫ華盛頓도北美一局에서나聲耀ᄒᆞ며卅七年을血戰ᄒᆞᆫ維廉額門도荷蘭一史에서나流芳ᄒᆞ며拿坡崙聖彼得의勇力도西洋一部에서나橫行ᄒᆞ며아리슈토、싸빈氏의哲學으로도羅馬一邦에서나崇拜ᄒᆞ얏스니此ᄂᆞᆫ幼稚時代의靑

年들이라遺恨이不無ᄒᆞᆯ지오二十世紀後世紀에ᄂᆞᆫ世界가盡明ᄒᆞ고萬國이同等ᄒᆞ야平和가結局에戰爭이不起ᄒᆞ야李舜臣의鐵甲船이幾千艘가有ᄒᆞᆯ지라도將用之無處ᄒᆞᆯ지며朴晋의震天雷가幾百門이有ᄒᆞᆯ지라도亦試之無地ᄒᆞᆯ지며木牛流馬를製造ᄒᆞᆫ諸葛亮의其人이有ᄒᆞ야도隱處山林而與麋鹿同友ᄒᆞᆯ지며滊機滊船을發明ᄒᆞᆫ瓦特氏의前身이生ᄒᆞᆯ지라도退居江湖而與鳧鴈同羣ᄒᆞᆯ지며阿美利加洲를發現ᄒᆞᆫ科崙布라도更히發現ᄒᆞᆯ地가無ᄒᆞᆯ지며蘇士運河를開通ᄒᆞᆫ佛蘭西人이라도更히開通ᄒᆞᆯ路가無ᄒᆞ야升平天地에康衢烟月로生涯ᄒᆞᆯ지니此ᄂᆞᆫ無爲時代의青年들이라晩嘆이不無ᄒᆞᆯ지어니와今日二十世紀時代ᄂᆞᆫ洋通東西ᄒᆞ고人混黃白ᄒᆞ야優勝劣敗ᄒᆞ고弱肉强食ᄒᆞᄂᆞᆫ大競爭局이라

故로大宗敎家大敎育家大哲學家大理想家大法律家大政治家大經濟家의其人이有ᄒᆞ면報館公筆로時時祝賀ᄒᆞ며演壇雄辯으로日日讃頌ᄒᆞ야海陸萬里에無足而馳名ᄒᆞ고宇宙萬國에無翼而飛勢ᄒᆞ야銅像이亦立ᄒᆞ고竹史가青垂ᄒᆞ야東西全局이父老와如히崇拜ᄒᆞ며兄弟와如히敬愛ᄒᆞᄂᆞ니美哉라此二十世紀新舞臺여一失而難再遇ᄒᆞ고一去而難再來ᄒᆞᆯ時代로다今日我國現狀으로觀ᄒᆞᆯ지라도青年學生이喜哀ᄒᆞ면二千萬이共喜哀ᄒᆞ고青年學生이休戚ᄒᆞ면二千萬이同休戚ᄒᆞ야諸君이進一步ᄒᆞ면國家가進一步ᄒᆞ며諸君이이退一步ᄒᆞ면國家가退一步라ᄒᆞ야政治의改革도青年의責任이라ᄒᆞ며社會의進步도青年의責任이라ᄒᆞ며實業의發達도青年의責任이라ᄒᆞ며同胞의救濟도青年

의責任이라ᄒᆞᄂᆞ니此莫重莫大ᄒᆞᆫ責任을負擔ᄒᆞᆫ吾靑年諸君이여諸君이此崇拜此敬愛ᄅᆞᆯ受ᄒᆞ고靑年의義務ᄅᆞᆯ履行치못ᄒᆞ며靑年의價値ᄅᆞᆯ低落케ᄒᆞ면何面目으로天地日月을對ᄒᆞ며父兄長老ᄅᆞᆯ見ᄒᆞ리오嗚乎라靑年諸君이여此ᄅᆞᆯ知ᄒᆞ시ᄂᆞᆫ가不知ᄒᆞ시ᄂᆞᆫ가贅供을不竢ᄒᆞ고業已知此ᄒᆞ시리니此難再遇難再來의好時代에吾靑年을生育劬勞ᄒᆞ신父母씌一大感謝ᄅᆞᆯ千萬祝믈ᄒᆞ고十分涓埃로國恩의萬一을報答ᄒᆯ지어다如或此時機ᄅᆞᆯ失ᄒᆞ야今日明日에推過만專事ᄒᆞ다가秦宮高喝이明月을難退ᄒᆞ고魯陽長戈가白日을難回ᄒᆞ야志士頭上에皓霜이已早ᄒᆞ고英雄鬢邊에靑春이不再ᄒᆞ야於焉之間에泡花影子ᄅᆞᆯ作ᄒᆞ면諸君도亦無能力無熱血의一腐物頑塊에不過ᄒᆯ지니趕速히靑年의責任을履行ᄒᆞ야噬臍의遺嘆을勿招ᄒᆯ지어다嗟吾靑年이여勿棄醒覽ᄒᆞ시오

述者의此言이僭妄을難辭나述者도亦靑年界一分子라一是諸君을敬望ᄒᆞ고一是自身을躬戒ᄒᆞ야腐鯫謗談으로一笑ᄅᆞᆯ業購ᄒᆞ노라

賀本學會內農林講習所修業李養羽先生繼告我西北父老說

朴漢榮

先生碧潼人士一日冠籐冠衣𢂽衣到普成館書籍發賣所問森林學有無漢榮幸以現服役于此得見吾先生覊碍于事爲之繁瀚弗遑通刺故不知先生何人也然先生鬢毛已斑容顔半癯年可五十有餘乃言之以老夫方修業于

西北學會內農林講習所故欲買森林學而來仍買一部浩浩然去及其出門數三館員互相稱之曰壯哉彼老人偉哉彼老人吾國實業界之發展可以預賀漢榮於其時應之曰吾聞夫傳說日本嘗有一人年逾四十修法律學及卒業擧國賀之曰邦家之慶矣今先生亦然以是云云者有一日値有事詣本學會會館謁于岡先生(書記員李達元)寒暄畢首叙先生之昨日于岡先生應之曰誠有是哉先生卽碧潼李養羽有子三四人今皆送之學校修業而聞本所設立乃曰吾當上京講習以作我國他日實業界之主人忘老至此見聞若是相符乃明知先生之爲誰也嗚呼今日國中之父老如先生者果有幾人焉我國古來農土焉肥沃林木焉蓊鬱矣降至近世實業不振國力隨替農而他人藝之林而他人斧之山野瀕乎殆盡人人尙不知何天作雲何雲送雨截無下手于農林父老徒悲歲月之與水東流氣勢之如日西傾而獨先生以西北之一老惟是之憂惟是之懼躬先此修式使我全國人民皆如我先生不患農藝之墮落而處人之下不患林業之凋殘而居人之後而將可諸般實業次第興旺國家富而又强進與列雄共視威力於天下今乃不然是誰之所致是誰之所致天不可怨人不可尤之而固皆自責也可矣竊願我西北父老惟先生之老而好學學之不厭是傚是趍躬講實學如先生則不翅全國之農林等業一時幷盛四野溢黃而穀不可勝食萬山鬱蒼而材不可勝用矣而靑年亦自相顧言曰吾父兄白首殘齡如是以身先之吾輩少年豈敢或怠或懈只事閒安哉遂各自勉旃競赴實業而國中將無遊子蕩孫矣更以一說架敷贅陳送子弟入學校亦皆如先

生則國無逸才人無棄材矣今漢榮之敢不揆僭妄而如是橫竪說去者靡有他意但我國之敎育與實業尙屬幼稚以其父老之不先之而諉之靑年也故先此供獻敬告于吾西北父老幸須不以人廢言躬自先施遂使全國父老亦相興起以我東方爲實業之帝國西北父老之功孰有大於是

詞藻

五言古詩

觀製紙　茂亭

士一於四友、紙一於四友　紙用有萬殊、
惟士情最厚、余以爲士故、與汝周旋久、
密密織水簾、囊囊擣楮臼、一簾纔一張、
矻矻勞良手、今觀新製紙、不圖此理有、
入門始引水、出門已剪剖、渠渠萬間屋、
飛雪堆山阜、硏光如練帛、價約以厚取、
車載而船輸、萬里頃刻走、寒士歎紙貴、
舊法常膠守、紙賤今如此、尙欲膠守否

評曰篇幅稍短頗具典型

五言律詩

夜歸　慶雲少年

揮手出門去、四顧心含悲、疎星照古屋、
明河淡高秋、天地自悠久　美人易淹遲
跱躇中道散　相聚復何時

七言律詩

秋興六首　觀海散人

玉露金風八月初、客窓愁思更何如　高堂白髮庭闈暖、故國靑山木葉疎、滄海月明遊子淚、茂陵雲黯故人書、漫漫北望洪濛遠　短鬢空搔恨有餘

光陰逝水迅如飛、風景無殊歲月非、海外

世情看爛熟、年來客況記依俙、貧雖非病愁多債、熱不因人尙短衣、緋笑漫遊心未歇、爲看紅葉竟忘歸

賈生痛哭詎眞痴、孤憤塡胷欲語誰、絕口不談天下事、傷心又見黨人碑、觸蠻百戰皆蝸角、芳臭千秋亦豹皮、醉倚西樓時極目　蕭蕭風雨不勝悲

盎然春意發神州、氣象蕭條尙似秋、報國預儲新馬革、登塲半是爛羊頭、當年招隱曾屠狗、竪子成名却沐猴、莫謂狂瀾從此挽、誰知滄海正橫流

潤色江山一霎新、溝中瘠骨正吟呻、丸泥何補危巢燕、杯水難蘇涸轍鱗、赤旱成災知有魃、綠章乞命惜無神、哀鴻莫再嗷嗷訴、九陌鶯花錦繡春

莫再呼天訴不平、東西漂泊百無成、新亭風月皆陳迹、故國河山有舊盟、伏櫪壯心借日永、揮戈微力遜綿輕、龍蛇起陸渾何日、天地悠悠太不情

評曰其思甚沉其氣甚高足令人擊案一起

秋夜會吟靑岩寺　謙谷

一菴靜寂萬松靑、風滿踈櫺月滿庭、玉露楓林何瑟瑟、白蓮寶塔自亭亭、方知苦海無窮盡、獨賴玄機有妙醒、直向佛前供發願、于今何以濟生靈

松南

十里步來山始靑、中間一寺洞開庭、淸泉激石渾成籟、碧樹引風自在亭、詩欲吐奇還吐拙、酒非要醉更要醒、慈航遇險誰同濟、釋氏千年也有靈

白下

露下天高夜色靑、僧來自說月生庭、無量

金佛白雲塔、自在石琴流水亭、歸依淸淨是眞覺、久醉炎凉何不醒、將我世憂誰與共、相看無語賸心靈

蓮史

一片燈心無限靑、前生俱或誤黃庭、上方月色秋如水、長夜虫聲客倚亭、莊蝶翩翩曾是夢、楚騷哀怨未眞醒、塵俗亦隨境界遠、從今庶或學仙靈

古友

恒河未盡雪山靑、東郭亦存花雨庭、寒聲入室風生竹、澹影當窓月到亭、長夜歸鴻何處宿、老僧法說使人醒、休道業緣多少事、如來成佛在心靈

演壇

孔夫子誕辰紀念會講演

陰八月二十七日

大同敎會 宗敎部長 謙谷朴殷植

本日은

至聖先師孔夫子의誕辰이라本敎에서開敎式을擧行홈에對ᄒᆞ야瞻慕景仰ᄒᆞᄂᆞᆫ思想은萬古一日이로소이다吾儕가聖人을景慕ᄒᆞᄂᆞᆫ思想이發ᄒᆞ얏슬진ᄃᆡ맛당히聖人을願學코져ᄒᆞᄂᆞᆫ思想이有ᄒᆞᆯ지니此卽善端萌芽之際라交相切磋의意로一番講演은所不可已라本人은學識이蔑劣ᄒᆞ고辭氣가拙訥홈으로値此盛擧ᄒᆞ야講演冒陳키不能ᄒᆞ나本敎中一個人의職分으로不敢有隱ᄒᆞ야區區淺見으로大同敎의淵源所自와大同敎의宗旨攸存을溯究ᄒᆞ야高明ᄒᆞ신僉位閣下의鑑誨을仰請ᄒᆞ옵ᄂᆞ이다盖孔門의大同敎ᄂᆞᆫ其言

이載於禮經ᄒᆞ고其義가寓於春秋ᄒᆞ얏스니聖人經世의志가大同之治에在ᄒᆞ신것은昭如日星ᄒᆞ니다自孟子歿ᄒᆞ심으로其傳이遂絕ᄒᆞ고其義가不行ᄒᆞ야數千載歷史에大同의學을講ᄒᆞᆫ者未有ᄒᆞ얏스니엇지大同의治를得見ᄒᆞᆯ時期가有ᄒᆞ리오世運이變遷ᄒᆞ고人文이增進ᄒᆞᆷ익學者의思想이從而日新일서於是乎最近東洋學界에一二豪傑之士가出ᄒᆞ야吾孔教의大同學을表而出之ᄒᆞᆷ이有ᄒᆞ니自今으로世界의進化가日趨高度ᄒᆞ면必然코大同教가大行于世ᄒᆞ야天下爲公의至治를可觀ᄒᆞᆯ줄노思惟ᄒᆞ옵ᄂᆞ이다大同教의宗旨ᄂᆞᆫ惟何오聖人의心은以天地萬物로爲一體ᄒᆞᄂᆞ니此其意想推度으로由ᄒᆞᆷ이아니오卽仁의本體가原是如此라何則고天地의氣가卽吾의氣오萬物所受의氣가卽吾所受의氣라旣同此一氣어니其所賦의理가엇지同處가無ᄒᆞ리오是故로孺子의入井을見ᄒᆞ면怵惕惻隱의心이必有ᄒᆞ니此其仁이孺子와一體됨이오鳥獸의哀鳴觳觫을見ᄒᆞ면不忍의心이必有ᄒᆞ니此其仁이鳥獸와一體됨이오草木의摧折을見ᄒᆞ면憫恤의心이必有ᄒᆞ니此其仁이草木과一體됨이오至於瓦石의毁壞를見ᄒᆞ야도顧惜의心이必有ᄒᆞ니此其仁이또ᄒᆞᆫ瓦石과一體됨이아닌가然則天地萬物一體의仁은人皆有之언만은但衆人은形體의私와物慾의蔽로間隔이되야物我의計較가必生ᄒᆞ니於是乎利害相攻ᄒᆞ고忿怒相激ᄒᆞᄂᆞᆫ境遇이면天良을全失ᄒᆞ야戕賊物類ᄒᆞ고毒害人類를無所不爲ᄒᆞᆯ뿐더러甚者ᄂᆞᆫ同族爲仇ᄒᆞ고骨肉相殘ᄒᆞ야天彜를滅絕ᄒᆞ니天下의亂이何時可已乎아是以로

로聖人이憂之ᄒᆞ사推其天地萬物一體之仁ᄒᆞ야立敎於天下ᄒᆞ사ᄃᆡ人人所固有ᄒᆞᆫ本心의明을因ᄒᆞ야開之導之ᄒᆞ야其形體의私와物欲의蔽를克治ᄒᆞ야其心體의同然者를回復ᄒᆞ면天下之人이同歸于仁ᄒᆞ야太平의福樂을共享ᄒᆞᆯ지니此ᄂᆞᆫ大同敎의宗旨로소이다然則吾人이聖人의敎를學ᄒᆞ야聖人恩賜를報荅코져ᄒᆞᆯ진ᄃᆡ聖人의心法을求ᄒᆞᆯ지니聖人의心法을何處에向ᄒᆞ야求得ᄒᆞ릿가他에不在ᄒᆞ고自家身上方寸田地에一點靈明이得於天賦者가卽是聖人의心法이오正是自家光明寶藏이라此를反而求之ᄒᆞ야塵累를洗濯ᄒᆞ고本體를完全케ᄒᆞ면孟子所云萬物皆備者卽此而在ᄒᆞ니라盖吾儒學問이此等境界에到達치못ᄒᆞ면天命의本體를克復ᄒᆞ야天下의大本을立ᄒᆞ기不能이오비록博洽ᄒᆞᆫ見聞이有ᄒᆞᆯ지라도終是俗學의地位를超脫치못ᄒᆞᄂᆞ니다然ᄒᆞ나學者가但以靜坐收斂으로爲涵養工夫ᄒᆞ야喜靜厭動의習慣을成ᄒᆞ야人情事變에磨鍊이無ᄒᆞ면便是無用의學이라何足取哉아盖正心工夫ᄂᆞᆫ靜坐收斂에도在ᄒᆞ고應事接物에도在ᄒᆞ니盖此心之明이初無動靜之別ᄒᆞ야動卽是此心이오靜卽是此心이라假令本人의現帶ᄒᆞᆫ報館의職으로言ᄒᆞᆯ지라도記事論事之際에或衆人의毁謗을因ᄒᆞ야怒心을輕發ᄒᆞ야攻駁을過當케아니ᄒᆞ며或愛憎의關係로以ᄒᆞ야私心을用ᄒᆞ야抑揚을過情케아니ᄒᆞ며或酬應의煩冗을因ᄒᆞ야厭倦心으로苟且塗抹치아니ᄒᆞ며或傍人의慫慂을隨ᄒᆞ야自心의權衡을委曲케아니ᄒᆞ면此便是正心工夫라謂ᄒᆞ야도可ᄒᆞᆯ지라觸類而伸ᄒᆞ면簿書訟獄과錢

穀甲兵이無往非正心工夫오비록聲色貨利를對ᄒᆞᆯ지라도彼의誘引을不被ᄒᆞ고本心을存得ᄒᆞ면亦是正心工夫라程夫子所云動亦定靜亦定이此를謂ᄒᆞᆷ이니다且夫吾人이天下事物을對ᄒᆞ야實履實習이無ᄒᆞ고但히推想研究로ᄂᆞᆫ其理를眞知치못ᄒᆞᆯ지라有一苽於此ᄒᆞ니必嚼而嘗之라야其苽의甛苦를眞知ᄒᆞᆯ지니初不嘗之ᄒᆞ고甛苦를斷定ᄒᆞᆷ은亦是妄想이라古昔戰國時代에趙括이兵書를讀ᄒᆞᆷ의天下莫能當이라ᄒᆞᆫ지라彼知兵者로自負ᄒᆞ얏슬것이오人도知兵者로許ᄒᆞ얏슬지나及其戰敗ᄒᆞᆫ結果로觀ᄒᆞ면엇지知兵者라謂ᄒᆞ리오今日我韓社會에一般人士가皆言愛國ᄒᆞ며皆言敎育ᄒᆞ며皆言殖産云ᄒᆞ나愛國의義務를實行치아니ᄒᆞᆫ者면愛國을眞知ᄒᆞᄂᆞᆫ者라謂치못ᄒᆞᆯ지며敎育과殖産의事業을實行치아니ᄒᆞᆫ者면敎育과殖産을眞知ᄒᆞᄂᆞᆫ者라謂치못ᄒᆞᆯ지니儒家의徒言窮理ᄒᆞ고未見實行者를엇지眞知學理者라謂ᄒᆞ리오而況今日은萬般事業이皆實行時代라徒能讀書ᄒᆞ야曰知先行後者ㅣ豈不謬哉아此ᄂᆞᆫ知行合一의論이學者의不二法門이되ᄂᆞᆫ줄노認ᄒᆞᄋᆞᆸᄂᆞ니다以上은學者의自修ᄒᆞᄂᆞᆫ工夫에對ᄒᆞ야大略論述ᄒᆞᆫ바어니와今夫大同敎에對ᄒᆞ야其發展方法을槪言ᄒᆞ리다曰開導國民이니從前吾儒敎의學習ㅣ中等以上에止ᄒᆞ고中等以下에人에不及ᄒᆞᆫ지라國民의數로計ᄒᆞ면中等以下의居多ᄒᆞᆯ지어ᄂᆞᆯ前此敎育의方法이完備치못ᄒᆞ야中等以下에不及ᄒᆞᆫ것은最大欠點이라今에經傳中嘉言善行과本敎에서新著述ᄒᆞᆫ文字를譯以國文ᄒᆞ야一般男女同胞로ᄒᆞ야곰無不曉解

ᄒᆞ고無不信仰케ᄒᆞ여야可히大同敎가大同의化를成ᄒᆞᆯ것이오曰宣布世界니本人이曾往에日本人의發行ᄒᆞᄂᆞᆫ某雜誌를閱覽ᄒᆞᆷ의卽吾國의退溪學을尊崇ᄒᆞᄂᆞᆫ言論이라其言에曰西洋人으로ᄒᆞ야곰韓國에退溪學이有ᄒᆞᆫ것을知케ᄒᆞ면可히國光을增ᄒᆞ리라ᄒᆞ얏스며又西洋理學家에서東洋의佛敎源流를收輯編纂ᄒᆞᄂᆞᆫᄃᆡ支那와日本의佛敎歷史만采錄ᄒᆞ고吾國에佛敎ᄂᆞᆫ初不擧論ᄒᆞ얏스나佛敎로言ᄒᆞ면吾國의佛敎가日本보다先進이지만은我ᄂᆞᆫ彼西洋理學家와紹介가無ᄒᆞᆫ緣故라儒敎도亦然ᄒᆞ니吾人이旣已大同敎를發起ᄒᆞᆫ以上에ᄂᆞᆫ退栗諸先生의學論과本敎에셔新著述ᄒᆞᆫ文字를支那와日本學界에ᄂᆞᆫ漢文으로傳播ᄒᆞ야意思를疏通ᄒᆞ고英文으로翻譯ᄒᆞ야西洋學界에波及ᄒᆞᆯ方針을實行ᄒᆞ면吾大同敎의光明이世界에普及ᄒᆞᄂᆞᆫ影響이有ᄒᆞᆯ지니吾의國光을發表ᄒᆞ며吾의道德을發揮ᄒᆞᆷ이何如ᄒᆞᆫ効力이有ᄒᆞ오릿가惟願我僉位閣下ᄂᆞᆫ血心擔着ᄒᆞ고竭力輔翼ᄒᆞ야本敎의最大結果를獲得ᄒᆞ기로千萬顒祝ᄒᆞᆸᄂᆞ이다

記者ㅣ曰全篇演論實得宗敎歸趣

西北兩道水灾救恤金義捐會演說

金源極

今日開會된理由와前後義捐에對ᄒᆞᆫ演說은辯士諸氏가다說明ᄒᆞᆫ바ㅣ어니와本人이皇城新聞社代表로演壇의言權을暫時借得ᄒᆞ얏슨즉不得不一言으로諸君子의前에供陳코저ᄒᆞ나니다大抵今年西北各郡에水災를被ᄒᆞᆫ同胞ᄂᆞᆫ可히至慘至毒ᄒᆞᆫ境界에陷落ᄒᆞ

얏다謂ᄒᆞᆯ지라何也오大抵患難이非一ᄒᆞ야或火災盜賊死亡疾病等事의患難이種種히有ᄒᆞ니假令火災나盜賊의患을被ᄒᆞᆫ者ᄂᆞᆫ一時의刧運을當ᄒᆞ야家産도燒蕩되며人命도傷害될지나當塲刧運을經過ᄒᆞ면所有ᄒᆞᆫ凡他不動産園林과田畓은如前히잇ᄂᆞᆫ지라家屋도建築ᄒᆞᆯ資料가有ᄒᆞᆯ지오衣食도繼續ᄒᆞᆯ能力이有ᄒᆞᆯ지며死亡疾病의患을當ᄒᆞᆫ者도旣死ᄒᆞᆫ者의可哀可痛ᄒᆞᆷ은加論ᄒᆞᆯ바ㅣ업스나幸히生命을保全ᄒᆞᆫ者ᄂᆞᆫ亦生活ᄒᆞᆯ餘地가有ᄒᆞᆯ지라然ᄒᆞ나今年西北各郡에水災를被ᄒᆞᆫ同胞諸氏ᄂᆞᆫ卒地風雨에山崩谷遷ᄒᆞᄂᆞᆫ大變을瞥眼間에當ᄒᆞ야家屋은積水乾坤에떠달아나고園林은童濯ᄒᆞᆫ平陸이되고田畓은變ᄒᆞ야或은澤池도되고或은石磴이된지라如此ᄒᆞᆫ卒變을當ᄒᆞᆫ同時에人命의慘死ᄂᆞᆫ웃지指數ᄒᆞᆯ바ㅣ有ᄒᆞ리오嗚乎라慘死ᄒᆞᆫ同胞ᄂᆞᆫ其可哀可痛ᄒᆞᆷ을一言으로形喩ᄒᆞᆯ수업스나現方殘喘을保生ᄒᆞᆫ同胞ᄂᆞᆫ將次何術으써生活ᄒᆞᆯ고園林이盡脫ᄒᆞ야樹木이一無ᄒᆞ니家屋建築ᄒᆞᆯ期望이無ᄒᆞᆯ지오田畓이覆沙를當ᄒᆞ얏스니朝夕糊口ᄒᆞᆯ期望이無ᄒᆞᆯ지며設或父母妻子를帶率ᄒᆞ고一時東乞西宿ᄒᆞᄂᆞᆫ苦境을當ᄒᆞᆯ지라도明春에農作ᄒᆞᆯ希望도永絶ᄒᆞᆫ지라百般思量에萬死一生에計가無ᄒᆞ니世上天下에可矜可憐ᄒᆞᆫ同胞가多ᄒᆞ지만일어케極慘至毒히生死絶望ᄒᆞᆫ同胞가이밧게다시뉘가有ᄒᆞ리가然ᄒᆞ죽如此ᄒᆞᆫ同胞를對ᄒᆞ야卽其時에匍匐往救치ᄂᆞᆫ못ᄒᆞ여슬지라도其矜恤惻怛ᄒᆞᆫ良心이此狀况을聞ᄒᆞᆫ同時에一塲大哭에淚雨를不禁ᄒᆞᆯ지라昔者에救主耶蘇氏ᄂᆞᆫ世界人民의罪惡을代贖ᄒᆞ기

爲ᄒᆞ야十字架上에肉体를밧처스니萬若今日에耶蘇氏가在ᄒᆞ야이러ᄒᆞᆫ同胞의慘境을보실地境이면읏더ᄒᆞᆫ慈悲心이生ᄒᆞᆯ듯ᄒᆞ오今日우리가被災ᄒᆞᆫ同胞에對ᄒᆞᆫ義務는肉体로代贖ᄒᆞᆷ과如히至難ᄒᆞᆯ事도아니오다못一般同胞의隨勢力補助ᄒᆞᆷ에存在ᄒᆞᆯ뿐이로다然ᄒᆞ면一分을可捐ᄒᆞᆯ力이有ᄒᆞᆫ者는一分을出ᄒᆞ여도義務오五厘를可捐ᄒᆞᆯ力이有ᄒᆞᆫ者는五厘를出ᄒᆞ여도亦義務라此에對ᄒᆞ야時日을遷延ᄒᆞ고義務를速行치아니면우리神聖ᄒᆞᆫ民族同胞가殘忍無良ᄒᆞᆫ冷評을免치못ᄒᆞ리로다예젹에支那사ᄅᆞᆷ宋庠은(마암이)무리數萬이雨水에漂流ᄒᆞᆷ을見ᄒᆞ고編竹渡救ᄒᆞ얏다ᄒᆞ니萬若宋庠氏로ᄒᆞ여곰今日我同胞의慘境을目覩ᄒᆞ면其濡身爛額을不計ᄒᆞ고大聲疾呼ᄒᆞᆯ지니我二千萬同胞의至仁至慈ᄒᆞᆫ本能이읏지一宋庠氏에게讓步ᄒᆞ오릿가然ᄒᆞ면諸氏의義血이一發ᄒᆞ는境遇이면幾千萬圜募集이라도不難ᄒᆞᆯ지니請컨ᄃᆡ諸氏의誠과諸氏의力을從ᄒᆞ야濱死ᄒᆞᆫ同胞를救活ᄒᆞ여봅시다또ᄒᆞᆫ諸氏를對ᄒᆞ야말ᄒᆞᆫ아더ᄒᆞ고자ᄒᆞ는것은달음아이라今日我國에水旱災異가疊臻ᄒᆞᆷ은大槪森林不盛에在ᄒᆞᆫ지라國內山川森林이濃碧ᄒᆞ면水蒸氣를善히發生ᄒᆞᆷ으로亢旱의憂가無ᄒᆞ고設或暴雨가大注ᄒᆞᆯ지라도雨滴이樹葉에停溜ᄒᆞ얏다가次第로川渠에流下ᄒᆞᆷ으로卒地漲水의患을免ᄒᆞ나니우리가今日以後로森林培植에從事ᄒᆞ야全國內森林을茂盛케ᄒᆞ면水旱災異가自然히杜絶ᄒᆞᆯ지니今年西北各郡과如ᄒᆞᆫ水災가初無ᄒᆞᆯ지나萬一今年明年에林業을不務ᄒᆞ고災變을欲救ᄒᆞ면此는無低桶

을持ᄒᆞ고水을灌入ᄒᆞᆷ과如ᄒᆞᆯ지니將來의大患이漸至ᄒᆞᆷ을免ᄒᆞᆯ能力이無ᄒᆞᆯ지라爲先諸氏ᄂᆞᆫ森林栽培에注意ᄒᆞ시기ᄅᆞᆯ千萬발아오며目下慘境에陷落ᄒᆞᆫ同胞ᄅᆞᆯ各自出義ᄒᆞ야亟亟救活ᄒᆞ여주시기ᄅᆞᆯ千萬발아옵나니다

歌 叢

孔子誕辰歌

庚戌八月오ᄅᆞᆯ랄이 우리夫子誕辰이라
天縱ᄒᆞ신우리夫子 生民以來未有로세
爲天地兮立心ᄒᆞ고 爲生民兮立道로다
去聖絶學繼承ᄒᆞ야 萬世太平열엇도다
詩書禮樂删述ᄒᆞ야 帝王政治表彰ᄒᆞ고
春秋衮鉞森嚴ᄒᆞ야 亂臣賊子畏誅로세
博施濟衆널분主意 席不暇暖轍環ᄒᆞ사
日月갓치ᄇᆞᆰ으신道 警世木鐸되셧구나
우리東方君子國은 夫子의道講明키로
禮義文物燦然ᄒᆞ야 大同之治快覩터니
聖遠言湮ᄒᆞ심으로 文明程度低落ᄒᆞ야
長夜乾坤沉沉ᄒᆞᆫ데 夢覺關을뉘가열고
萬世不易大規模ᄅᆞᆯ 우리들이遵守ᄒᆞ고
萬機萬像光輝코져 大同敎會發起로세
우리同胞二千萬은 如天大路共進ᄒᆞ야
貳心貳德ᄒᆞ지마라 大同二字目的일세
어화조타오날날에 贊揚歌ᄅᆞᆯ불너보세
玉振金聲조흔소리 萬口一齊和荅ᄒᆞ여
前無後無우리夫子 萬世功德褒揚ᄒᆞ세
우리國家文明ᄒᆞᆯ길 今日부터基礎로다
萬歲萬歲萬萬歲 夫子之道萬萬歲 萬歲
萬歲萬萬歲 大韓帝國萬萬歲 萬歲萬歲
萬萬歲 大同敎會萬萬歲

巷謠

前續

春夢子

셕단 ᄇᆡᆨ단 타ᄂᆞᆫᄃᆡᄂᆞᆫ 연긔도 풀셕나지 마ᄂᆞᆫ 님의가슴 타ᄂᆞᆫᄃᆡᄂᆞᆫ 연긔도 김도 아니난다 (情歌)

여보 이거 무슴놀의오 듯고도 의미를 잘몰으깃소 ᄃᆡᆨ덜은 흥에 지워서 ᄃᆡ평셩ᄃᆡ와 갓치 서로 님ᄉᆡᆼ각이나ᄒᆞ면 자미가 콩뒤들ᄒᆞᆯ일 만킷소나ᄂᆞᆫ 날아 되여가ᄂᆞᆫ ᄭᆞᆯ아군이를 보니 글언ᄉᆡᆼ각 날결울이 업슬듯ᄒᆞ오 참답답ᄒᆞᆫ 분들이로군

여보ᄂᆡ놀의한마ᄃᆡ 들어보오

셕단 ᄇᆡᆨ단 타ᄂᆞᆫᄃᆡᄂᆞᆫ 연긔도 풀셕나지마ᄂᆞᆫ 국가사를 ᄉᆡᆼ각ᄒᆞ고 주야로 우ᄂᆞᆫ 이ᄂᆡ가슴 타ᄂᆞᆫᄃᆡᄂᆞᆫ 연긔도 김도 아니난다

곡조ᄂᆞᆫ 한가지오마ᄂᆞᆫ ᄂᆡ놀의ᄂᆞᆫ ᄃᆡᆨ덜 듯긔에 자미 업깃소 그려나 귀가 잇ᄂᆞᆫ사름이면 듯긔비참ᄒᆞᆯ듯

뒤문밧게 칠셩단 ᄊᆞᆺ코 본남편 죽으라고 산쳔긔도 ᄒᆞᆷ니다에

허허 참귀ᄉᆞᆫ영 ᄆᆡᆨ키ᄂᆞᆫ 놀의 다 듯깃소 본남편 울의 살나고 긔도못ᄒᆞᆫ들 죽으라고 긔도ᄒᆡ요 파연례의지방 인물이로군 놀의만 들어도 나라에 일언잡년들이 이ᄉᆞ니 말아니지 죽금은 녀ᄌᆞ사회와 녀ᄌᆞ교육이발달되니 일어ᄒᆞᆫ

폐단이업서 질더이지
여보ᄂᆡ 놀ᄋᆡ 한마듸 들어보오
뒤문 밧게 칠성단 싸코 국권독립ᄒᆞ
라고 하ᄂᆞᆯ님께 긔도ᄒᆞᆸ시다
갓단곡조라도 과연 정신잇ᄂᆞᆫ 놀
ᄋᆡ라고 할만ᄒᆞ지오
간다 간다 간다고ᄒᆞ더니 가고서 다
시 쇼식 업네
무엇이 간다고 ᄒᆞ더니 가고서
다시 쇼식이 업단 말인가
ᄂᆡ듯긔에ᄂᆞᆫ 우리날아 국권이
간다 간다 간다고ᄒᆞ더니 국권
둘아온다ᄂᆞᆫ 쇼식이 다시 업ᄂᆞᆫ
모양인가 참글어ᄒᆞᆫ의미가 포
함ᄒᆞ엿스면 조흔놀ᄋᆡ오
ᄉᆡ야 ᄉᆡ야 파랑 ᄉᆡ야 록두밧헤 안

지마라 록두ᄭᅩᆺ ᄯᅥ러지면 파부눈물
절노난다
ᄉᆡ야 너도 못쓸놈이로다 파부의
ᄉᆡᆼ활이 다맛록두 익은후 청포장
수나 ᄒᆞ여먹으랴고 발아ᄂᆞᆫ것인
ᄃᆡ 넛ᄃᆡ문에 록두도 익을수업스
나 파부의눈물이 절로날밧게잇나
나ᄂᆞᆫ 죽어 오리나모 되고 너ᄂᆞᆫ 죽
어 장갈장갈되고 야래서 우헤ᄭᆞ지
밋헤서 ᄭᅳᆺ헤ᄭᆞ지 휘휘 친친 감겨서
일ᄉᆡᆼ풀니지 안케 놀세
안정은 ᄃᆡ단히 좃튼모양이로고
글언단합심을 ᄒᆞᆫ번변ᄒᆞ여 국민단
체 글어키 열심ᄒᆞ면 ᄃᆡ단히 공
사에 유익ᄒᆞᆯ 일이오 글언음사
탕정으로정신 업시 롤다가ᄂᆞᆫ 썩

어질랄이 몃칠이나 되ᄂᆞᆫ가 보세 聞者ㅣ曰嗚乎라大抵國家의文明程度를閭巷의小說과歌謠를聞ᄒᆞ고其卑隆을 觀察ᄒᆯ지어ᄂᆞᆯ 滿城內歌謠를 들음의 人類生活과 國家行動에對ᄒᆞ야ᄂᆞᆫ 分毫도觀念이無ᄒᆞ고 다맛 桑間濮上의 哇音밧게 업스니 國이如此ᄒᆞ고 其民의生活이 安得不困이며 其習의鮮怠가 安得不生이리오 旣往은不可諫이어니와 來者를可追어다

寄書

陸秀夫舟中講大學章句　松菴崔定鉉

癰疽外潰皮肉糜爛則治之者當先保其元鼎鑊中沸泡水騰越則止之者當先去其熱元者氣也熱者薪也氣主內而皮主外似相懸隔然疽固氣之所由故良醫必欲保之薪在下而水在上似不干涉沸固薪之所使故智者必思去之若但以針砭爲治癰之妙方者得聞保元之說則必曰迂濶也以播揚爲止沸之良策者將見去熱之人則亦必曰迂漫也理之所在無不皆然至爲國家更有甚焉雖當顚沛流離之際愈可講熟仁義仁義固所以定君臣之分也人之情孰不欲安而避危也猶且不負君親於板蕩危亂者徒以有仁義在焉苟不論仁義之不可棄君親之不可後則誰肯捨其所好而向其所惡也嗚呼有古以來知其奧者惟南宋陸秀夫一人耳秀夫當國事旣去之際宋之君臣播越海濱雖在忽遽流離中猶日講大學章句顧國家當日之勢則所憂者蒙寇也所乏者甲兵也所恃者武威也大學章句只古人之陳談

空言而不可以是退虜者則果非當日之急務而秀夫猶日汲汲乎是是何異用粱肉而治疾也無乃秀夫亦一讀書之士溺於見聞苦不知變歟噫不先明失之之所自則將不知救之之所由宋之所以頹亂至此者非甲兵之不足也非威武之不强也只緣爲君者誤任姦佞爲臣者不思圖報枝葉未悴腹心先蠹也今將講明大學章句到了爲人君止於仁則君必知爲君之道矣到了小人掩不善則君必知遠小人矣到了不啻若自其口出則必知好賢矣且使同舟諸臣讀至爲人臣至於敬之句必不辭艱險能爲君盡其節矣當日之務豈有急於此哉宋之君臣早見得斯選用眞儒如濂洛羣哲揣摩正學輔導至治腥羶族類豈敢睨吾重鼎香孩緒業胡至凛如一髮也大厦已傾難支一木濁浪橫激難救寸膠天不祚趙氏運已移矣事已去矣雖以秀夫之忠肝義膽猶莫之挽回及其事迫勢急能視死如歸從容就義亦可見平日讀書之做得耳千載之下聞其風者孰不鼻酸而嗚咽也哉噫

記者曰一篇精神寔出於愛國實地非口頭愛國者之比耳

談叢

質問隨意　　漆菱浩歎

漆菱浩歎生이日前에泥峴商店에日本雜誌購覽次로往到ᄒᆞᆫ즉該書店에서使喚ᄒᆞᄂᆞᆫ日女一名이生을對ᄒᆞ야隨問隨荅ᄒᆞᆷ이如左ᄒᆞ니

問韓國에木材廠의事를知ᄒᆞ면좀言明ᄒᆞ시오

荅鴨綠江岸에森林事業이有ᄒᆞ기ᄂᆞᆫᄒᆞ나

清國側에는採木公司가有ᄒᆞ고韓國側에는營材廠이有ᄒᆞ며卽今質問ᄒᆞᄂᆞᆫ木材工廠은업ᄂᆞ니라

且採木公司의事를今에詳言ᄒᆞ기不能ᄒᆞ니略言ᄒᆞᄌᆞ면營林廠은光武九年韓日兩國政府間에서協定ᄒᆞᆫ鴨綠江及豆滿江沿岸森林經營協同約欵을依ᄒᆞ야隆熙元年五月에開廳ᄒᆞᆫ지라元來韓國政府木材廠에서引繼도無히伐木事業을日本人이開始ᄒᆞᆫ者인ᄃᆡ資本金은百二十萬圜으로定ᄒᆞ고兩國政府가各其半額六十萬圜을負擔ᄒᆞ야鴨綠江左岸에出張三個所를置ᄒᆞ얏스니此에는移住ᄒᆞᆫ日本人筏夫及傭筏夫를配置ᄒᆞ야流筏事業을容易케ᄒᆞ고伐木은韓人을使役ᄒᆞ야　隆熙元年度의作業은十萬本內外에止ᄒᆞ얏스나三年度以降은二十五萬本에至ᄒᆞ게ᄒᆞ얏고伐木의最高標準은一個年五十五萬本에達ᄒᆞ면資本金에對ᄒᆞ야五割純益을得ᄒᆞ기로預定ᄒᆞ얏스며其木材販賣所는三個月前龍山에置ᄒᆞ얏고　豆滿江方面의事業은尙今ᄭᆞ지開始치못ᄒᆞ얏ᄂᆞ니라

問韓國에서韓語通譯官은如何ᄒᆞᆫ資格을入用ᄒᆞ며又如何ᄒᆞᆫ役所에采用ᄒᆞᄂᆞ뇨

答通譯官은飜譯官補라云ᄒᆞᄂᆞ니東洋協會專門學校京城分校의夜學韓語講習會研究科卒業以上의實力으로三年以上韓語를專門研究ᄒᆞᆫ者를入用ᄒᆞ며採用ᄒᆞᄂᆞᆫ官廳은法部及內部에一年數回式採用試驗ᄒᆞᄂᆞᆫ것이니其餘詳細ᄒᆞᆫ事는該試驗官에게直接으로聞ᄒᆞᆷ이可

ᄒᆞ니라

問資本이無ᄒᆞᆫ人이라도韓國에渡來ᄒᆞ야營業ᄒᆞᆯ슈有ᄒᆞᆯ가요

答設或資本이有ᄒᆞᆯ지라도何事이든지當國의事情을不知ᄒᆞ고直히事業을起ᄒᆞ야利益을보기는到底不能ᄒᆞᆯ事인ᄃᆡ況裸體一貫으로他邦에渡ᄒᆞ야如何ᄒᆞᆫ特種技能이無ᄒᆞ면高騰ᄒᆞᆫ物價에生活이極難ᄒᆞᆯ터이오또는韓國에來ᄒᆞ면些少ᄒᆞᆫ金額으로前途에有望ᄒᆞᆫ土地를買得ᄒᆞ야次第로儲金될줄로想覺ᄒᆞ나此는淺薄ᄒᆞᆫ所見이라ᄒᆞᆯ지니라

問妾은韓國에渡來ᄒᆞ야眞面目으로勞働ᄒᆞ라면무삼勞働을ᄒᆞ여야金錢을儲得ᄒᆞᆯ만ᄒᆞ오

答韓國에日本婦人의來寓ᄒᆞ는者ㅣ居多

ᄒᆞᆫᄃᆡ京城에만男이一萬八千이오女가一萬二千이되나니比較的으로日本과生活이無異ᄒᆞ며多部分은酌婦等인故로至醜ᄒᆞᆫ生活을可論ᄒᆞᆯ바無ᄒᆞ고其他는下女와乳母로困難ᄒᆞᆫ生活을營爲ᄒᆞ는지라大槪下女의月給은六圓으로브터七八圓ᄭᆞ지普通으로給ᄒᆞ나니正直히二三個年을잘奉公ᄒᆞ면嫁人ᄒᆞᆯ資本이든지商賈ᄒᆞᆯ資本이든지될지오또ᄒᆞᆫ父母에게도小小ᄒᆞᆫ奉養의資가될만ᄒᆞ니라

問、韓國에料理屋은얼마나되나뇨

答、韓人料理屋이六十이오日人料理屋이六百六十八이오其外各國人料理屋이十三인ᄃᆡ合七百四十一屋이되며又飮食店은韓人이二万二百八十五戶요日人이千十三戶오其外各國人이二十戶니라

問、藝者ᄂᆞᆫ(妓生)와仲居(뒤창)ᄂᆞᆫ幾人이되ᄂᆞ뇨
答、藝者ᄂᆞᆫ韓人이七百七十六人이오日本人이八百人이오仲居ᄂᆞᆫ韓人이百一人日本人이二千三百二十九人이니라
問、韓國에旅舘總數ᄂᆞᆫ얼마나되ᄂᆞ뇨
答、韓人旅宿이一萬一千六百八十九오日人旅舘이五百인ᄃᆡ合計一萬二千百八十九戶니라
問、新設鐵道의豫筭은얼마나되ᄂᆞ뇨
答、京元、三南의兩鐵道ᄂᆞᆫ來春붓허始ᄒᆞ야工事에着手ᄒᆞᆯ方針인ᄃᆡ統監府ᄂᆞᆫ其經費ᄅᆞᆯ今年度統監府鐵道廳臨時部歲出豫筭에計上ᄒᆞ고其豫筭額은京元線千五萬圓、三南線은二千万圓合計三千五百萬圓인ᄃᆡ六個年의繼續事業을營ᄒᆞᄂᆞ니라
問、妾은韓國古書ᄅᆞᆯ廉價로買集ᄒᆞ라고ᄒᆞ니如何ᄒᆞ면良好ᄒᆞᆯ가
答、韓國古書ᄂᆞᆫ價額이太高ᄒᆞ야一冊에一圓이되고少히珍貴ᄒᆞᆫ것은一冊에三圓以上이되ᄂᆞᆫ故로韓國古書刊行會ᄅᆞᆯ現方日本人이集股經營ᄒᆞᄂᆞᆫ中이니라

嗟夫라我國同胞諸氏여彼書店에서使喚ᄒᆞᄂᆞᆫ下等婦女라도生活上營業과國際上各方面에對ᄒᆞ야問答이如是히周密ᄒᆞ거든我國은女子ᄅᆞᆯ勿論ᄒᆞ고男子라도外人을對ᄒᆞ야其國의肯綮ᄅᆞᆯ如此히詳問ᄒᆞᆯ者ㅣ能히幾人이有ᄒᆞ며古書刊行에注意ᄒᆞᆯ者又能히幾人이有ᄒᆞᆫ가

街談

요시이 참慘酷ᄒᆞᆫ일다들엇네 (金)
여보게 무슴慘酷ᄒᆞᆫ일들엇나 (李)
허허 말하기도慘酷ᄒᆞᆫ일이로세 사ᄅᆞᆷ의 집에妾이라ᄂᆞᆫ것 두면 요랑 조랑 ᄒᆞᆫ 할일만 싱기깃데 (金)
그야두말인가 자고로 총첩두고 날아이든지 집이든지 망치아닌놈 어ᄃᆡ잇나 글ᄋᆡ 요식 妾ᄃᆡ문에 또망ᄒᆞᆫ사ᄅᆞᆷ 누구잇나 (李)
여보게 자ᄂᆡᄂᆞᆫ 귀도업나 지셜살든 신ᄃᆡ균씨의 ᄌᆞ부 죽엇단 말도못들엇나 (金)
글ᄋᆡ 신ᄃᆡ균씨의 자부도 어느첩ᄃᆡ문에 죽엇나 (李)
두말인가 원ᄅᆡ 신ᄃᆡ균씨라ᄒᆞᄂᆞ니가강단이 업서서 妾에게 잘속나보데 기전각군수로 딩일젹에 면주필 황나필 갓단것을 만히 엇어 집에 두엇드니 妾년이 가만히취ᄒᆞ여 썻든지ᄒᆞ고 그자부에게 밀엇든기데 그자부ᄂᆞᆫ 지아비가미국으로유학 가고 근ᄅᆡ 젹막한창에서 홈자세월을 보ᄂᆡ니 좀불상ᄒᆞ깃나 신ᄃᆡ균씨ᄂᆞᆫ 웃지 얼으석은 사ᄅᆞᆷ인지 妾년의 작간인줄 몰으고 그자부가 면주필 황나필을 정영히 절취ᄒᆞᆫ줄알고 자부과 ᄃᆡ히야 열어번 말ᄒᆞ얏든가보데 글ᄋᆡ도 그자부ᄂᆞᆫ 원ᄅᆡ 선부인이라 아모발명도 업시 지ᄂᆡ다가 이번에 음약자사ᄒᆞ엿다네 (金)
글언ᄃᆡᄂᆞᆫ 음약자사 ᄒᆞᆯ일 무엇잇나

안혼일 발명ᄒᆞ엿스면 그만이지 (李) 허허자ᄂᆡ말은 말이아니고 소로세 사룸이 죽기조아ᄒᆞᄂᆞᆫ스룸 어ᄃᆡ잇나 만리밧게 잇ᄂᆞᆫ남편도 기다리다가 보지못ᄒᆞ고 종시족ᄂᆞᆫ 부인의 마암 여복ᄊᆞᆨᄒᆞ여 죽어깃나 여보게 누구든지 죽을만ᄒᆞᆫ ᄊᆞᆨᄒᆞᆫ사정 이깃데 첩시어미란년이 서방질을ᄒᆞ너니 무엇을ᄒᆞ너니 열어가짓소리로 잡다가마즈막에빙탄질ᄒᆞᄂᆞᆫ발은 네남편이 돌아온후라도 너파ᄂᆞᆫ 이혼식히고 타처로 장가보ᄂᆡᆫ다고 미릴말ᄒᆞ얏다데 그무인이되여싱각ᄒᆞ여보게 험ᄒᆞᆫ틈에서 별고싱을 다지ᄂᆡ더라도 발아ᄂᆞᆫ바ᄂᆞᆫ 장리남편의졍분섄인ᄃᆡ 남편돌아오ᄂᆞᆫ랄이라도 무슴험담을ᄒᆞ든지 자긔과인정셜어지도록

말ᄒᆞᆯ것인즉 ᄯᅩᄒᆞᆫ타처에 장가들기ᄂᆞᆫ정ᄒᆞᆫ일이라 평싱신세가 이지경이 될진ᄃᆡ 차라히 일직이 죽어서 ᄂᆡ몸이나 좃출케ᄒᆞᄂᆞᆫ것이 상칙이라고 예산ᄒᆞ고 죽엇나보데 자ᄂᆡ도 남의말이니 글엇치 누구든지 그지경당ᄒᆞ면 죽깃데 죽기서 (金) 허허 불상ᄒᆞᆫ일이로세 요망ᄒᆞᆫ妾년이로군 그런정숙ᄒᆞᆫ부인을 음살ᄒᆞ고도 제가청천빅일하에서 웃더키 숨을쉬고 사나 가위천도무심ᄒᆞᆫ 일이로세 란장을처 쥑일년 글언년도잇지만 요사의 동부련동 사ᄂᆞᆫ 리범승씨의 별실은 그러키무던ᄒᆞᆫ 부인 업깃데 리범승씨가 호렬자에걸예서 죽기된고로 시구문밧게 ᄉᆞᆫ사들이 담아ᄂᆡ의갓드니 씨

田舍의歎

의별실이 남편이저지경 된경우에 ᄒᆞᆷ
자살아서는 무엇ᄒᆞ나야 ᄒᆞ고 시구문
밧게 ᄒᆞᆷᄭᅦᄯᅡ라나가 정성ᄭᅥᆺ치료 ᄒᆞᆷ으
로 근간에 회싱ᄒᆞ여 갓치집에 들어
왓다나 글언별실들은 정부인 보담도
낫지아닌가 (李)
이사ᄅᆞᆷ 그ᄯᅡ웨 멧되깃나 千이나萬에
ᄒᆞᆫ아이로세 그기야 평양기싱 계월향
이며 진주기싱 론개 갓흔 사ᄅᆞᆷ 멧
천빅연 하얏식 나네 글언소리말게
(金)
聞者ㅣ曰自古로公國私家를勿論ᄒᆞ고蓄
妾으로亡치아닌사ᄅᆞᆷ 몃치나잇나 싱
각ᄒᆞ여보리로다 아마絕無僅有ᄒᆞ지

田舍의歎

四六

憂時子

甲乙問答

甲 나는 릴전에 京城內人民의生活을
ᄃᆡ단히 걱정ᄒᆞ엿더니 地方消息을요
ᄉᆡ의 드르니 또긔막키는 일 점점
보깃데
乙 무ᄉᆞᆷ 긔막키는 일 이슬것 잇나
地方人民들은 아직 제밧가지고 農
事지어 粥食間먹고 살더이니 京城
內人民보다 걱정업슬것 아닌가
甲 이사ᄅᆞᆷ 凶年에 과질밥 먹은들
웨굴머죽을가 ᄒᆞ는말과 ᄒᆞᆫ가로세
地方에는 웬 사ᄅᆞᆷ마다 제밧 잇서
農事히먹고 사나 ᄒᆞᆯ수 업서 山中
에 드러가 火田이나 파먹는것도
못하기 되여 모도발아 ᄯᅧ나기 장

차 될貌樣인가보데
乙 무슨까닭에 그러ᄒᆞᆫ가 의병이니
폭도이니 하ᄂᆞᆫ事件에 두셕의 단련
되문인가
甲 그것도 견듸기 얼엽지만 더옥
딱ᄒᆞᆫ일 나젓데 年前內藏院잇을ᄯᅢ에
山民에게서 火田稅를 밧앗든가보데
卽今와서 그것을 國有地라고 各財
務署에서 調査登簿ᄒᆞ얏다니 아직은
本作人으로 두엇스나 將來로ᄂᆞᆫ 쓸
만ᄒᆞᆫᄯᅡ에ᄂᆞᆫ 外人이許作을 맛흘터이
니 山듬인들 우리民族 살데잇깃나
然故로폭도ᄂᆞᆫ 자연 쏫치지안케데
乙 그러면 안팟 곱셕등으로 亡ᄒᆞᄂᆞᆫ
판이로세 田土일어불이니 굴머죽어
폭도로 잡혀죽어 다 죽고짓들것잇

깃나 그러면 平野에서나 좀살수잇
을가
甲 이사롬 죽지아니면 살깃다ᄂᆞᆫ말과
한가지로세 우리나라에 平野가 그
리만ᄒᆞᆫ가 專혀山國이지 글언되로
私有山林이나 測量ᄒᆞ여 速히明年內
로 證明書를 닉여두면 조흘연만
그것도 人民들이 暗昧ᄒᆞ여 안하고
或人民測量ᄒᆞ야請願ᄒᆞᄂᆞᆫ者ㅣ잇더라도
地方官吏들이 ᄯᅩᄒᆞᆫ 實心으로 周旋
치 안ᄂᆞᆫ까닭에 더옥 안되나보데
乙 그러면 엇드키 사나 山에도 못
가살고 들에도 못가살고 엉게주춤
ᄒᆞ고죽어야 ᄒᆞ깃나 글언故로 국권
업ᄂᆞᆫ 國民은 못산다고들하든기로세
甲 자닉 인지 精神 들엇네 우리가

생활보전ᄒᆞ랴면 이제라도 國民教育에 注意ᄒᆞ여 人民이國家에對ᄒᆞᆫ義務든지 實業上의發展을 圖謀치 안코ᄂᆞᆫ 갈사록 더욱 ᄯᅡᆨ한일 날터이니 될수잇ᄂᆞᆫ ᄃᆡ로ᄂᆞᆫ 一齊히團体力으로 教育方面에 힘써서 農業改良이든지 商業振興이든지 工業發達이든지 안하고ᄂᆞᆫ 到底히 살수업ᄂᆞᆫ줄로 ᄉᆡᆼ각ᄒᆞ네

乙 그ᄂᆞᆫ글어하지만 임갈굴정도 분수가잇지 이제教育식혀 어느결을에 農工商業發達ᄒᆞ여 他人과生活競爭을 하여보나 참ᄯᅡᆨ한말이로셰

甲 자ᄂᆡ말 갓흘진ᄃᆡ 病勢ㅣ重ᄒᆞᆫ사ᄅᆞᆷ 두고藥도 안쓰기 쉽깃네 할말잇슬하여가고야 目的到達할랄잇지 아모일도 안하고 안차죽기를 기달이깃나 그리고ᄂᆞᆫ 참죽어지 生命保全ᄒᆞᆯ可望이 萬年가도 업깃네

記者曰隨問隨荅이劈破頑聾

雜 俎

咸興日新會趣旨書

我國今日社會의腐敗ᄒᆞᆫ病源이一二에止치아니ᄒᆞᆫ지라然ᄒᆞ나活國大手段을抱持ᄒᆞᆫ者가現局을從容診察ᄒᆞᆯ진ᄃᆡ一般人民이末流下風病에罹ᄒᆞ야上天이賦與ᄒᆞ신良知를都喪ᄒᆞ며血族의關係잇ᄂᆞᆫ同胞를相忘ᄒᆞᄂᆞᆫ二大病根에不過ᄒᆞᆯ지라然ᄒᆞᆫ즉今日社會의習慣을改良코자ᄒᆞᄂᆞᆫ者ㅣ不得不爲先一般同胞로ᄒᆞ여곰純然ᄒᆞᆫ天良을回復케ᄒᆞ며同種의血族을相愛케ᄒᆞᆷ이第一着注意ᄒᆞᆯ者니其

簡單敏速ᄒᆞᆫ良劑ᄂᆞᆫ敬天愛人四字에在ᄒᆞ도다今에如此히良好ᄒᆞᆫ敬天愛人의大劑를試코저ᄒᆞᆯ際에爲先病者의元氣ᄅᆞᆯ善補ᄒᆞ며精神을新爽케ᄒᆞᆫ然後에야神效가有ᄒᆞᆯ지니必其先愼ᄒᆞᆯ者ᄂᆞᆫ伐性의狂藥되ᄂᆞᆫ酒ᄅᆞᆯ勇斷ᄒᆞ며蠱心害事의色을遏絶ᄒᆞ며氣血을耗損케ᄒᆞᄂᆞᆫ煙草와牧奴의賤戲되ᄂᆞᆫ雜技ᄅᆞᆯ一幷謝拒ᄒᆞ면于是에元氣가充實ᄒᆞ고精神이完全ᄒᆞ야重生의一脉이始至ᄒᆞᆯ지라曰敬天曰愛人의至訣을此時에可以始言ᄒᆞᆯ만ᄒᆞ고次第로敬天의至誠과愛人의至情이深切히腦髓에貫徹ᄒᆞ면民權自由도此中에서生ᄒᆞᆯ지오團體力도此中에서生ᄒᆞᆯ지오前過ᄅᆞᆯ悔改ᄒᆞ고獻身ᄒᆞᆯ能力도此中에서生ᄒᆞᆯ지니如此ᄒᆞᆫ境遇에야國家와社會의維持與否ᄂᆞᆫ別論을不待ᄒᆞᆯ지로다所以로本人等이一會ᄅᆞᆯ發起ᄒᆞ야各其自新ᄒᆞᆯ意로會名은日新이라命名ᄒᆞ고酒色技草四色을先自禁斷ᄒᆞ며敬天愛人의誠心을懇篤케ᄒᆞᆯ目的으로趣旨ᄅᆞᆯ玆에仰佈ᄒᆞ오니凡我有志同胞ᄂᆞᆫ幸賜同意ᄒᆞ심을千萬切望

警告語學諸君

大抵語學은東西洋을勿論ᄒᆞ고敎育上에一大急務로確認ᄒᆞᄂᆞ니何者오外國語에專昧ᄒᆞ고地球上第一位置에占據ᄒᆞᆫ國을肩隨코저ᄒᆞ며知識을模倣코저ᄒᆞᆷ은臨淵羨魚와無異ᄒᆞ니此ᄂᆞᆫ不如退以先務圖其國語學也라現今目下歐米各國의文明風潮가東漸西被ᄒᆞᆷ이高上ᄒᆞᆫ地의泉流가低下ᄒᆞᆫ地에漸漬ᄒᆞ며寒冷ᄒᆞᆫ地의空氣가膨熱ᄒᆞᆫ地에移轉ᄒᆞᆷ과如ᄒᆞᆷ은實로語學에職由ᄒᆞᆷ이라然則外國語學은文明輸入의機關或知識硏究의媒介라

可稱홀지니豈不重且大哉리오마ᄂᆞᆫ語學ᄒᆞ시ᄂᆞᆫ諸君께서外國語學校에入學ᄒᆞ기前에自身의顧慮홀바를大略三種에區別警告ᄒᆞ오니不以人廢言ᄒᆞ심을切望ᄒᆞ노라

一、年齡이二十歲以上된者　人의知識은年長홈을伴隨ᄒᆞᄂᆞᆫ故로特別ᄒᆞᆫ奇姿以外人은二十歲以前에ᄂᆞᆫ志氣未定ᄒᆞ야水之隨器變形ᄒᆞ며草之隨風變向과如ᄒᆞᆫ딕外國語에만專攻ᄒᆞ고他의知識을蔑視ᄒᆞ면將來에機械와如ᄒᆞᆫ人物을做成홀것이니第一顧慮홀바오

二、腦髓에自國의精神이固結된者　人의腦髓力은恒常隨意變動ᄒᆞᄂᆞᆫ者가아니라一次固定된後에ᄂᆞᆫ難變홈이磨而不磷ᄒᆞ며涅而不緇와如ᄒᆞᆫ딕自國精神이固結치못ᄒᆞᆫ時期에外國語에만專致ᄒᆞ야外國의精神을腦髓에輸充ᄒᆞ면將來의莫治홀病祟과如ᄒᆞᆫ것을得成홀것이니第二顧慮홀바오

三、普通教育이四五年以上된者　大凡普通知識은複雜不一ᄒᆞ야四五年以上된者가아니면略知키難ᄒᆞ니普通知識이無ᄒᆞ고外國語에만專致ᄒᆞ야雖貫徹ᄒᆞ얏다ᄒᆞ더라도實地應用홀時에政治及法律上用語에嫺熟치못ᄒᆞ야다만通譯ᄒᆞᄂᆞᆫ下等地位에處홀것이니第三顧慮홀바라

然則以上三條件에一이라도欠缺된者ᄂᆞᆫ自己의欲望을自己로節制ᄒᆞ야外國語學校에入學홈을千萬人이勸告ᄒᆞ며千萬人이贊成ᄒᆞ더라도愼聽치말며該三條件이具備ᄒᆞᆫ時期에至ᄒᆞ거든外國語學校에入學홈을千萬人이抵害ᄒᆞ며千萬人이論駁ᄒᆞ더라도愼聽치말고語學校에入學ᄒᆞ야文明輸入의機關

을作成ᄒᆞ며知識研究의媒介를做出ᄒᆞ기를日로顒祝ᄒᆞ며時로切望ᄒᆞ노라 一片鐵石과如ᄒᆞᆫ丈夫肝腸도墻花路柳에移情치안이ᄒᆞ는者少ᄒᆞ며千年松竹과如ᄒᆞᆫ君子志操도鍾鼎玉帛에所濡된者가或有ᄒᆞᆷ은支那歷史上에燎然ᄒᆞᆫ바ㅣ라況仕宦特性이固有ᄒᆞᆫ我國人民이야外國語를粗解ᄒᆞ면權門日夜에忙履奔走ᄒᆞᆷ은內外國人民의知悉ᄒᆞ는바어니와此는右三條件이具備치못ᄒᆞᆫ緣故라然則韓國을爲ᄒᆞ야生活ᄒᆞ며韓國을爲ᄒᆞ야動作ᄒᆞ며韓國을爲ᄒᆞ야敎育ᄒᆞ시는諸君은此를懲鑑ᄒᆞ야 一層注意ᄒᆞᆯ지어다

蟻의 習性 (續前)

金源極述

或時에(라봇구氏)가飼養ᄒᆞ는蟻巢內에觸角이無ᄒᆞᆫ蟻가一疋이有ᄒᆞᆫ지라氏가非常히熱心으로其擧動을注視ᄒᆞ얏더니一日에此蟻가巢로붓허步出ᄒᆞ얏다가其歸路를忘却ᄒᆞ야此方彼方으로徘徊ᄒᆞ거ᄂᆞᆯ何處로來ᄒᆞ는數蟻가此不具ᄒᆞᆫ蟻를攻擊ᄒᆞ는지라氏가急히此를手로執ᄒᆞ야離置ᄒᆞ얏더니此不具ᄒᆞᆫ蟻가暫時敵의攻擊에受傷ᄒᆞ야遂히其塲에仆死ᄒᆞ더라

暫時를經ᄒᆞ더니同巢의友蟻一疋이此處에來ᄒᆞ야見ᄒᆞ고愁慮ᄒᆞ다가從容히其巢中에歸去ᄒᆞ니라

勿論何人이든지此를見ᄒᆞᆷ이觸角이無ᄒᆞᆫ蟻인故로他蟻보다負傷이容易ᄒᆞ고ᄯᅩ는비록微物이라도同類를相愛ᄒᆞᆷ이特深ᄒᆞᆷ은吾人鑑戒ᄒᆞᆯ바이로다

更히 一例를擧ᄒᆞ야言ᄒᆞ면此도亦是(라봇보

구氏) 가飼養ᄒᆞᄂᆞᆫ蟻의가온ᄃᆡ 仰向轉輾ᄒᆞ야 足을着地치 못ᄒᆞ며 二本觸角도螺旋의樣으로卷曲ᄒᆞᆫ지라 自身으로 食物을取치못ᄒᆞ더니 一日은友蟻가 粒米를各各히口로含聚ᄒᆞ야 下咽케ᄒᆞ더라氏가一日에一幼蟻를取ᄒᆞ야 水碗中에一硝子板을 浮케ᄒᆞ고 其上에置ᄒᆞ얏드니羣蟻가此를 救出코져ᄒᆞ야 其前後左右에數十疋이徘徊ᄒᆞ되 超渡ᄒᆞᆯ能力이 無ᄒᆞᆷ으로 不得已ᄒᆞ여 巢로還歸ᄒᆞᄂᆞᆫ지라氏가翌日에 藁를取ᄒᆞ야 超越ᄒᆞᆯ橋를作ᄒᆞ고 其橋에 蜜을 附着ᄒᆞ얏드니果然羣蟻가 또ᄒᆞᆫ來ᄒᆞ야 橋를審視ᄒᆞ고 渡ᄒᆞ고저ᄒᆞ나 蜜이足에凝付ᄒᆞ야運足ᄒᆞᆯ動力이無ᄒᆞᆫ지라 羣蟻가彷徨移時ᄒᆞ더니 三四蟻가土를 含ᄒᆞ야 蜜上에落着ᄒᆞ고 於是에羣蟻가 齊渡ᄒᆞ야 硝子板上에 在ᄒᆞᆫ幼蟻를 救出ᄒᆞ야 巢에還ᄒᆞ니 비록絶小ᄒᆞᆫ 微物이라도 其羣을愛ᄒᆞ며 其智巧가敏活ᄒᆞᆷ은吾人의警歎ᄒᆞᆯ바이로다

劈破頑腦

義州李圭瓚

連山李學純先生의계質辨ᄒᆞ야海內父老의게供覽케ᄒᆞ노니伏以我韓五百餘年에聖哲崇拜之心은無論男婦老幼ᄒᆞ고信仰之誠과矜式之節이着心服膺ᄒᆞ야習與成性ᄒᆞᆫ바라圭瓚은大韓每日申報第一千三十號를閱覽ᄒᆞ다가先生의告白을接讀ᄒᆞᆷ의上太學及各道各邑鄕校書院書라ᄒᆞ고曰嗚呼天降喪亂國步艱難이라ᄒᆞᆫ바先生未知何許人이로ᄃᆡ意以謂必有經世學者ᄒᆞ야儒敎의改良目的

을放光於新進世界인가ᄒᆞ얏더니閱讀未半ᄒᆞ야ᄂᆞᆫ乃學校와學徒를疾斥ᄒᆞᆫ荒談悖說인즉吾知先生은現行新學問을一字半句도初未掛眼者니願一購覽ᄒᆞ소서泛稱曰新學問이라ᄒᆞ니先生所料에ᄂᆞᆫ當今各國交通之時에此非東來則必西入이라ᄒᆞ야曰邪說이니某國學이니率口狂叫ᄒᆞ얏스나大抵新學問云者ᄂᆞᆫ日新又新ᄒᆞᆫ學問之謂也니就中修身教科와漢文讀本等書ᄂᆞᆫ我韓文學家에서採出於聖賢書ᄒᆞ야使學者로無佶倔之弊而易於曉得ᄒᆞ야忠君愛國之義와孝親敬長之禮를一學年生도可以軌範ᄒᆞ며地誌歷史ᄂᆞᆫ我祖國四十三世紀에今古事蹟과全幅版籍을無不蒐輯ᄒᆞ고筭術은功用不一ᄒᆞ야事爲上必要者也라盖以新論之ᄒᆞ면今之經傳이卽古之新學問이니此를新學問이라ᄒᆞ야如不講習인된古之人은論孟庸學도不知也며春秋綱目도不知也며柒書의禹貢과六藝의數學도不知ᄒᆞᆯ지니誠如先生之言이면必使我二千萬人衆으로驅入於巢木食實之鄕然後야可以稱快로다曰今之學校가剝喪禮義今之學徒가毁斥聖賢等句語ᄂᆞᆫ見於何學校며聞於何學徒歟아禮義를實踐ᄒᆞ며聖賢을崇慕ᄒᆞᆷ은今之學校學徒에見之矣로다吾黨이誰黨고先生之黨이黨類之大變이며斯文이何文고先生之文이文明之亂賊이로다學校之目的은愛國愛民而果愛國愛民ᄒᆞ고學徒의步武ᄂᆞᆫ曰開化開明而實開化開明이나夫鄕校者ᄂᆞᆫ清選之地오絃誦之所어ᄂᆞᆯ以前日觀之ᄒᆞ면差帖遞單이積投於禮吏房ᄒᆞ고任例望債가無異於都捧所ᄒᆞ얏스며春秋　釋菜時에 見之ᄒᆞ 면魚魯不 辨에東西 莫知者도

鬩鬩論爭과膰肉鬪情으로醉號呶呶를看作常事ᄒᆞ얏스니此豈聖賢의所樂觀이며我東先正의創建本意哉아夫子의廟ᄂᆞᆫ明倫堂이시니今에倫理學을講誦ᄒᆞ며 夫子의田은養士資니今에英才를教育ᄒᆞᆷ이有何不美리오 夫子陟降之靈이無知則已어니와若有知則必樂之ᄒᆞ시며莞爾而笑ᄒᆞ시리니豈可以微眼ᄒᆞ시며乘桴ᄒᆞ시리요先生이又言ᄒᆞ되弱固不可以敵强寡固不可以敵衆이라ᄒᆞ고又言不可爭也不如移安이라ᄒᆞ엿스니引出則得宜ᄒᆞ고解說則頗蠢ᄒᆞ도다讀至于此에三歎一哭ᄒᆞ고更爲懇告ᄒᆞ노니當此文明競爭이風潮相似ᄒᆞ야西溢東漸에外施緩和ᄒᆞ고前瞻後顧에內實强急이라迫此勢頭ᄒᆞ야敵强敵衆之策을今欲講究則一線生脉이在於教育이어ᄂᆞᆯ此를疾視之痛斥之ᄒᆞ면將來結果ᄂᆞᆫ雖欲移安이나不可得이라無所歸ᄒᆞ야未知驅陷於何部落일지니我韓世界에ᄂᆞᆫ如是老朽之物이每有此等阻戲ᄒᆞ야初無勇敢直前之氣ᄒᆞ고反出古恠半死之語ᄒᆞ니嗚呼痛哉며又曰勿失中華之制以貽外國所侮라ᄒᆞ얏스니先生之所謂中華ᄂᆞᆫ卽支那也라支那ᄂᆞᆫ看作內國이며外國은何國이貽侮耶아中華制를今欲遵行인딘先生은辮髮胡服ᄒᆞ고急渡黃海ᄒᆞ소서圭瓚도自八歲以來로年今三十六에聖賢을是師ᄒᆞ며儒教를是宗ᄒᆞ야亦可謂言距楊墨者로ᄃᆡ當今之世ᄒᆞ야ᄂᆞᆫ不得不以應變爲達觀이어ᄂᆞᆯ先生은癡疾昏耄에全昧時務ᄒᆞ고鬼事已迫에空作譫語耶아惟願先生은劈破頑腦ᄒᆞ야開滌固腸ᄒᆞ시고從事於學校ᄒᆞ야贊成之勸勉之ᄒᆞ시면儒教를可扶오國步를必展ᄒᆞ리니君子가何

不以蒙ᄒᆞ고天理가無往不復일진저蓮山幸甚大韓幸甚

公函白川郡守全鳳薰氏

貴郡人士李基永氏等支會請願에對ᄒᆞᆫ 貴保證書를奉准ᄒᆞ야過日總會에卽爲認許이온바當日一般會員이咸誦 閣下盛績曰前在海州에勸奬敎育ᄒᆞ며開發民智ᄒᆞ야效勞ㅣ多著이러니今又莅任白川以來로學校之多設과社會之擴張이如是漸進ᄒᆞ니此非但海西一省之幸이라抑亦本會全体之生光이라ᄒᆞ야滿堂一聲으로盡意歡迎이온즉其令人誠服이胡至此極이리오今此貴郡支會之設立이亦係 閣下之敷心周旋則其來頭發展은固無加論이나但區區所望者ㅣ尤有一層이온지라本會月報는欲與我西北一般同胞로交換知識ᄒᆞ며聯絡聲氣者어늘胡爲乎購覽員額이不見稍盛ᄒᆞ고代金收入이繼又零星ᄒᆞ야當初目的을遽難到達ᄒᆞ니思之及此에不勝浩嘆이라 閣下가特垂另諒ᄒᆞ시와勿論會員非會員ᄒᆞ고多數廣佈ᄒᆞ야期達本會目的케ᄒᆞ심을爲要

敬答鐵山鄭龍岡金勸告書

龍岡金泰範
金亭煜等

鐵山裏武公鄭鳳壽僕之先祖襄毅公景瑞累蒙 先列聖之褒贈而
大皇帝陛下西巡之時又蒙 致祭之新恩我一路士民無不欣榮奮發而況爲後裔者雖極頑昧不能無感動的血塊鐵山之鄭想是一個衷緒也窃自度之曰何以則報答 聖恩之分

刹而無忝先祖之偉節莫知所以裁措道之矣際承　貴報勸告書充幅覼縷寓意不一一以頌王章之徽美一以勸士民之振興一以揚先賢之勳節一以警本孫之愚矇字字句句無非忠君愛國的斗赤血性也擎讀百回伏切感荷尤賀千匀之草大扶世教也但両班藉恃之喩恐是千慮之一失唉此遐鄉僻土誰班誰常不足指論而況今打色破閥之時代誰敢出兩班之言誰肯受両班之勢乎今此之見責直是訥不能言噫僕等年過四十頑釘已固然有秉彝之不泯常自奮發思所以扶國之方則曰敎育一欵而已粤昔我東之文明尙矣敎育之得正而挽近日詩曰賦之應擧談心談性之就學不過俳優之狂跛躄之濡無足補益於國家國家之至於今日之日寔以此耳然則奈何革舊從新而已拭目而觀全國之學界曰新曰新之題則好矣然有可慨可嘆者非一除幾個有志紳士外例皆纔着洋服便曰我已開明藐視一世略通語學便能締結外人剝割自國就學數月卽圖敎師之任卒業已久無有需用之資自由之權用於父兄之前競爭之風着於同胞之間團体之熱心獨立之精神直在於自占便宜之一利窠而昨日演說臺上飮泣焦舌人俱是今日利慾塹中蠅營狗苟人人無顯罵寧不內愧圖新而至此不若仍舊坐亡之爲愈跬躡彷徨忘南而北徒受一世之嗤罵者此也今之淳淳勤敎寔出篤愛之　藹衷而大撞警世之鍾僕亦有心有耳的物烏得不感服而惶悟也　盛喩中敎育實業養成國力等句語不於誰人而緊着尤於所謂忠良之後裔最是摑撑之血反覆思之惺汗倍浹竊惟凡所有爲不可恃人而自放亦不同俗而自廢況玆敎育及實業卽存

亡生死之一大機關也其可忽諸然則僕等不可仰　足下之擔務而晏然待成　足下亦不可以他人之頹唐而頓然絶望也惟其教育之要只在新實二字新之云者非是都脫了舊學只是培養新思想新思想何也革祛前日之文具而開知識夯義務之謂也苟能各自奮發新之實之則上所稱皮開化等人亦將擩染耳目變化心肝矣不識　仁鑑以爲何如伏祝　僉體保重以衛宗社

海西載寧郡藍湖講習維持會趣旨書

教育의必要ᄂᆞᆫ古今이相似ᄒᆞ나教育의方針은古今이不同ᄒᆞᆫ지라大抵今日教育은一般國民에게普及치못ᄒᆞ면全國의文明을期圖키難ᄒᆞᆫ者이로다然ᄒᆞᆫ즉全國內青年子弟를一致로培養ᄒᆞ야步武를共進後에야文明의效果를進取ᄒᆞᆯ지나但青年子弟中에境遇의所縛을因ᄒᆞ야內京外國에留學을不遂ᄒᆞᄂᆞᆫ者ㅣ多ᄒᆞ니此ᄂᆞᆫ今日教育界의最大ᄒᆞᆫ缺点이라今에如此ᄒᆞᆫ不幸을遭ᄒᆞᆫ青年子弟의教育普及을是圖코자ᄒᆞᆯ진ᄃᆡ一二個人의獨力으로實施키難ᄒᆞᆫ즉不得不衆智를合ᄒᆞ며衆力을聚ᄒᆞ야可成ᄒᆞᆯ지라所以로本人等이藍湖中央에講習維持會를發起ᄒᆞ고內京과外國에留學ᄒᆞᄂᆞᆫ生徒가夏期休學을際ᄒᆞ야當地의青年諸君을教授講習ᄒᆞ며且資本을鳩聚ᄒᆞ야青年中에內外國間遊學ᄒᆞᆯ資格이有ᄒᆞᆫ者ᄂᆞᆫ學費를辦給選送ᄒᆞ기로目的ᄒᆞ고趣旨를玆에仰佈ᄒᆞ오니凡我同志ᄂᆞᆫ其各勉旃

特賀義捐

李鍾夏	三十圓
李台健	二十圓
李忠健	十圓
張世瑀	十圓
朝陽學校	十圓 鳳山郡生徒等
梁範錫	三圓
張世瑢	一圓
張世珽	一圓
張世瑗	一圓
張鳳鎭	一圓

張龍鎭	一圓
朴基鴻	一圓
朴奎秉	一圓
池演煥	一圓
張世瑍	五十錢
張鶴鎭	五十錢
張麟鎭	五十錢
宋勉教	五十錢
李學祚	五十錢
張沃根	五十錢
金永標	五十錢

金東植 五十錢

李永喜 二十錢

記者曰嗚乎偉哉라鳳山郡紳士李鍾夏等諸氏여財政恐慌의時期를遭ᄒᆞ야私生活의困難을不顧ᄒᆞ고本會舘의建築費不足額을充補ᄒᆞ기爲ᄒᆞ야橐을傾ᄒᆞ고甁을罄ᄒᆞ이爲先鳩聚ᄒᆞᆫ金額九十餘圜을送交ᄒᆞ얏스니諸氏의意가何에在ᄒᆞ야然ᄒᆞᆷ인가諸氏ᄂᆞᆫ以謂ᄒᆞᄃᆡ本會舘은卽西北五道內同胞의代表로起立ᄒᆞᆫ法人이라然ᄒᆞᆫ즉此法人의價値가高尙ᄒᆞ면我西北一般同胞의地位도一体로高尙ᄒᆞᆯ지오此法人의價値가低落ᄒᆞ면我西北一般同胞의地位도一体로低落ᄒᆞᆯ지라所以로諸氏가斗赤의血을瀝盡ᄒᆞ야本舘에寄送ᄒᆞᆫ者니我西北同胞ㅣ된者야此에對ᄒᆞ야誰가感荷치아니리오마ᄂᆞᆫ本記者ᄂᆞᆫ더옥特別히鳴感ᄒᆞᄂᆞᆫ바오更히西北同胞全体에對ᄒᆞ야希望ᄒᆞᄂᆞᆫ바ᄂᆞᆫ重大ᄒᆞᆫ義務를各其分擔ᄒᆞ시와三和鳳山同胞諸氏의薦佈ᄒᆞᆫ目的을完就ᄒᆞ심을至望至禱

會事記要

北青郡新德學校長金炳采氏의支校請願를接受ᄒᆞ다

甲山郡紳士朴哲奎氏等三十餘員의支會請願書를接受ᄒᆞ다

載寧郡支會長崔膺根氏가依規則ᄒᆞ야任員改選ᄒᆞᆫ報明書와月報代金收合과會員募集ᄒᆞᆫ報明書를接受ᄒᆞ다

定平郡支校長尹東協氏가學部에該校承認事와多少意見의提出ᄒᆞᆫ報明書를接受ᄒᆞ다

泰川郡支會總務李允實氏가學界視察ᄒᆞᆫ事와會員募集ᄒᆞᆫ結果로入會金上送ᄒᆞᆫ報明書를接受ᄒᆞ다

寧邊郡會員明以恒魯達勳兩氏와學界의視察과會員募集과月報勸讀이多數에達ᄒᆞᆫ報明書를接受ᄒᆞ다

寧邊郡支會長韓東禹氏의新入會金六圓上送과月報代金은六臘兩次로收合上送ᄒᆞᆫ報明書를接受ᄒᆞ다

李熙直氏의本會에寄附ᄒᆞ신田畓今年度秋收事는關東學會에委任ᄒᆞ다

白川郡支會長李基永氏가本會에演士二人派送ᄒᆞ라는公函에對ᄒᆞ야京城內病氣流行으로不得選送ᄒᆞ다

順川郡學事視察金商學氏는白首衰年에勞苦를不憚ᄒᆞ고境內各校를巡回視察ᄒᆞᆫ報明書를接準ᄒᆞ미校는四十一個所로學徒數는一千三百名에達ᄒᆞ얏다더라

江東郡支校就明學校長李斗範氏以病辭免ᄒᆞᆫ代에朱基觀氏로選定ᄒᆞᆫ報明書를接授ᄒᆞ다

江西郡支校日新學校의任員改選ᄒᆞᆫ報明이如左　校長金達夏、副校長韓相禹、校監李元熙　韓敏錫、學監韓相堯、李秉鉉會計朴庸善、蔡元淑、書記員宋煥奎、　事務長韓成龍、事務員李東八等九人이러라

本會報代金收合委員選定

本會報刊行이今至三十四号인ᄃᆡ本會員과外他紳士諸氏의購覽이多數에至ᄒᆞ심은實로本會를深愛ᄒᆞ시고公益의義務를極盡ᄒᆞ시ᄂᆞᆫ盛意로出ᄒᆞᆫ것이나至於代金ᄒᆞ야ᄂᆞᆫ收入이零星ᄒᆞ야刋費의困難이益甚ᄒᆞᆫ故로本會에서一般衆望를依ᄒᆞ야左記諸氏의게月報代金收合事務를委任이옵고特別警告ᄒᆞ오니伏願　僉位閣下게서ᄂᆞᆫ益加　另念ᄒᆞ시와一一送致于左記諸氏處ᄒᆞ심을切盼

特別警告

本會報刊行이今至二十四號이온바本會員及有志紳士諸氏게옵셔本會를深愛ᄒᆞ시고公益上義務를極盡히履行ᄒᆞ시와多數購覽ᄒᆞ시ᄂᆞᆫ盛意ᄂᆞᆫ感謝不已이오나代金을經年토록送交치아니ᄒᆞ온京鄕의涯角所致이옵기該代金送致의便宜ᄅᆞᆯ隨ᄒᆞ야各地方의信仰이有ᄒᆞ신左記諸氏의게本會報代金收合事務를委任ᄒᆞ옵고玆에特別警告ᄒᆞ오니從今으로一一逐号ᄒᆞ야送交于左記處ᄒᆞ심을千萬敬要ᄒᆞᆷ

月報代金收合委員

金川郡羅燐英

載寧郡崔膺根 六二

奇載善

安岳郡金庸濟

金孝燦

海州郡朴昌鎭

延安郡申鉉弼

利原郡支會事務所

三和港金柄珣

義州郡朴聖欽

博川郡柳淙柱

定州郡盧德一

載寧郡支會任員改選氏名

會長 崔膺根 洪秉善
副會長 崔濟鎔 崔膺檮
總務員 朴弘燮 崔濟珀
評議員 崔濟琮 崔熙林
羅秉憲 李仁俊
金正洪 李東植
鄭昌鎬 會計員朴應夏
鄭光浹 書記員金基秀
鄭致瓘 事務員金振弼
林炳珷 咸泰榮
金鎔曄
崔允行

永興郡支會任員改選氏名

會長 張箕元 總務 張瀅根
書記 高膺瑚 會計 韓鳳禹
學校任員
校長 張箕元
校監 劉漢烈 學監 權永鎬
會計 全昌烈

學界消息

永興郡支校永明學校第一學期試驗成績

甲班
金熙鏞優等 朱致洙 李材熺
金東奎 金疇燮

乙班
李材善 鄭載彥優等 金鍾濬
李材弼 朱德洙 金明燮
李鎰洙 金範淑 李明夏
全鍾燮

丙班
全南燮優等 李材榮 李材京
金東斌 金元斌 金鍾淳
金張突 閔金突 劉永三

會計員報告 第三十四號

十一圜八十七錢五里 會計員任置條
三十九圜十五錢 月報代金収入條郵稅幷
合計五十一圜〇二錢五里

第三十四回新入會員入會金收納報告

金鼎鍾 龜城 李錫允 龜城 李龍珠 龜城
金載坤 龜城 裴守京 龜城 金洛溶 龜城
元永濟 龜城 崔利奎 龜城 金珣玉 龜城
全聖權 龜城 張龍濬 龜城 金泳七 龍岡
金泰逵 三和 朴賛稷 新溪 金永杰 龍川
金基秀 載寧 朴弘燮 載寧 林承祚 載寧
李東植 載寧 李仁俊 載寧 林鐘協 安州
林鐘六 安州 林鍾健 安州 各一圜式

合計二十三圜

第三十四回月捐金收納報告

金東準 九十錢 自一月至九月朔條
宋禹榮 二圜十錢 自二年二月至三年十月二十一朔條
裴亨湜 一圜六十錢 自二年九月三年十二月十六朔條

合計四圜六十錢

第八回本校義捐金收納報

告

吳相奎 二十圓 八月 九月

太明軾 十圓 七月 八月 九月

李達元 一圓

朴景善 六十錢 九月 十月

合計三十一圓六十錢

第十四回建築費義捐金收納報告

李承駿 五十圓 百圓條 畢來

商業會議所 一百圓 三和港

李承祚 五十圓

林祐敦 三十圓

李孝健 三十圓

元容德 三十圓

金柄珣 三十圓

李容璉 三十圓

朴萬化 二十圓

金永權 二十圓

金正民 二十圓

朱一南 十圓

金應石 十圓

吳鑽泳 十圓

張世琳 十圓
崔國鉉 十圓
金能權 五圓
崔大峻 五圓
張世郁 五圓
鄭應基 五圓
崔秉爀 五圓
李希燮 五圓
金炳淵 五圓
崔秉勳 五圓
朴基英 三圓

金尙愚 二圓
羅東玉 二圓
魯起元 二圓
朴秉琇 二圓
田仁畯 二圓
裵亨湜 二圓
李圭鉉 二圓
金貞鉉 一圓
金養坤 一圓
金仁煥 一圓
韓致璣 一圓

金相燦 一圜

一光學校 二十五圜十二三錢五里 三和港

三崇學校 十圜九十錢 三和港

五星學校 六圜九十錢 三和港

合計五百六十六圜〇三錢五里

以上五共合六百七十六圜二十六錢內

第三十四回用下報告 自九月十五日至十月十五日

二圜三十三錢 洋紙白紙封套小筆價並

三十五錢 九月朔水價

六十圜 主筆會計書記九月朔月銀條

十五圜 使丁二名九月朔月給條

十八圜 電話使用料自十月一日至十二月末日條

三圜十二錢五里 堤川郡査土秋収員派送時往返旅費

一圜八十錢 官報代金自十月至十二月三朔先給

十二圜五十錢 五里郵票二千五百枚價

三圜三十錢 三錢郵票一百十枚價

三十七錢五里 梁鳳濟氏先大夫人賻儀條

三圜三十九錢 龜城郡支會經費請求支給條

一圜五十六錢 載寧義州寧邊長淵明川美國月報送小包

會計員報告

六圜 本會舘全體寫眞料條

四百八十圜 本會舘建築費中十次給條

五十圜 十六號月報印刷費紙價製冊費中先給條

一圜 編輯室叅考件太陽雜誌朝鮮雜誌價

五圜五十錢 用箋紙四千五百枚紙印價刷費並

合計六百六十四圜二十三錢除在十二圜〇三錢 會計任置

第三種郵便物認可

特別廣告

本會月報의發行이今至三十三號인뒤代金收合이極히零星ᄒᆞ와繼刊ᄒᆞ기極窘ᄒᆞᆯ뿐不是라況本會館及學校建築에經用浩繁은一般會員과僉紳士의知悉ᄒᆞ시ᄂᆞᆫ바이니義務를特加ᄒᆞ시와遠近間購覽ᄒᆞ시ᄂᆞᆫ僉員은迅速送交ᄒᆞ시고本會員은月捐金도並計朔送致ᄒᆞ시와會務와校況을日益進就케ᄒᆞ심을千萬切盼

本學會告白

光武十一年十二月一日
明治三十九年十二月一日
第三種郵便物認可

西北學會月報

隆熙三年十二月一日發行(每月一日一回發行)

(第一卷第十八號)

發行所 西北學會

三年十二月一日西北學會月報第一卷第十八號目次

論說

本會의性質

一記者

社會의性質이各殊ᄒᆞ야或은宗敎로目的ᄒᆞ며或은實業으로目的ᄒᆞ며或은政治로目的ᄒᆞ며或은敎育으로目的ᄒᆞ야各히其目的地에到達ᄒᆞ기ᄅᆞᆯ務圖ᄒᆞᄂᆞ니萬若實業으로目的ᄒᆞᆫ社會가宗敎에干涉ᄒᆞ며敎育으로目的ᄒᆞᆫ社會가政治에干涉ᄒᆞ면此ᄂᆞᆫ其性質을已失ᄒᆞᆫ人과如ᄒᆞᆫ지라失性ᄒᆞᆫ人이웃지世에立ᄒᆞᆯ能力이有ᄒᆞ리오必也其性質을善히保守ᄒᆞ고目的을期코到達ᄒᆞᆫ後야某會ᄅᆞᆯ勿論ᄒᆞ고完全ᄒᆞᆫ法人의徽號ᄅᆞᆯ享有ᄒᆞᆯ지라大抵本會ᄂᆞᆫ我西北人士가衆力을團合ᄒᆞ야青年子ᄅᆞᆯ敎育ᄒᆞ기로目的ᄒᆞᆫ者인즉其會名은學會오其性質은單純ᄒᆞᆫ敎育ᄲᅮᆫ이오立會ᄒᆞᆫ後數個年行動이ᄯᅩᄒᆞᆫ敎育範圍內에서屈伸ᄒᆞᆯ而已오絲毫도出入이無ᄒᆞᆫ바ᄂᆞᆫ世界公眼에已照ᄒᆞᆫ者라或者의所見이不經ᄒᆞ야某雜誌에揭ᄒᆞᆫ바ᄅᆞᆯ見ᄒᆞᆫ즉本會의表面은敎育機關이나內容은政治思想을包含ᄒᆞ얏다ᄒᆞ얏스며某新聞에揭ᄒᆞᆫ바ᄅᆞᆯ見ᄒᆞᆫ즉某政黨社會와互相聯合ᄒᆞᆫ다ᄒᆞ얏스니此ᄂᆞᆫ或一時推測의失과探報의謬로出ᄒᆞᆫ者이라ᄒᆞᆯ지나一層을更進ᄒᆞ야思ᄒᆞ면議者諸氏가本會ᄅᆞᆯ誠信으로ᄡᅥ知遇치아니ᄒᆞᆷ이아닌가設或百喙가交鳴ᄒᆞ고衆毁가遝至ᄒᆞᆯ지라도本會ᄂᆞᆫ本性質을固守ᄒᆞᆯᄲᅮᆫ이오本目的을履行ᄒᆞᆯᄲᅮᆫ이니何傷이有ᄒᆞ리오마ᄂᆞᆫ第三者로傍聽ᄒᆞᄂᆞᆫ諸氏ᄂᆞᆫ一点疑雲을惹動ᄒᆞ야忽地顧眄을生ᄒᆞ리

니此는亦本會前途에障碍物을投ᄒᆞᆷ과如ᄒᆞᆫ자라所以로本執筆人이內外僉君子에게本會의性質과目的을畢陳無隱ᄒᆞ야多少疑障을劈破코자ᄒᆞ노라

一、本會의性質은單純ᄒᆞᆫ教育

一、本會의目的은國內青年子弟를新文明으로誘導ᄒᆞ며國民知識을普通키爲ᄒᆞ야但히學術技藝로써月報를刊出ᄒᆞᆷ

因海山朴先生仍舊就新論告我儒林同志

松南

海山朴先生은卽贈奎章閣提學誠庵朴先生之令胤也라其世襲之道學淵源이因洋洋焉有自來矣오且其自修之力과心得之工이實關西儒林界之宗匠也라先生이日者에有事入京이라가本執筆人을來訪ᄒᆞ고寒暄을纔畢ᄒᆞᆫ後에言ᄒᆞ야曰現今儒教의消鑠ᄒᆞᆷ은儒家諸氏가自招ᄒᆞᆫ罪라其責을焉逭ᄒᆞ리오我도亦山樊에固坐ᄒᆞ야現代風潮를矇然不知ᄒᆞ고新學을對ᄒᆞ야旨意도不究ᄒᆞ고依例히異端으로排斥ᄒᆞ며開化黨을對ᄒᆞ야言語도不接ᄒᆞ고依例히異類로論駁ᄒᆞ얏더니一自數年以來로新學書籍을搜見ᄒᆞᆫ즉倫理와道德은不足可道이나至於利用厚生之道ᄒᆞ야는前人의所未發을發ᄒᆞᆫ者ㅣ多ᄒᆞ며其輕便敏速의手法이此에盡在ᄒᆞᆫ지라萬一我國으로ᄒᆞ여곰倫理와道德은依舊히遵守ᄒᆞ고物質上研究는彼新學을講明ᄒᆞ야利用厚生을資ᄒᆞ면國家를扶持ᄒᆞᆯ道理도此中에在ᄒᆞᆯ지오儒教를保存ᄒᆞᆯ道理도亦此中에在ᄒᆞᆯ지며且以開化黨으로言之라도國家公益上에獻身ᄒᆞ며人民開導上에熱心ᄒᆞᆷ은獨潔其身을妄唱ᄒᆞ는腐儒의

事業에比ᄒᆞᆯ바ㅣ아닌즉守舊派와開化黨이調劑彌綸의方法을共相講磨ᄒᆞᆫ然後에學校教育과社會教育이正路를共得ᄒᆞ야全國青年으로ᄒᆞ여곰一邊으로道德上涵養을受得ᄒᆞ며一邊으로物質上研究를通解ᄒᆞ야其品行은謙恭ᄒᆞᆫ德儀를發現ᄒᆞᆯ지오其技術은精緻ᄒᆞᆫ效能을捷奏ᄒᆞᆯ者어늘所謂儒家라고自處ᄒᆞᄂᆞᆫ者流가爲先泥古不變으로長策을作ᄒᆞ며開化者流ᄂᆞᆫ亦又袪舊就新으로目的을作ᄒᆞ여兩方이互相反對ᄒᆞᆷ으로今日의結果가全國教育界로ᄒᆞ여곰純全ᄒᆞᆫ孽開化의國民을無數產出케ᄒᆞ얏스니此가엇지開化派의責뿐이된다ᄒᆞ리오最是儒家諸君이天職을自溺ᄒᆞ고局見이執滯ᄒᆞ야全國未來英雄으로ᄒᆞ야곰此境에陷落ᄒᆞ도록視若不見ᄒᆞᆫ것이果然難逃ᄒᆞᆯ責이될者ㅣ아닌가我와如

ᄒᆞᆫ衰物이라도時代의變遷ᄒᆞᄂᆞᆫ眞理를趂早히覺破ᄒᆞ엿드면身을濡ᄒᆞ고額을爛ᄒᆞᆯ지라도教育首途에挺身一呼ᄒᆞ얏드면今日教育界의淺露浮薄ᄒᆞᆫ弊를免ᄒᆞᆯ지라此理를昨年에始能看破ᄒᆞ야本省中儒林同志諸氏로더브러謀議ᄒᆞ야嘉山芹塲里에一學校를設立ᄒᆞ고科目은經義로써主旨를作ᄒᆞ고物理、化學、生理學諸科ᄂᆞᆫ古代格致上工夫로注意케ᄒᆞ며數學、歷史、地理學은卽支那三代盛時로브터講習ᄒᆞ든者인즉此를新學工夫라고指ᄒᆞ기ᄂᆞᆫ決코不可ᄒᆞᆫ者라所以로吾先考時로브터同研의學友와及凡他同志를一切勸告ᄒᆞ여該學校에入學케ᄒᆞ얏고且吾友盧克庵으로ᄒᆞ여곰校監의職을任ᄒᆞ고盧友의門生을亦一切就學케ᄒᆞ니該校生徒가百數名에達ᄒᆞᆫ지라現今爻象으로ᄂᆞᆫ維持의策

이不無ᄒᆞ고且就學ᄒᆞᆫ學徒諸氏도眞正ᄒᆞᆫ門路ᄅᆞᆯ覺得ᄒᆞ야熱心從事ᄒᆞ니如此히全國儒林이風從ᄒᆞ면日新의功을可見ᄒᆞᆯ지나但就中에一二固守의儒가主賓의所見으로我ᄅᆞᆯ冷評ᄒᆞᄂᆞᆫ者도多ᄒᆞ니此ᄂᆞᆫ尙히我의十年前所見과如ᄒᆞᆫ지라其世界變遷의公理가亦自然的됨을不知ᄒᆞᆷ이로다

大凡人이始生ᄒᆞ야슨時에無知識無能力ᄒᆞᆫ一血塊而已라此ᄂᆞᆫ木巢食實ᄒᆞ든邃古時代와如ᄒᆞ고及其三四歲에血肉이稍凝ᄒᆞ고能言能食ᄒᆞ며能走能行ᄒᆞᄂᆞᆫ지라此ᄂᆞᆫ熙熙皞皞ᄒᆞᆫ五帝時代와如ᄒᆞ고及其二三十歲ᄒᆞ야筋骨이已完ᄒᆞ고知識技術이旣已通解ᄒᆞᆫ지라此ᄂᆞᆫ禮樂文物이大備ᄒᆞᆫ三王時代와如ᄒᆞ며及其四五十歲ᄒᆞ야思慮가緻密ᄒᆞ고事業이多成ᄒᆞᆫ지라此ᄂᆞᆫ今日時代와如ᄒᆞᆫ者라其隨時變遷이固是自然ᄒᆞᆫ定理어ᄂᆞᆯ嗚乎今日儒家諸君이此ᄅᆞᆯ不審ᄒᆞ고冬葛夏裘ᄅᆞᆯ倒着코저ᄒᆞ니悶迫不已ᄒᆞ노라ᄒᆞ더라

本執筆人이先生의大言을聞ᄒᆞ고再拜ᄒᆞ야曰有是哉라先生의言이여一言으로可히써全國儒林의頑腦ᄅᆞᆯ劈破ᄒᆞ리로다萬若我國儒家諸氏로ᄒᆞ야곰先生의仍舊就新의思想을慕倣ᄒᆞ면一般社會의先進이되야風俗의頹敗ᄒᆞᆫ者ᄅᆞᆯ諸氏가矯正ᄒᆞᆯ지오倫理의壞亂ᄒᆞᆫ者ᄅᆞᆯ諸氏가整理ᄒᆞᆯ지오靑年의志慮未純ᄒᆞᆫ者ᄅᆞᆯ諸氏가警誨ᄒᆞᆯ지오宗社의危機如髮ᄒᆞᆫ者ᄅᆞᆯ諸氏가匡扶ᄒᆞᆯ지오敎育의趣旨不精ᄒᆞᆫ者ᄅᆞᆯ諸氏가匡扶ᄒᆞᆯ지오敎育의趣旨不精ᄒᆞᆫ者ᄅᆞᆯ諸氏가改良ᄒᆞᆯ지니萬般事業의正與不正이實皆諸氏의指麾下에繫在ᄒᆞᆫ者이어ᄂᆞᆯ諸氏가胡爲乎故紙ᄅᆞᆯ默守ᄒᆞ고陳談을專

尙ᄒᆞ야今日時局에 一個傍觀者의資格을帶有ᄒᆞ고恬不知恥ᄒᆞ며漠不知恠ᄒᆞ니諸氏의所學이潔身二字에專門ᄒᆞ고孔子의博施濟衆의義와孟子의救時急務의義를背馳ᄒᆞ얏스니諸氏가孔孟의罪人을難免ᄒᆞᆯ者ㅣ아니며抑國家萬世의一大罪逆을容恕치못ᄒᆞᆯ者가아닌가本執筆人도亦儒家의一分子라諸氏로더브러處地가同ᄒᆞ고時遇가同ᄒᆞ고榮辱이亦同ᄒᆞᆫ故로海山老師의通論을依ᄒᆞ야敢玆呶呶不已ᄒᆞ오니唯幸諸氏ᄂᆞᆫ深涼ᄒᆞ심을幸賜ᄒᆞᆯ지어다

國民의普通知識

春夢子

我國現代에ᄂᆞᆫ上流人도無ᄒᆞ고中流人도無ᄒᆞ고下流人도無ᄒᆞ리로다盖人의上中下流의別이力의勁弱으로論ᄒᆞᆯ바ㅣ아니오體의大小長短으로論ᄒᆞᆯ바ㅣ아니오勢의貧富貴賤으로論ᄒᆞᆯ바ㅣ아니오但히一寸方塘에鏡面이瀅澈ᄒᆞ야知識이優越ᄒᆞᆫ者ㅣ上流人이될지오此에不及ᄒᆞᄂᆞᆫ者ㅣ中流人이될지며智界가茅塞ᄒᆞ야知識이卑劣ᄒᆞᆫ者ㅣ下流人이될지라然ᄒᆞᆫ즉知識의優劣을智者가能히鑑別ᄒᆞᆯ지오愚者ᄂᆞᆫ能히鑑別치못ᄒᆞᆯ지라所以로智者가多數ᄒᆞ고愚者가少數ᄒᆞ면智者의一言이能立ᄒᆞᆯ지며智者의一策이能成ᄒᆞᆯ지나此를反ᄒᆞ야智者가少數ᄒᆞ고愚者가多數ᄒᆞ면智者의萬言이不立ᄒᆞᆯ지며智者의萬策이不成ᄒᆞᆯ지로다假令今日我國에一人이出ᄒᆞ야曰國家現勢가百度가俱急ᄒᆞ나爲先目下汲汲ᄒᆞᆫ問題가生活上困難이是耳라不得不實業을先務ᄒᆞᆯ것이라ᄒᆞ면此에對ᄒᆞ야ᄂᆞᆫ一般同胞가唯唯ᄒᆞᆯ지나更히進行方法에

就ᄒᆞ야實業도亦種種色色아許多ᄒᆞ니最急務가農林業改良이라ᄒᆞ면諸同胞가亦改良ᄒᆞᆯ方針을質問ᄒᆞ리니此에對ᄒᆞᆫ實行方法은一二個人의獨力으로能ᄒᆞᆯ바ㅣ아니라必也農林會ᄅᆞᆯ組織ᄒᆞ고衆財ᄅᆞᆯ團合ᄒᆞ야嘉種嘉苗ᄅᆞᆯ購入ᄒᆞ며肥料ᄅᆞᆯ作用ᄒᆞ며土壤을轉沃ᄒᆞᆫ다ᄒᆞ면諸氏가雙目이瞠瞠ᄒᆞ야必曰前日은如此히아니ᄒᆞ고도作農生活ᄒᆞ얏다ᄒᆞ고該會組織에首肯치아니ᄒᆞ리니農林業의改良이無望ᄒᆞ며其次ᄂᆞᆫ曰工業發達이必要ᄒᆞ다ᄒᆞ면諸氏가亦此에對ᄒᆞ야ᄂᆞᆫ唯唯ᄒᆞᆯ지나其實地履行方法에就ᄒᆞ야言ᄒᆞ면曰汽船會社、曰汽車會社、曰電氣會社、曰鐵工組合、曰金銀細工組合、各種事業이又是一二個人獨力의能ᄒᆞᆯ바ㅣ아니라必也其合資共力을請ᄒᆞᆯ지니于是에諸氏가目下細利에關係되야將來利害ᄂᆞᆫ姑且勿論ᄒᆞ고議論이背馳ᄒᆞ리니工業의發達이亦從此無望ᄒᆞᆯ者ㅣ아닌가其他商業界敎育界가無非如是ᄒᆞ리니此ᄂᆞᆫ諸氏의先天慧竇가充塞ᄒᆞᆷ이아니라但히我國이此前以來로學校敎育과社會敎育이不立ᄒᆞ야國民의普通知識이未開ᄒᆞᆫ故로今日人類의生活上維持方法을不知ᄒᆞᆷ으로此極에至ᄒᆞ얏도다然ᄒᆞᆫ즉此境遇에在ᄒᆞᆫ我國國民中에農林學博士가有ᄒᆞ야도上流社會의責任을自棄ᄒᆞᆯ지오商工學博士가有ᄒᆞ야도亦上流社會의責任을自抛ᄒᆞᆯ지라設又幾個偉人達士가有ᄒᆞᆫ들何處로從ᄒᆞ야事業의前途ᄅᆞᆯ開拓ᄒᆞ리오其國民의知識程度가如是ᄒᆞᆫ지라今日에若一人이出ᄒᆞ야曰南海中에서眞人이出ᄒᆞᆫ다ᄒᆞ면此ᄅᆞᆯ括目ᄒᆞᆯ지며符書ᄅᆞᆯ飛傳ᄒᆞ야曰此가弓弓乙乙이라ᄒᆞ면

金錢을不惜ᄒᆞ고爭買ᄒᆞᆯ지며十勝之地가此에在ᄒᆞ다ᄒᆞ면傾家破産ᄒᆞ고도扶携往尋ᄒᆞᆯ지며兩白之山이彼에在ᄒᆞ다ᄒᆞ면棄妻離毋ᄒᆞ고도轉輾求覔ᄒᆞ리니一般所見이此圈套內에不出ᄒᆞᆫ지라是故로天堂을漫呌ᄒᆞ고祖國을異邦으로指斥ᄒᆞᄂᆞᆫ者ㅣ有ᄒᆞ고世事를悲厭ᄒᆞ고窮山을樂地로自處ᄒᆞᄂᆞᆫ者ㅣ有ᄒᆞ며金粟을陳積ᄒᆞ고公益을虛例로視ᄒᆞᄂᆞᆫ者도有ᄒᆞ니嗚乎諸氏여一夢이殆히支離ᄒᆞ도다諸氏가耳도有ᄒᆞ고目도有ᄒᆞ고手도有ᄒᆞ고足도有ᄒᆞ고臟腑도亦有ᄒᆞᆫ지라其視其聽其動其作이何若是蠢蠢ᄒᆞ며種族도亦四千年系統이相承ᄒᆞᆫ神聖苗裔라其靈覺의特性이何若是遲遲ᄒᆞᆫ가此ᄂᆞᆫ無他라國民의知識이普通치못ᄒᆞᆫ然故오國民의知識이普通치못ᄒᆞᆫ原因은義務敎育이不立ᄒᆞᆷ에在ᄒᆞᆫ者니諸氏ᄂᆞᆫ各各爲先義務敎育을實施ᄒᆞᆯ지어다

遠慰我西北被灾同胞라가
敬告我西北慈善同胞

蘭谷李承喬

吾人의死生이有命이오苦甘이有時라上帝生之ᄒᆞ시니不欲其死也ㅣ오上帝愛之ᄒᆞ시니不欲其苦也ㅣ로다陷之死地而生者ᄂᆞᆫ上帝生之也ㅣ오置之亾地而存者ᄂᆞᆫ上帝存之也ㅣ라不可無警醒일ᄉᆡ以降灾眚ᄒᆞ고不可無勉勵일ᄉᆡ以貽優患ᄒᆞ나니今日之灾眚이安知非來日之福音이며今日之憂患이安知非來日之安樂乎아惟我西北人士ᄂᆞᆫ其有是德ᄒᆞ니剛毅不屈ᄒᆞ야宜有是福也ㅣ오直實不譎ᄒᆞ야宜有是福也ㅣ오方正不阿ᄒᆞ야宜有是福也ㅣ오活潑不苶ᄒᆞ야宜有是福也ㅣ

오社會謀忠이是福也ㅣ오學界獻誠이是福也ㅣ로ᄃᆡ何乃今年之偏被水災ㅣ亦孔慘酷ᄒᆞ니其或有反常之理歟아吾人之惑이滋甚ᄒᆞ야再思三思而後恍然大覺이로다七年太旱은夏桀之餘烈也ㅣ오大風偃禾ᄂᆞᆫ周民之未收也ㅣ라今夫西北敎育之說이藉藉喧傳이로ᄃᆡ其實은熱心者ㅣ有之則冷情者ㅣ亦有之ᄒᆞ고贊成者ㅣ有之則沮害者ㅣ亦有之ᄒᆞ야由是而圭角이易成이오由是而團體ᄂᆞᆫ難言이니此ᄂᆞᆫ無他라其剛毅者ㅣ未開而悍ᄒᆞ고其直實者ㅣ未開而頑ᄒᆞ고其方正者ㅣ未開而固ᄒᆞ고其活潑者ㅣ未開而浮ᄒᆞ야所以社會上에反側이混淆ᄒᆞ고學界上에魔孼이障戲ᄒᆞ니此可以警醒也ㅣ오亦可以畏哉也ㅣ라上帝降災ㅣ不亦宜乎아人以爲西北災民이不免於死亡이로ᄃᆡ吾獨以謂將必爲福樂ᄒᆞ노니以今所覩記컨ᄃᆡ家屋財産이已去滄海ᄒᆞ니負接이歿策이오禾麻畎畝가落在川浦ᄒᆞ니飢寒이切迫이라其欲求生이나隣族이亦同病相隣而已오其欲望救死ㅣ나活佛이亦其道已衰久矣라盖此死中求生이蜈蚣之計ᄅᆞᆯ無所可售ᄒᆞ야將未免烏面鵠形이로ᄃᆡ若使生靈으로其有罪則警之悔改ᄂᆞᆫ可矣어니와況無罪並以就於死亡者ㅣ寧有是也ㅣ리오其所不忍聞啼飢呼寒之聲이必徹于天이로다噫라上帝好生之大德으로命我慈善之家ᄒᆞ샤惻隱之心이箇箇感發ᄒᆞ야施濟之義로在在捐散ᄒᆞ야惟其賑之貸之ᄅᆞᆯ猶恐不及이면幸爲其蘇ᄒᆞ리니如是其蘇者ㅣ而不勤儉이면伊誰勤儉乎아勤儉之中에不但經濟者ㅣ衆이라惟感覺者ㅣ生ᄒᆞ야農學焉研究ᄒᆞ고機器焉利用ᄒᆞ야實業發達

이必於此也ㅣ오且福善之理는報應이昭晣也ㅣ라先聖이言之已詳ᄒᆞ시고吾人의閱歷이亦已多矣니慈善之家ㅣ其能出義救活이면其來福音이必爲無量無極ᄒᆞ리니可不捐小而取大哉아今以西北救荒으로爲大問題ᄒᆞ야志士策士之做筭奔走가遑遑汲汲ᄒᆞ니共在鄕井ᄒᆞ야其義捐誠助가肯落於人後乎아洞而會ᄒᆞ고面而會ᄒᆞ고郡而會ᄒᆞ고道而會ᄒᆞ야其須恫若在己ᄒᆞ야日以講究則貧富相資가不無其道也ㅣ오遠近交濟가不無其方也ㅣ라移粟之計爲急ᄒᆞ니不可不克圖早速ᄒᆞ고賑貸之責이莫重ᄒᆞ니不可不益加勉强이니幸須諒會ᄒᆞ야勿負我上帝之恩義ᄒᆞ고自求幸福也哉ㄴ뎌

講壇

教育史

頭山逸民

第二節 德國

德國은二十六聯邦으로써成ᄒᆞᆫ者라其學制가各邦을因ᄒᆞ야異ᄒᆞ니聯邦中最大ᄒᆞᆫ者는普魯士니其他諸邦의學制가大抵普魯士를依倣ᄒᆞ야定ᄒᆞᆫ者니라

普國이法에大敗ᄒᆞᆫ後로維廉三世가以謂호ᄃᆡ國威를挽回ᄒᆞᆯ策이小學校敎育을奬勵ᄒᆞᆷ에在ᄒᆞ다ᄒᆞ야於是에學者를瑞士에遣ᄒᆞ야新敎育法을學ᄒᆞ야文部省을始置ᄒᆞ야全國學事를掌케ᄒᆞ니此로自ᄒᆞ야普의學事가大進ᄒᆞ야今日의盛況을呈露ᄒᆞ니라

普國이文部省成立ᄒᆞᆫ以來로全國學事를摠攬ᄒᆞᆯ시全國을分ᄒᆞ야十三州를作ᄒᆞ고州에學務局이有ᄒᆞ야中學校를監督ᄒᆞ며又師範學校等을監視ᄒᆞ고又全國을三十六縣에分

ᄒᆞ야各縣에學務所를置ᄒᆞ고縣視學官을兼置ᄒᆞ야小學校를監督ᄒᆞ며縣의下에郡이有ᄒᆞ니郡에郡視學監이有ᄒᆞ야郡內의小學校를監督ᄒᆞ며町村에町村視學監이有ᄒᆞ야町村內의學事를監督ᄒᆞ더라

小學校ᄂᆞᆫ通例로國民學校라稱ᄒᆞ나니滿六歲로붓터十四歲에至ᄒᆞ기ᄭᆞ지義務的就學期를定ᄒᆞ고萬一父兄된者ㅣ兒童으로ᄒᆞ여곰按期就學케아니ᄒᆞ면輕ᄒᆞᆫ즉罰金을受ᄒᆞ고重ᄒᆞᆫ즉禁錮를施ᄒᆞ야不得不就學케ᄒᆞ며學校가비록學費를不收ᄒᆞ나謝儀가全無치못ᄒᆞ더라

小學校의科目은宗敎、國語、(話方讀方及書方)筭術、幾何、圖畫、實科、(歷史、地理、理科、唱歌)體操、(男兒)及裁縫(女兒)이요

一星期의敎授ᄒᆞᄂᆞᆫ時數ᄂᆞᆫ其單級小學校에在ᄒᆞ야ᄂᆞᆫ下級은二十点鍾、中級은二十八点鍾上級은三十点鍾이通例가되더라

小學校의上補習學校가有ᄒᆞ니或小學校에附設ᄒᆞ며或은獨立도ᄒᆞ야小學校卒業生의入學ᄒᆞᆯ處를作ᄒᆞ고二年或三年에卒業케ᄒᆞ며一星期의授業時數ᄂᆞᆫ四点鍾或八点鍾이通例가되더라

小學校의敎員을養成ᄒᆞ기爲ᄒᆞ야師範學校를設ᄒᆞ고三年에卒業케ᄒᆞ야滿十七歲以上과二十四歲以下로ᄒᆞ여곰入學케ᄒᆞ고豫備學校를別設ᄒᆞ야師範學校에附屬ᄒᆞ고亦三年에卒業케ᄒᆞ되十四歲로自ᄒᆞ야十七歲에至ᄒᆞ기ᄭᆞ지入學ᄒᆞ야二次試驗을經ᄒᆞ고師範學에入ᄒᆞ야卒業ᄒᆞᆫ者ㅣ小學校正敎員이되나니라

中學校를六種에分ᄒᆞ얏스니文科中學校、副文科中學校、實科中學校、副實科中學校高等實科學校、 及實科學校라此等中學校의區分이各히所敎의語學으로써主를作ᄒᆞ니卽文科中學校副文科中學校는希臘拉丁의二語를敎授ᄒᆞ며實科中學校、 副實科中學校는希臘語를省去ᄒᆞ고拉丁語를授ᄒᆞ며又英法語를授ᄒᆞ고高等實科學校及實科學校는希臘拉丁二語를具省ᄒᆞ고英法語로써課ᄒᆞ며以上六種의學校中에文科實科中學校及高等實科學校는俱히九年에卒業케ᄒᆞ고副文科副實科中學校及實科學校는俱히六年에卒業케ᄒᆞ나니라

九年課程의中學校卒業ᄒᆞᆫ則大學에入ᄒᆞ나니大學은通常四科에分ᄒᆞ얏스니神學科、法科、醫科、及哲學科가是也오實科卒業生은諸種實業專門學校에入ᄒᆞ나니近時實科學校와及實業專門學校의數가全國의實業勃興ᄒᆞᄂᆞᆫ程度를隨ᄒᆞ야日加ᄒᆞᄂᆞ니라

豆滿江口古跡

達觀生

陵坪 (古德陵 古安陵을云ᄒᆞᆷ)

古德陵은慶興府南二十里許에在ᄒᆞ니라

初에 穆祖께서全州에居ᄒᆞᆯ時에官妓의事에因ᄒᆞ야知州에有害ᄒᆞ다ᄒᆞ여江原道三陟地에移居ᄒᆞᆫᄃᆡ縣民의願從ᄒᆞᄂᆞᆫ者百七十餘家러라旣而오按廉使로더부터宿嫌이有ᄒᆞ야更히家를挈ᄒᆞ고海에浮ᄒᆞ야咸吉道德源府에移居ᄒᆞ니百七十餘家가又皆從ᄒᆞᄂᆞᆫ지라後에元에歸ᄒᆞ야斡東地今慶興에移居ᄒᆞ니東北의人心이咸歸ᄒᆞ더라 薨ᄒᆞᆷ이平野中突穴에葬ᄒᆞ니突穴의高二三丈이오周白

餘步라穴傍에小阜가有ᄒᆞ니碑를其上에立ᄒᆞ고其上에穆祖德陵四字를刻ᄒᆞ얏스며後面에洪武二十八年二月日에立이라고刻ᄒᆞ얏더라

其後에何許人이此碑를持去ᄒᆞᆫ지라邑人이尋問ᄒᆞ되其所在를不知ᄒᆞ더니崇禎元年（距今二百八十一年前）에至ᄒᆞ야府使崔震之가赤池傍大圓峯下에서始得ᄒᆞ니碑에刻ᄒᆞᆫ二十字ᄂᆞᆫ剝去ᄒᆞ고僅히其字形이存ᄒᆞᆯ뿐이더라

古安陵은慶興府北二十里許에在ᄒᆞ니孝恭王后李氏를葬ᄒᆞᆫ處이라

太宗十年（距今四百九十七年前）에野人의亂을因ᄒᆞ야兩陵을咸興加平社에移葬ᄒᆞ고

龍飛御天歌를唱ᄒᆞ야曰

今我穆祖　慶興是宅　慶興是宅　肇基鴻業

甲寅年間에南相國巡邊時에撫夷山上에登ᄒᆞ야舊陵을望見ᄒᆞ고詩를詠ᄒᆞ야曰

撫夷城壁豆江邊　仗節登臨思渺然　慘憺千丈三峯雪　微茫五色八池蓮　金龍遠想埋山日　白馬猶傳渡水年　王跡舊基爲異域　欲傾東海洗腥膻

赤島

赤島ᄂᆞᆫ慶興府南七十五里海中에在ᄒᆞ니周가十里오其狀이伏龜와如ᄒᆞᆫ지라四面岩石이皆赤ᄒᆞᆫ故로赤島라名ᄒᆞ니라

東南間岩石少缺處에泉이有ᄒᆞ야湧出ᄒᆞ니其源이四時不渴ᄒᆞ며　南岸稍寬ᄒᆞᆫ處에陶穴遺址가十三個處가有ᄒᆞ니菲菜의屬이自生自茁ᄒᆞ야種養ᄒᆞᆫ物과如ᄒᆞ며　樹木蓤蕪가至今ᄭᆞ지佳氣가葱葱ᄒᆞᆫ지라若此를犯樵

ᄒᆞ면風雨가必至ᄒᆞᄂᆞᆫ故로 人이敢히剪伐치못ᄒᆞᆯ너라

初에 穆祖께서斡東地에居ᄒᆞᆯ時에女眞諸千戶所에至ᄒᆞ니彼가每每히牛馬를宰ᄒᆞ야饗宴ᄒᆞᄂᆞᆫ지라諸千戶가斡東에來ᄒᆞ면 穆祖가又如是ᄒᆞ더니 翼祖時에至ᄒᆞ야此를廢ᄒᆞ니라

後에翼祖의德이漸盛ᄒᆞ야諸千戶手下의人心이皆歸ᄒᆞᆫ지라 諸千戶가此를忌ᄒᆞ야謀害코자ᄒᆞ여 謬告曰吾等이將次北地에來獵ᄒᆞ리니二十日을停待ᄒᆞ라ᄒᆞᆫᄃᆡ 翼祖씌서此를許ᄒᆞ엿더니過期ᄒᆞ도록彼가不來ᄒᆞ거ᄂᆞᆯ翼祖씌서親히奚城關（今慶源府東三十里）으로往ᄒᆞ다가道에一老嫗가頭에水盆을戴ᄒᆞ며手에一椀을持來ᄒᆞᆷ을見ᄒᆞ고渴飮을求ᄒᆞᆫᄃᆡ老嫗가椀을洗ᄒᆞ고水를盛ᄒᆞ야進ᄒᆞ여曰公은不知ᄒᆞᄂᆞᆫ잇가此處人이兵을請ᄒᆞ야公을害코자ᄒᆞ니吾가貴公의威德을愛ᄒᆞ야不敢不告ᄒᆞ노라ᄒᆞᆫᄃᆡ 翼祖씌서此를聞ᄒᆞ고遑遽히家에返ᄒᆞ야家人을舟에乘ᄒᆞ고豆滿江을順流ᄒᆞ야赤島에赴ᄒᆞᆯ세孫夫人을白馬에騎ᄒᆞ야慶興後峴에至ᄒᆞ야斡東의野를望見ᄒᆞ니賊騎가彌滿ᄒᆞᆫ지라先鋒三百餘人이幾乎追及ᄒᆞ거ᄂᆞᆯ 翼祖씌서夫人다려白馬를鞭走케ᄒᆞ야海岸에至ᄒᆞ야赤島로渡코자ᄒᆞ니水廣이六百步許라本來潮汐이無ᄒᆞ더니 忽然ᄒᆞᆫ潮頭에可渡치못ᄒᆞᆯ지라期達處에難至ᄒᆞᆷ을歎ᄒᆞ더니忽又水退ᄒᆞ야路가開ᄒᆞ거ᄂᆞᆯ 翼祖께서夫人으로더부려共涉ᄒᆞ니從者가亦畢渡ᄒᆞᆷ의水가復至ᄒᆞ니賊이大來ᄒᆞ야躡踪을不得ᄒᆞ고退去ᄒᆞᆫ지라北方人民이至今토록天의所助라稱ᄒᆞ

고人力의難致라云ᄒᆞ더라
翼祖께서陶穴에居ᄒᆞ얏더니其基가至今〻지存ᄒᆞᆫ지라斡東人이 翼祖께서赤島에居ᄒᆞ심을聞ᄒᆞ고悉皆此로歸ᄒᆞ더니後에德源에移居ᄒᆞ시니慶興民이從ᄒᆞᄂᆞᆫ者ㅣ如市ᄒᆞ더라

龍飛御天歌에曰

赤池陶穴 今人猶視 王業艱難 允也如此

又碑文은左와如ᄒᆞᆷ

御製紀蹟碑銘幷序

天將佐啓是人 以祚厥躬 而昌厥後 則必先 使之藉濟于蹈危 獲幸于履險者 蓋不惟懲毖增益 俾宏其積累之基 亦以陰隲顯相之迹 示民而之歸也 惟我祖翼王 久居于慶興之斡東 仁聞漸被 人情

咸屬 時女眞諸千戶 聚落相望 數請王往來宴飮 而其部下恭王願爲從者 日相踵至 首心忌之將大乞援兵 併力謀除佯言于王曰 吾方北獵于窮漠 約二十日間爲期可復會 王曰如約 至期又不來王怪其愆期爲向奚城關去 途遇一老嫗首戴手椀而過 王渴甚呼曰 嫗與我一椀水 嫗卽洗椀酌水而飮之 且曰公知千戶之所之乎 王曰不知也 嫗具道其乞援狀頗詳曰公仁人也 吾雖小人 不敢不愛惜王乃急馳還 悉家衆載舟沿流入赤島 獨與孫妣走馬出慶興之後峴 遙望斡東 賊騎已蔽野遂疾奔 及赤島之對岸 則水無舟 前驅三百餘騎 幾躡後方 蒼黃計無出 忽見非潮汐 而水自退 若絶津然仍策馬而進 纔登越岸 水復大至 賊追

竟不能渡 而家衆之沿流入者先在島中
於是胥寬敞之原 陶穴而居 遠近聞者異
其事亦歸之如市 夫民之恬於常 而聳於
異舊矣 王無女眞之侵 雖天何以示期
民是豈但志諸傳記 寄諸輿誦 以神其說
而止者乎 肆因儒臣言 命有司伐石竪碑
于遺墟 敢叙述如此赤島在府南四十里
四山岩石皆赤故名 而尙有陶穴舊十址三
處環島十里 樹木自茂菲菜自生 一犯樵
採風雨晝晦 蓋至今多異事云 銘曰
狄侵邠鄉 維周之禎 氷合滹沱 維漢
之慶 風波不揚 蛇龍不驚 碧海半灣
赤石齒齒 誕先登岸 荆拂棘披 蠢夷
載路 口祛心褫 天實示兆 民俾知懷
握圖徵識 彼猶齊諧 重審土室 尙有
模楷 神鬼呵護 草木衣被 蕞爾一區

基我萬祺 何以志之 銘昭無止
小嗣服之十一年丁未十一月 日立
大匡輔國崇祿大夫議政府右議政兼領
經筵事監春秋館事原任奎章閣直提學
臣兪彦錫奉 敎書
崇祿大夫判敦寧府事臣尹東暹奉 敎
篆

其翌年府使徐曨는赤島碑閣을見ᄒᆞ기爲ᄒᆞ야去來船一隻을造置ᄒᆞ여其船에는課稅를除去ᄒᆞ니라

赤池

赤池는慶興府南十里에有ᄒᆞ니池의南五里許에屈伸浦가有ᄒᆞᆫ지라箭에中ᄒᆞ야龍이屈伸ᄒᆞ야走ᄒᆞ얏슴으로써此名을得ᄒᆞ니라
俗語에傳ᄒᆞ되 度祖年少時에白龍이夢에見ᄒᆞ야曰公은射를善히ᄒᆞ는者라我가今에

某處에有ᄒᆞᆫᄃᆡ黑龍이來ᄒᆞ야我의居ᄅᆞᆯ奪코자ᄒᆞ니公이我ᄅᆞᆯ救ᄒᆞ라ᄒᆞ거ᄂᆞᆯ 度祖ㅣ覺ᄒᆞ야此ᄅᆞᆯ甚異ᄒᆞ더니 又夢에白龍이來告ᄒᆞ야曰公은何故로我言을注意치아니ᄒᆞᄂᆞᆫ고ᄒᆞᆫᄃᆡ 度祖ㅣ始信ᄒᆞ고 期에至ᄒᆞ야弓矢ᄅᆞᆯ持ᄒᆞ고池邊에往ᄒᆞ야窺視ᄒᆞ니果然兩龍이相戰ᄒᆞᄂᆞᆫ지라然ᄒᆞ나誰가主며誰가客인줄不知ᄒᆞᆷ으로空然退歸ᄒᆞ얏드니白龍이三次夢에見ᄒᆞ야曰公이何故로不射ᄒᆞ얏ᄂᆞᆫ가ᄒᆞᆫᄃᆡ 度祖ㅣ荅曰兩龍이相戰ᄒᆞᆷ의黑白을難辨ᄒᆞᆷ으로矢ᄅᆞᆯ發치못ᄒᆞ얏노라 龍이曰明日相戰ᄒᆞᆯ際에先來ᄒᆞᄂᆞᆫ것은我오後來ᄒᆞᄂᆞᆫ것은黑龍이니公이此ᄅᆞᆯ知ᄒᆞ고措處ᄒᆞ라ᄒᆞᆫᄃᆡ 度祖께서明日에卽往ᄒᆞ니兩龍이相戰ᄒᆞᄂᆞᆫ지라後來者ᄅᆞᆯ見ᄒᆞ고矢ᄅᆞᆯ一發ᄒᆞ니其腰가正히中ᄒᆞ야流血이池에滿ᄒᆞ야池水가成赤ᄒᆞᆫ故로名ᄒᆞ야曰赤池라ᄒᆞ고又射龍淵이라ᄒᆞ나니라

後에夢中에白龍이來謝ᄒᆞ야曰公의來慶은將次子孫에게在ᄒᆞ리라ᄒᆞ더라 龍飛御天歌에曰

黑龍卽殪 白龍便活 子孫之慶 神物復止池畔에當年의事ᄅᆞᆯ詳記ᄒᆞᆫ碑가立ᄒᆞ얏스니其文은省ᄒᆞ야此에錄치아니ᄒᆞᆷ

勝戰臺

勝戰臺ᄂᆞᆫ慶興府南四十五里에在ᄒᆞ니曾前에李忠武公舜臣이胡兵으로더부러交戰ᄒᆞ야決勝ᄒᆞᆫ處이며又日本의加藤清正이率兵交戰ᄒᆞ든古戰場인ᄃᆡ臺上에立ᄒᆞᆫ碑文이如左ᄒᆞ니라

嗚呼此故李忠武舜臣破藩胡之所也 萬曆丁亥 公以造山萬戶 兼鹿屯田島屯

田官藩胡望見秋熟　率其衆來圍木栅　縱兵大掠公登鎭北三里許高峯　以禦之分伏奇兵於賊路　日暮邀其歸放砲鳴鼓擊　殺傷甚多　賊大攝　更不敢近　後人名其峯曰勝戰臺　宣廟倭寇大擊　蕩我境　乘輿播越　宗社陷沒　公首招討　賊一破於唐浦　再破於閑山　三破於鷺梁　公垂卒殉身　賊勢挫刼不復振　我東之得有今日實公之力也　公忠誠貫日月　功烈銘彝鼎叢爾一片之臺　不足爲公之重輕　而公之出奇殲賊　已自小官始　且朝廷之知公用終樹不世之勛者　權輿於此　有不可泯滅公之五代之孫觀祥　今爲關北節度使　亟治石　千里走書　乞余記之陰　嗚乎殆古所謂　水不忍廢　地不忍荒歟

壬午觀察使趙明鼎　撰

學　園

生理學（續）

李命燮

第四章　骨骼

人身의骨數는大略二百餘個인ᄃᆡ是等은皆相聯ᄒᆞ야一系統을成ᄒᆞ니此를人身의骨骼이라稱ᄒᆞᄂᆞ니卽軀幹中樞에는脊柱가有ᄒᆞ야二十六個의短骨로成ᄒᆞ니其各個를椎骨이라名ᄒᆞ고椎骨은其主部를椎體라ᄒᆞᄂᆞ니背後에는一對의突起를出ᄒᆞ고此突起는再히左右로相會ᄒᆞ야一弓門을形成ᄒᆞᆫ故로許多ᄒᆞᆫ椎骨이互相重積ᄒᆞ야脊柱를成ᄒᆞ고弓門도亦相合ᄒᆞ야一個의長ᄒᆞᆫ管腔을成ᄒᆞ니是는卽脊髓腔이라云ᄒᆞ는것이라 脊柱가如斯히許多ᄒᆞᆫ椎骨로成ᄒᆞᆷ은卽軀幹의屈伸을自在케ᄒᆞᆷ을爲ᄒᆞᆷ이니若柱와如히一個의中軸으로成ᄒᆞ면吾人은全히身體를屈ᄒᆞ

기不能ᄒᆞ고又各椎骨의間에ᄂᆞᆫ彈力性의軟骨로嵌入ᄒᆞ야顯著히屈伸의自由를助홈

脊柱ᄂᆞᆫ眞直ᄒᆞᆫ者ㅣ아니라多少彎曲ᄒᆞ야S字形을成ᄒᆞ니此ᄂᆞᆫ其步行奔跳ᄒᆞᆯ際에激動이身體上部에傳達홈을和ᄒᆞᄂᆞᆫ者오又其椎骨은脊柱의部位에從ᄒᆞ야多少間形을異히ᄒᆞᆫ故로脊柱를頸部 七個의頸椎로成ᄒᆞ니第一第二의頸椎ᄂᆞᆫ他頸椎보다其形이異ᄒᆞ니第一頸椎ᄂᆞᆫ環狀을成ᄒᆞ니此를載域이라名ᄒᆞ고第二頸椎ᄂᆞᆫ樞軸이라名ᄒᆞ니上方에鋸齒狀突起가有ᄒᆞ야第一頸椎에嵌入ᄒᆞ니라 胷部 十二個의胷椎로成홈 腰部 五個의腰椎로成홈 薦部、尾部 薦部尾部도許多ᄒᆞᆫ椎骨의各一骨에癒合ᄒᆞ야成ᄒᆞᆫ者니即薦部ᄂᆞᆫ五椎、尾部ᄂᆞᆫ四椎로成ᄒᆞ니라 의五로區別ᄒᆞ니今此脊柱ᄂᆞᆫ上에頭骨을戴ᄒᆞ고胷部에ᄂᆞᆫ左右로肋骨을荷ᄒᆞ고又肩帶腰帶로因ᄒᆞ야間接으로上下兩肢의骨과關聯ᄒᆞ니라

頭骨은頭盖骨及顔面骨로成ᄒᆞ니前者ᄂᆞᆫ八個의板狀骨로成ᄒᆞ야 前頭骨一個、顱頂骨二個、顳顬骨二個、蝴蝶骨一個、篩骨一個、後頭骨一個로成ᄒᆞ니라 各骨의緣邊은鉅齒狀을成ᄒᆞ야互相縫合ᄒᆞ야一函狀을成ᄒᆞ야頭腦를被覆ᄒᆞ고後者ᄂᆞᆫ十四個의骨片으로成ᄒᆞ야 上顎骨一個下顎骨一個顴骨二個鼻骨二個甲介骨二個口盖骨二個鋤骨二個로成ᄒᆞᆫ것이라 面部에在ᄒᆞ야耳、目、口、鼻의周圍를擁護ᄒᆞ니라然而是等諸骨은互相堅固히結合ᄒᆞ얏스나其中下顎骨만自由로運動ᄒᆞᄂᆞ니라

肋骨은十二對의弓狀骨인ᄃᆡ後方은脊柱의各胷椎에서起ᄒᆞ고前方은軟骨의媒介로因ᄒᆞ야胷骨에結合ᄒᆞ야胷腔을圍繞ᄒᆞ니라 第十一及第十二對의肋骨은其前端은遊離ᄒᆞ야胷骨과結合치아니ᄒᆞ니라

肩帶ᄂᆞᆫ上肢와脊柱와聯繫ᄒᆞᆫ骨인ᄃᆡ一對의肩胛骨과一對의鎖骨로成ᄒᆞ고腰帶ᄂᆞᆫ下肢를支ᄒᆞᆫ骨인ᄃᆡ一對의無名骨로成ᄒᆞ야脊柱의薦部와癒合ᄒᆞ야一、大ᄒᆞᆫ骨盤을形成ᄒᆞ

니此骨盤은腹腔의下底에在ᄒᆞ야其臟器를盛ᄒᆞᆫ器니라

上肢는一個의上膊骨과二個의前膊骨(卽尺骨及橈骨)과二十七個의手骨(卽八個의腕骨五個의掌骨十四個의指骨로成홈)로成ᄒᆞ고下肢는同히一個의大腿骨과二個의下腿骨(卽脛骨及腓骨)과二十六個의足骨(七個의跗骨五個의蹠骨十四個의趾骨로成ᄒᆞ니라)及一個의膝蓋骨로成ᄒᆞ니라(又人体에는一個의舌骨을有홈)

第五章 人體骨骼의特性

人体骨骼의特性은其直立의姿勢를有ᄒᆞ니他獸類의骨骼에比ᄒᆞ면特히此點에在ᄒᆞ야는顯著히不同홈을見ᄒᆞ리라幼時는頭骨이大ᄒᆞ며脊柱에彎曲이無ᄒᆞ고且後肢는短홈으로此姿勢를保ᄒᆞ기困難ᄒᆞ나然ᄒᆞ나身體의生長은其下肢의部分이最速ᄒᆞᆫ故로忽前肢와後肢의間에長短의不同을生ᄒᆞ고次第로因ᄒᆞ야其匍匐의不便을感홈에至ᄒᆞ는것이라

吾人의頭骨은恰如히脊柱의上에安置ᄒᆞ야後方된頭部와前方된面部는其重量에對ᄒᆞ야大略互相平均ᄒᆞ고又脊柱는首部로붓허下ᄒᆞ야次第로其幅을加ᄒᆞ야重ᄒᆞᆫ頭部와上肢를支홈에適ᄒᆞ며且其彎曲을因ᄒᆞ야激動이下方에서上身에傳홈을輕減ᄒᆞ는等이皆吾人이直立의姿勢를取홈에適應ᄒᆞ니라

今又上肢와下肢는素是相同ᄒᆞᆫ器官됨이其搆造에大差가無ᄒᆞ니上肢는肩帶로因ᄒᆞ고下肢는腰帶로由ᄒᆞ야主軸과結合ᄒᆞ고共히三節로成ᄒᆞ니一本의上膊骨은他大腿骨과匹敵ᄒᆞ고二本의前膊骨은二本의下腿骨과相當ᄒᆞ고又手骨은足骨과相當ᄒᆞ니라然ᄒᆞ

나其作用을比較홀時는吾人의手足에는顯著혼不同이有ᄒᆞ니卽手는主ᄒᆞ야把握의器官을成ᄒᆞ고足은步行의器官을成ᄒᆞ니라故로手는足에比ᄒᆞ야顯著히短小ᄒᆞ야其各部의運動을最自由로ᄒᆞ나足은長大ᄒᆞ야全혀全身의重量을支持ᄒᆞ고其各部의運動을手와如히自由로하지못ᄒᆞ되特히手掌及足蹠에는甚한區別을生ᄒᆞᄂᆞ니手掌은扁平ᄒᆞ고其指는細長ᄒᆞ며且拇指는他四指와相對ᄒᆞ야屈伸이自在혼故로掌中에物을握ᄒᆞ고又指端으로物을摘홈을得ᄒᆞ나足蹠은大ᄒᆞ고穹窿狀을成홈으로步行홀際에激動을和ᄒᆞ며或은凸凹혼地面을蹈홈에適當ᄒᆞ며其五趾는共히短ᄒᆞ야一列로相并ᄒᆞ야單히僅微혼運動을免홈에不過혼지라今此前後兩肢의相違는人類外에는甚히不著ᄒᆞ니一般獸類에는其前肢와後肢가共히吾人의足과匹敵ᄒᆞ고又猴類에는後肢와前肢가同히吾人의手와相當ᄒᆞ니라然즉特히人体에在ᄒᆞ야此手足의區別이有홈은其身体各部에對혼生理分業의結果니全혀体制의進步혼者로見做홀지라

(未完)

物理學 續

朴漢榮

二 運動과靜止MOTIO NAND REST. 人의靜坐홈과滊車의停車혼것은靜止의狀態오人의步行홈과滊車의進行ᄒᆞ는것은一種의運動이라然이나進行ᄒᆞ는滊車中에靜坐혼人은靜止ᄒᆞ엿다云ᄒᆞ며又運動혼다云홀지니故로吾人의思考ᄒᆞ는範圍의大小를因ᄒᆞ야靜止와運動의說이生ᄒᆞᄂᆞ니라盖客車中

에靜坐ᄒᆞᆫ人은靜止ᄒᆞ엿다云ᄒᆞᆯ지나地球上의事物에推ᄒᆞ야擴言ᄒᆞ면客車中에靜坐ᄒᆞᆫ人은運動ᄒᆞᆫ다云ᄒᆞᆯ지며又停車塲에停止ᄒᆞᆫ滊車도地球와他遊星으로成ᄒᆞᆫ太陽系에推ᄒᆞ야擴言ᄒᆞ면運動ᄒᆞᆫ다云ᄒᆞᆯ지라然而人과滊車만아니라其他各種物體도亦同樣인故로絶對的物體의運動或靜止等은到底히知ᄒᆞ기難ᄒᆞ나吾人의須知ᄒᆞᆯ것은太陽에對ᄒᆞᆫ地球의運動又地球에對ᄒᆞᆫ地上物體의運動靜止等과如히一物體에對ᄒᆞᆫ他物體의運動靜止等이니換言ᄒᆞ면某物體가他物體에對ᄒᆞᆫ關係的의運動과靜止니라

直線狀의道를步行ᄒᆞᄂᆞᆫ人의運動方向은其道의方向이오彎曲ᄒᆞᆫ道를步行ᄒᆞᄂᆞᆫ人의運動方向은其人의正面에當ᄒᆞᆫ方向이니恒常變化ᄒᆞ며又小石을斜히投上ᄒᆞ면弓形의道를畫ᄒᆞ야進行ᄒᆞᄂᆞ니其道各點의運動方向은不絶히變化ᄒᆞᄂᆞ니라此道를1 2 3 ……等諸點으로細分ᄒᆞ면1—2 2—3 3—4 ……等의道ᄂᆞᆫ直線으로見做ᄒᆞ야도著大ᄒᆞᆫ差違가無ᄒᆞᆫ故로1로봇허2에至ᄒᆞᄂᆞᆫ小石의運動方向은2—1直線의方向이오2로봇허3에至ᄒᆞᄂᆞᆫ運動方向은2—3直線의方向이니一般으로N에서N+1에至ᄒᆞᄂᆞᆫ運動의方向은N—(N+1)直線의方向이니라

三　速度VELOCITY　人의步行과滊車의進行은恒常遲速이有ᄒᆞᄂᆞ니某時間에長距離를進ᄒᆞ면速ᄒᆞᆫ것이오同時間에短距離를進ᄒᆞ면遲ᄒᆞᆫ것이라速度ᄂᆞᆫ此遲速의度를云ᄒᆞᆷ이니單位時間에通過ᄒᆞᆯ距離로其大小를比較ᄒᆞᄂᆞᆫ者ㅣ니라

例컨ᄃᆡ一時間에一里를行ᄒᆞᄂᆞᆫ人은同時間

에二里를行ᄒᆞᄂᆞᆫ人보담速度가小ᄒᆞ니今에一時間에一里를行ᄒᆞᄂᆞᆫ速을速度의大小를比較ᄒᆞᄂᆞᆫ標準卽單位로ᄒᆞ면一時間에二里를行ᄒᆞᄂᆞᆫ人의速度ᄂᆞᆫ二오又同單位를用ᄒᆞ면二時間에十八里를走ᄒᆞᄂᆞᆫ滊車의速度ᄂᆞᆫ九니라

脚夫가甲村에서出發ᄒᆞ야三十分間에半里되ᄂᆞᆫ乙村에達ᄒᆞ엿다ᄒᆞ면其速度ᄂᆞᆫ一時間에一里가되고同脚夫가乙村에서出發ᄒᆞ야二時間半에五里되ᄂᆞᆫ丙村에達ᄒᆞ엿다ᄒᆞ면其間의速度ᄂᆞᆫ一時間에二里가되리라

大凡運動에ᄂᆞᆫ運動의方向이有ᄒᆞᆷ으로單히一時間에幾里의速度라云ᄒᆞ면運動ᄒᆞᄂᆞᆫ模樣의半面을表ᄒᆞᆯᄲᅮᆫ인故로何方向에每時幾里의速度라云ᄒᆞᆷ이必要ᄒᆞ니라尤運動의道가直線이아니면運動의方向은時時로變化ᄒᆞᄂᆞ니通常速度의方向이라云ᄒᆞᄂᆞᆫ것은運動ᄒᆞᄂᆞᆫ方向의事오速度라云ᄒᆞᄂᆞᆫ語ᄂᆞᆫ此運動의方向을包含ᄒᆞ야用ᄒᆞᆷ이니라

一物體의運動速力은物體가單位時間에通過ᄒᆞᆯ距離로量ᄒᆞᄂᆞᆫ者인故로速度를表ᄒᆞᆷ에ᄂᆞᆫ時間의單位와長의單位를明白히述치아니ᄒᆞ면意義가瞭然치못ᄒᆞᄂᆞ니例컨ᄃᆡ單히速度가三里라云ᄒᆞ면一時間에三里인지一日에三里인지全혀一定치못ᄒᆞᆫ故로每時幾里每日幾里라云ᄒᆞᆷ과如히時의單位와長의單位로써表ᄒᆞᆷ이可ᄒᆞ며又每時幾里每秒幾糎이라ᄒᆞᆷ도有ᄒᆞ니라

四　物質 MATTER　一定ᄒᆞᆫ空間을占有ᄒᆞ야吾人의感覺을因ᄒᆞ야知ᄒᆞᄂᆞᆫ者를物質이라云ᄒᆞᄂᆞ니（玆에空間이라云ᄒᆞᆫ者ᄂᆞᆫ立體的塲所니라）例컨ᄃᆡ机紙墨鉛筆等은皆物

質이오又犬猫猿等도皆物質이로ᄃᆡ其聲은物質이아니며其他動物植物礦物等總히地球上에存在ᄒᆞᆫ者는皆物質이오日月其他遊星恒星等도皆物質이로ᄃᆡ其光은物質이아니라次에物質의重要ᄒᆞᆫ三性質을述ᄒᆞ건ᄃᆡ

〔A〕不可入性(或障碍性) IMPENETRABILITY　水를滿盛ᄒᆞᆫ桶中에硝子罎을倒入ᄒᆞ면水의一部는流出ᄒᆞ되此와同時에水는罎內에侵入ᄒᆞ나罎內에在ᄒᆞᆫ空氣를因ᄒᆞ야全혀其罎을充치못ᄒᆞᄂᆞ니此實驗은水라云ᄒᆞᄂᆞᆫ物質과罎或空氣라云ᄒᆞᄂᆞᆫ物質이同一ᄒᆞᆫ場所를占有ᄒᆞ기難ᄒᆞᆷ을表ᄒᆞᄂᆞ니라

如斯히各物質은多少의空間을占有ᄒᆞ야他物質이同時에其場所에共히存ᄒᆞᆷ을不許ᄒᆞᄂᆞ니此性質을物質의不可入性이라云ᄒᆞᄂᆞ니라

實驗一　硝子罎에栓을塞ᄒᆞ고栓에小孔을穿ᄒᆞᆫ後에口가小ᄒᆞᆫ漏斗를挿入ᄒᆞ고水를注ᄒᆞ면水는罎中의空氣를因ᄒᆞ야罎內에盡入ᄒᆞ기不能ᄒᆞ니라次에栓에又一孔을穿ᄒᆞ고此에硝子管을挿ᄒᆞ야管의上端을手指로開閉ᄒᆞ면開ᄒᆞᆯ時는漏斗中의水는罎內에落ᄒᆞ고閉ᄒᆞᆯ時는水의流出이止ᄒᆞᆯ지니라

硯滴에二孔을有ᄒᆞᆷ은水가一孔으로入ᄒᆞ게ᄒᆞ고空氣가他一孔으로出ᄒᆞ게ᄒᆞᆷ이니라

植物學

柳海瑛

總論

生物及無生物의區別　地球表面上에在ᄒᆞ야는平原廣野와山頂海底을勿論ᄒᆞ고動物

及植物이住居치아니ᄒᆞᆫ處가無ᄒᆞ며兼히生理의作用이有ᄒᆞ야生長繁殖을自由로ᄒᆞᄂᆞᆫ故로此二者를生物界라合稱ᄒᆞ고其表面으로中心에達ᄒᆞ기ᄭᆞ지各種礦物이充滿ᄒᆞ얏스나此ᄂᆞᆫ皆生活의力이無ᄒᆞᆷ을因ᄒᆞ야生長繁殖의機能이無ᄒᆞᆫ者라故로此를無生物界라摠稱ᄒᆞ나니此二界ᄂᆞᆫ如何히混雜ᄒᆞᆯ지라도一見ᄒᆞ면其區別이明白ᄒᆞ니라然이나生物界에在ᄒᆞ야ᄂᆞᆫ不然ᄒᆞ야動物에高等되ᄂᆞᆫ牛馬와植物의松柏等은其煌然ᄒᆞᆫ區別이生物及無生兩界보다甚히明定ᄒᆞ나動植兩者가共히最下等의至ᄒᆞ야ᄂᆞᆫ形狀大小性質生理와繁殖의差異가互相惑似ᄒᆞ야確然히區別케難ᄒᆞ니라

植動物의類似作用　動物은運動力이有ᄒᆞ야一動一靜을自由로行ᄒᆞ되植物은運動ᄒᆞᄂᆞᆫ力이無ᄒᆞ야一處에固定ᄒᆞ며動物은肉類와菜蔬를食ᄒᆞ되植物은其營養分을礦物中에셔取ᄒᆞ며動物은感覺이有ᄒᆞ되植物은機官이無ᄒᆞ니以上의機能이有ᄒᆞᆫ者ᄂᆞᆫ動物이라ᄒᆞ야生物界의下等을摠히動物이라稱ᄒᆞ며植物은枝葉이有ᄒᆞ되動物은此機官이無ᄒᆞ며植物은或運動(谿藻類)ᄒᆞ되動物도或靜止(倒鍾蟲類)ᄒᆞᆫ者ㅣ有ᄒᆞ며又肉食ᄒᆞᄂᆞᆫ(兎絲子)와感覺이有ᄒᆞᆫ(舞草)等이有ᄒᆞ니以上諸機官能力이有ᄒᆞᆫ者ᄂᆞᆫ植物이라ᄒᆞ야生物界의下等을摠히植物이라ᄒᆞ니所以로動植兩界가學文上鄭重ᄒᆞᆫ區別이無ᄒᆞ니라

植物界　植物이라稱ᄒᆞᄂᆞᆫ者ㅣ非但吾人의肉眼으로識別ᄒᆞᄂᆞᆫ草木뿐만不是라地衣、蘚苔、黴菌、等體少形異者ᄭᆞ지皆此에屬ᄒᆞ니其種類의甚多ᄒᆞᆷ이數十萬에不下ᄒᆞ고其

分布가極히廣活ᄒᆞ야地球上에生息치아니ᄒᆞᄂᆞᆫ處가無ᄒᆞ고又種類의多夥를從ᄒᆞ야大小가各異ᄒᆞ니大ᄒᆞᆫ者ᄂᆞᆫ松、杉、扁柏、樺、櫧、樅、欅、等과如히樹梌이巨大ᄒᆞ고枝葉이繁茂ᄒᆞ야高가數十丈에達ᄒᆞ며囲가數十尺에達ᄒᆞ야幾百千年의壽를延ᄒᆞ고小ᄒᆞᆫ者ᄂᆞᆫ細菌과如히一滴水中에도數千萬少體를保有ᄒᆞ되高温度現微鏡이아니면能히發見치못ᄒᆞᆷ의至ᄒᆞ니如此히最大最少의間의種類를隨ᄒᆞ야形狀이各殊ᄒᆞ니라

植物의有用　植物은擧皆吾人에게直接或間接으로莫大ᄒᆞᆫ利害가有ᄒᆞᆷ은一一枚擧키不遑ᄒᆞ나森林은良材를供ᄒᆞ고農林은米穀을産生ᄒᆞ고食料의不可乏ᄒᆞᆯ地衣　鮮苔、菌蕈、等과重要ᄒᆞᆫ藥品이居半植物에서産出ᄒᆞᄂᆞᆫ等事實의現著와又氣候를調和ᄒᆞ며水源을涵養ᄒᆞ야其生을樂케ᄒᆞ며土沙를扞持ᄒᆞ야其居를安케ᄒᆞᄂᆞᆫ間接의效果뿐아니라可懼ᄒᆞᆯ虎烈剌窒扶斯等有毒性傳染病이皆此에在ᄒᆞ니라

植物學의種類　植物에對ᄒᆞ야各其研究的經驗을因ᄒᆞ야編成된者니就中植物의形狀如何를論ᄒᆞᆫ者를植物形態學이라稱ᄒᆞ고植物의搆造如何를論ᄒᆞᆫ者를植物解剖學이라稱ᄒᆞ고植物生理上機能如何를論ᄒᆞᆫ者를植物生理學이라稱ᄒᆞ고植物의種類를區分ᄒᆞᆫ者를植物分類學이라稱ᄒᆞ며此外에又實地에應用植物學이有ᄒᆞ고斯學中에도農業植物學森林植物學藥用植物學等이有ᄒᆞ니라

植物의分類　多數의植物을一見에其數를知코ᄌᆞᄒᆞ야大別ᄒᆞ야二에分ᄒᆞ니第一은現花植物이니梅、櫻、桃、柿、棗、桑、蘭、百合、

稻、麥、松、檜、等과如히花가開ᄒᆞ며或實을結ᄒᆞᄂᆞᆫ特性이有ᄒᆞᆫ者이오第二ᄂᆞᆫ隱花植物이니花ᄅᆞᆯ開치아니ᄒᆞ고他의機關으로殖ᄒᆞᄂᆞᆫ者ᄅᆞᆯ稱ᄒᆞᆷ이니門荆、木賊、地衣、鮮苔、菌茸、薇、蕨、水藻、等과如ᄒᆞᆫ者니라

本人의主意 隱花植物에在ᄒᆞ야ᄂᆞᆫ種類도甚多ᄒᆞ며其搆造도相異ᄒᆞᆯ뿐아니라形狀이不一ᄒᆞ야少ᄒᆞ며識別키難ᄒᆞᆫ지라所以로本人은現花植物에對ᄒᆞ야形態生理解剖等을略論ᄒᆞ고隱花植物에對ᄒᆞ야ᄂᆞᆫ分類學과同히可及的으로追後에論코저ᄒᆞ노라

○水 A2UA. 記號（H_2O） 日本留學生鄭利泰

水ᄂᆞᆫ吾人食物中에第一必要ᄒᆞᆫ物이라西洋人의實驗史ᄅᆞᆯ見ᄒᆞᆫ則水ᄅᆞᆯ飮用ᄒᆞ고斷食ᄒᆞᆯ時에靜止의狀態에在ᄒᆞ야ᄂᆞᆫ能히四十五日ᄅᆞᆯ保命ᄒᆞ고一定ᄒᆞᆫ運動을行ᄒᆞ야도能히三十五日間生命을保續ᄒᆞ얏스ᄂᆞ若水ᄅᆞᆯ飮用치아니ᄒᆞ고絶食ᄒᆞᆯ時에ᄂᆞᆫ但一週間이라도生命을保續ᄒᆞ기難ᄒᆞ다云ᄒᆞ얏스니此로觀ᄒᆞ야도水의吾人生活上에必要ᄒᆞᆷ을可知ᄒᆞᆯ지라然而勿論何人ᄒᆞ고水ᄅᆞᆯ尊重ᄒᆞᆫ物로認識치아니ᄒᆞᆷ은何也오此ᄂᆞᆫ無他라水ᄂᆞᆫ他食物에比ᄒᆞ면求得ᄒᆞ기容易ᄒᆞᆫ故也라（水ᄂᆞᆫ占地球面積三分之二라）然而吾人生活上에一大重位ᄅᆞᆯ占有ᄒᆞᆫ物體에對ᄒᆞ야可히尋常히看過치못ᄒᆞ기로今에其歷史와種類와製法과性狀과檢査法과及其用途等을左에記述ᄒᆞ노라

○水硏究의歷史、古人은水ᄅᆞᆯ一單體（卽原素）로認定ᄒᆞ다가西歷一千七百八十年에（CAVENDISH）氏가最初로水素의燃燒産

物되는事를發見ᄒᆞ고其後一千七百八十三年에佛國人(LOVOISIER)氏는水素와酸素가化合ᄒᆞ야生成ᄒᆞᆷ을檢知ᄒᆞ고又其後一千八百五年에(CRAY-LASSAE)氏는二容積의水素와一容積의酸素가化合ᄒᆞ야生成ᄒᆞᆫ事를確定ᄒᆞ고後一千九百十五年에(YOKLEY)氏는酸素十五、八八分과水素二分의比例로化合ᄒᆞᆫ事를重量的實驗으로發見ᄒᆞ니라

○水의種類、(第一)天然水、

天然水는未純潔ᄒᆞᆫ水라何故오ᄒᆞ면有機質與無機質과及瓦斯等을含有ᄒᆞᆫ故라又天然水에二種의區別이有ᄒᆞᆫᄃᆡ硬水와軟水가是也라硬水는多量의加爾曳謨(CA)鹽類와及痲偪涅曳謨(NH)鹽類를含有ᄒᆞ고軟水는少量의鹽類를含有ᄒᆞᆫ水라天然水의所屬을一一히左에記ᄒᆞ노라

[1]、雨水及雪水、雨水及雪水는天然水中最純清ᄒᆞᆫ水라此等水는天然蒸餾水라名稱ᄒᆞ야도可ᄒᆞ오雨와雪은地球上의水가大陽의熱과及地球의熱로由ᄒᆞ야蒸發上昇ᄒᆞ야寒冷ᄒᆞᆫ空氣層에至ᄒᆞ야는冷却되야水滴과及固形의雪이되야地上에再歸ᄒᆞᆫ故라然而其降下ᄒᆞᆯ時에空氣中의塵芥와少量의大氣와及亞硝酸安母細謨($NH_4(NO_2)$)를含有ᄒᆞ니라

[2]泉水及井水、泉水及井水는大概硬水에屬ᄒᆞ얏는ᄃᆡ此等水中에는炭酸(CO_2)을含有ᄒᆞᆫ지라故로純水中에不溶解ᄒᆞ는炭酸加爾曳謨($CACO_3$)와及炭酸痲偪涅曳謨($MGCO_3$)等을溶解ᄒᆞ야酸性炭酸鹽을化生ᄒᆞ는ᄃᆡ今에例를擧ᄒᆞ면左와如ᄒᆞ니라 1. $CACO_3 + H_2O + CO_2 = CAH_2(CO_3)_2$ ——酸性炭酸加爾

叟讀 $2.MGCO_3+H_2O+CO_2=MGH_2(CO_3)_2$ — 酸性炭酸痲偪涅叟讀　此로由ᄒᆞ야泉水及井水에ᄂᆞᆫ加爾叟讀(CA)及痲偪涅叟讀(MG)等의炭酸墟類ᄅᆞᆯ含有ᄒᆞᆫ事가有ᄒᆞ며其他硫酸加爾叟讀($CASO_4$)도含有ᄒᆞᄂᆞ니라又水ᄅᆞᆯ煑沸ᄒᆞᆯ時에ᄂᆞᆫ其溶解ᄒᆞ야包含된炭酸(CO_2)은飛散ᄒᆞ고炭酸加爾叟讀($SAPO_3$)等은不溶解ᄒᆞᄂᆞᆫ故로沈澱ᄒᆞᄂᆞ니故로水ᄂᆞᆫ其沸湯홈으로由ᄒᆞ야其硬度ᄅᆞᆯ減少ᄒᆞᄂᆞ니라故로水에ᄂᆞᆫ全量堅硬과及移變(瞬時)堅硬의區別이有ᄒᆞᆫᄃᆡ全量堅硬은煑沸前의堅硬度ᄅᆞᆯ云홈이오移變堅硬은煑沸後의堅硬度ᄅᆞᆯ謂홈이라又加爾叟讀及痲偪涅叟讀等을含有ᄒᆞᆫ水에石鹼(SAPO)溶液을注加ᄒᆞᆯ時에ᄂᆞᆫ每度溷濁을生ᄒᆞᄂᆞ니是ᄂᆞᆫ石灰(CA)分等이脂肪酸墟이되야析出홈으로由홈이라故로多量의石灰分을含有ᄒᆞᆫ水(卽硬水)ᄂᆞᆫ洗濯의用에供홈이不適當ᄒᆞ니라

(水의硬度測定法)水의堅硬度ᄅᆞᆯ測定홈에ᄂᆞᆫ一定量의石灰墟에比ᄒᆞ야其度ᄅᆞᆯ確定ᄒᆞᆫ石鹼(SAPO)의酒精(ALKOHOL)($C_2H_5(OH)$)湧液을用ᄒᆞᄂᆞᆫᄃᆡ此法을實行홈에ᄂᆞᆫ一定의水ᄅᆞᆯ取ᄒᆞ야試驗管에注入ᄒᆞ고振動ᄒᆞ면서右記의石鹼墟液을滴加ᄒᆞᆫ則其被試驗ᄒᆞᄂᆞᆫ水가硬水(石灰等을含有ᄒᆞᆫ水)면其石灰等은全히沈澱홈에至ᄒᆞ야서도亦是泡沫ᄅᆞᆯ生ᄒᆞᄂᆞ니此로由ᄒᆞ야其水ᄅᆞᆯ硬水로認定ᄒᆞ고又堅硬의强弱은所謂硬度로由ᄒᆞ야判定ᄒᆞᄂᆞᆫᄃᆡ獨逸(德國)서規定ᄒᆞᆫ法은水十萬分中에石灰一分含有ᄒᆞᆫ水로堅硬一度의水라規定ᄒᆞᆫ지라故로水의堅硬五度라稱ᄒᆞᆯ時에ᄂᆞᆫ水十萬分에石灰五分을含有ᄒᆞᆫ水ᄅᆞᆯ謂홈이

니라又於無論何人ᄒᆞ고硬水及軟水를區別ᄒᆞ기容易ᄒᆞᆫ方法이有ᄒᆞ기로玆에記ᄒᆞ노니卽吾人이每日使用ᄒᆞᄂᆞᆫ鐵瓶等의內面에所謂湯垢라ᄂᆞᆫ거시多附ᄒᆞᄂᆞᆫ水던가或은石鹼을使用ᄒᆞᆯ時에泡沫이發生ᄒᆞ기難ᄒᆞᆫ水던가或은茶에不合ᄒᆞᆫ水ᄂᆞᆫ硬水요此等作用等에反ᄒᆞᆫ水ᄂᆞᆫ軟水로認定ᄒᆞᆯ지니라

(硬水及軟水의用途) 硬水及軟水ᄂᆞᆫ宜用及不適用處가有ᄒᆞᆫ지라釀酒ᄒᆞᆯ時에硬水를使用ᄒᆞ면其醱酵中에醪가早沸冷却ᄒᆞ야穩健히斷續ᄒᆞᄂᆞᆫ故로酒質이良好ᄒᆞ고若軟水를使用ᄒᆞ면此와反對의作用을呈ᄒᆞᄂᆞᆫ故로不用ᄒᆞᆷ이可ᄒᆞ며其他豆太等을煮沸ᄒᆞᆯ時에硬水를使用ᄒᆞ면豆太類中에含有ᄒᆞᆫ蛋白質이硬水中石灰와化合ᄒᆞ야不溶解의物質를生ᄒᆞᄂᆞᆫ故로柔軟ᄒᆞ기難ᄒᆞ니如此ᄒᆞᆫ時에ᄂᆞᆫ軟水를使用ᄒᆞᆷ이可ᄒᆞ니라

〔3〕河水、 河水ᄂᆞᆫ本來ᄂᆞᆫ硬水로其走流ᄒᆞᆯ時에炭酸을消失ᄒᆞ고石灰等을沈澱ᄒᆞᆫ故로軟水에屬ᄒᆞᄂᆞ니市中을通過ᄒᆞᆫ河水ᄂᆞᆫ有機性의汚物를含有ᄒᆞ니라

〔4〕礦泉、 礦泉은常水보다固體物과瓦斯等을多量히含有ᄒᆞ고其溫度도常水보다高ᄒᆞᆫ水가有ᄒᆞᆫ시라故로醫療의目的에도供用ᄒᆞ고又鑛泉에ᄂᆞᆫ左에記ᄒᆞᆷ과如ᄒᆞᆫ諸種이有ᄒᆞ니라 (A)溫泉、 溫泉은其流出ᄒᆞᄂᆞᆫ處의溫度가大氣보다高ᄒᆞ니라 (B)酸泉、 酸泉은特히多量의遊離炭酸을含有ᄒᆞᆫ泉水라此水에ᄂᆞᆫ亞爾加里(ALKALI)炭酸(遊離炭酸外에多量의亞爾加里(ALKALI)를含有ᄒᆞᆫ泉水)와鹼性亞爾加里炭酸(遊離炭酸外에炭酸亞爾加里、硫酸亞

爾加里、或食酸(NACL)等을含有ᄒᆞᆫ泉水)二種의別이有ᄒᆞ니라

(C)硫黃泉、硫黃泉은硫化水素(H_2S)를含有ᄒᆞᆫ泉水니라

(D)鹽泉、壚泉은盐化那篤僴謨(NACL)와其他(BROMATUM)(BR)及沃度(JODIUM)(J)盐類를含有ᄒᆞ니라

(E)鐵泉、鐵泉은鐵(FE)壚類를含有ᄒᆞᆫ泉水니라

〔5〕海水、海水는多量의食鹽(NACL)을含有ᄒᆞᆫ事는世人의能知ᄒᆞ는비라其食鹽의含量은大海에在ᄒᆞ야는平均 2.7%라海水는其他(BROLIUM)(BR)•(JODIAM)(J)•(MAGNESIAM)(MG)•CALCIUM(CU)等의諸壚類를含有ᄒᆞ얏는ᄃᆡ食壚及右記諸壚類의量을合筭ᄒᆞ면大約3•5% 라故로海水를取ᄒᆞ야製造ᄒᆞᆫ食壚은右記壚類의混有를未免ᄒᆞᄂᆞ니故로此等食壚은更히精製치안이ᄒᆞ면食料에供用홈이不適當ᄒᆞ니라

〔6〕常水 AQUACOMMUNIS•(卽飮料水)

(性狀)大抵良好ᄒᆞᆫ飮料水는無色無臭澄明의液体라其味는淸冽(遊離炭酸을含有ᄒᆞᆫ故라)ᄒᆞ야淡快ᄒᆞ며溫度는冬夏溫度의變更이自四度로至六度에不過ᄒᆞ며其常溫度는九度로十二度間에在ᄒᆞ며又 AINOMM(NH_3)와亞硝酸壚類와硫化水素(H_2S)와膠樣質等과及(BAGUTELIA)等을含有치안이ᄒᆞ며又鐵의痕跡을含有ᄒᆞᆫ外他의金屬은雜混치아니ᄒᆞ며水의萬分之中에含有ᄒᆞᆫ無機質과及有機質의全量은五分에不過ᄒᆞ며水의堅硬度는十八度에不過ᄒᆞ며又水를深ᄒᆞᆫ器中에盛入靜止ᄒᆞᆫ後其沉渣를取ᄒᆞ야

顯微鏡下에檢視ᄒᆞᆷ이黴菌類와其他芽萌及有生의物質은認視치못ᄒᆞᄂᆞ니라

(常水의檢査法)（一）臭氣의有無를檢査ᄒᆞᄂᆞᆫ法은一定量의水를取ᄒᆞ야硝子瓶에注入ᄒᆞ야其硝子瓶內容의三分의二를充滿ᄒᆞ고密栓ᄒᆞ야暫時溫湯中에浸漬ᄒᆞᆫ後振盪ᄒᆞ야栓을拔取ᄒᆞ고臭氣를試驗ᄒᆞᄂᆞ니라　（二）水一萬分中에有機質의含有量이〇、三三分에過不過를檢定ᄒᆞᄂᆞᆫ法은其水百五十CCM을取ᄒᆞ야試驗管에注入ᄒᆞᆫ後過망간酸加偕謨（KALIUM BYPCRMANGANICUM）（KMNO4）溶液（1:1000）一CCM을注加ᄒᆞ고稀硫酸（H2SO4+9H2O）十CCM을加ᄒᆞ야酸性으로變ᄒᆞᆫ後에五分間을煎沸ᄒᆞ야脫色ᄒᆞᄂᆞᆫ水ᄂᆞᆫ一萬分中有機質의含有量이〇、三三分以上을含有ᄒᆞᆫ証據리化學家（KUBEL）氏의檢査를據ᄒᆞᆫ則過망간酸加偕謨（BYPERMANGANICUM.）（KMNO4）一分은有機質의五分에由ᄒᆞ야還元되ᄂᆞᆫ故로右記試驗에用ᄒᆞᆫ過망간酸加偕謨液一CCM은有機質〇、〇〇五GR瓦에適當ᄒᆞᆫ시라今에常水百五十CCM으로過망간酸加偕謨液一CCM를還元ᄒᆞᆯ時에ᄂᆞᆫ其水의一萬中에有機質이〇、三三分을含有ᄒᆞᆫ故니라

$$\left(\underset{水}{150} : \underset{有機質}{0.005} = \underset{水}{10000} : X \qquad X = \frac{0.005 \times 10000}{150} = \underset{有機質}{0,33}\right)$$

（未完）

憲法上八大自由에就ᄒᆞ야〔續〕

法學少年

第四、住所安全의自由

蓋住所ᄂᆞᆫ個人又ᄂᆞᆫ家族의生活上根據로可缺치못ᄒᆞᆯ者ㅣ라然而一定ᄒᆞᆫ住所에서生活

ᄒᆞᄂᆞᆫ間은不得不此秩序를保維ᄒᆞ야一家의安全을期圖치아니치못ᄒᆞᆯ지라故로此秩序를不守ᄒᆞ야他人家內에安全을妨害ᄒᆞᆫ者ᄂᆞᆫ一個의犯罪가搆成ᄒᆞᄂᆞ니所謂家宅侵入罪가是라然而若無故히家內에侵入ᄒᆞ거나又ᄂᆞᆫ無故히搜索ᄒᆞᄂᆞᆫ者ㅣ有ᄒᆞ면此ᄂᆞᆫ一家의安全에對ᄒᆞ야巨大ᄒᆞᆫ損害를生ᄒᆞ리니是乃憲法上에住所安全의自由라特揭ᄒᆞᆫ所以라

然이나但家人의承諾이有ᄒᆞᆫ境遇又ᄂᆞᆫ法律의規定(假令犯罪者를捕縛ᄒᆞ거나又ᄂᆞᆫ犯罪의証據를蒐集ᄒᆞᄂᆞᆫ等境遇와又或行政行爲로人員調査、收稅、裁判執行、 居住者의危險을防止ᄒᆞᄂᆞᆫ等境遇) 이有ᄒᆞᆫ境遇에侵入又ᄂᆞᆫ搜索ᄒᆞᆷ을得ᄒᆞᆷ은勿論이니如斯ᄒᆞᆫ境遇를除ᄒᆞᆫ外에ᄂᆞᆫ家人의意思에反ᄒᆞ야侵入又ᄂᆞᆫ搜索ᄒᆞᆷ을不得ᄒᆞᆷ은贅言을不竢ᄒᆞᆯ지라故로此自由를制限ᄒᆞᆷ은반다시法令規定에依치아니ᄒᆞᆷ을不得ᄒᆞᄂᆞ니라

玆에住所라ᄒᆞᆷ은人의平常生活ᄒᆞᄂᆞᆫ處所를云ᄒᆞᆷ이로ᄃᆡ반다시此에만限ᄒᆞᆫ다云ᄒᆞᆷ은難ᄒᆞ니船又ᄂᆞᆫ車와如ᄒᆞᆫ者도境遇를隨ᄒᆞ야住所와同視ᄒᆞᆯ時가有ᄒᆞ니라

且住所의侵入이라ᄒᆞᆷ은一家의秩序安全에對ᄒᆞᆫ者ㅣ됨을要ᄒᆞᄂᆞ니例令財産의損害나身體自由에妨害를及ᄒᆞᆷ과如ᄒᆞᆫ者ᄂᆞᆫ此와全히相殊ᄒᆞᆫ者ㅣ니故로人家에侵入ᄒᆞ야슬지라도其目的이財産이나身體에危害를加ᄒᆞᆷ에在ᄒᆞᆫ時ᄂᆞᆫ法律上家宅侵入罪가成立ᄒᆞᆯ暇隙이無ᄒᆞ고專히別個의犯罪가成立ᄒᆞᄂᆞ니此區別을不可不注意ᄒᆞᆯ지니라

第五、身體保全의自由

大凡人이斯世에生ᄒᆞ야第一基本的으로在ᄒᆞᆫ者ᄂᆞᆫ身體가是라故로生存ᄒᆞᄂᆞᆫ間萬般行動과凡百事爲가皆是身體가存ᄒᆞᆫ然後事ㅣ니然則最貴重最愛護ᄒᆞᆯ者ㅣ此身體以上에在ᄒᆞᆯ者ㅣ豈有ᄒᆞ리오故로近世國家에在ᄒᆞ야ᄂᆞᆫ人의身體ᄂᆞᆫ國權作用의拘束을濫受ᄒᆞᆷ이無ᄒᆞ고臣民은國權作用에對ᄒᆞ야其身體의自由를安全持保ᄒᆞᄂᆞᆫ權이有ᄒᆞ되但此自由ᄂᆞᆫ法律規定으로制限됨이有ᄒᆞ니其制限의形式은逮捕、監禁及處罰이니라

逮捕監禁이라ᄒᆞᆷ은犯罪의嫌疑가有ᄒᆞᆫ境遇에此를行ᄒᆞᆷ이오或은警察上目的으로公共의安寧秩序又ᄂᆞᆫ其人의利益을收ᄒᆞ야此를行ᄒᆞᆷ이有ᄒᆞᆫ바오處罰이라ᄒᆞᆷ은一般人民의法規違反ᄒᆞᆫ者의行爲에對ᄒᆞ야科ᄒᆞᄂᆞᆫ者ㅣ라但此處罰은懲戒處分과區別ᄒᆞᆯ지니處罰은人民이國家에對ᄒᆞᆫ秩序를持保ᄒᆞ기爲ᄒᆞ야設ᄒᆞᆫ者로ᄃᆡ懲戒處分은다만服務關係의秩序를持保ᄒᆞ고服務의義務를全케ᄒᆞᄂᆞᆫ方法으로國家와官吏의服務關係로브터出ᄒᆞᄂᆞᆫ者ㅣ되ᄂᆞᆫ所以라此處罰에關ᄒᆞ야種種의說明ᄒᆞᆯ處가多ᄒᆞ나煩雜을避ᄒᆞᆯ뿐아니라玆에詳述ᄒᆞᆯ必要가無ᄒᆞᆷ으로省略ᄒᆞ노라

(未完)

文藝

觀學務局長尹致旿氏圖書樓

金源極

十一月十三日、卽日曜日也、源極、每日冗煩之餘爲其一日逍遙、往訪學務局長尹致旿氏私邸、氏卽迎入勸茶、坐語數頃、請覽圖書樓、共與二三客子、隨至、先入書庫、次第觀覽、書凡三千餘卷、東洋古今書籍、無不備在、源極、隨手觸閱、平日未曾過眼之書、盖許多矣覽畢更請登二層樓、觀古今書畫、氏、歷歷披示、蘭亭之眞蹟也、趙孟頫之手筆也、

列聖朝之御筆帖也、金秋史之楷書也、種種寫法、極其累積、不可盡數、且以圖畫披示、支那古代之有名畫幅、及我國古今之彩錢墨牒、盈箱疊架、概略一覽矣、氏乃屬言曰吾以此、若付之子孫則、必難永久保守、將付之於公同社會以壽其傳云、源極、卽應曰我國、口頭教育、舌端文明、今已年所而、尙無有一圖書館之設立、今觀氏之樓上、古今書籍、古今圖畫、無不蒐集、以示來人、此乃我國圖書館之刱立基礎也、其文明前塗之指南、果在斯乎、果在斯乎、昔李公擇、藏書萬餘卷于盧山白石菴之僧舍、以待後人之覽、古今人讚道、口不暇休、今氏之事業、不止於書籍一斑而兼又貯藏圖畫、以待後來美術之發達則、其爲功、亦倍於李公擇也矣、然則其將來讚道、口口不能休而、其謳歌之、敬愛之、顧又何如哉、推此以觀、氏之實地上文明計劃、實非所謂近世假志士輩、口頭舌端之漫叫文明之比也、此奚啻天淵也、相語良久、更望東南壁下、有古代砂器、陳列幾十百、及新舊扇子、幾十枚、其爲物、或頑鈍質撲、或精奇巧妙、其物質之古今殊差、人工之前後通塞、暸然可知、若其泥舊守株者、一見卽破頑矣、又西北壁下、有留聲機一通、適有一客、有善用此機者、其歌管淸絶、使聞者、心神怡悅、便絶鄙想、此乃博物舘之基礎而、姑不遑於擴張者也、乃瞻彼庭畔、奇花異樹園匝馥郁此乃植物園之基

礎而、不少遑於擴張者也、嗚呼氏乎、一家之內、自有全國文明前途之準備而無一不具焉、若使我國之財產家、有志家、不必坐談時局而呶呶呌說、自家實行、爲先如此、次第效嚬、次第慕艶、何患國家文明之將來不振也惟我同胞其各勉此圖之不使尹氏專美此事也夫

歷史와國性의關係

筆山夢人李錫龍

夫釋迦說法이兩諦가無ᄒᆞ지만南宗北宗이所標各異ᄒᆞ고基督立教가二本이無ᄒᆞ지만舊教新教가所傳各殊ᄒᆞᄂᆞ니同一ᄒᆞᆫ歷史로ᄃᆡ內史外史의國性에對ᄒᆞᆫ關係가霄壤이懸絕ᄒᆞ다可謂ᄒᆞᆯ지로다故로歷史가完全ᄒᆞ면國性이亦完全ᄒᆞ고歷史가不完全ᄒᆞ면國性이亦不完全ᄒᆞᄂᆞ니大概歷史란것은自國의言語로自國의文字를譯作ᄒᆞ고自國의文字로自國의事蹟을編成ᄒᆞ야前代의政治로現時의政治를叅酌ᄒᆞ며前代의法律로現時의法律을叅酌ᄒᆞ며前代의教育으로現時의教育을叅酌ᄒᆞ며前代의實業으로現時의實業을叅酌ᄒᆞ며何代何王의興은何等原因으로興ᄒᆞ며何代何王의亡은何等結果로亡ᄒᆞᆷ을綜核叅酌ᄒᆞ야人民의自國性을發揚ᄒᆞ며自國想을鼓吹ᄒᆞᆷ인故로目今各國의教育程度로觀ᄒᆞᆯ지라도孩童이文字를粗識ᄒᆞ면歷史로初學의入門을作ᄒᆞ야腦髓에灌入ᄒᆞᆷ이어ᄂᆞᆯ我國則自來로歷史가回祿의慘狀을屢遭ᄒᆞ야衛滿이一來에箕王의千年歷史가第一灰를成ᄒᆞ며唐軍이一寇에高句麗百濟의歷史가第二灰를成ᄒᆞ며甄萱이一叛에新羅

의九百年歷史가第三次를成ᄒᆞᆫ뿐不是라兼히自小의惡慣과事大의主義가國性을釀成ᄒᆞ야支那歷史에自國精神을輸送ᄒᆞ고自國歷史ᄂᆞᆫ芭籬邊物로抛作ᄒᆞ야天皇地皇人皇은塵冠骨生의食資로認ᄒᆞ고戊寅二十三年은入學孩童의門路로認ᄒᆞ야堯舜禹湯은萬古聖天子로尊ᄒᆞ되

檀君箕聖은一時小諸侯로認ᄒᆞ며秦始皇漢武帝唐太宗成吉思汗은萬古大英主로讚ᄒᆞ되

東明王廣開土王太宗文武王新羅太祖ᄂᆞᆫ偏邦細蠻傑로認ᄒᆞ며孫臏吳起韓信彭越은閨喉童舌에도爭誦ᄒᆞ되

乙支文德金庾信楊萬春崔春命은何國男兒인지茫不知ᄒᆞ며伊尹周公蕭何曹叅은街談巷謠에도遍傳ᄒᆞ되

鄭夢周黃喜許稠孟思誠은何代人物인지杳無聞ᄒᆞ며積城一小縣은叛將軍의竹馬古蹟을尙傳ᄒᆞ되(積城縣에薛馬峙라ᄒᆞᄂᆞᆫ小峙가有ᄒᆞ니唐將薛仁貴가兒時에馳馬ᄒᆞᆷ)平壤石多山은古碑가零落ᄒᆞ며(乙支文德産出地)扶餘一古江은敵壯士의釣龍奇話를謾道ᄒᆞ되(扶餘郡에白馬江이有ᄒᆞ니唐將蘇定方이百濟를攻ᄒᆞᆯ時에風雨가大作ᄒᆞ야可涉키難ᄒᆞᆷ으로白馬餌로龍을釣ᄒᆞ고渡ᄒᆞ얏다諺云ᄒᆞᆷ)

高麗九連城은宿草가荒凉ᄒᆞ야(尹瓘이女眞을逐ᄒᆞ고此를築ᄒᆞᆷ)上等社會도讀ᄒᆞᄂᆞᆫ者ᄂᆞᆫ支那歷史而已오下等社會도知ᄒᆞᄂᆞᆫ者ᄂᆞᆫ支那歷史而已라此習이蔓延에國性을結成ᄒᆞ야四千年堂堂ᄒᆞᆫ祖國으로支那의一附庸屬國에自處ᄒᆞ야支那人의聲만一聞ᄒᆞ야

도惝怳이洶洶ᄒᆞ며支那人의顏만一對ᄒᆞ야도闕眼이瞠瞠ᄒᆞ야勇敢心이缺乏ᄒᆞ고抵抗力이薄弱ᄒᆞ야蒙古가來에一低頭ᄒᆞ며滿洲가來에再低頭ᄒᆞ야因循末弊가落在此頭ᄒᆞ니背汗을曷勝이라오今則自國歷史의光明寶藏됨을槪知ᄒᆞ야昨日에一歷史家가出ᄒᆞ고今日에又一歷史家가出ᄒᆞ야歷史編輯으로惟日是事ᄒᆞ나坑焚이旣經에孔壁伏書가不再ᄒᆞ고文獻이不足에杞禮宋文을難證ᄒᆞ야歷史의訛滿缺點이尙且不無ᄒᆞ도다不寧惟是라歷史를購讀ᄒᆞᄂᆞᆫ者가躐等을專事ᄒᆞ야餘波所在에外史를先閱ᄒᆞᄂᆞᆫ者도尙存ᄒᆞ며捷徑所穿에讀史를失序ᄒᆞᄂᆞᆫ者도或有ᄒᆞ야讀史의本意를渾然不知ᄒᆞ니編史의不完全이旣如是ᄒᆞ고讀史의不完全이又如是ᄒᆞ니推此以去면國性의完全이將無其日ᄒᆞᆯ지로다

嗚乎라歷史家諸氏여本意를知ᄒᆞ시고編輯ᄒᆞ며本意를知ᄒᆞ시고讀閱ᄒᆞ야四千年史竹을長靑케ᄒᆞᆯ지어다

述者의此言이內史만讀ᄒᆞ고外史ᄂᆞᆫ不讀ᄒᆞ라ᄒᆞᆷ이아니라外史ᄂᆞᆫ國性에對ᄒᆞ야客力은될지나主力은되기難ᄒᆞ며補助力은될지나原動力은되기難ᄒᆞᆫ故로猥敢을不辭ᄒᆞ고公眼을一汚ᄒᆞ노니內史로體를作ᄒᆞ고外史로用을作ᄒᆞ며內史로先을作ᄒᆞ고外史로後를作ᄒᆞ야國性의完全을期圖ᄒᆞ기를第待ᄒᆞ노라

勸告我順川一境

李思恒

稽古歷史ᄒᆞ고觀今時勢컨ᄃᆡ國之興廢와家之盛衰와身之存亡이莫不必由於國民敎育與否者ㅣ不俟著論而明瞭者也라然而現今

吾國의文明程度를觀察ᄒᆞ면稍益進步나普通的으로論之則或矇然無知ᄒᆞ야教育이何物인지目笑指嫌ᄒᆞᄂᆞᆫ者도有ᄒᆞ며或形焉色焉으로釣名譽海者도有ᄒᆞ야往往히有志者의慨歎을惹起ᄒᆞ거날惟吾順川境內의教育界를推觀ᄒᆞ면方方曲曲에學校가林立ᄒᆞ고家家人人이教育에誠力ᄒᆞ야外觀的形式이彬彬可頌할者ㅣ多ᄒᆞ나思恒은其內容에對ᄒᆞ야敢히一言으로勸告코저ᄒᆞ노니夫教育은共公的心이아니면完全ᄒᆞᆫ結果를得키不能ᄒᆞᆯ지라現今教育也小學中學大學의階梯ᄂᆞᆫ必有할지나其注意也一般이오目的也亦同ᄒᆞ야此校彼塾에子午가無ᄒᆞ고我洞爾里에甲乙이亦無ᄒᆞ거ᄂᆞᆯ姑未覺悟ᄒᆞ야學校가學校에對ᄒᆞ거나職員이職員에對ᄒᆞ야互相乖戾ᄒᆞ 彼此反目ᄒᆞᄂᆞᆫ弊가比比有之ᄒᆞ니此ᄂᆞᆫ孤立的太古界의固陋ᄒᆞᆫ態度에不過ᄒᆞ야教育上大業界에一種缺點을釀成ᄒᆞ니此是共公的協心이乏ᄒᆞᆫ所以라古不云乎아二人이同心에其利斷金이라ᄒᆞ며天時地理가不如人和라ᄒᆞ엿스니此無乃萬古之師範耶아況今此時ᄂᆞᆫ風氣가大闢ᄒᆞ고人文이大達ᄒᆞ야社交的活動ᄒᆞᄂᆞᆫ時代라協力作用이아니면此活舞臺에一身을保全키不能커던矧且國家之大歟아醒之哉어다當事諸氏여我洞의財産을彼洞에安讓ᄒᆞ며甲村의契錢을乙村에不許ᄒᆞᆫ다餘千數千金의資額으로學校를設立ᄒᆞ고教師를雇聘호ᄃᆡ資格과學識은不問ᄒᆞ고只月銀之廉直으로一大要訣을作ᄒᆞ야俊秀青年으로空度居諸케ᄒᆞ니不思之甚이胡至此境가念之哉어다當事諸氏여鵠을刻ᄒᆞ다가成치못ᄒᆞ면鶩과仿似홈

은容或無怪ᄒᆞ거니와教育이不完全ᄒᆞ면何事物이라고能名치못할지니豈不注意哉아三千里江山之靈이完全ᄒᆞᆫ教育家의熱心을歡迎ᄒᆞᄂᆞ니若諸公이完全ᄒᆞᆫ精神的과共公的으로盡心殫力ᄒᆞ면絕代的大事業家가되려니와反是不然ᄒᆞ고一向便私的手段으로踐于前迹ᄒᆞ야全國大事業이一去ᄒᆞᄂᆞᆫ日에ᄂᆞᆫ九泉下大罪逆을難免할지니其擔負ᄒᆞᆫ責任이顧不重大哉百拜ᄒᆞ고仰懇ᄒᆞ오니當事諸公은共公的大面目으로此校와彼校를勿論ᄒᆞ고一心保愛ᄒᆞ야沸點에升騰ᄒᆞᄂᆞᆫ高度의血熱로幾萬萬英雄을鑄成ᄒᆞ야教育의目的을快達ᄒᆞ고帝國의鴻恩을祗報ᄒᆞᆯ진저

豆滿江口古跡

特賀三和港維新婦人會義務

秋醒子

我西北學會舘의建築이實로我西北同胞로ᄒᆞ여곰知識交換ᄒᆞᄂᆞᆫ所를作ᄒᆞ며依歸游息ᄒᆞᄂᆞᆫ處를定코자ᄒᆞ야一乃心力으로本舘을經營ᄒᆞ얏스나但工役이鉅大ᄒᆞ고事力이綿薄ᄒᆞ야五千圜鉅額의債欵을未勘ᄒᆞ얏스니我西北同胞의一体長吁ᄒᆞᆯ바ㅣ라然ᄒᆞ나歲年이荐飢ᄒᆞ고金融이枯渴ᄒᆞᄂᆞᆫ時代를遭ᄒᆞ야一般同胞의義務心이發生ᄒᆞᆯ餘裕가無ᄒᆞᆫ然故로此에至ᄒᆞᆷ이오其誠心이前에勤ᄒᆞ고後에怠ᄒᆞᆷ은아니라然ᄒᆞ나石下의筍이能히芽를發ᄒᆞ고岩罅의泉이能히流를達ᄒᆞᄂᆞᆫ지라如此ᄒᆞᆫ困難을際値ᄒᆞᆫ同胞가義務心이愈益奮發ᄒᆞᆷ은亦一理가不無ᄒᆞᆫ지라乃者에三和港紳士林佑敎等諸氏가本會舘建築費不足金義捐會를發起ᄒᆞ고募集ᄒᆞᆫ金額이六百

餘圓에達ᄒᆞᆫ지라以若一小港의事力으로一朝募集이此에達ᄒᆞᆷ은一大驚歎ᄒᆞᆯ바ㅣ이러니

日昨에該港維新婦人會에서送致ᄒᆞᆫ公函을接讀ᄒᆞᆫ즉內開에略曰本人等이身雖女子나國民의義務는一般이라昔에羅蘭夫人이國民自由를主唱ᄒᆞᆷ이法國의大革命을基因ᄒᆞ얏고枇茶夫人이男女平等權을主唱ᄒᆞᆷ이二十世紀婦人社會를擴張ᄒᆞ얏스니此等의夫人은萬古女傑의徽號를帶有ᄒᆞᆫ지라吾儕와如ᄒᆞᆫ區區兒女의可比ᄒᆞᆯ바ㅣ아니나人의禀賦는一般으로웃지林佑敎等諸氏의義俠心을傍觀ᄒᆞ고默視ᄒᆞᆯ道理가有ᄒᆞ리오所以로本婦人會에서升粒條縷를各自捐出ᄒᆞ야鳩聚ᄒᆞᆫ金額이十圓에達ᄒᆞ얏삽기玆에奇呈ᄒᆞ오니建築費不足의萬一을充補ᄒᆞ라ᄒᆞ엿더라

記者가此函을接讀ᄒᆞ야展閱未半에心腸이衝決ᄒᆞ고聲淚가交流ᄒᆞ야曰

偉哉라三和港維新婦人社會여我國四千年婦人歷史를溯觀ᄒᆞ건ᄃᆡ閨獄生活이極히慘憺ᄒᆞ야同一ᄒᆞᆫ人類의資格을墮失ᄒᆞ며天賦의權利를剝喪ᄒᆞ야國家社會上에相當ᄒᆞᆫ義務는尙矣勿論ᄒᆞ고家庭範圍內의屈伸周旋도自任을不能ᄒᆞ야衣食의供奉ᄭᆞ지專혀其夫子에게依賴ᄒᆞ얏슨즉男尊女卑의說을妄唱ᄒᆞᆫ者ㅣ雖或近世民賊의所이나亦婦女가自勇自振치못ᄒᆞᆫ責을永辭치못ᄒᆞᆯ지로다惟其箱勒을受ᄒᆞᆷ이如是히沈毒ᄒᆞᆫ지라今日에至ᄒᆞ야男女의平等權을主唱ᄒᆞ며天賦의自由說을㕘論ᄒᆞ는時代를際ᄒᆞ야도敢히頭를露ᄒᆞ며目을開ᄒᆞ야戶牖外에出치못ᄒᆞ니知

識이何로以ᄒᆞ야出ᄒᆞ며義務心이亦何를隨ᄒᆞ야發ᄒᆞ리오

今에三和港維新婦人會諸氏ᄂᆞᆫ狹小ᄒᆞᆫ圈套를已脫ᄒᆞ고文明ᄒᆞᆫ軌道에超登ᄒᆞ야目光과心力이宇宙萬象에照耀ᄒᆞ야今日帝國主義를汲汲히講究ᄒᆞᆫ然故로如此ᄒᆞᆫ義擧를西北一隅에서首唱ᄒᆞ얏ᄉᆞᆫ즉其婦人界의一点光線이將來全國을文明케ᄒᆞᆯ指南이될지라奚獨西北의榮光ᄲᅮᆫ이되리오

嗚呼我西北男子同胞여男子의價値와男子의職分이婦女에게比例ᄒᆞ면何如ᄒᆞᆫ가諸氏가亦自期ᄒᆞ기도價値와職分을婦女에게讓頭코자아니할지라然ᄒᆞ나今日實行上으로觀ᄒᆞ면其公共事業에對ᄒᆞᆫ義俠心이維新婦人會諸氏의脫履下에도不及ᄒᆞ니其亦男子同胞의慨歎ᄒᆞᆯ者ㅣ아닌가嗚呼諸氏여十分矜戒ᄒᆞᆯ지어다

金川郡金興學校趣旨書

欽惟我
皇上陛下大恢中興之業克臻文明之治特降
綸音申勅中外廣設學校培養人材不止一再
凡我臣民孰不欲沫血飲泣以報荅天意之萬一哉現世界如葡萄牙和蘭白耳義丁抹瑞士等國地幅僅不過幾千方哩者尙能獨立於列强之間勃勃有烝進自强之色況我毓三千里靈淑之氣演二千萬神明之冑姿性之溫良材質之慧敏非他邦之可比愚黔壓力賺英腐術使聰明錮閉人材衰落檀箕羅麗之胤續將爲皀隷禮義仁賢之敎化侵臻凌夷嗚呼攬印度之覆轍鑑安南之敗軌爲奴僕爲牛馬可不戒哉可不愼哉方今萬國交通新學大啓於是有

志憂國之士乃悟敎育之爲急國內學校之設頗紛並起亾羊補牢雖屬晩矣觀魚結網猶賢乎已苟從此惟益奮發人人熱誠於子弟敎育則復權之機基礎於斯矣可不勗哉今自漢城達于平壤惟我金陵居中如大明廣新普昌等諸學塾所在菀與咿唔之聲迨接巷相綴獨中央一方尙闕如焉識者之所慨咄者久矣今幸三三同志詢謀協同創設一校收集生徒熱心敎育期於作成玆亦非盛也歟今夫敎育振否非止一人一家之事實關國脉消長如何也噫凡吾同胞當此競爭時機雖毛髮絲粟之材各自奮發粹勵準備異日國家之中興誠設校之趣旨也其各勉旃

詞藻

中秋書懷

長年遠客最多秋托意詩歌放一頭風高自發同舟欲歲暮非關落木愁從何快得龍泉閃使我掃除虎列流耿耿孤燈能不寐沉吟對案欲何求

松南

松南志氣尙高秋慷慨憤忠半禿頭嗟吾民族邦家本戀此先生旅舘愁一天搖落砧聲急萬戶滅明燈影流進退中央須自勉微軀榮辱更何求

鶴岡

今年風雨又當秋一笑相看便白頭因詩不下離鄕淚以酒難禁觸目愁雙杵亂鳴霜始至羣虫乍歇月西流悠然節序增遐想彼美人之輾轉求

于岡

暇日訪淸凉寺

一出城東爲念淸行寺　寺伴禽聲老禪寂滅
間如鶴蒼柏森嚴立似兵傲世我今爲酒隱不
平君亦以詩鳴擊柝沙門山日暮散歸城市更
塵情

于岡

寺曰淸涼天又淸城東十里踏秋聲白雲隨水
無非客翠樹盈山摠是兵酒欲佯狂無筭酌詩
因慷慨不平鳴斜陽歸路引風力珍鳥奇花知
我情

松南

東郭秋容廓又淸荳花稻色萬虫聲偶尋眞界
來禪舍大破愁城起酒兵山水從今知己遇文
章自古不平鳴人間幾處幽閒景松石依依故
惹情

鶴岡

過江材

蘭谷

露重風高雁正來　沁陽歸客念徘徊　江聲
盡入寒人枕　秋色多生俠士盃　漫費旱憂
豐樂至　淚經疾苦泰平開　皇天示我希望
意　必自蒼蒼瑞運回

蘭谷

五言律詩

秋思三首

容易秋風過　飄然獨此身　焦桐淸響夕
楊柳白頭春　逝水愁江漢　窮愁泣鬼神
東山好明月　空伴有心人

東海長爲客　故園音問踈　異鄕驚節序
知己感詩書　一瞥浮雲散　千秋恨事餘
滔滔塵俗裏　吾敢愛吾廬

破浪乘風去　中流擊楫歌　黔黎淪水火
鐵血定山河　徒灑新亭淚　誰揮日暮戈
金風鳴肅殺　慷慨氣如何

七言律詩

感懷寄友

風雨連宵叩竹籬 夢魂驚醒漏聲遲 已傷
海外常羈旅 況念天涯久別離 世事已隨
流水激 客心惟有夜燈知 一言寄與君須
記 努力宜於鬢黑時 無名氏

談叢

知言子

一日에南山洞生員임댁門下로過홀식一崇古生과一開化生이相對ᄒᆞ야酬酌ᄒᆞᄂᆞᆫ言論이如左ᄒᆞ더라

(崇古生)이曰今日所謂開化라고自處ᄒᆞᄂᆞᆫ者덜이 속ᄭᅵ화ᄂᆞᆫ아니ᄒᆞ고 形式上開化로 斷髮黑服ᄒᆞᄂᆞᆫ것 보면 눈ᄭᅩᆯ이 사나와

(開化生)이曰 我ㅣ所見의ᄂᆞᆫ斷髮이며黑

服이人道에關係업ᄂᆞᆫ듯ᄒᆞ오 저게 누은 狗를 두고論ᄒᆞ여도 彼에게冕冠과 道袍를 着ᄒᆞ다라도 彼를狗라稱홀지오 決코人이라고 稱홀수ᄂᆞᆫ 無ᄒᆞᆫ지라 然ᄒᆞᆫ즉 人에人됨이人道를實行홈에在ᄒᆞᆫ者ㅣ아닌가 萬一斷髮黑服ᄒᆞᆫ者라도 人道가有ᄒᆞ면 人이될지오 設或髻가三尺이 高ᄒᆞ고袖가一丈이廣홀지라도 人道가缺ᄒᆞ면禽獸가 될지니 吾ᄂᆞᆫ 是故로 斷髮不斷髮과 黑服不黑服에 關係가無ᄒᆞ다ᄒᆞ노라

(崇古生)이曰近來開化者들은 입살이얄바서말工夫ᄂᆞᆫ 잘ᄒᆞᄂᆞᆫ貌樣일세 服堯之服ᄒᆞ며行堯之行ᄒᆞ면 是堯而已矣오 服桀之服ᄒᆞ며 行桀之行ᄒᆞ면 是

[illegible] ᄒᆞ얏스나 爲先斷髮黑服ᄒᆞᆫ
者ᄅᆞᆯ 무ᄉᆞᆷ正當ᄒᆞᆫ人道가잇다고 認定
ᄒᆞ엿줄것이 잇ᄂᆞᆫ가
(開化生)이曰子의言은其一을知ᄒᆞ고其二
ᄅᆞᆯ不知ᄒᆞᄂᆞᆫ도다孔子ㅣ曰泰伯은其可謂
至德也已矣라ᄒᆞ얏스니此로推ᄒᆞ야觀ᄒᆞᆯ
지라도斷髮文身ᄒᆞᆫ것이 泰伯의至德에
損ᄒᆞᆷ이無ᄒᆞᆫ것은 瞭然可知ᄒᆞᆯ지라 萬
一孔子로ᄒᆞ여곰 今日에生在ᄒᆞᆯ지라도
斷髮黑服ᄒᆞᆫ人을對ᄒᆞ야排斥ᄒᆞᆯ理ᄂᆞᆫ無ᄒᆞᆯ
지오但히無德無能ᄒᆞᆫ 人을 排斥ᄒᆞᆯ지
니 吾ᄂᆞᆫ 髮을 斷之又斷ᄒᆞ고 服을
黑之又黑ᄒᆞ야도 至德만踐行ᄒᆞ면 孔
子의徒가될줄노思ᄒᆞ노라
(崇古生)이曰子의言과如ᄒᆞᆯ진ᄃᆡ 어리벙
벙ᄒᆞᆫ말이 無識ᄒᆞᆫ사ᄅᆞᆷ 얼니기나 ᄯᅡᆨ
알맛네그려 近來所謂開化者들이
다泰伯과갓흔 至德이 잇고서斷髮黑
服ᄒᆞ얏나 속에아모것도 업시 自由
니 文明이니ᄒᆞ고엽헤 손ᄭᅩᆺ구 살죽
경쓰고 뎅이면 開化인가ᄒᆞᄂᆞᆫ가보데
至德은 무ᄉᆞᆷ썩어진놈의至德이여
(開化生)이曰 子ᄂᆞᆫ長髻ᄅᆞᆯ戴ᄒᆞ고 白衣
ᄅᆞᆯ着ᄒᆞ얏스니 果然泰伯과 갓ᄒᆞᆫ至德
이 有ᄒᆞᆫ가 我ᄂᆞᆫ 斷髮ᄒᆞᆫ者ᄅᆞᆯ 奬許
ᄒᆞᄂᆞᆫ것도아니오 有髮ᄒᆞᆫ者ᄅᆞᆯ 觝排ᄒᆞ
ᄂᆞᆫ것도 아니라 但히其德이 能히國
粹ᄅᆞᆯ 扶植ᄒᆞ며 其技術이 能히國權
을培養ᄒᆞᆯ 人格을 崇拜코자ᄒᆞ노니
子의前後言論이 一向執險ᄒᆞ야 一個
斷髮의問題ᄅᆞᆯ 反復審究ᄒᆞ니 今日의
當務ᄅᆞᆯ不知ᄒᆞᆫ다ᄒᆞ노라

(崇古生)이曰子의言과如홀진딕 先王의文物을 一朝掃地ᄒᆞ고 夷虜의陋僞을侵柒無餘코자ᄒᆞ니 可謂寒心ᄒᆞᆫ事이로군

(開化生)이曰 先王의文物을掃地케홈은我와子가 責이一般이라 그러ᄒᆞᆫ陳談腐說만是尙치안코 實地上으로 正德利用厚生의三者를 善히發達ᄒᆞ면 子의髮도可히 保有홀期望이有ᄒᆞ나 萬一形式이나是守ᄒᆞ면 毛髮은姑舍ᄒᆞ고身体를保全홀日이無홀듯ᄒᆞ니 速히精神차려 急히홀일붓터 만저ᄒᆞ고 斷髮이니 黑服이니 글언말은 차츰두엇다가ᄒᆞ면 조홀듯ᄒᆞ녀

(崇古生)이曰子의言을聞ᄒᆞ면 글얼듯ᄒᆞᆫ일ᄂᆞ 도세 나또髮을斷ᄒᆞ면 國家에

利益될일이 有ᄒᆞ다홀진딕 當場이라도斷髮ᄒᆞ고 子로더부러 携手同歸홀터이로세 답답ᄒᆞᆫ舊學者들과갓치 空然히 是古非今ᄒᆞ여야 홈자 屋下私談의소릭지 世道와國家에 一分效益이有홀것잇나

酬酌이支離하여 서로告別

街 談

인력거군수작

교동병문좌편쟉에 인력거군삼삼오오작대ᄒᆞ여 짓걸이는수작가관일세 한작지ᄒᆞ논말이 오날아참이는 먹을것업서서녀편네속곳 전당잡히고팟죽두그릇사다가조반으로에워먹고 나왓던나 돈두요시에는엇지도 밧삭 말느는지 량

반인지두돈오푼여숫무진지한사람들도
인력거야 ᄒᆞ는소리 젼혀업데 ᄒᆞ오날
져역은 무엇먹고살잔말인가 위선녀편
네보기 붓그러워들어갈수도 업고 들
러간들 무엇이라고말ᄒᆞᄂᆞ 또한인력거
군ᄒᆞ는말이 나는어제교동병문에서 싀
문밧새지 가시는량반을 태이고 오십
젼을 작뎡ᄒᆞ여밧고 오난길에 종로향
랑뒷골노 지나노르니 약주ᄂᆡ님시는
코를찌으고 속에서 회는동ᄒᆞ여목젓이
질알질ᄒᆞ데 다못 주먼이속에 잇는시
져는 오십젼쌘이라 게오젼여쏠가암이
나 되거나 말거나ᄒᆞᆯ것을 술한잔사먹
으면 젼역밥은 랑픽될터이나 참싀
방아간으로거저지날수잇ᄂᆞ 빅동두푼을
쌜ᄉᆞᆫ니여주고 술집에들어가서 한잔
ᄂᆡ구ᄂᆡ라ᄒᆞ야 두어번ᄒᆞᆯ뎍ᄒᆞ더니 빅동
두푼이간곳업고 셔략은 둑겁이 팔이
한마리잡아 먹은것한가지데 또주먼이
를 다시풀고 한잔더먹고 그만두랴고
ᄒᆞ얏더니 또한잔먹고 입이간즐어워셔
또한잔먹고 또한잔먹고나니 츕든몸은
좀녹앗스나 주먼이는어언간 겁분ᄒᆞ엿
데 시져는엇더케되든지 돈엇가온싱각
업서지기 싹알맛게되야 여보술집쏠으
고쏠으오먹교먹고나서셔회게를보니쌘
오십젼다털고도 오히려빅동서푼이외상
이데글려 그시는얼근ᄒᆞᆫ 김에 쾌락히
집에도라가 ᄃᆡ문에 들어서면서 여보
마누라 젼역밥엇지되얏나 그마누라
얼굴빗치 추풍마즌 빅입사귀곳ᄒᆞ야
ᄃᆡ답ᄒᆞ는말이 여보또한잔잡ᄉᆞ시구려

전역인지 밤참인지 시량에비ᄒᆞ여 두
엇습ᄯᅳᆫ이ᄯᆡ 들어오시면돈푼싱길줄알고
가마가신후 어둡도록 고ᄃᆡ ᄒᆞ엿든이
등살이부러지도록 의쓰고 돈푼별면
집에서야 먹든지굼던지 ᄉᆡᆼ각ᄒᆞ나 술
집만갓다 ᄉᆡ알밧치듯ᄒᆞ지 참남편이라
고 밋고살만ᄒᆞ오 허허그말드르니 긧
구멍이 ᄯᅡᆨ막혀서 할말업데 아참전역
불못엿는놈에방 차기는 바루사명당이
낫참ᄒᆞᆯ만ᄒᆞ데 그러나 한잔얼근ᄒᆞᆫ김이
니 나는파히추은줄 모르고 웃목구석
에들어누으니 잠이별악ᄀᆞᆺ치오데 ᄒᆞᆫ잠
터지게자고서니 마누라란사름은 그ᄯᅢ
ᄭᅡ지 아릿목에안자 손에턱을밧치고
등불안고 한심짓는솔이참사름은 못볼
일이데 ᄯᅩᄒᆞᆫ 인력거군ᄒᆞ는말이 자네

四八

는 마누라나잇스니 먹으나구굴나 서
로 세나ᄀᆞᆺ치ᄉᆡᆯ아도 자마잇는일 더러
잇겟네 나는시골서처음 서울구경ᄎᆞ
올나왓더니 도라갈노쟈ᄂᆞ엇으라고 인
력거한아삭으로 엇더가지고 운수잘맛
ᄂᆞ는날이면 한량반맛나 ᄃᆡ이고 엇던
날이면 병문에서 낫잠이나자던이만
어제 엇더ᄒᆞᆫ 손이 발우 신남ᄀᆞᆺ치
찰이고 건가락침을 곤두세우면서 인
력거야ᄒᆞ기예 쟈든눈을 번젹ᄯᅳ고 마
자ᄃᆡ이고동부련동등지에ᄭᆞ지갓던이 그
손이집으로들어가서는일시간이넘도록소
식도업더니 그마누라로ᄒᆞ야곰 주제넘
ᄀᆡ 장옷씨워서 밥발이전당잡히려가는
모양이데 ᄒᆞᆫ층잇다가 그마누라가드러
오드니 인력거삭이라고 빅등두푼을ᄀᆡ

오 주데 헐처밧아도 이십젼까량은밧울터인ᄃᆡ 빅동두푼가지고 그ᄂᆡ외간에제발젹선ᄒᆞ라고사정ᄒᆞ니 나도ᄯᅩᄒᆞᆫ사람이라 그마누라인정이 불상ᄒᆞ여 그냥밧아가지고 돌아왓네 허리부러진놈들은 서울에만 뫼여잇데 밥발이잡힐형세에 허기지고ᄯᅩᆼ쌀놈의 인력거는무슨인력거야별에별놈들다보깃데 사람이운수가사나오니 잡바저도 코이상할일이야

歌調

巷謠 前續

人力車는 가자고 박퀴를 들들 구는데 白銅錢 업서서 나못가긋노야

聞者ㅣ曰恠哉라此輩여 돈업는놈이 人力車는 무숩허기지고 ᄯᅩᆼ쌀놈의人力車야 제順色으로 거러구식구가지 참어집번놈이로군 此를改良ᄒᆞ야曰

人力車는가자고 박퀴를 들들구는데 우리國家의 文明進步는 期望이杳然ᄒᆞ고나이런 소리나 좀ᄒᆞ여보게 신둥머리 부러진 소릐 ᄒᆞ지말고

瀛車는 가자고 열두고동만 트는데 졍든님 잡구서 헌화수작만 ᄒᆞ누나

聞者ㅣ曰갈길은 못가도 졍든님만 잡고수작ᄒᆞ면 잘될일자연 싱길가 참정신업는 손드리로군 此를改良ᄒᆞ야曰

瀛車는 가자고 열두고동만 트는데 國家前途를 싱각ᄒᆞ니 갈길이 망연ᄒᆞ

巷謠

고나 열어분 우리나라이 교음사치
로 오날이지경 안되얏소 어전글언
소릭 좀그만두고 닉소릭를 좀들어
보오
南山松亭느러진가지에 홀노 우는 저
법국아 임죽은넉시거든 네가날더려가
거라 싸라라 싸라라 네가 날싸라라
뒷동산리화정속으로 날싸라오나라
聞者曰 참흉한놈의 소릭로군 此를
改良ᄒᆞ야曰
南山松亭느러진가지에 홀노 우난 저
법국아 너도 거처홀곳업서서 그려키
절세 운단말니냐 싸라라 싸라라 날
싸라라 틔빅산단목ᄒᆞ로 날싸라라
이런소릭 좀ᄒᆞ여보오 무슴 넘이니
난장이니 밤낫 씩어질 소릭 ᄒᆞ지

五〇

말고
엇지살면 남부럽지안케 남전북답에
호의 호식으로 자녀싱산ᄒᆞ고 잘산단
마린코 진정코 닉수단 가지고는 못
살깃구나야
聞者曰 아모일도아니ᄒᆞ고 가만이
안저서 남전북답에 호의호식ᄒᆞᆯ일
싱기나 누어먹을놈의 팔자도 삿갓
곡두눈쌔구 빅나무아릭 누어야ᄒᆞ지
此를改良ᄒᆞ야曰
엇지살면 남부럽지안케 남전북답에
호의호식으로 자녀싱산ᄒᆞ고 잘산단
마린고 진실로 닉수단 가지고 정영
잘ᄒᆞ기에 잇슬것이로고나
참勤實ᄒᆞᆫ者의用心이로군
明沙十里 海棠花야 쐿진다구 서러마

라 明年春三月 도라오면 ᄭᅩᆺᄒᆞᆫ피여
만발히도 人生ᄒᆞᆫ번 늙어지면 靑春다
시 못오누나
聞者ㅣ曰人生이ᄒᆞᆫ번늙으면靑春도다시
못올터이오 事業도 다시여지 업ᄉᆞ
니 참늙기전에 힘써서 ᄃᆡ사업을
경영ᄒᆞᄂᆞᆫ것이 죳켓소 靑年학ᄉᆡᆼ들은
주의ᄒᆞ여들을만ᄒᆞ오
노랑다파리 뒤범벅 상튀ᄂᆞᆫ죽지도안코
성화만 ᄃᆡ네 콩닥새 달나기 감쟝콩
닥새 엿붓처 주엇더니 닥근콩은 아
니처먹고 마당엽흐로 다니면서 날콩
만 주어 먹고 오경추야 찬밤즁에
공능포단에 물똥만 싸누나 웨그리죽
지도안코 쌍성화만 ᄃᆡ노
聞者ㅣ曰우리날아에서 早婚ᄒᆞ여 무
슴유익ᄒᆞᆫ일 보앗소 신랑은 어리고
신부ᄂᆞᆫ 장성ᄒᆞᆫᄭᆞ닭에 이런교악ᄒᆞᆫ풍
요가 다ᄉᆡᆼ기니 웃지아녀자의 파당
ᄒᆞᆫ칙이 라고만ᄒᆞ리오 진실로 社會
先進者의責任이不少ᄒᆞ도다 이져ᄂᆞᆫ男
女婚姻界에一大注意를加ᄒᆞ야 如此
ᄒᆞᆫ風謠를 좀ᄀᆡ량ᄒᆞ여 봅시다

雜俎

大同敎會演說

演題 孔子ᄂᆞᆫ聖之時者 金源極

今日은大同敎의講演會를開ᄒᆞᆫ日일니大抵
諸氏가大同이라ᄂᆞᆫ二字의名義ᄂᆞᆫ禮記禮運
篇에서覽悉ᄒᆞ얏슬터인즉多論ᄒᆞᆯ바無ᄒᆞ오
나여러분習熟ᄒᆞ시기口讀ᄒᆞ시ᄂᆞᆫ바와如히
單純히言ᄒᆞ랴면卽儒敎가是耳라然ᄒᆞᆫ則儒

教의本來를言ᄒᆞᆯ진ᄃᆡ伏羲氏書契創造ᄒᆞᆫ以來로黃帝神農堯舜禹湯文武周公ᄭᅡ지傳來ᄒᆞ든教를孔子께서祖述憲章ᄒᆞ심이오特別히一教를自唱ᄒᆞ야惟一地位를自占ᄒᆞ심은아니라凡他宗教로觀ᄒᆞ면釋氏曰我ᄂᆞᆫ天上天下에惟我獨尊이라ᄒᆞ며耶蘇曰我ᄂᆞᆫ獨一無二ᄒᆞᆫ上帝의眞子라ᄒᆞ얏스니此ᄂᆞᆫ各其自己의言으로他人을誘導ᄒᆞ야殆히婦人이二夫를不事케ᄒᆞᆷ과如ᄒᆞ나孔子의教ᄂᆞᆫ不然ᄒᆞ야鄙夫가可히兩端을竭ᄒᆞ며三人이行ᄒᆞᆷ이可히我師를得ᄒᆞᆯ지라ᄒᆞ얏스니其學問의自由範圍가若是히廣大ᄒᆞᆫ지라今日我國의現勢를觀ᄒᆞᆯ지라도議者가輒曰文弱이儒教의罪라ᄒᆞ니此ᄂᆞᆫ儒教의眞理를不知ᄒᆞᄂᆞᆫ所以로다孔子가비록儒教를始唱ᄒᆞ시지ᄂᆞᆫ아니ᄒᆞ얏스나儒教門에入ᄒᆞ야ᄂᆞᆫ先師가될지라

孟子ᄭᅴ셔말삼ᄒᆞ시기를孔子ᄂᆞᆫ聖之時者라ᄒᆞ얏스니余도此言을信ᄒᆞ노이다是故로余가今日에孔子ᄂᆞᆫ聖之時者라ᄂᆞᆫ問題로僉君子의前에一言을供陳ᄒᆞ노니言辭가비록拙陋ᄒᆞᆯ지라도詳聽ᄒᆞ시기를바라옵ᄂᆞ이다大抵孔子의道ᄂᆞᆫ泰和元氣가四時에流行ᄒᆞᆷ과ᄀᆞᆺᄒᆞᆫ지라春이泰和元氣아니면春이되지못ᄒᆞᆯ지오夏가泰和元氣아니면夏가되지못ᄒᆞᆯ지오秋冬이亦然ᄒᆞᆫ지라然ᄒᆞᆫ則孔子의道ᄂᆞᆫ何時에던지不適當ᄒᆞᆯ時가無ᄒᆞᆯ지라何也오孔子의教가二千年前人을對ᄒᆞ야言한者이며一統閉關의人을對ᄒᆞ야言한者이로ᄃᆡ其統義ᄂᆞᆫ萬世不易할者ㅣ多ᄒᆞ며其別義ᄂᆞᆫ與時推移ᄒᆞᆫ者ㅣ不少ᄒᆞᆫ則萬一孔子로ᄒᆞ야금今日에生ᄒᆞ얏드면教義가반다시더옥廣博ᄒᆞ야損益이有ᄒᆞᆯ지라何者오今我國民이春

秋戰國時代의人이아니오二千年後에人이되얏스며一鄕一國에人이아니오世界的人이되얏슨則其敎義가亦二千年後와世界的人의게適當ᄒᆞᆯ지라何以知其然也오道千乘之國호ᄃᆡ節用而愛人이라ᄒᆞ얏스니此ᄂᆞᆫ經濟學을發端ᄒᆞᆫ言論이라ᄒᆞᆯ지오大學은孔子의遺書로曾子가所述ᄒᆞᆫ者라此에格物致知ᄅᆞᆯ首言ᄒᆞ얏스니是ᄂᆞᆫ物理學을發端ᄒᆞᆫ言論이라ᄒᆞᆯ지며政事에ᄂᆞᆫ冉子季路요文學에ᄂᆞᆫ子游子夏라ᄒᆞ야스니是ᄂᆞᆫ政治와文學을發端ᄒᆞᆫ者라ᄒᆞᆯ지로다二千年前의時代와一統閉關의人物을對ᄒᆞ야其敎科가若是히淹該ᄒᆞ얏슨則東西風潮가震盪ᄒᆞᄂᆞᆫ時代ᄅᆞᆯ遭遇ᄒᆞᆯ진ᄃᆡ列强之間에足跡이不休ᄒᆞᆯ지오今日所課天文、地理、電、滊、聲、光、의學을愈益發明ᄒᆞ야正德利用厚生의利澤이人民의게

普及케ᄒᆞᆯ지오今日我國에腐儒輩와如히故紙ᄅᆞᆯ墨守ᄒᆞᆯ理가萬無ᄒᆞᆯ지라顔淵問爲邦의問을答ᄒᆞᆫ말삼으로推測ᄒᆞ야보시오行夏之時ᄒᆞ며乘殷之輅ᄒᆞ며服周之冕이라ᄒᆞ야스니因時制宜에大規模ᄅᆞᆯ可見ᄒᆞᆯ者이로소이다我國이汎稱儒敎의國이라自處ᄒᆞ니果然孔子의敎ᄅᆞᆯ實行ᄒᆞᆫ者ㅣ有ᄒᆞ오닛가詩賦家者流의尋章摘句가末技之末技로ᄃᆡ自稱曰孔子之徒라ᄒᆞ며朝廷之上과州郡之間에欺君剝民ᄒᆞᄂᆞᆫ雀鼠輩도亦不無口誦孔子ᄒᆞ며地方各鄕校에絃誦之絕은尙矣勿論ᄒᆞ고校任遞差와例債討索에民產을難保ᄒᆞ야스니孔子垂敎之本意가果曾如是乎잇가宗敎의虛名을冒홈이若是히甚ᄒᆞᆫ故로國家의實禍가此極에至ᄒᆞ얏ᄂᆞ이다所以로今日에儒敎ᄅᆞᆯ實行ᄒᆞ야國家의中興을是圖코져홈으로

朋友講習의義를取ᄒᆞ야會名을大同敎라ᄒᆞ고儒林界의思想을不變케ᄒᆞ며一般國民의道德性을皷吹키爲ᄒᆞ야發起ᄒᆞᆫ者라然ᄒᆞᆫ則諸氏가大同二字에對ᄒᆞ야疑問이必有ᄒᆞᆯ지라請컨ᄃᆡ其理由를申辨ᄒᆞ리다盖儒敎가五帝時代로自ᄒᆞ야始行ᄒᆞ야슨則此時ᄂᆞᆫ大同의世오三王以後時代ᄂᆞᆫ小康의世라其儒敎의本領을求ᄒᆞ면卽大同之道가是耳라ᄒᆞᆯ지니本會大同의名이此에基因홈이로소이다

今에本人이本敎會에擴張方針을論述코져ᄒᆞ노니叅量取捨ᄒᆞ심을바라ᄂᆞᆫ바로소이다

第一、前日我國儒敎의普及치못ᄒᆞᆫ弊가經傳의旨義가深奧ᄒᆞ고文字의聲音이佶屈홈에由홈인즉自今以後로ᄂᆞᆫ國民의知識을統一키爲ᄒᆞ야經傳中切要ᄒᆞᆫ章句를標取ᄒᆞ야國漢文으로繙繹ᄒᆞ여旨義를簡

詳케ᄒᆞ고每月朔望에中央及地方을勿論ᄒᆞ고一定ᄒᆞᆫ敎堂에聚會講演ᄒᆞᆯ事이오

第二、我國今日靑年敎育界에目下急務로써物質上敎育을是圖ᄒᆞ나將來의國性을充養ᄒᆞᄂᆞᆫᄃᆡᄂᆞᆫ道德上皷吹를黽勉ᄒᆞ야眞詮文明을進取ᄒᆞᆯ事이오

第三、尊我主義니孔子가支那에生ᄒᆞ신故로支那를尊ᄒᆞ야尊華主義를發明ᄒᆞ심이니萬一我國에生ᄒᆞ얏더면我國을華로尊ᄒᆞ얏슬지라然ᄒᆞᆫ즉吾輩도惟一我國을尊崇ᄒᆞᄂᆞᆫ것이孔子를善學ᄒᆞᄂᆞᆫ者라謂ᄒᆞᆯ지오

第四、大同主義니講信修睦은卽今日所謂團体主義라聖人의訓ᄒᆞ신바人不獨親其親子其子라ᄂᆞᆫ本意ᄂᆞᆫ爲先本敎會內로붓터實行ᄒᆞ야養老院을設置ᄒᆞ고父老를

供奉ᄒᆞ며幼稚院을設置ᄒᆞ고子弟를敎養ᄒᆞ면卽時大同時代의治象이라如是ᄒᆞᆫ境遇이면大同敎의復明ᄒᆞᆷ이可期ᄒᆞᆯ지오國光을發表ᄒᆞᄂᆞᆫ巍勳을快覩ᄒᆞᆯ지니嗚呼滿堂僉君子시여一乃心力ᄒᆞ시기를千萬伏望ᄒᆞ옵나이다

通信一束

學事視察員李奎瀅氏의報明書

本會會員募集勸喩事項을委任ᄒᆞ심에對ᄒᆞ야本人은旅遊他鄕에諸般物情이生踈이온바此方志士黃菊保李仁迪張元一三氏가各盡熱誠에分擔義務ᄒᆞ야附近人士의勸起入會者合爲五十三人이온바玆에擧實仰報ᄒᆞ오며會員名簿와入會代金은追卽收上ᄒᆞᆯ터이오니照亮ᄒᆞ심仰祝

明川郡支會長盧慶祖氏報明書內開에副會長鄭承魯氏가會規에違反이有ᄒᆞᆷ으로二個月停權에處ᄒᆞ고副會長은朴大壎氏로選定ᄒᆞ다

楚山郡宣西學校長朴亨源氏遞任ᄒᆞᆫ代에金瑢氏로選定ᄒᆞ다

白川郡支會長李基永氏의報明書內開에本郡秋期聯合大運動會設行時에二十九校가會同ᄒᆞ야ᄂᆞᆫᄃᆡ學生이九百四十三員이오京鄕紳士와觀光男女가人山人海를成ᄒᆞ고伊日盛況은海西에初有ᄒᆞ더라

高原郡學事視察金昌信氏의復函內開에學事의委任은期於履行ᄒᆞ기로盡心竭力ᄒᆞᆫ다ᄒᆞ시니感謝ᄒᆞᆷ을不已ᄒᆞ노라

白川郡守全鳳薰氏의公函全文이左와如ᄒᆞ

니敬啓者奬郡敎育界情況은曩者本會員崔在學氏來臨時에旣以另察則不必贅陳이어니와奬郡內學校名稱은縱云多數ᄒᆞ나積立資本이到處缺乏ᄒᆞ야將來維持가不啻無良筭이라目下繼用이擧皆是困難ᄒᆞ야朝設暮廢가勢所必然故로境內各學校를從便合同ᄒᆞ야一面內에一學校를存立ᄒᆞ기로方其勵行之際에適者本會員崔在學氏가惠然來臨故로郡內各面長과各學校代表者를一幷會集詢議ᄒᆞ야面界는不拘ᄒᆞ고必以附近區域으로連絡ᄒᆞ야一郡內十四學校에容存ᄒᆞᆯ位置를定ᄒᆞ고經費는自該區域內로各出義務ᄒᆞ야每戶에上自一石租로下至三斗ᄭᆞ지出捐維持ᄒᆞᆯ意로一致決議ᄒᆞ여시나此를純然ᄒᆞᆫ義務만企待ᄒᆞ기도難ᄒᆞ고專一ᄒᆞᆫ官力으로만實行ᄒᆞ기도難ᄒᆞᆫ즉本會員中擇其誠心皷動家幾員ᄒᆞ시와各個人의思想을皷吹感覺케ᄒᆞ심을爲要

會計員報告 第三十五號

十二圜三錢 會計員任置條

二十一圜三錢 月報代金收入條郵稅並

四十圜 韓一銀行貯蓄金推來條

合計七十三圜六錢

第三十五回新入會員入會金收納報告

崔京植 鉄山 韓重銓 三和 金昌億 龍岡

田又澤 三和 楊炳鎬 三和 各一圜式

合計五圜

第三十五回月捐金收納報

崔京植 一圜 自十月至四年七月十朔條
李健爀 二圜二十錢 自二年一月至三年十月二十二朔條
白樂順 一圜七十錢 自二年七月至三年十一月十七朔條
金永權 一圜 自八月至四年五月十朔條
尹珪善 一圜 自一月至十月十朔條
朴尙奎 一圜 自九月至四年六月十朔條
太明軾 一圜七十錢 自二年八月至三年十二月十七朔條

合計九圜六十錢

第九回本校義捐收納報告

韋京燮 二十錢 自九月至十月
林宗民 二十錢 自九月至十月
金得麟 二十錢 自九月至十月
李炳淑 二十錢 自九月至十月
辛德鉉 二十錢 自九月至十月
鄭昌殷 二十錢 自九月至十月
李昌薰 二十錢 自九月至十月
金炳河 二十錢 自九月至十月
宋仁明 二十錢 自九月至十月
閔泳龜 二十錢 自九月至十月
朴元根 二十錢 自九月至十月
申鳳秀 二十錢 自九月至十月
劉時亨 二十錢 自九月至十月
高永植 二十錢 自九月至十月

文錫琬 十錢 十一月
金亨燮 三圜 自七月至九月
鄭鎭弘 二圜 自八月至九月
柳東作 二圜 九月
吳相奎 十圜 十月
太明軾 十圜 自九月至十月
合計二十九圜九十錢

第十五回建築費義捐金收納報告

姜周烈 二圜
李正鉉 十圜

維新婦人會 十圜四十錢 三和
李鍾夏 三十圜
李台健 二十圜
李忠健 十圜
朝陽學校 十圜 鳳山
張世瑀 十圜
梁範錫 三圜
張泰鉉 三圜
張世瑢 一圜
張世珽 一圜
張鳳鎭 一圜

張龍鎭 一圜
朴基鴻 一圜
朴奎秉 一圜
池演煥 一圜
張世煥 五十錢
張鶴鎭 五十錢
張麟鎭 五十錢
宋勉敎 五十錢
李學祚 五十錢
張沃根 五十錢
金永標 五十錢

金東植 五十錢
李永喜 二十錢
安宗憲 三十錢
金文翕 十五錢
金宗夏 二十錢
李寬浩 十錢
朴太化 十錢
俞鎭浩 十錢
張世璦 一圜
張世璞 二圜
張世瑚 一圜

張觀炫 一圜
張炳瓚 五十錢
張鴻鎭 五十錢
張夏元 二十錢
金爭益 二十錢
張浩根 二十錢
合計一百二十七圜十五錢
以上五共合二百四十四圜
七十一錢內
第三十五回用下報告 自十月十五日至十一月十五日
一圜三十五錢 洋紙封套價幷
會計員報告

三十錢 祥原祥峯學校長金潤杰賻儀條
二十圜 西北學生親睦會秋期大運動會点心料寄附條
三圜二十錢 白川郡秋期大運動會寄附物品價
八十圜 本會舘建築費中給條
一圜三十錢 三錢郵票四十三枚及一錢郵票一枚價
十一圜七十二錢 本會舘全體寫眞二千枚銅板印刷費
六十圜 主筆會計書記十月朔銀條
十五圜 使丁二名十月朔月給條
十一圜五十錢 五里郵票二千三百枚價
三十五錢 十月朔水價
二圜七十九錢 伊藤太師吊禮時本會代表鄭雲復處日本電費仝
時副總務往統監府人力車費條幷

七圜二十錢 册床二坐價

十五圜 本校經費中支出條

二圜 吉州學生鄭泰龍賻恤條

一圜 義州載寧北靑長淵寧邊明川月報送小包費

合計二百三十二圜七十一錢除在十二圜 會計任置

正誤

吉州會員鄭顯禹氏의禹字가脫落이기禹字를添入ᄒᆞ야以鄭顯禹로正誤ᄒᆞᆷ(第十六號)

定州郡會員林鍾殷氏의林字를以李字로誤植이기以林로正誤ᄒᆞᆷ(第十六號)

龜城會員金洛溶氏의金字는以全字로正誤ᄒᆞᆷ(第十七號)

光武十年十二月一日刱刊

會員注意

會費送交	會計員	漢城中部校洞二十九統二戶 西北學會館內 朴景善
	受取人	西北學會
原稿送付	編輯人	漢城中部校洞二十九統二戶 西北學會館內 金達河
	條件	用紙 從便 期限 每月十日內

主筆 朴殷植

編輯兼發行人 金達河

印刷人 李達元

印刷所 普成社

發行所 漢城中部校洞二十九統二戶 西北學會

發賣所 皇城中署布屛下廣學書舖

皇城大安洞 大韓書林

皇城尙洞 博文書館

皇城罷朝橋 中央書舖

◎定價

一冊 金十錢(郵費一錢)

六冊 金五十五錢(郵費六錢)

十二冊 金一圜(郵費十二錢)

◎廣告料

半頁 金五圜

一頁 金十圜

會員注意

一 本會月報를購覽커나本報에廣告를揭載코저ᄒᆞ시ᄂᆞᆫ 僉君子ᄂᆞᆫ西北學會庶務室노申請ᄒᆞ시압

一 本報代金과廣告料ᄂᆞᆫ西北學會會計室노送交ᄒᆞ시압

一 先金이盡ᄒᆞᄂᆞᆫ時에ᄂᆞᆫ封皮上에捺印으로証明홈

一 本報를購覽코저ᄒᆞ시ᄂᆞᆫ 僉君子ᄂᆞᆫ住址統戶를詔詳記送于西北學會庶務室ᄒᆞ시압

一 論說詞藻等을本報에記載코저ᄒᆞ시ᄂᆞᆫ 僉君子ᄂᆞᆫ西北學會會館內月報編輯室노寄送ᄒᆞ시압

第三種郵便物認可

特別廣告

本會月報의發行이今至三十四號인딕代金收合이極히零星ᄒᆞ와繼刊ᄒᆞ기極窘ᄒᆞᆯ뿐不是라況本會館及學校建築에經用浩繁은一般會員과僉紳士의知悉ᄒᆞ시는바이니義務를特加ᄒᆞ시와遠近購覽ᄒᆞ시는僉員은迅速送交ᄒᆞ시고本會員은月捐金도並計朔送致ᄒᆞ시와會務와校況을日益進就케ᄒᆞ심을千萬切盼

本會告白

光武十年十二月一日
明治三十九年十二月一日
第三種郵便物認可

西北學會月報

隆熙四年一月一日發行(每月一日一回發行)
(第一卷第十九號

發行所 西北學會

隆熙四年一月一日西北學會月報第一卷第十九號目次

歌調 五言古詩 六首 七言律詩 八首

巷謠

談叢

街談 뚜장이 酬酌

爲師之道知新勝於温故 柏軒羅錫琪

會計報告

論說

新年祝

一記者

隆熙三年이已盡ᄒᆞ고

隆熙四年이將至ᄒᆞ니天道가將新에人事가亦隨以新이라嗚乎我同胞여過去三百六十五日에凡百事爲의經營이何如ᄒᆞᆫ地에在ᄒᆞ얏스며未來三百六十五日에凡百事爲의發展이何如ᄒᆞᆫ地에進코자ᄒᆞᄂᆞᆫ가本執筆人의所見으로論ᄒᆞᆯ진ᄃᆡ凡百事爲의發展이益益無望ᄒᆞ고去年退今年退의狀況을呈露ᄒᆞᆯ뿐이니엇지夙夜長吁ᄒᆞᆯ바ㅣ아니리오

一、教育界로觀ᄒᆞᆯ지라도此年以來로京城內官、公、私、小、中、專門學校가大約數百個所에達ᄒᆞᆫ지라各學校生徒의增進ᄒᆞᆷ과經費의充當ᄒᆞᆷ이將來의希望ᄒᆞᆯ바ㅣ快有ᄒᆞ더니夫何財政이日益恐慌ᄒᆞ고民志가日益頹墮ᄒᆞ야幾個官公立學校外에ᄂᆞᆫ維持의可望이專無ᄒᆞ고廢止의所聞이徒有ᄒᆞ니若此不已면去年廢今年廢에餘存者ㅣ倘有幾校이며不特中央이如是라地方各處의所聞을據ᄒᆞᆯ지라도當初設校가相當ᄒᆞᆫ基本金鳩聚와適切ᄒᆞᆫ維持方針을研究치아니ᄒᆞ고但히私意의競爭으로甲村에서一校를立ᄒᆞ면乙村에서又一校를立ᄒᆞ며丙里에서一校를立ᄒᆞ면丁里에서又一校를立ᄒᆞ야如干ᄒᆞᆫ財錢을各各設校ᄒᆞᄂᆞᆫ營爲에消融ᄒᆞ고部認을才承ᄒᆞᆷ이學校의地位를享有ᄒᆞᆯ能力이無ᄒᆞᆫ지라不得不纔設乃罷ᄒᆞᆯ境遇를難免ᄒᆞᆯ지며設又幾個維持ᄒᆞᆯ學校가有ᄒᆞᆯ지라도該校의主務

諸氏가誠心으로써教科를奬勵ᄒᆞ며方法으로써財團을組成치못ᄒᆞᆫ故로萎縮과困難은異同이別無ᄒᆞᆫ지라試問ᄒᆞ노니教育家諸氏가過去ᄒᆞᆫ隆熙三年三百六十五日에做得ᄒᆞᆫ事業이何에在ᄒᆞᆫ가其必曰一步를進就ᄒᆞ얏다ᄒᆞ기難ᄒᆞᆯ지오

二、實業界를觀ᄒᆞᆯ지라도所謂實業奬勵會興業會社의等이在在히相續相廢ᄒᆞ나目的의履行을未聞ᄒᆞ얏스며農林의爻象은去益蕭然ᄒᆞ야山川의童濯이日甚一日ᄒᆞ고原濕의荒蕪가又復如前ᄒᆞ며商工의道途ᄂᆞᆫ凋殘이益甚ᄒᆞ야去年의六舖八舖가今年에ᄂᆞᆫ一二舖에止ᄒᆞ얏스며機械工場의設立은杳然無期ᄒᆞ고手工物品의製造ᄂᆞᆫ愈往愈蹙ᄒᆞ며水利上의事業은去年에一磯를讓ᄒᆞ고今年에又一磯를讓ᄒᆞ야江海上의漁笛이無非楚歌聲이오凡且生活上日用의物品이輸出은漸減ᄒᆞ고輸入은增加ᄒᆞ야金融의枯渴ᄒᆞᆷ이涸澤의魚와如ᄒᆞᆫ지라試問ᄒᆞ노니實業家諸氏가過去ᄒᆞᆫ 隆熙三年三百六十五日에做得ᄒᆞᆫ事業이何에在ᄒᆞᆫ가其必曰一步를進就ᄒᆞ얏다ᄒᆞ기難ᄒᆞᆯ지로다

嗚呼라教育家와及實業家諸氏여光陰은如流ᄒᆞ야人을待치아니ᄒᆞ고國步ᄂᆞᆫ多艱ᄒᆞ야落日을挽回ᄒᆞᆯ能力을是賚ᄒᆞ거ᄂᆞᆯ諸氏가今日에逡巡ᄒᆞ고明日에跼蹐ᄒᆞ며今年에彷徨ᄒᆞ고明年에趑趄ᄒᆞ야一事一爲의端緒가無ᄒᆞ면時勢가日非ᄒᆞ고民氣가日喪ᄒᆞ야管夷吾諸葛亮이前後에在ᄒᆞ고訥耳遜華盛頓이左右에有ᄒᆞᆯ지라도其計를敢施치못ᄒᆞ리니時乎時乎여不再來의歎이반다시有ᄒᆞᆯ지라諸氏ᄂᆞᆫ試思ᄒᆞ라

甲申改革이 一二政黨의衝突을遭치아니ᄒᆞ엿드면今日이必無ᄒᆞᆯ지오甲午更張이中路의失敗를逢치아니ᄒᆞ얏더면亦今日이必無ᄒᆞᆯ지라吾儕의今日의生活上困難은吾儕가趂早히自振치못ᄒᆞ야文明舞臺에超登치못ᄒᆞᆷ이아니며其原因을溯究ᄒᆞ면兩次時機를또ᄒᆞᆫ利用치못ᄒᆞᆫ然故니라嗚乎라旣往은可히諫치못ᄒᆞᆯ지나來者를可히追ᄒᆞᆯ지니今日은吾儕가善隣主義下에在ᄒᆞᆫ지라時局에對ᄒᆞ야妄動치勿ᄒᆞ며事業에對ᄒᆞ야急進을求치勿ᄒᆞ고但히可及的能力으로敎育을發展ᄒᆞ며實業을振興ᄒᆞ라

隆熙四年未來의三百六十五日이吾儕의敎育擴張ᄒᆞᆫ紀念年이되게ᄒᆞ며吾儕의實業擴張ᄒᆞᆫ紀念年이되게ᄒᆞᆯ지어다吾儕가萬若隆熙四年을昨年과如히經過ᄒᆞ고五年을又昨年과如히經過ᄒᆞ면國家의澌滅與否는姑且勿論ᄒᆞ고同胞의各其生活呼吸을保有ᄒᆞᆯ術이無ᄒᆞ리니諸氏는十分兢惕ᄒᆞ야文明前途에大飛躍을是圖ᄒᆞ면

新年新祉를克享是受ᄒᆞᆯ지로다

開化守舊兩派의胥失

松南

氷炭의性質이相容치못ᄒᆞ고油水의性質이相合치못ᄒᆞ나니此는理勢의固然ᄒᆞᆫ바ㅣ라然ᄒᆞ나我二千萬神聖ᄒᆞᆫ民族은四千載歷史를同히歌ᄒᆞ고三千里疆土를同히履ᄒᆞ고況又神檀祖宗의同一ᄒᆞᆫ血種인즉其先後天의性質이氷炭이相容치못ᄒᆞ며油水가相合치못ᄒᆞᆷ과如ᄒᆞ기는萬無ᄒᆞᆯ理라必其心力을乃一히ᄒᆞ며步武를相同히ᄒᆞ야休戚을與共ᄒᆞ

며榮辱을與共ᄒᆞ며死生을與共ᄒᆞ며飢飽를與共ᄒᆞ며寒煖을與共히ᄒᆞ여야可히同族의天倫秩序를爲先保有ᄒᆞ야倘來의文明幸福을進取ᄒᆞᆯ지어다

夫何國民의思想이互相히斑駁ᄒᆞ야所謂開化로自處ᄒᆞᄂᆞᆫ黨派ᄂᆞᆫ其勇健活潑ᄒᆞᆫ氣象으로二、十世紀風潮에觸感이되야今의急務가物質的學問에不外ᄒᆞ다ᄒᆞ야日本에遊學ᄒᆞᄂᆞᆫ者ᄂᆞᆫ마시다 데스싸 가舌端에流ᄒᆞ며英米에遊學ᄒᆞᄂᆞᆫ者ᄂᆞᆫ에ㅣ스 상쿠 가口頭에滑ᄒᆞ며其學問을卒業ᄒᆞᄂᆞᆫ日이면或만인아스 풀아스가 長技이며或抽象的具體的의言論이長技이며或空氣作用、音響反射、踈密波의言論이長技이며或電瀛流動、理化分析의言論이長技이나此ᄂᆞᆫ但히物質上進明ᄒᆞᄂᆞᆫ技術에不過ᄒᆞᆫ지라此技術의發展을是圖코자ᄒᆞᆯ진ᄃᆡ全國同胞의新知識을爲先皷發ᄒᆞ야今日國權의富强과民智의發達이此學問이아니면決코成立치못ᄒᆞᆯ意義를知得케ᄒᆞ며又今日에處ᄒᆞ야國權이富强치아니ᄒᆞ며民智가發達치아니ᄒᆞ면國家가澌滅ᄒᆞ고民族이靡孑ᄒᆞᆫ理由를知得케ᄒᆞ야誠心으로써誘導ᄒᆞ며忠告으로써懇陳ᄒᆞ면我一般同胞가知得ᄒᆞ고悔悟치아니ᄒᆞᆯ理ᄂᆞᆫ萬無ᄒᆞᆯ지라

噫라開化派諸氏가各其自道ᄒᆞ기를我同胞가舊習에狃安ᄒᆞ야비록誠心을盡ᄒᆞ고忠告을竭ᄒᆞ야도冥頑不悟ᄒᆞᆫ다ᄒᆞᆯ지나本執筆人의所見으로論ᄒᆞ면開化諸氏가其責을永辭치못ᄒᆞ리라ᄒᆞ노라

何者오某國을勿論ᄒᆞ고維新을唱導ᄒᆞᄂᆞᆫ初程에一般人民이煥然大悟ᄒᆞ야風從雲興ᄒᆞ

기ᄂᆞᆫ必無ᄒᆞᆯ理라民習이久久恬靜ᄒᆞ든餘에振起ᄅᆞᆯ憚ᄒᆞᆷ은何國何時가然치아니ᄒᆞ리오所以로日本明治維新의初에도其國民의固有ᄒᆞᆫ佛教思想을基因ᄒᆞ야人民을鼓吹ᄒᆞᆷ으로其興作이容易ᄒᆞᆫ者ㅣ아닌가今日我國의開化派ᄂᆞᆫ此ᄅᆞᆯ反ᄒᆞ야古來國性의如何ᄂᆞᆫ叅酌치아니ᄒᆞ고但히客觀的精神으로祖先以來의傳來ᄒᆞ든風俗은善惡을不擇ᄒᆞ고皆曰不可라ᄒᆞ며海外諸國의新來ᄒᆞᄂᆞᆫ潮流ᄂᆞᆫ姸媸ᄅᆞᆯ不審ᄒᆞ고皆曰可取라ᄒᆞ니此ᄂᆞᆫ新을呌ᄒᆞ며奇ᄅᆞᆯ樂ᄒᆞᆷ이太甚ᄒᆞᆫ者ㅣ아니며尤甚ᄒᆞᆫ者ᄂᆞᆫ肆然妄談ᄒᆞ야曰我國은孔子의教가國을亡케ᄒᆞ얏다ᄒᆞ야儒者ᄅᆞᆯ排斥ᄒᆞ며先民을侮辱ᄒᆞ니諸氏ᄂᆞᆫ試思ᄒᆞ라

我國은儒教가輸入된以來로君臣上下男婦老幼가儒教ᄅᆞᆯ專尙ᄒᆞ야國性을打成ᄒᆞᆫ지라萬一我國內에서儒教의徒ᄅᆞᆯ舍ᄒᆞ고人을求ᄒᆞ야國事와民計ᄅᆞᆯ營코자ᄒᆞᆯ진ᄃᆡ決코幾個人을收拾치못ᄒᆞᆯ지라諸氏의長呌ᄒᆞᄂᆞᆫ바와如히今日은合衆力이아니면某事든지成就키難ᄒᆞ다ᄒᆞ면서開口初頭에一般同胞로ᄒᆞ여곰肝膽이懸隔ᄒᆞ야楚越로相視케ᄒᆞ니畢竟에山을運ᄒᆞ며海ᄅᆞᆯ轉ᄒᆞᄂᆞᆫ雄辯과能力이有ᄒᆞᆯ지라도諸同胞가首肯치아니ᄒᆞ기ᄂᆞᆫ預定ᄒᆞᆫ지라엇지感化될期望이有ᄒᆞ며至極히尤甚ᄒᆞᆫ者ᄂᆞᆫ乃曰父母의喪葬祭禮ᄅᆞᆯ永廢ᄒᆞ며五服內에도通婚ᄒᆞᆷ이可ᄒᆞ다ᄒᆞ니此ᄂᆞᆫ江戸風烟에心神이昏倒ᄒᆞ야天良을永失ᄒᆞᆫ者인즉足히責ᄒᆞᆯ바ㅣ無ᄒᆞ나開化派라自稱ᄒᆞᄂᆞᆫ類中에如此ᄒᆞᆫ若干人이存在ᄒᆞᆷ으로一般同胞의反對ᄅᆞᆯ惹起ᄒᆞᆷ은甚히痛憎ᄒᆞᆫ바ㅣ라今日로自ᄒᆞ야開化派諸氏ᄂᆞᆫ調和의手段을

用ᄒᆞ야國性을違反치勿ᄒᆞ며民志를矯激치勿ᄒᆞ야倫理와道德은舊를是守ᄒᆞ고物質上學問은新을是尙ᄒᆞ기로國內長老와子弟에게曲盡ᄒᆞᆫ規戒로重言復言ᄒᆞ면感覺치아니ᄒᆞᆫ理가豈有ᄒᆞ리오惟諸氏의斟酌損益에在ᄒᆞᆯ者이며

所謂守舊派諸氏ᄂᆞᆫ閉關의酣眠을依然是甘ᄒᆞ야今日時代가何如ᄒᆞᆫ大競爭時代인쥴을專然不覺ᄒᆞ고幾個有志者가此를先覺ᄒᆞ야同胞의刧運을是吊ᄒᆞ며國家의末路를是啼ᄒᆞ거ᄂᆞᆫ噫彼冥頑不靈ᄒᆞ야其人의意思如何ᄂᆞᆫ思究치아니ᄒᆞ며言論如何ᄂᆞᆫ聽聞치아니ᄒᆞ고當初에斷髮黑服을觝誹ᄒᆞ야曰彼가表面이如是ᄒᆞ니內容을奚取리오ᄒᆞ야異類로써待ᄒᆞ며仇敵으로써視ᄒᆞ니諸氏의所見이夏虫이氷을不知ᄒᆞᆷ과如ᄒᆞᆫ者ㅣ아닌가萬國이干戈로相見ᄒᆞ고風雨로共鬪ᄒᆞᄂᆞᆫ場中에서樽俎間의揖讓을是求ᄒᆞ며衣冠의小節을是拘ᄒᆞ야同舟遇風에秦瘠을相視ᄒᆞ니諸氏가비록口로儒道를誦ᄒᆞ고身에儒服을着ᄒᆞ얏스나先聖의同仁博愛의大義ᄂᆞᆫ背馳ᄒᆞᆫ지라他를엇지足히道ᄒᆞᆯ바ㅣ有ᄒᆞ리오本執筆人은開化派를崇拜ᄒᆞ고守舊派를攻擊ᄒᆞᆷ도아니며舊學問을盡善타ᄒᆞ고新學問을盡非타ᄒᆞᆷ도아니라但히其中을折衷ᄒᆞ야適合應用ᄒᆞᆷ에在ᄒᆞ다ᄒᆞ노니諸氏ᄂᆞᆫ試思ᄒᆞ라正德二字ᄂᆞᆫ我가비록彼에게讓步치아니ᄒᆞᆯ지나利用厚生의學은不得不彼를學ᄒᆞᆯ者ㅣ아닌가今日所謂新學問이利用厚生에對ᄒᆞ야前人의未發ᄒᆞᆫ者를發ᄒᆞ얏ᄂᆞᆫ故로此學問이高度에達ᄒᆞᆫ國은其國이富强ᄒᆞ고此學問이低度에在ᄒᆞᆫ國은其國이萎弱ᄒᆞ나니諸氏가此

學問의肯綮ᄅᆞᆯ當初에不審ᄒᆞ고輒曰異端의學이니夷狄의道니ᄒᆞ니此가엇지諸氏의過失이아니리오故ᄅᆞᆯ溫ᄒᆞ야新을知ᄒᆞᆷ은孔子의遺訓이어ᄂᆞᆯ諸氏가守舊ᄅᆞᆯ眞實히ᄒᆞᆯ진ᄃᆡᄯᅩᄒᆞᆫ新書籍을不得不博涉ᄒᆞᆫ然後에야舊學과舊俗을可히潤色케ᄒᆞᆯ지라切望ᄒᆞ노니諸氏ᄂᆞᆫ開化에偏僻치勿ᄒᆞ며守舊에偏倚치勿ᄒᆞ야一般國民의性質을調劑彌綸ᄒᆞ야時日을遲滯치勿ᄒᆞ고趕速히文明前途에進步ᄒᆞ야大勝利ᄅᆞᆯ奏ᄒᆞ고大禍機ᄅᆞᆯ脫ᄒᆞᆯ지어다

感覺性이女勝於男乎아

秋醒子

本報가學生諸君을對ᄒᆞ야儉德을爲先養成ᄒᆞ고技術學을次第研究ᄒᆞᆷ이必要ᄒᆞ다ᄂᆞᆫ意로累累勸告ᄒᆞᆷ이其舌이已焦ᄒᆞ고其筆이已秃ᄒᆞᆫ지라果然學生諸君이此言을容受ᄒᆞᆯ진ᄃᆡ街巷出入에學生諸君을偶見ᄒᆞᆯ지라도紬緞의色이絕無ᄒᆞᆯ지라日者에某坊에過ᄒᆞᄂᆞᆫ路에三三五五히作隊逐逐ᄒᆞᄂᆞᆫ學生을見ᄒᆞᆫ즉或은黑染木屬의周衣ᄅᆞᆯ掛着ᄒᆞ고或은紋緞의華衣ᄅᆞᆯ飄揚ᄒᆞᄂᆞᆫ지라本執筆人이自思ᄒᆞ기ᄅᆞᆯ彼紋緞의衣ᄅᆞᆯ着ᄒᆞᆫ學生도一分德義가有ᄒᆞᆯ진ᄃᆡ黑染木屬을着ᄒᆞᆫ學生을對ᄒᆞ야羞赧의色이必有ᄒᆞᆯ지어ᄂᆞᆯ此와反ᄒᆞ야揚揚自足의色이有ᄒᆞ니習性의腐敗가如是ᄒᆞᆫ지라엇지他ᄅᆞᆯ可道ᄒᆞ리오因ᄒᆞ야自歎ᄒᆞ야曰我國人의感覺力이稍遲ᄒᆞᆷ은一般公認ᄒᆞᄂᆞᆫ바이나新鮮ᄒᆞᆫ青年諸君ᄭᆞ지도若是히感覺力이稍遲ᄒᆞᆫ者ㅣ或有ᄒᆞ니此ᄂᆞᆫ個人의腐敗로ᄡᅥ棄置ᄒᆞᆷ이容或無恠ᄒᆞ다ᄒᆞᆯ지나一般青年에게傳染됨을是懼ᄒᆞ야其思想의改良ᄒᆞᆯ

方針을研究ᄒᆞ얏더니本執筆人이日前에養源女學校內女子討論會席에登ᄒᆞ야一論을唱導ᄒᆞ야曰今日女學生界의爻象을視察ᄒᆞᆫ즉其活潑快健의色을呈露ᄒᆞ야舊日閨門內鎖容에比ᄒᆞ면優勝ᄒᆞᆫ特色을快觀ᄒᆞᆯ지나但衣服의奢侈가太甚ᄒᆞ야學徒의本色을自失ᄒᆞ고藝妓倡婦의外飾을取帶ᄒᆞ얏스니表面이如此ᄒᆞ고야學術이비록天에升ᄒᆞ고人에絶ᄒᆞᆯ지라도德行에對ᄒᆞ야ᄂᆞᆫ一個缺点을招ᄒᆞᆫ지라엇지四千年沉滯ᄒᆞ얏든婦人歷史를發揮ᄒᆞ며一千萬婦人社會의模範이되리오今日我國民의生活程度가去益困難ᄒᆞ야金融이涸渴ᄒᆞᆷ은他故가아니라物品의輸入이日加ᄒᆞᆫ然故니諸氏ᄂᆞᆫ爲先此에勇省ᄒᆞ야我國所産의布木을黑染掛着ᄒᆞᆷ이一은經濟上必要오一은儉德上標本이될지니諸氏가此論에對ᄒᆞ야可ᄒᆞ기知ᄒᆞᄂᆞᆫ의ᄂᆞᆫ擧手ᄒᆞ라ᄒᆞᆫᄃᆡ滿堂數百名女子가一致可決ᄒᆞ고當日븟터實施ᄒᆞ니此를推ᄒᆞ야觀ᄒᆞᆯ진ᄃᆡ女子의舊日以來로華侈에陷ᄒᆞᆫ者가엇지女子의本性이리요但히謬習에牽引ᄒᆞ야不知中에此에至ᄒᆞ얏다가一言一辭의間에良心이感發ᄒᆞ야漢城五百年來의女子界에初有ᄒᆞᆫ特色을露出ᄒᆞ얏스니엇지先導者의注意如何에在ᄒᆞᆫ者ㅣ아니라ᄒᆞ리오大抵善을好ᄒᆞᄂᆞᆫ心은人人이皆有ᄒᆞᆫ지라此潮가一發ᄒᆞᆷ의新聞欄內의揭載ᄒᆞᆫ바를見ᄒᆞᆫ즉某女學校某女學校가悉皆紬衣를禁止ᄒᆞ고木屬을着ᄒᆞᆫ다ᄒᆞ니嗚乎快哉라以若京城女子界의積久ᄒᆞᆫ侈習이一朝에若是丕變ᄒᆞᆫ즉全國女子의侈習이將來로改良될것은預可推知ᄒᆞᆯ者이로다嗚乎라男子學生諸君이여諸君의地位가女

子以上에自處코저ᄒᆞ며諸君의知識이女子以上에自處코ᄌᆞ아니ᄒᆞᄂᆞᆫ가萬若人의以上에自處코ᄌᆞᄒᆞᆯ진ᄃᆡ相當ᄒᆞᆫ價値가必有ᄒᆞᆫ然後의事이거ᄂᆞᆯ諸君의感覺力이女子에不及ᄒᆞ며勇斷性이女子에不及ᄒᆞ야修習을自安ᄒᆞ고儉德을自捉ᄒᆞ니諸君이名色은亦男子라엇지女子學徒를對ᄒᆞ야羞愧의色이獨無ᄒᆞ리오本執筆人은諸君을敬愛ᄒᆞᄂᆞᆫ바與他逈別ᄒᆞᆫ故로悔悟ᄒᆞ도록言ᄒᆞ고다시言ᄒᆞ노니自今以後로ᄂᆞᆫ飜然改圖ᄒᆞ야一種儉德을特別히養成ᄒᆞᆯ지어다現今諸君中에紬屬을掛着ᄒᆞᆫ者ㅣ幾個人에不過ᄒᆞᆫ지라從玆로萬若一向不悔ᄒᆞ고修習을如前히ᄒᆞ면本執筆人이諸君中의當者의氏名을指ᄒᆞ야報筆로責成ᄒᆞᆯ지오相愛ᄒᆞᄂᆞᆫ道에默視키不忍ᄒᆞᆫ者ㅣ니諸君은幸히贅言을恕納ᄒᆞ심을望ᄒᆞ노라

漢文教科의必要ᄂᆞᆫ東萊博議

李承喬

士之特立獨行이適於義而已라不義而可有傑士者歟아不義而可有烈士者歟아不義而可有勇士者歟아不義而可有志士者歟아傑士之爲傑士와烈士之爲烈士와勇士之爲勇士와志士之爲志士ㅣ其事業이雖或各異나而義理ᄂᆞᆫ未嘗不同이라分而名之者를皆謂之義士라도未爲不可也ㅣ로다盖義士ᄂᆞᆫ何에셔造ᄒᆞ오ᄒᆞ면春秋大義에不外ᄒᆞ다ᄒᆞ며春秋大義ᄂᆞᆫ何로出ᄒᆞ오ᄒᆞ면斷斷無他ㅣ라古今歷史上에其述ᄒᆞᆫ國家興亡治亂과君臣暴弱賢奸과天道災祥吉凶과人事得喪善敗

가如見其圖ᄒᆞ고如示諸掌ᄒᆞ니可能涉獵講究ᄒᆞ야其是其非와彰善懲惡의史家筆法을通曉開達ᄒᆞᆫ然後에야此眞義士也ㅣ라然이나諸家之說이重複浩瀚ᄒᆞ야渺無涯涘ᄒᆞ고孔子 作春秋ᄒᆞ샤筆則筆ᄒᆞ시고削則削ᄒᆞ시니高弟遊夏之徒로不能贊一辭어든況不及遊夏者ㅣ徒能讀歷代史記ᄒᆞ야能通其大義乎아惟有易曉易解之門ᄒᆞ니史記評議之諸家說이是也ㅣ오諸家說中에寔可必要者ㅣ東萊博議也ㅣ라何以言之오是編은左氏傳中에抄出問題ᄒᆞ야原爲諸生課試而作ᄒᆞ니文體不甚高ᄒᆞ고趣旨顯明而間有辨駁ᄒᆞ야得首尾盤旋之法而結搆不懈ᄒᆞ고得無中生有之法而波瀾不窮ᄒᆞ고得推拓援証之法而觸類引伸ᄒᆞ야隨取而不盡ᄒᆞ니節節有義ᄒᆞ고井井有理ᄒᆞ야春秋大義著於辭表로다

噫라是編也여其駿發也의萎苶者ㅣ讀之ᄒᆞ야足以振其懦ᄒᆞ고其爽朗也의塵閼者ㅣ讀之ᄒᆞ야足以破其昏ᄒᆞ고其排宕也의板滯者ㅣ讀之ᄒᆞ야足以達其氣ᄒᆞ고其峭拔也의平庸者ㅣ讀之ᄒᆞ야足以淬其鋒ᄒᆞ리니金石珠玉이雖重이나非重也ㅣ오黼黻文章이雖美나非美也오鐘鼓琴瑟이雖樂이나非樂也ㅣ오惟是編이重ᄒᆞ고是編이美ᄒᆞ고是編이樂ᄒᆞ니此非來學之鼓舞興起者乎아近者漢文教科書를取以讀閱則非樓閣亭記면是史略抄要와古人雜說而已라此出於文章大家ᄒᆞ야其詞理文華ㅣ非不可欽이로다旣無懿德之包妙ᄒᆞ고亦無大義之蘊奧ᄒᆞ니在昔貢科時에爲其尋章摘句ᄒᆞ야可以焚膏講習이어니와今日은卽新天地新世界에學問이維新이오事業이維新이라虛文假稀은無所擬議

오在東洋學界ᄒᆞ야漢文發達을不可不是圖而漢文書籍은卽舊學也ㅣ라舊學之中에도取其可合時宜ᄒᆞ야編入科程이是敎育家義務也ㅣ니蔽一言曰東萊博議八十六篇이中等漢文科程에惟其是適也ㅣ라將此均排年級ᄒᆞ야使之敎授則必爲通曉義理ᄒᆞ야義士之輩出ᄒᆞ리必於此也ㅣ오且學問上論說은實萬世不廢之文也ㅣ라文體를以是編爲師ᄒᆞ고文理를以是編爲師ᄒᆞ고文法을以是編爲師ᄒᆞ야窮想研究則善於論說ᄒᆞ야做得一句에百金이攸輕이오做得一章에千金이攸輕이니可不取哉아是編이出於有宋時代ᄒᆞ니非不謂之舊學이로ᄃᆡ其文은卽千古之新學也ㅣ오朱夫子ㅣ嘗言學如伯恭은能變化氣質ᄒᆞ야將以開物成務라ᄒᆞ시고一時英偉卓犖之士ㅣ皆歸心焉ᄒᆞ니不但以是編으로爲師ㅣ也라亦必以先生道德으로私淑ᄒᆞ야克造義士也ㅣ로다請以申之ᄒᆞ노니此言義士는擧槪而論이라是編之旨義惟昭晣詳密ᄒᆞ고簡重嚴正ᄒᆞ야識時務者ㅣ不可不讀이니演說家ㅣ學而取其辯ᄒᆞ고外交家ㅣ學而取其敏ᄒᆞ고政治家ㅣ學而取其明ᄒᆞ고奬賢感善이如金聲而玉振之ᄒᆞ니所以造傑士也ㅣ오誅奸斥邪ㅣ如游刃이恢恢ᄒᆞ니所以造烈士也ㅣ오論征討伐이如破竹之勢ᄒᆞ니所以造勇士也ㅣ오主中發外之忠愛가如見鐵血之淋漓ᄒᆞ니所以造志士也ㅣ라凡諸造士之薰陶ㅣ莫過於此ㅣ니敎育之家ㅣ其欲養成人才ㅣㄴᄃᆡ捨此而取何哉아爰輯先輩之評點ᄒᆞ야竊附以蕪辭ᄒᆞ고是編之首篇을亦譯述於左ᄒᆞ노니其文體筆法이餘皆倣此ㅣ라諸公은幸恕濫叨而其賜批正也哉ㄴ뎌

東萊博議第一篇

鄭伯이克段於鄢

釣者ㅣ負魚언뎡魚何負於釣며獵者ㅣ負獸언뎡獸何負於獵이며莊公이負叔段이언뎡叔段이何負於莊公이리오日爲鉤餌ᄒᆞ야以誘魚者ᄂᆞᆫ釣也ㅣ오爲陷穽ᄒᆞ야以誘獸者ᄂᆞᆫ獵也ㅣ니不責釣者而責魚之呑餌ᄒᆞ고不責獵者而責獸之投穽이寧有是耶아莊公이雄猜陰狠ᄒᆞ야視同氣를如寇讐ᄒᆞ야而欲必致之死ㅣ라故로匿其機而使之狎ᄒᆞ고縱其欲而使之放ᄒᆞ고養其惡而使之成ᄒᆞ야甲兵之强과卒乘之富ᄂᆞᆫ莊公之鉤餌也ㅣ오百雉之城과兩鄙之地ᄂᆞᆫ莊公之陷穽也ㅣ어ᄂᆞᆯ彼叔段之冥頑不靈이魚爾獸爾라豈有見鉤餌而不呑ᄒᆞ고過陷穽而不投者哉아導之以逆而反誅其逆

ᄒᆞ고敎之以叛而反討其叛ᄒᆞ니莊公之用心이亦險矣라莊公之心에以爲亟治之則其惡이未顯ᄒᆞ야人必不服ᄒᆞ고緩治之則其惡이己暴ᄒᆞ야人必無辭라ᄒᆞ야其始不問者ᄂᆞᆫ盖將多叔段之罪而斃之也ㅣ오殊不知叔段之惡이日長而莊公之惡이與之俱長이며叔段之罪ㅣ日深而莊公之罪ㅣ與之俱深이라人이徒見莊公이欲殺一叔段而己로ᄃᆡ吾ᄂᆞᆫ獨以爲封京之後와伐鄢之前에其處心積慮ㅣ曷嘗須臾而忘叔段哉아苟興一念이면是殺一弟也ㅣ오苟興百念이면是殺百弟ㅣ也니莊公之罪ㅣ顧不大於叔段耶아吾嘗反覆考之ᄒᆞ야然後知莊公之心이天下之至險也ㅣ라祭仲之徒ㅣ不識其機ᄒᆞ고反諫其都城過制ᄒᆞ니不知莊公이正欲其過制오諫其厚將得衆ᄒᆞ

니不知莊公이正欲其得衆이라是는擧朝之卿大夫ㅣ皆墮其計中矣오鄭之詩人이不識其機ᄒᆞ고反刺其不勝其母以害其弟ᄒᆞ니不知莊公이正欲得不勝其母之名이오刺其小不忍以致大亂ᄒᆞ니不知莊公이正欲得小不忍之名이라是는擧國之人이皆墮其計中矣오莊公之機心은猶未己也ㅣ라魯隱之十一年에莊公이封許叔ᄒᆞ고而曰寡人有弟의不能和協ᄒᆞ야使糊其口於四方이라ᄒᆞ니其況能久有許乎아其爲此言이是莊公이欲以欺天下也ㅣ오魯莊之十六年에鄭公父定叔이出奔衛ᄒᆞ야三年而復之라曰不可使共叔無後於鄭이라ᄒᆞ니共叔이有後於鄭이舊矣라段之有後ㅣ是莊公이欲以欺後世也ㅣ로다旣欺其朝ᄒᆞ고又欺其國ᄒᆞ고又欺其天下ᄒᆞ고又欺後世ᄒᆞ니噫嘻危危乎險哉라莊公之心歟여將欲欺人이면必先欺其心이니莊公이徒喜人之受吾欺者多ᄒᆞ고而不知吾自欺其心者亦多ᄒᆞ니受欺之害는身害也ㅣ오欺人之害는心害也ㅣ라哀莫大於心死ㅣ오而身死ㅣ次之니受欺者는身雖害나而心自若이오彼欺人者는身雖得志나其心이固己斲喪無餘矣라在彼者ㅣ所喪이甚輕ᄒᆞ고在此者ㅣ所喪이甚重ᄒᆞ니是는釣者之自呑鉤餌오獵者之自投陷穽也ㅣ라非天下之至拙者ㅣ면詎至此乎아故로吾始以莊公으로爲天下之至險ᄒᆞ고終以莊公으로爲天下之至拙ᄒᆞ노라

張明德曰篇中에摘定一險字ᄒᆞ니如老吏斷獄ᄒᆞ야使其無可躱閃이오末復轉出欺人者ㅣ必先自欺其心ᄒᆞ야以一拙

字重奪其魄ᄒᆞ니使死而有知ᄃᆡ莊公이應愧死於九京矣라何況後人이讀之ᄒᆞ야有不驚心動魄而敢復蔪欺罔乎아春秋之作의誅死者於前ᄒᆞ야所以懼生者於後也ㅣ니東萊全部博議가皆本此義著筆이라故로此篇이詞嚴義正ᄒᆞ야不少寬假ᄒᆞ니此眞有關世道人心之文이니不可草草讀過로다

講壇

王陽明學論

金源極 述

陽明學의全体를評論ᄒᆞ라면爲先支那一般哲學者와同樣으로倫理學이라云ᄒᆞᆷ이最重要ᄒᆞ니라

凡他多少關係의事도包含ᄒᆞ야有ᄒᆞᆫ者ㅣ不無ᄒᆞ나其全体를言ᄒᆞ면倫理學이大體部分을占居ᄒᆞᆫ지라

陽明學뿐아니라支那의全体哲學이自古로至今ᄭᆞ지倫理學이骨髓되고其他多少事도中間에包括ᄒᆞᆫ者인즉王陽明도ᄯᅩᄒᆞᆫ其全体性質을免치못ᄒᆞᆫ者이라

陽明이일즉云ᄒᆞ되善念存持가卽是天理니立志者ㅣ長立此善念而已라ᄒᆞ니此를觀ᄒᆞᆯ지라도學問上의志라ᄒᆞᄂᆞᆫ것은全혀倫理를指言ᄒᆞᆷ이라

然ᄒᆞᆫ즉陽明學에就ᄒᆞ야論ᄒᆞᆯ진ᄃᆡ倫理外에ᄂᆞᆫ他가無ᄒᆞ다ᄒᆞᆯ지로다

何者오陽明은世間에現行ᄒᆞᄂᆞᆫ化學、物理學、金石學、地質學等은一向不言ᄒᆞ얏스니卽倫理學이惟一ᄒᆞᆫ學問이니라

此學問에入ᄒᆞ야先히陽明學과朱子學이何如홈으로相反됨을辨論홀지니

二子의學問이反對됨으로學問專制時代에는朱子學을取ᄒᆞ고陽明學을禁ᄒᆞ야互相容行치못훈지라

何故로朱子學과陽明學이互相反對되얏나뇨ᄒᆞ면

第一、朱子는理氣併存論을主唱ᄒᆞ야此天地는理氣二者로成立된것으로認定ᄒᆞ니라

朱子의所謂理는形而上의事인ᄃᆡ換言ᄒᆞ면卽道와太極이며　氣는卽器와同훈字義니라

易繫辭에曰形而上者를謂之道오形而下者를謂之器라훈지라朱子의所謂道는易의云훈道와同ᄒᆞ며氣는易에云훈器와同ᄒᆞ니라

氣는何物이든지有形훈物은다氣로指ᄒᆞ얏스며理는卽無形의物을指훈지라

所以로人類든지机든지燈火든지水든지甚至蚊虻ᄭᆞ지라도無非氣오心도亦氣라ᄒᆞ얏스며此氣中에도無形의物이有ᄒᆞ다ᄒᆞ야心의種種훈作用을發現ᄒᆞ야曰或은喜或은怒라ᄒᆞ며其種種훈作用을集合ᄒᆞ야此를心의氣라ᄒᆞ며

空氣와如훈氣는目에見ᄒᆞ기不能ᄒᆞ나亦是氣라고指定ᄒᆞ얏스며

理는卽實体라現象世界의本体가되며氣는現象世界의方法이된다ᄒᆞ야此理氣의二者를精密히分言ᄒᆞ얏스나

王陽明은理氣合一論을主唱ᄒᆞ야曰理氣는一處에合併훈것이오決코分離훈것은아니라佛敎의云훈바同体不離라는言과如훈지라朱子와如히理氣를分別ᄒᆞ야曰氣가有ᄒᆞ

면理가有ᄒᆞ고理가無ᄒᆞ면氣가無ᄒᆞ다ᄂᆞᆫ言을主唱치아니ᄒᆞ고專혀一物로視ᄒᆞ니라

是故로朱子ᄂᆞᆫ心과理를差別ᄒᆞ야特別窮理의工夫를用ᄒᆞ여外物을硏究ᄒᆞᆫ後에我의心이明ᄒᆞᆫ다ᄒᆞ며

王陽明은心과理가同一ᄒᆞᆫ物로視ᄒᆞ야曰(此心이卽是理)라ᄒᆞᆫ지라是故로陽明은오직心을明케ᄒᆞ면天地의理ᄂᆞᆫ自然히明ᄒᆞᆫ다ᄒᆞ니라

故로朱子의書類를見ᄒᆞ면外界의道理를講究ᄒᆞᆫ者ㅣ多ᄒᆞ야或雷의事或雲의事、其他川草木의事、鬼神의事、百般外界에關ᄒᆞᆫ事를論究ᄒᆞ얏고

王陽明의傳習錄을見ᄒᆞ면如此ᄒᆞᆫ等事의論은專無ᄒᆞ고但히我의心을明케ᄒᆞᆯ精神ᄲᅮᆫ이니此點에到ᄒᆞ야朱子學과互相背馳ᄒᆞᆫ者니

라

朱子ᄂᆞᆫ古來書物을博覽ᄒᆞ여古書의註解를用力ᄒᆞ야色色의說을立ᄒᆞᆫ지라孔子의意를迎ᄒᆞ야逆치아니ᄒᆞ며孟子의意를迎ᄒᆞ야逆치아니ᄒᆞ얏스나王陽明은他人書物에註解를不要ᄒᆞ고自思自考ᄒᆞ야我心을主ᄒᆞᆫ學者라陸象山이일쯕自心을主ᄒᆞᄂᆞᆫ說을唱ᄒᆞ얏더니王陽明이또ᄒᆞᆫ陸象山의流儀를取ᄒᆞ야全体學問이朱子學과相違ᄒᆞ고其他種種의差別이有ᄒᆞ나今에悉言ᄒᆞ기難ᄒᆞᆷ으로玆에省略ᄒᆞ노라

前者에言ᄒᆞᆫ바와如히王陽明의學問의骨髓ᄂᆞᆫ那邊에在ᄒᆞᆫ가ᄒᆞ면心이卽根據될지라其言에曰(心卽理也　天下又有心外之事心外之理乎)아ᄒᆞ얏스니此ᄂᆞᆫ一切萬法이唯心에不外ᄒᆞᆫ者를指明ᄒᆞᆷ이라王陽明이陸

象山과同一히此等思想을佛教로브터得來ᄒᆞ얏스나專혀禪家의學과同ᄒᆞᆫ者는아니며其目的ᄒᆞᆫ場所는人倫交際의道오決코禪家와如히己의精神을翫弄ᄒᆞ며單히悟道로써主眼을삼은者는아니라是故로「只懸空靜守如枯木死灰亦無用」云云의說이有ᄒᆞ니라

又云「心外無理　心外無事」라ᄒᆞ니世界萬般의事가다我心中에起ᄒᆞ며我心中에存ᄒᆞᆷ을云ᄒᆞᆷ이며

又云「心卽道　道卽天　知心卽知道知天」이라ᄒᆞ얏스니其道라云ᄒᆞᆷ은自己의心을明케ᄒᆞ면道를自知ᄒᆞ고天을自知ᄒᆞ나니學問은心을明ᄒᆞ는工夫外에는無ᄒᆞ다云ᄒᆞᆷ이며

又云「善惡唯在汝心、循理卽是善、動氣便是惡」이라ᄒᆞ얏스니善惡도自己의心으로出來ᄒᆞ니其本은內界에在ᄒᆞᆫ지라오즉心만明ᄒᆞ면自善에就ᄒᆞᆫ다云ᄒᆞᆷ이니라

且云人人의力이決코同치아니ᄒᆞᆫ지라此와同樣으로心도또ᄒᆞᆫ明케ᄒᆞᆷ에至ᄒᆞᆯ지라도萬人이同一ᄒᆞ기難ᄒᆞᆫ故로此를三等에分ᄒᆞ야第一「生知安行」卽聖人의事第二「學知利行」卽聖人의次、第三「困知勉行」下等人의事如此히三等에分ᄒᆞ야各其自知力을持ᄒᆞ야行ᄒᆞᆯ뿐이됨을指ᄒᆞᆫ者이라

是故로陽明子가良知說을唱ᄒᆞᆫ지라此良知라ᄒᆞ는說은最初에孟子가唱ᄒᆞ야曰良心良知良能이라云ᄒᆞ얏는故로陽明은此를孟子로브터得來ᄒᆞᆫ者니라

陽明이嘗言ᄒᆞ되「一点良知　是爾自家準則」이라ᄒᆞ얏스니萬事의善惡을正ᄒᆞᆷ에는오직良知外에는無ᄒᆞᆫ지라良知가卽道德의

標準됨을云홈이니라

陽明이此良知를講究ᄒᆞ야人間交際中에色色의道德主義를立ᄒᆞ야試行ᄒᆞᄂᆞᆫ지라

此良知를明케ᄒᆞ야親子間에應用ᄒᆞ면孝가되며兄弟間에應用ᄒᆞ면悌가되며君臣間에應用ᄒᆞ면忠이되며朋友間에應用ᄒᆞ면信이되나니色色의名目은비록異ᄒᆞ나畢竟에ᄂᆞᆫ良知로브터出來ᄒᆞᆫ者라何如ᄒᆞᆫ人이든지其親에對ᄒᆞ야孝치아니ᄒᆞ면不可ᄒᆞ며　兄에對ᄒᆞ야悌치아니ᄒᆞ면不可ᄒᆞ며　君에對ᄒᆞ야忠치아니ᄒᆞ면不可ᄒᆞ며　朋友에對ᄒᆞ야信치아니ᄒᆞ면不可ᄒᆞᆫ줄을知홈은自知力을持有ᄒᆞᆫ然故니라

卽此心이明ᄒᆞ면孝悌忠信의道가自生ᄒᆞ나萬一孝悌忠信의道를知치못ᄒᆞᄂᆞᆫ者ᄂᆞᆫ此心이暗昧ᄒᆞᆫ然故라

唯良知를明히ᄒᆞ면物事를可知ᄒᆞᆯ지며何事이든지知치못ᄒᆞᆯ理가無ᄒᆞᆯ지나此心이暗ᄒᆞ면色色의情緖가起ᄒᆞ야知識을蔽ᄒᆞᆯ지니라

或時에門人이侍問ᄒᆞ되人이寢ᄒᆞᆯ時에ᄂᆞᆫ一向知ᄒᆞᆯ事가無ᄒᆞ니良知가其時에ᄂᆞᆫ何가되나뇨ᄒᆞᆫᄃᆡ此에對ᄒᆞ야陽明이荅辨ᄒᆞ기를良知ᄂᆞᆫ人만有ᄒᆞᆫ것이아니라　草木瓦石等이나大凡天地間에有形ᄒᆞᆫ物이다良知를持有ᄒᆞ얏다ᄒᆞ야「人的良知　就是草木瓦石的良知」라ᄒᆞ니人의良知가草木瓦石의良知와同ᄒᆞ다云홈이라萬一草木瓦石이人的良知가無ᄒᆞ면草木瓦石이可히되지못ᄒᆞᆯ지라엇지草木瓦石만然ᄒᆞ리오天地도人的良知가無ᄒᆞ면天地가可히되지못ᄒᆞᆯ지라ᄒᆞ얏스니此言은佛家의山川草木이다佛性이라홈과同ᄒᆞᆫ지라此ᄂᆞᆫ佛敎中에서得來ᄒᆞᆫ學力이

니라
故로陽明의思考ᄒᆞᆫ바와如ᄒᆞᆯ진ᄃᆡ人만道德的生物이아니라草木瓦石도또ᄒᆞᆫ道德的의物이될지니此ᄂᆞᆫ陽明의知識도不及ᄒᆞᆫ處라ᄒᆞᆯ지니라

陽明이또性善의說을唱ᄒᆞ야曰人은良知로써物事를自解ᄒᆞ야其已知ᄒᆞᆫ事를行ᄒᆞᆷ으로思ᄒᆞ야性善의說을一體로結合ᄒᆞᆫ지라何人을勿論ᄒᆞ고自己의心이已明ᄒᆞ면善에自至ᄒᆞᆫ다ᄒᆞ야陽明이嘗言ᄒᆞ되「又無善無惡謂之至善」이라ᄒᆞ니盖善의至極ᄒᆞᆫ것은善도無ᄒᆞ고惡도無ᄒᆞᆫ지라此ᄂᆞᆫ絶對的善이라ᄒᆞᆯ지니絶對的의善은最初에善이라고나惡이라고나稱ᄒᆞᆯ것이無ᄒᆞᆫ者니라

然ᄒᆞᆷ으로或人의言論은人의本性이善도無ᄒᆞ고惡도無ᄒᆞ다ᄒᆞ얏스니絶對的位置로써思ᄒᆞ면善이든지惡이든지無ᄒᆞ나相對的位置로써思ᄒᆞ면性善의說이또ᄒᆞᆫ親合ᄒᆞᆫ者니라

所以로良知의說과性善의說이附隨ᄒᆞ야萬人同性의說을又起ᄒᆞ니此說은陽明보다先唱ᄒᆞᆫ人이有ᄒᆞᆫ지라孟子曰「人皆可以爲堯舜」이라ᄒᆞ니此ᄂᆞᆫ卽孟子가萬人의性이同善ᄒᆞᆫ說을是唱ᄒᆞᆫ者이며荀子ㅣ曰「人之性惡 其善者爲也」라ᄒᆞ니此ᄂᆞᆫ萬人의性이同惡ᄒᆞᆫ說을是唱ᄒᆞᆫ者니라此를推ᄒᆞ야觀ᄒᆞ건ᄃᆡ王陽明을先ᄒᆞ야孟子荀子가萬人同性의說을始唱ᄒᆞ얏스나王陽明도亦是同一ᄒᆞᆫ思想으로云ᄒᆞᆫ者로다然ᄒᆞ나陽明은孟子의道ᄒᆞᆫ바와如히何人이든지善性이有ᄒᆞ니堯舜이되려ᄒᆞ면可히될지라ᄒᆞᆫ지라王陽明의學問의骨髓가此에不外ᄒᆞ도다

且王陽明의最一說이有ᄒᆞ니卽知行一致가是耳라陽明이以爲ᄒᆞ되物事를知홈과物事를行홈이同一ᄒᆞᆫ事이라萬若物事를行치아니ᄒᆞ고物事를知ᄒᆞᆫ다云ᄒᆞ면知라云ᄒᆞᄂᆞᆫ事가行홀最早에有홀지라所以로知行은同一ᄒᆞᆫ事라云ᄒᆞ니라

陽明이又云「未有知而不行者　知而不行只是未知」라ᄒᆞ니其主意ᄂᆞᆫ如何ᄒᆞᆫ事이든지最早히知ᄒᆞ면其時에卽行홀지오萬若行치못ᄒᆞ면또ᄒᆞᆫ知치못ᄒᆞᄂᆞᆫ事라云홈이니是故로知行一致의說을唱ᄒᆞᆫ者니라

又云ᄒᆞ되「知者ᄂᆞᆫ行之始　行者知之成」이라ᄒᆞ니此言은朱子로더부러더옥相反ᄒᆞᆫ지라朱子의學問은學問을別段으로立ᄒᆞ야色色의書物을讀ᄒᆞ고窮理의事를要ᄒᆞ얏스나王陽明은如此ᄒᆞᆫ差別을不立ᄒᆞ고此點에到ᄒᆞ야一言으로打成ᄒᆞᆫ지라朱子도晩年에至ᄒᆞ야陽明의唱ᄒᆞᆫ바와頗同ᄒᆞᆫ지라朱子의晩年文集을見홈의瞭然ᄒᆞᆫ證明이有ᄒᆞ도다然ᄒᆞ나此에就ᄒᆞ야當時의學者도異說을唱ᄒᆞ야朱子를非라ᄒᆞᆫ者도有ᄒᆞ되此ᄂᆞᆫ朱子가實際로唱導ᄒᆞᆫ言이아니며且晩年의事이오決코學問의盛年에主唱ᄒᆞᆫ事도아니며또決코一定ᄒᆞᆫ言論도아니니라

西北學會內農林講習所에 對ᄒᆞ야

劉重鉉

我大韓은亞細亞洲東陽北溫帶中에在ᄒᆞ야氣候와土質이適宜홈으로全國民産이農畊을不事ᄒᆞᄂᆞᆫ者가無ᄒᆞ고或他業을營홀지라도一邊으로ᄂᆞᆫ皆農業을務ᄒᆞ나니盖農은我

國由來의特色이라以故로我國의政治經濟도農業에是依ᄒᆞ야維持ᄒᆞ고商工業도亦農業에附ᄒᆞᆫ一副業이니豈可所忽也哉리오全國의土地ᄂᆞᆫ天然的으로窒素燐酸加里等을多量含有ᄒᆞᆷ으로써數年肥料ᄅᆞᆯ不絕ᄒᆞ야도作物을能成長ᄒᆞ며結果가亦豐饒ᄒᆞᆫ지라然이나土地ᄂᆞᆫ如此히農作에適宜ᄒᆞ야도作法이其宜ᄅᆞᆯ不得ᄒᆞ야未得免凶ᄲᅮᆫ不是라又治水森林의法을不講ᄒᆞᆷ으로河川이國中에貫流ᄒᆞ되灌漑之功이乏ᄒᆞ며諸般器具도需用供給에適宜ᄒᆞᆷ을不得ᄒᆞᆷ으로霖雨가數月을暴注ᄒᆞ면忽河川이汎濫ᄒᆞ야田地가渰覆ᄒᆞ고旱魃이數月을亘ᄒᆞ면江河가枯渴ᄒᆞ고田土가乾坼ᄒᆞ야失農을未免ᄒᆞᄂᆞᆫ故로慨嘆을不已ᄒᆞ얏더니皇天이憐我民之不達農業ᄒᆞ사幸我西北學會內에農林講習所ᄅᆞᆯ敷設ᄒᆞ야廣告ᄅᆞᆯ一揭에入學請願이風驟雲集ᄒᆞ야如彼宏大ᄒᆞᆫ講堂에舍不能容ᄒᆞ니可想其我韓人士之實業界生熱也로다然則我國의農作도由此而反凶爲豐ᄒᆞᆯ지며森林도亦由此一而反赤爲靑ᄒᆞᆯ지니將來之發展興隆을期日可待ᄒᆞᆯ지로다嗚呼噫嘻라我國이今日ᄭᅡ지ᄂᆞᆫ地廣人稀ᄒᆞᆷ을是賴ᄒᆞ야作業을不勤히ᄒᆞ고도糊活이如前ᄒᆞ며水旱을注意치안코도收穫이僅有ᄒᆞ야生命을幸保ᄒᆞ얏스나今也에ᄂᆞᆫ不然ᄒᆞ야內外交通에人類가複雜ᄒᆞᆷ으로生活營業의大戰場이遂起ᄒᆞᆯ지라萬若怠惰ᄒᆞ면我田我園이勤者의所有가되야我衣我食을付托ᄒᆞᆯ處가無ᄒᆞᆯ지며水旱의適宜ᄅᆞᆯ預備치아니ᄒᆞ면穀苗田畓의受損은尙矣勿論이어니와家屋이漂流ᄒᆞ고山谷이變遷ᄒᆞ야氣息을能保ᄒᆞᆯ策이將無ᄒᆞᆯ지라此ᄂᆞᆫ現時

에目擊ᄒᆞᄂᆞᆫ慘境이如是ᄒᆞᆫ즉將來의尤極慘憺ᄒᆞᆯ境遇ᄂᆞᆫ不見是認ᄒᆞᆯ者ㅣ아닌가然則全國人民의生活의道를求ᄒᆞᆯ진ᄃᆡ不在於他而在此農林二字而已라於是乎五百年屈沉ᄒᆞ엿던歷史를回想ᄒᆞ면同一ᄒᆞᆫ人類로서何故로因ᄒᆞ야同種의虐待를甘受ᄒᆞ얏ᄂᆞᆫ가此ᄂᆞᆫ無他라人形이雖有ᄒᆞ나人格이卑劣ᄒᆞ며人性이雖有ᄒᆞ나人文이未備ᄒᆞ야駸駸然此에陷ᄒᆞᆫ바ㅣ아닌가現今時代ᄂᆞᆫ一縷布一粒米를不識而衣ᄒᆞ며不畊而食ᄒᆞ기不能ᄒᆞ니若此를反ᄒᆞ면是ᄂᆞᆫ無恒心無恒產ᄒᆞᆫ社會上大蠹오遊衣遊食ᄒᆞᄂᆞᆫ亾國鬼라蓋國家ᄂᆞᆫ生產이多ᄒᆞ고公費가少ᄒᆞ여야其國이興旺ᄒᆞ거ᄂᆞᆯ今日局勢를目覩ᄒᆞ건ᄃᆡ公費ᄂᆞᆫ多數ᄒᆞ고生產은無望ᄒᆞ니到此地頭에國家의安寧福祉를焉能享有리오且古人이有言ᄒᆞᄃᆡ倉廩實而知禮節이라ᄒᆞ며奚暇에治禮義哉리오ᄒᆞ얏스니是豈明効大驗의格言이아니리오또ᄒᆞᆫ今日我韓에學校가雲興ᄒᆞ고敎育이日新ᄒᆞ다ᄒᆞ나所敎科目은普通而已오實業은全無라ᄒᆞ야도過言이아니니是豈國家富强之策이리오由是로彼處에서一學校를設立ᄒᆞ고此處에서一學校를設立ᄒᆞ나不過幾月에至於破壞ᄒᆞ니是ᄂᆞᆫ皆財政困乏之所致오其中商業工業이或有ᄒᆞ나所製ᄂᆞᆫ無一寸鱗이오發達은無一烟草ᄒᆞ니是豈憫嘆ᄒᆞᆯ비아니리오憫之不及이오嘆之無望이로다農林은國之大本이오民之生命이어ᄂᆞᆯ造林植木의業을不施ᄒᆞᆷ으로山岳이皆裸身露骨ᄒᆞ야水蒸氣를善히發生치못ᄒᆞ야雨度가不適ᄒᆞ고旱氣가超過에非常의歉을獨當ᄒᆞ니誰가此를救ᄒᆞ며誰가此를濟ᄒᆞᆯ가此ᄂᆞᆫ天不吷我

라我必自作이로다書에曰天作孼은猶可違어니와自作孼은不可活이라ᄒᆞ니卽此之謂也로다是庸憫嘆不已러니今我西北學會內에有志紳士諸氏가農林講習所를敷設ᄒᆞ얏스니諸氏ᄂᆞᆫ趂速히此에鼎力ᄒᆞ야前塗生活을是圖ᄒᆞ기를責祝ᄒᆞ노라

時間과金錢과의節用

春夢子

英國人구랏도스돈이일즉國民에게告ᄒᆞ야曰「人은勞働節儉克己의事를領解치못ᄒᆞ면眞正ᄒᆞᆫ人이되지못ᄒᆞᆫ다ᄒᆞ얏스니」此言이信ᄒᆞ도다時間이數分刻이든지金錢이數錢이든지此를浪費ᄒᆞ면單히益만受ᄒᆞ지못ᄒᆞᆯ뿐外라害를反受ᄒᆞᆷ이明ᄒᆞ니라

米國人구리즈쓱氏ᄂᆞᆫ青年에게告ᄒᆞ야曰每月若干式이라도金錢을貯蓄ᄒᆞᄂᆞᆫ習慣을養ᄒᆞ면如何ᄒᆞᆫ職業에든지就ᄒᆞ야成功ᄒᆞ리라ᄒᆞ얏스니我等은此言을深思치아니면不可ᄒᆞ니라

同氏가又云ᄒᆞ되「時間을正히守ᄒᆞᆷ이信用의母라ᄒᆞ며且彼以上에加ᄒᆞ야自持力의重要ᄒᆞᆷ을主張ᄒᆞ라ᄒᆞ얏스니」大抵事業家ᄂᆞᆫ自己의腕으로써其運命을開拓ᄒᆞ야向上의精神을發揮ᄒᆞᆯ지라萬若自己의信賴念이少ᄒᆞ면訥耳遜이부읜센도岬의大勝利를得치못ᄒᆞ얏슬지니爲先依賴心을除去ᄒᆞᆷ이可ᄒᆞ니라

人이或暗夜에先輩의門을叩ᄒᆞ고憐을乞ᄒᆞ나니此ᄂᆞᆫ平生에自立치못ᄒᆞᆯ者니라

다만我가我를賴ᄒᆞ야自力主義를發揚ᄒᆞᆯ진저

學 園

生理衛生學

夢蓮宋憲奭

總論

人體生理學

生理學은動物、植物二者에分ᄒᆞᄂᆞ니此編에纂ᄒᆞᆫ者ᄂᆞᆫ動物生理學中特히高等되ᄂᆞᆫ人體에關ᄒᆞ야活動의原理와生活의現象을研究ᄒᆞᆷ인故로名을人體生理學이라稱ᄒᆞᆷ이라

人類의特徵

人類의特徵이四件이有ᄒᆞ니一은直立ᄒᆞ야步行ᄒᆞᆷ이오二ᄂᆞᆫ意想과言語가有ᄒᆞ며또文字에能ᄒᆞᆷ이오三은智力의發達과德行의進步가高ᄒᆞᆷ이오四ᄂᆞᆫ喜悅을因ᄒᆞ며憤懣을因ᄒᆞ야怒ᄒᆞᆷ이라

人體의諸元素

吾人의身體도또ᄒᆞᆫ一種의物이라化學分析의術을因ᄒᆞ야各元素로組成된바를知ᄒᆞᆯ지니元素의大部ᄂᆞᆫ水、酸、炭、窒四種外에少量의加僧謨、那篤僧謨、加爾曳謨、麻堀涅曳謨、鐵、夫兒恩、沃素、硅素、硫黃、燐을含ᄒᆞᆷ이라

人體의三大部

人體를三部에大分ᄒᆞ니一曰頭部오二曰幹部오三曰肢部라頭部ᄂᆞᆫ脊柱上에位ᄒᆞ야卵圓形과如ᄒᆞ니上後半은腦髓를包擁ᄒᆞ고下前半은顏面을構成ᄒᆞ며幹部ᄂᆞᆫ更히三部에分ᄒᆞ니一曰頸部니頭部와肩部間에在ᄒᆞ야短ᄒᆞᆫ圓筒의形과加ᄒᆞ고二曰胷部니橫膈膜과頸部間에在ᄒᆞ야腔內에心臟과肺臟等을

容有ᄒᆞ고三曰腹部니橫隔膜과腰部間에在ᄒᆞ야腔內에種種의臟腑를容有ᄒᆞ며肢部는二部에分ᄒᆞ니一曰上肢니胷部의上外部에서出ᄒᆞ야先端에指가有ᄒᆞ고二曰下肢니腹部의下外部에서出ᄒᆞ야先端에趾가有ᄒᆞ니라

表示

- 頭部
- 幹部
  - 頸部
  - 胷部
  - 腹部
- 肢部
  - 上肢
  - 下肢

人體의二大管

人體에二大管이有ᄒᆞ니一曰動物性管이니軀幹의背側에在ᄒᆞ야神經中樞(腦脊髓)를容ᄒᆞᆫ故로或神經管이라도名ᄒᆞ며二曰植物性管이니腹側에在ᄒᆞ야營養繁植의器管을包容ᄒᆞᆫ故로或內臟管이라도名ᄒᆞᆷ이라

表示

- 動物性管
- 植物性管

人體의六大作用

人體에六作用이有ᄒᆞ니一曰消化作用이니食物을消化器內에攝取ᄒᆞ야酸汁으로和ᄒᆞ고形狀을變ᄒᆞ야膜壁에滲透ᄒᆞ야生活現象의資料에供ᄒᆞ는者오二曰循環作用이니血液을身體各部에輸送ᄒᆞ는者오三曰呼吸作用이니外氣를肺氣와交換ᄒᆞ는者오四曰排泄作用이니不用物을體外로排出ᄒᆞ는者오

五曰精神作用이니感覺思慮判斷等과如히高尙ᄒᆞᆫ心意를呈ᄒᆞᄂᆞᆫ者오六曰生殖作用이니父體와母體의二個細胞가互相化合ᄒᆞ야同種의子體를産出ᄒᆞᄂᆞᆫ者이라

表示
- 消化作用
- 循環作用
- 呼吸作用
- 排泄作用
- 精神作用
- 生殖作用

細胞

人體ᄂᆞᆫ種種의機官으로成ᄒᆞ니搆成됨이甚히複雜ᄒᆞᄂᆞ其實은細胞라均稱ᄒᆞ야顯微鏡으로視ᄒᆞ면無數ᄒᆞᆫ小囊體가集合ᄒᆞ야成ᄒᆞᆫ者라槪要를左에示ᄒᆞ노라

細胞
- 形狀은原來球形과如ᄒᆞᄂᆞ組織上의異ᄒᆞᆷ을從ᄒᆞ야種種形狀이變ᄒᆞ고細長ᄒᆞᆫ者ᄂᆞᆫ特히纖維라稱ᄒᆞᆷ
- 部分
  - 原形質　半流動狀의主要部
  - 核　原形質內에存ᄒᆞᆫ不透明의小體
  - 仁　核內에存ᄒᆞᆫ小體
- 成分　炭、酸、水、窒、硫黃、燐
- 蕃殖　體法의分ᄒᆞᆷ을因ᄒᆞ야增加ᄒᆞᆷ
- 作用　原形質은生活力이有ᄒᆞ야凡百生理의作用이되ᄂᆞᆫ故로原形質의死ᄒᆞᆷ은卽部分의死ᄒᆞᆷ

組織

集合ᄒᆞᆫ多數의細胞가互相連結ᄒᆞ야一定ᄒᆞᆫ機關을搆成ᄒᆞᆫ全部를組織이라稱ᄒᆞ니左에名稱을記ᄒᆞ노라

組織
- 皮膜組織　上皮、腺等
- 支持組織　硬骨、軟骨等
- 筋組織　筋、脉管等
- 神經組織　神經系

機官

人體內部가數種의組織으로相倚ᄒᆞᆫ後에一定ᄒᆞᆫ機能을搆成ᄒᆞ야人生生活의作用에關ᄒᆞᆫ全部ᄅᆞᆯ機官이라稱ᄒᆞ니左에例ᄅᆞᆯ示ᄒᆞ노라

機官
- 胃　消化機官
- 肺　呼吸機官
- 眼　視觀機官

系統

組織機官等의相倚ᄒᆞᆷ으로一定의機能을成ᄒᆞᆫ全部ᄅᆞᆯ系統이라稱ᄒᆞ고職을分言ᄒᆞ야某機官이라云ᄒᆞ니概要ᄂᆞᆫ左와如ᄒᆞ니라

系統
- 例解
  - 齒、舌
  - 食道
  - 胃　腸
  - 肝、膵
  - 相倚消化系統
- 人體의九系統
  - 骨骼、筋肉、消化、循環、呼吸、皮膚、泌尿、神經系、五官器

三主要學科의意義

學科에主要되ᄂᆞᆫ意義가三件이有ᄒᆞ니一曰人體解剖學이니人體中諸機官의位置、形狀、搆造等의學을研究ᄒᆞᆷ이오二曰人體生理學이니人體中諸機官生活作用의學을研究ᄒᆞᆷ이오三曰衛生學이니人體康健을保衛ᄒᆞᄂᆞᆫ諸方法을研究ᄒᆞᄂᆞᆫ學이니라

第一編　骨骼

第一章 解剖生理

骨의形狀 二要性 三大用

骨의形狀이各相不同ᄒᆞ야或長ᄒᆞᆫ者도有ᄒᆞ고或短ᄒᆞᆫ者도有ᄒᆞ며或扁平ᄒᆞᆫ者도有ᄒᆞ니長ᄒᆞᆫ者를長骨이라稱ᄒᆞ고短ᄒᆞᆫ者를短骨이라稱ᄒᆞ고扁平ᄒᆞᆫ者를扁平骨이라稱ᄒᆞᆷ이라

長骨은形이長大ᄒᆞ야圓柱와如ᄒᆞ고効用은支柱와槓杆과如ᄒᆞ니卽大腿骨上膊骨等이오

短骨은形이細小ᄒᆞ고質이堅硬ᄒᆞ야細微ᄒᆞᆫ運動을能爲ᄒᆞᄂᆞ니라

文藝

賀高原郡紳士金容秀氏義務

金源極

金容秀氏ᄂᆞᆫ咸南의第一敎育家라ᄒᆞ야도夸言이아일지로다氏가本來靑氈의不寒ᄒᆞᆷ으로써槐安舊穴을亦覘覰ᄒᆞ든餘인즉碌碌ᄒᆞᆫ常流에比ᄒᆞ면此에終安ᄒᆞ고此에終狃ᄒᆞᆯ지나氏ᄂᆞᆫ不然ᄒᆞ야二十世紀風潮가目에先觸ᄒᆞ며耳에先灌ᄒᆞᆫ바되야敎育에從事ᄒᆞᆫ지于今四三年이已經ᄒᆞᆫ間에校舍의建築과學費의充用을自辦支擔ᄒᆞᄂᆞᆫ지라昨秋의財政恐慌을遭ᄒᆞ야貧富를勿論ᄒᆞ고彼此의艱絀ᄒᆞᆷ은一同히獨知ᄒᆞᄂᆞᆫ바라氏가亦此機를同遭ᄒᆞ야學校에對ᄒᆞᆫ一般經費를支撥치못ᄒᆞ얏다가所有의農穀을盡賣ᄒᆞ니僅히數千金에達ᄒᆞᆷ의此로써卽日에學校의經費를應用ᄒᆞ얏스며且世來奴婢를一切放釋ᄒᆞ야自由生活을許ᄒᆞ얏다ᄒᆞ니嗚乎라氏의義擧여咸南一境을求觀ᄒᆞᆯ진ᄃᆡ家産이氏에倍蓰ᄒᆞᆫ者ㅣ

不知幾千人이며國恩이氏에倍蓰ᄒᆞᆫ者ㅣ不知幾百人일지라然ᄒᆞ나胥溺俱焚의秋ᄅᆞᆯ當ᄒᆞ야束手傍觀ᄒᆞᆯᄲᅮᆫ不是라反히教育界의魔障을作ᄒᆞᄂᆞᆫ者ㅣ比比히有ᄒᆞ니此ᄂᆞᆫ氏의罪人을免치못ᄒᆞ리로다嗚乎氏乎여咸南一省에赤幟의特色을已現ᄒᆞ얏슨즉氏가一言一辭의勸誘가無ᄒᆞᆯ지라도十四州人士가自然히風從響應ᄒᆞᆯ지나現方關河風潮가極히闇溺ᄒᆞ야自振自動ᄒᆞᆯ能力이無ᄒᆞᆫ지라氏가既히咸南教育界에晨鐘을打ᄒᆞ얏슨즉其效果가但히高原一郡에止ᄒᆞ면亦範圍狹隘의缺憾이豈無ᄒᆞ리오必其全省同胞ᄅᆞᆯ警醒奮呼ᄒᆞ야到處에小學校ᄅᆞᆯ林立星羅케ᄒᆞ며中學校에至ᄒᆞ야ᄂᆞᆫ現今人民程度가各郡各面에設置ᄒᆞ기亦事實上有難ᄒᆞᆫ者니該省內道里平均ᄒᆞᆫ中央에設立ᄒᆞ면以若全省內의事力으로其力이不贍ᄒᆞᆯ理가萬無ᄒᆞᆯ지오日全省의料合을一個人의獨力으로猷爲ᄒᆞ기至難ᄒᆞ다ᄒᆞᆯ지나大概天下國家事ᄅᆞᆯ勿論ᄒᆞ고一人의原動力으로千萬人의同情을招ᄒᆞ나니目下所見으로ᄂᆞᆫ咸南教育家中에實地熱心은氏의外에更無ᄒᆞᆫ지라萬若氏가此事ᄅᆞᆯ爲치아니ᄒᆞ면咸南教育界의普及ᄒᆞᆯ影響은時日渺然ᄒᆞᆯᄲᅮᆫ外라氏의義務ᄅᆞᆯ趁早히擴張ᄒᆞᆷ이ᄯᅩᄒᆞᆫ一般國民의福利增進ᄒᆞᆷ에對ᄒᆞ야大關係가必有ᄒᆞᆯ지니氏의宏量大腕으로엇지十室忠信의地位만帶有ᄒᆞ리오本執筆人은良驥에게加鞭ᄒᆞᄂᆞᆫ意로企望이如此ᄒᆞ고庸駑에게對ᄒᆞ야ᄂᆞᆫ餘日을俟코자ᄒᆞ노니幸氏ᄂᆞᆫ留意恕察ᄒᆞᆯ지어다

重陽書懷

柏軒

人이生ᄒᆞ야靜ᄒᆞᆫ것은天의性이오物에感ᄒᆞ야動ᄒᆞᆷ은情의欲이라欲이有ᄒᆞᆫ以后에ᄂᆞᆫ思가不無ᄒᆞᆯ지오思가有ᄒᆞᆫ以后에ᄂᆞᆫ言이不無ᄒᆞᆯ지니此卽書懷라古詩三百으로槪觀컨ᄃᆡ桃夭標梅ᄂᆞᆫ室家의情欲으로春을懷ᄒᆞᄂᆞᆫ言이오六月組暑ᄂᆞᆫ國家의義務로夏ᄅᆞᆯ感ᄒᆞᄂᆞᆫ言이오豳風七月은國民의風俗으로秋ᄅᆞᆯ述ᄒᆞᄂᆞᆫ言이오北風雨雪은王臣의事情으로冬을悲ᄒᆞᄂᆞᆫ言이라同一四時의景을對ᄒᆞ야도或樂意가有ᄒᆞ고或悲觀이有ᄒᆞᆷ은何也오卽其人思想所載에係ᄒᆞ니故로喜ᄅᆞᆯ載ᄒᆞᆫ者ᄂᆞᆫ啼聲을聞ᄒᆞ야도笑ᄒᆞ고哀ᄅᆞᆯ載ᄒᆞᆫ者ᄂᆞᆫ歌聲을聞ᄒᆞ야도哭ᄒᆞᄂᆞᆫ지라假令一秋ᄅᆞᆯ對ᄒᆞ야도宋玉은悲秋賦ᄅᆞᆯ述ᄒᆞ고潘岳은秋興賦ᄅᆞᆯ著ᄒᆞ며杜少陵의秋興詩와歐陽子의秋聲賦ᄂᆞᆫ各其所懷가不同ᄒᆞᆫ지라而況九秋重陽은一年中最佳節인ᄃᆡ東籬泛菊에淵明之醉興이綽綽ᄒᆞ고南昌閣筆에王子之文思가勃勃이라且古詩에云호ᄃᆡ我欲携酒四時去ᄒᆞ니九秋何日이不重陽가ᄒᆞ고又云호ᄃᆡ遙知兄弟登高處에遍揷茱萸少一人이라ᄒᆞ니此ᄂᆞᆫ詩人達士의千思萬想이耳得目寓ᄒᆞᄂᆞᆫ聲色이오龍山逐臣과落帽叅軍은一狂醉遊戲에不過ᄒᆞ거니와今日吾人의重陽書懷ᄂᆞᆫ何에在ᄒᆞ뇨吾儕ᄂᆞᆫ學生身分이라城南秋夜와君山秋夜의讀書ᄒᆞᄂᆞᆫ思想으로日月刮磨ᄒᆞ고燈火稍親ᄒᆞ야學有成就ᄒᆞ면國家의偉大人物을成ᄒᆞ야我韓國光이秋色과爭高ᄒᆞ기로爲是書懷ᄒᆞ노라

我와社會의關繫

筆山夢人李錫龍

社會는我의團體오我는社會의分子라故로我의完全은卽社會의完全이오我의腐敗는卽社會의腐敗니社會의責任을善盡코져ᄒᆞ면我가我된義務를確實히履行ᄒᆞ며社會의秩序를維持코져ᄒᆞ면我가我된價値를到底히增長ᄒᆞ야我의一身은千仞坑塹의下에墮ᄒᆞ더라도社會는勿墮케ᄒᆞ며我의一身은百歲星霜의後에死ᄒᆞ더라도社會는勿死케ᄒᆞ야軀殼的我가墮ᄒᆞ거던精神的我로社會를起케ᄒᆞ며物質的我가死ᄒᆞ거던靈魂的我로社會를生케ᄒᆞᆫ然後에야我가社會에對ᄒᆞ야小我의我가되지아니ᄒᆞ고大我의我가되며假我의我가되지아니ᄒᆞ고眞我의我가되나니故로我는死ᄒᆞ야도社會는不死ᄒᆞ며我는滅ᄒᆞ야도社會는不滅ᄒᆞ며我는有限ᄒᆞ야도社會는無限ᄒᆞ나니

我가死ᄒᆞ더라도我로組織된社會가不死ᄒᆞ면是는我가死而生也오我가生ᄒᆞ더라도我의機關된社會가至死ᄒᆞ면是는我가生而死也니社會를貴重히홈은卽我를貴重히홈이오社會를低視홈은卽我를低視홈이로다我의一身이社會全體에對ᄒᆞ야其至小至微홈이固是泰山의一壤이오太倉의一粒이니一壤이雖堅이나泰山의崩壞를撑키難ᄒᆞ며一粒이雖精이나太倉의全腐를救키難ᄒᆞ나니我의一身이아모리公平正直ᄒᆞᆫ들全社會의腐敗를柰何리오ᄒᆞ야人이豕狼의心을懷ᄒᆞ거던我도第二豕狼을作ᄒᆞ며人이狐猾의性을習ᄒᆞ거던我도第二狐猾를成ᄒᆞ야希望이變ᄒᆞ야絶望이되고公心이轉ᄒᆞ야私心이되야從風의席을掛ᄒᆞ며無柁의舟를作ᄒᆞ면此等人物은社會에對ᄒᆞ야有之라無所益이오

無之라無所損이니我와社會의關係가若是綦重ᄒᆞ도다

目今我韓에各般社會가性質은不一ᄒᆞ나名稱은同帶ᄒᆞᆫ者ㅣ比比相望ᄒᆞ야範圍內에聯署點名ᄒᆞᆫ者ㅣ盛且幾萬餘人에達ᄒᆞ얏스나我와社會의關係됨을知ᄒᆞ야我의責任을善히盡ᄒᆞ며國民의義務를善히行ᄒᆞ야博愛主義를採用ᄒᆞ며公同秩序를維持코져ᄒᆞᄂᆞᆫ同胞가抑未知二千萬中에幾個分子나有ᄒᆞᆫ가設或知而行ᄒᆞ더라도實地의脚을踏ᄒᆞ고中途의轍을不回ᄒᆞᄂᆞᆫ同胞가又幾個分子나有ᄒᆞᆫ가其言을聽ᄒᆞ면節節志士오其筆을觀ᄒᆞ면句句烈士가되야風雪北海에蘇郎의節을守ᄒᆞ며山河新亭에周生의淚를灑ᄒᆞ야靑年의敎育을擴張ᄒᆞᆯ者도我오同胞의生命을保護ᄒᆞᆯ者도我오法律政治를改良ᄒᆞᆯ者도我오農工商業을發達ᄒᆞᆯ者도我오其他社會進步上에關係ᄒᆞᆫ巨細大小의千態萬事가無非我我나但心面이天淵ᄒᆞ고言事가涇渭ᄒᆞ야言迹이未訖ᄒᆞ고筆痕이未乾에莫重公共ᄒᆞᆫ維新時代의社會로反히前日舊慣의肥己巢窟로認作ᄒᆞ야無罪無辜의範圍內人民으로阿鼻獄裏에導驅ᄒᆞ야靑年의敎育을蟊害ᄒᆞᄂᆞᆫ者도我오同胞의生命을割剝ᄒᆞᄂᆞᆫ者도我오法律政治를腐敗케ᄒᆞᄂᆞᆫ者도我오農工商業을衰滅케ᄒᆞᄂᆞᆫ者도我오其他社會腐敗에關ᄒᆞᆫ巨細大小의千態萬事가無非我我니自己의仰愧俯怍은尙矣勿論이어니와蒼天이明而在上ᄒᆞ고鬼神이質之在傍이어니舊日腐敗의罪惡이既如層積ᄒᆞ고今日腐敗의惡習이又如是貫盈에國家의福利를安可增進이리오到此地頭에上不怨天ᄒᆞ고下不尤

人홈지로다
嗚乎同胞諸氏여既往은不可諫이어니와來者ᄂᆞᆫ猶可追니我의一身을愛重ᄒᆞᄂᆞᆫ心으로써社會의全體를愛重ᄒᆞ며我의前途를企圖ᄒᆞᄂᆞᆫ力으로써社會의前途를企圖ᄒᆞ야社會의一分子된我로써我의總合體된社會를勿汚홀지어다
我가社會에關係됨은若是重大ᄒᆞ나其取扱上에當ᄒᆞ야ᄂᆞᆫ社會ᄂᆞᆫ社會의社會오我의社會가아니니라

詞藻

世界普通家庭觀

檀球子 金河球

老人高堂中孤燈耿不滅閒臥招家人按摩體骨節暖日依藤杖寒天近火鉢每到看書時卽掛眼鏡閱倚杖出門外相酬曲腰折逢友酒盃濃感舊談懷切四時常忌寒頭布被不絕

嚴父早寢床半臥新聞讀纔畢朝食事更抽卷煙吸欲出幹務地整理鞄中物愛妻隨後從幇助洋服着却將掛帽子刷塵雙手納舉足到軒關家僕漆靴黑洋杖一揮時前庭步調急

慈母日當午始進裁縫席先取針箱來穿絲鉅細擇見身測長短觧疋量寸尺劃樣用粉筆切製用金鋏淨潔髮道具儉素首裝飾忽報夕時鍾起身料理作大小家用計筭盤不離側

穉子就學堂袋囊載書籍若逢長者師敬禮學帽脫退校歸家來勉強朝暮習鋏架各種技運動果敏活相對投野球眼明手快疾近庭互競走大野或遠足又乘自轉車坦道試飛躍

愛娘塗白粉惟恐人不悅治容鏡臺前照身態

度察輕紗十字結穿針插籍擬製造生花枝分
明蓮蕚實手持祼青紫首插花紅白一家團欒
趣融和在音樂月明珠簾下彈琴迷夢覺
厨間下婢事鍋釜間送日所食餕餘物事爲無
序秩仰尻水道邊懸命自洗濯墻垣掛架木衣
類向陽曝室堂周掃洒全身類屈曲主人出外
時階行動赤脚坐睡人打驚一日無閒隙

七言律詩

詠春鷄　無名氏

戴紅披翠太煸爛　惟在竹籬茅舍間　五夜
塒中一番唱　催他鵷鷺赴春班

評曰娟秀婉逸　綺麗之子　盖元朝之詩
用鵷鷺班　實屬常套　乃借之以副鷄
初覺淸新流動　非夷所思

雪聲一首

籟籟何音繞草堂　洒他庭砌又門墻　明分

燈影寒如水　靜和茶聲積似璜　乘輿扁舟
思訪戴　涉閑仙鼇擬逢王　暎書誰學古人
事　兀坐蕭然夜自長

評曰精思細慮　氣韵脩然

新年書懷　頭山子

旅榻蕭條氣未新　料知門外漲紅塵　輪蹄
轆轆拜年客　釼珮琤琤朝闕人　古苑松喬
衝雪健　幽階梅瘦隔烟顰　思親一念今朝
最　兀坐虛堂奈此春

冬夜夢春

春風十里恰牢晴　問柳尋花欵欵行　一夢
驚回衾似鐵　半窓寒月夜三更

評曰前半春色駘蕩　後半弧峭冷徹

雪中松

春雪如花非歲豐　亭亭老榦主玲瓏　蒼髯
振起隔丹闕　白鶴歸來迷碧空　高節掌擎

千仞表 貞心已過九冬中 龍姿偃蹇韵光
動 影蘸靈池旭日紅
評曰端莊森嚴 作法自協

到開城 達觀子

屑屑客愁何足言 酒中意氣更昂軒 橋頭
晩日竹聲大 山頂秋風松影昏 故主雄圖
餘傑閣 英雄謀略渺平原 盡忠謀國臣民
分 長仰君王海嶽恩
評曰氣魄雄健 言外有規

歲暮書感

雪白芙蓉東海天 歲寒風景亦堪憐 黃昏
高閣簫聲起 長夜幽窓月影氈 我愛水仙
瓶裏玉 誰傾醇酒盞中漣 光陰忽忽如流
矢 回首斯生又一年
評曰高寒淸朗句句流麗

冬之夜 蘭谷

天寒雲凍對詩翁 甘苦相忘嘯傲同 宇宙
光明新霽雪 江山凜烈晩生風 大冬無力
三盃煖 長夜專權一燭紅 幾處樊廬呵手
坐 願言經濟出其中
評曰老來詩思 尤切廣濟 兼備雄健

歌調

巷謠

양산도화타령

一借問酒家何處在오牧童이遙指살구나무
村이라
후렴엘화 노아라그릐도못놋셔네젼교
가나리셔도못놋셔네
聞者ㅣ曰여보 술집이나 밤낫찾아
뎡이면서 살구꼿 구경이나ᄒᆞ면 싱

활영업도 기중에잇고 國민의무도
기중에 잇나뇨 참쌱도훈분들이로
군 이러키 無의미훈노릐눈 이전
좀그만덜두시오
전파가 나리셔도 못노을것 무슴지
중훈 보픠를 쥐엿든가 만일 국민
단체의손을 그러키잡고 안노아스면
국권회복훌일 어렵지아닐터이야
二장푸밧헤 금리어놀듯 금신금실 잘
두 논다
聞者ㅣ曰 무엇이 그러키 금리어
놀듯 금실금실 잘논단말인가 밤
낫 놀구만 보오 먹고살일 절노
나논가 보기
三가자가자 놀너가자 남의님 싸라
놀너가자

聞者ㅣ曰 놀너간다은말도 안된말이
어든 황차 남의님 싸라 놀너가
뇨 그것 노은중에 잘노은 모양
이로군 이러훈 잡연놈들이 이스
니 나라이 나라될수 잇나 此를
改良훈야曰
가자가자 놀너가자 동서뒤륙 유람가
잔다
이런快濶훈소릐 하여보오 價値가
얼마나 되는가
四옥동도화 만수춘에 가지가지 봄빗
치라
聞者ㅣ曰 옥동도화는 저러키 봄을
맛나 난만훈 빗슬 씌엿는듸 우
리종족은 봄을 맛나도 풍설을
면치 못하니 참가련훈일이로구

此를改良ᄒᆞ야曰
옥동도화만수춘은 가지가지 봄빗쳔데 우리나라민족은 언제나 봄을 맛나서 너와갓치 되여볼가

舊調보담 좀精神잇는 소리라고ᄒᆞᆯ 만ᄒᆞ오

五.달도밝고 明朗ᄒᆞᆫ듸 님의싱각 절노 난다

聞者ㅣ曰 달도밝고 明朗ᄒᆞᆫ써에는 님의싱각 ᄒᆞ는법인가뇨 국가싱각도 업고 부모싱각도 업고 전수 님싱각뿐이여 싱각즁에는 제일조ᄒᆞᆫ 싱각이로군 밤낫ᄒᆞ는싱각이 그러ᄒᆞ면 조흔일만 밤낫싱길걸

此를改良ᄒᆞ야曰
달도 ᄇᆰ고 명낭ᄒᆞᆫ듸 날앗일을 싱각ᄒᆞ니 한심걱정 절노난다
님싱각ᄒᆞ니보다 자미업깃소

六.노다가게 자다가게 져달이 지도록 노다가게

聞者ㅣ曰 한번무슴 사업ᄒᆞ잔 말은 업고 노는 타령 뿐이로세 此를 改良ᄒᆞ야曰
노지말게 자지말게 져달이 지도록 무슴업을 ᄒᆞ든지 노지말게
世上에놀고 먹는놈은 도젹놈
노다 가면 득실잇소 자다 가야 득실잇지

聞者ㅣ曰 별ᄒᆞᆫ소리 다듯깃소 노나 자는듸 무슴득실이 잇나뇨 샤롬이 무슴운동이든지 무슴직업이든지 ᄒᆞ여야 득실이 잇깃지 놀고

자는데 득실이 잇어요 참별호
득실이로군 此를改良호야曰
아니놀면 득실잇고 놀고보면 득실업
네 득실이 엇더호것인지 아는사
룸의노릐라 홀만호오
八일주빅년 못사는인싱 아니놀고 무
엇호랴
聞者ㅣ曰 일주빅연못사는 인싱이
결을업시 활동호여도 안될일인듸
놀기만호깃다고호나 此를改良호야
曰
일주빅연 못사는인싱 놀고보면 사업
업네
과연 사업가의 말이로구
九세상 천지만지간에 고로키 곱가
왜싱겻나

聞者ㅣ曰 무엇이 그러키 곱기 싱
겻단말인가 얼굴이야 곱고밉고간
에 품힝과 덕성이 이스면 위듸
호 인물이아닌가 此를改良호야曰
세상 천지만지간에 전국위인 차져
브세
진실로 사랑홀만호사람 아는소릐
로군
十雨水경칩에 킈풀어지고 정든님 사
랑에마음 푸러진다
聞者ㅣ曰 정든넘이라는것은 무엇말
나 빠진것인가뇨 엇머턴지 마음
이 푸러진다니 좃키는조흔일이오
나는 그런대 마음 풀러질수 업
소 此를改良호야曰
雨水경칩에 킈푸러지듯 우리국가 기

반도 그러케 얼는 풀녀라
과연 國民사상에 잇는소리로군
집한 가뿡이 얼마나 奏호면 머리색
교 송낙쓰교 바랑을 멧나
聞者ㅣ曰 무엇을 두고 ᄒᆞᆫ소랜지
외미를 젼혀 모르킷네 머리색교
송낙을 써도 졔치업만 잇스면
교만이지

談叢

街談

耳長子

甲乙問答

(甲)요시 교육교육 ᄒᆞ니 교육을그러
케 식혀서는 나와에 도리혀 망하
게때

(乙)그러면 웃더케 교육 식혀야 나
라이 흥ᄒᆞ깃나
(甲)나는 이러케 말ᄒᆞ면 세상사ᄅᆞᆷ들
이 완교니 무엇이니 ᄒᆞ데마는 게
홰ᄒᆞᆫᄉᆞᄅᆞᆷ덜 별수업데 공연히 청연
을 교육식히느니 엇지느니 ᄒᆞ더니
만 어린아희놈덜 죄발엣데
(乙)엇지발엣면 말인가 학문을 빅인
즉 발엣다구ᄒᆞ나
(甲)머사ᄅᆞᆷ 학문이라는것을 빅이면
힝실도 겸손ᄒᆞ교 심술도 방정ᄒᆞᆫ것
아번가 요식 학교졸업 힛다는 아
희 놈들은 자유니 무업 빨나죽은
것아니 ᄒᆞ면서 얼운 보면 경ᄃᆡᄒᆞᆯ
줄 아나 동포ᄃᆡᄒᆞ야 사랑ᄒᆞᆯ줄아나
얼운보면 교미나 ᄒᆞᆫ더걸이는것이

상례인줄 알고 同胞 보면 완고니
야만이니 일언 소리나 짓걸엿지
무ᄉᆞᆷ國家에 對ᄒᆞᆫ 利益은 업고 이
전에 션량ᄒᆞᆫ 례속ᄭᆞ지 죄업시 부릴
뿐이데
(乙)어ᄃᆡ서 그러ᄒᆞᆫ學生만 보앗든기로
세 반ᄃᆡᄒᆞ라ᄂᆞᆫ 사ᄅᆞᆷ의 눈에ᄂᆞᆫ 그
러ᄒᆞᆫ것만 보이너니 수다ᄒᆞᆫ學生中에
혹그런사ᄅᆞᆷ도잇고 저런사ᄅᆞᆷ도 잇ᄂᆞᆫ
것이지 一二學生의缺点으로 전국교
육계를 비평ᄒᆞ니 자네말도 ᄯᅡᆨᄒᆞᆫ말
이로세
(甲)그릐 그럿치아니ᄒᆞᆫ 학문은 구학
문 비인 사ᄅᆞᆷ보다 별일잇나 ᄂᆡ보
기ᄂᆞᆫ 교육ᄒᆞᆫ다ᄂᆞᆫ지 근십년이라도
나라이 漸漸망ᄒᆞᆫ다ᄂᆞᆫ 말만잇지 점

점흥ᄒᆞᆫ다ᄂᆞᆫ말 듯지못ᄒᆞ엿네 그신학
문이라ᄒᆞᄂᆞᆫ것이 소위 무엇말나죽은
것인가
(乙)이사ᄅᆞᆷ 참완固로세 신학문 안비
이고 오놀랄 나라은 나라질ᄒᆞ며
인민은 싱활ᄒᆞᆯ수 잇나 그런소릐ᄒᆞ
지말게
(甲)新학문에 무ᄉᆞᆷ뜻이 잇ᄂᆞᆫ지ᄂᆞᆫ 모
르지마ᄂᆞᆫ 벌듯지안든 소릐ᄂᆞᆫ 만이
외우데 무ᄉᆞᆷ츄상젹이니 구쳬젹이니
文明젹이니 필요니 난장이니 新學
問속에ᄂᆞᆫ 전혀 그ᄯᅡ웨 말만 잇나
(乙)이사ᄅᆞᆷ 그것은 릴본사ᄅᆞᆷ들이 서
양서젹을 번역ᄒᆞᆫᄭᆞᄃᆞᆰ에 우리나라
문자과ᄂᆞᆫ 좀달지마ᄂᆞᆫ 뜻은 한가지
너 자ᄂᆡ보ᄂᆞᆫ것과 갓치 요셔 瀛船

汽車를 제조ᄒᆞ는 학문이 구학문에 잇나 그뿐인가 各種機械로 오놀랄 편리ᄒᆞ게 인민ᄉᆡᆼ활을 보조ᄒᆞ는법이 다신학문에 잇는것이 아닌가 그러ᄒᆞ고로 신학문을 ᄇᆡ와야 ᄒᆞᆫ다고ᄒᆞ는것이로세

(甲)아—이ᄉᆞᄅᆞᆷ 그런말 말게 우리 이웃에 김동지의 아들과 리僉知의 손자는 소학교삼년ᄉᆡᆼ이라나 ᄒᆞ는ᄃᆡ 汽船汽車는 차치물론ᄒᆞ고 당셕양한앗도 못망글데 말갓하여서야 세상에 못ᄒᆞᆯ일어ᄃᆡ 잇나

(乙)자ᄂᆡ 말은 과연 天痴로 나오는 말이로세 敎육이라는것이 차제등급이 잇는것이지 엇지한거름에 천리만리를 ᄯᅱ는법 잇나 소학校삼연ᄉᆡᆼ이 웃지 製造品을 착수ᄒᆞ여

(甲)그러면 소학校라는것은 무엇ᄒᆞ랴고 셰우고 아희들을 모라딜이나

(乙)소학校라는것은 단히 국민의무를 갈으키는 곳뿐이오 중학校라는것은 각종학술의 ᄃᆡ지를 갈으키는곳이오 기차에 전문학교에 드러가서 各種긔계사용 제造등을 ᄇᆡ히는것인ᄃᆡ 소학校ᄉᆡᆼ도를 ᄃᆡᄒᆞ야 물산 제조를 칙ᄒᆞ는것은 진소위 알을가지고 울나고 ᄒᆞ는모양 ᄒᆞᆫ가지로셰

(甲)그러면 즉금은 敎육ᄒᆞ는 숭ᄂᆡᄂᆡ는모양이로세 전국에 완전한 중학校도 상게업다니 언제 전문학校가 일어나서 남의나라와 갓치 부강ᄒᆞ여 보깃나

(乙)國民일동이 지식을 보통으로 셔면 잠싼이라네 공연히 반듸들만ᄒᆞ고 教육에 힘안쓰ᄂᆞᆫ새돍에 상금 소학校나 어듸 완전히 유지ᄒᆞᆯ小學校가 잇나 원리 소學校ᄂᆞᆫ 일반의무금으로 유지ᄒᆞᄂᆞᆫ것이오 중學校ᄂᆞᆫ 월사금으로 유지ᄒᆞᄂᆞᆫ것이오 전문學校도 ᄯᅩᄒᆞᆫ 學ᄉᆡᆼ의月謝와 혹긔타긔본금으로 ᄒᆞᄂᆞᆫ것인ᄃᆡ 우리나라일반동포의지식은자ᄂᆡ와 거반상사ᄒᆞ니 무슴능력으로 소學校나 중學校나 전문學校나 설립유지ᄒᆞᆯ수 잇나뇨 어서밥비 정신좀셔여주게

(甲)나도 엿ᄯᅥᆨ 모르고 교육을 반듸ᄒᆞ엿드니마ᄂᆞᆫ 자ᄂᆡ말 드르니 글얼듯ᄒᆞᆫ일이로세 나ᄂᆞᆫ 자금이후로 교육에 종사ᄒᆞ려니와 자ᄂᆡ여러동포ᄒᆞᆫ데 그ᄯᅳᆺ으로잘 권고ᄒᆞ여 일쳬로 힘써보세

뒤장이酬酌　　耳長子

장장동야에 닝돌에누엇스니 잠은 아니오고 이러안잣자니 ᄯᅩᄒᆞᆫ 셜녀나견딜수 업서 白銅貨ᄒᆞᆫ푼 헌주머니 깃뒤이에서 어더ᄂᆡ여 ᄉᆡ벽역혜 장국집으로 찻아가니 웃젼뒤장이두연석이 막걸네ᄒᆞᆫ잔 붓들고 서로 수작ᄒᆞᄂᆞᆫ말이 壯觀이데 그두사름의 姓은 孟哥 朴哥든가보데

(朴)여보게 孟先達 요ᄉᆡ 엇든 사름들은 뒤장이질도 못ᄒᆞ여먹깃다고ᄒᆞ지마ᄂᆞᆫ 주금도구명 아라잘ᄒᆞ면 움

푹ᄒᆞᆫ수 덜어 싱기깃데
(孟)아ㅣ 朴先達은 이지간 한박잘단
기로세나 그런소릐 ᄒᆞᆯ적에는
(朴)요ᄉᆡ 長安안사름들이야 늬남업시
동굴암이가 밧작 말나서 밋처조석
도 난게ᄒᆞᆯ지경인데 ᄆᆡ음녀의싱각
날결을잇나 요ᄉᆡ 시골서 ᄉᆡ로은작
자들이 집에서 벗섬이나 팔아가지
고온작자덜더러잇데 이작자들이 상
게어리석어서 長安안갈보 벗삭 말
나죽기 된줄알고 솔긔 어물전 엿
보듯 ᄒᆞ는자들 만데 그러나 그작
자들이 돈은젹기 쓰랴고 비밀ᄆᆡ음
녀만찻데 그리서 비밀ᄆᆡ음녀를 한
아 소긔ᄒᆞ여주엇더니 이놈이 그리
웟든 김이라 뚤어지게ᄒᆞ고 돈은
게우 一圓가량 주엇든가보데 그려
나 이년이 또ᄒᆞᆫ ᄭᅬ장이년이라 두
어두고 쳔쳔히 녹여먹으량으로 우
리인정에 돈주고 안주는듸 관계
업다고 ᄒᆞ얏든가보데 그작자가 거
게속아 ᄒᆞᆯ너밤 잇틀밤 이어이어
붓헛든가보데 그런ᄊᆡ돍에 나도 술
잔이나 폭폭이 잘어더먹엇데
(孟 그사름이 당초에는 ᄊᆞᆸ작이수로
비밀ᄆᆡ음녀만 찻든사름이 연릴곳다
웽줏ᄒᆞ고 또술석지 그러키 만이내
야
(朴)이ᄉᆞ름 그런ᄉᆞ름 더잘쓰데 이놈
이 처음에는 안글일듯ᄒᆞ드니만 차
츰그년의 ᄭᅬ에 ᄲᅡ저서 ᄒᆞᆫ달지경이
나 그랑ᄒᆞ드니 이지간에는 살임ᄒᆞ

누라고 엉장을 버리고 도라가데 재살임ᄒᆞ고야 안쓰고 빅일놈의 장수 잇나 그년의 어미니 옴바니 을ᄏᆡ니 무어니 무어니 ᄒᆞᆫ식구가 근칠팔명이로세 ᄒᆞᆫ곳에다 부불이를 주어박아스니 그놈아니녹고 뉘아들 놈이 녹깃나

(孟)그작자가 식구 그러키 만은줄 알고 당초에웨 살임을 시작ᄒᆞ엿나

(朴)이ᄉᆞ름 長安안 갈보년덜 셩질모르나 처음에야 식구가 그러키 만타구ᄒᆞ나 돈두 젹기쓰고 의복음식도 편리ᄒᆞᆯ수 잇다구 ᄒᆞ니 시작ᄒᆞᆫ 일이 즉금은 정신빠진놈 움물딜이 밀어보듯 ᄒᆞ고잇지 그러나저러나 살임이니 멧츌되깃나

(孟)웨 돈만잇스면 굿ᄯᅡ웨 년들이야 파먹는 자미에 ᄭᅮᆺ장보고야 ᄯᅥᆯ어지지 그러키 ᄯᅥᆯ어지깃나

(朴)그년이 본남편 싱이별ᄒᆞᆫ후에도 발셔멧놈을ᄲᅡ라 먹어 물인놈은 가죽도ᄒᆞᆫ아안남앗다네 ᄒᆞᆫ놈이 아모버어리도 업시 공식구 팔구명을 멱여 살니라니 석숭의 맛아들이면 견듸깃나 ᄯᅩ그식구가 먹기ᄲᅮᆫ인가 어미년은 뒤에 안자 츄여서의복차니 용차니 밤낫청구ᄒᆞ네 거견될수 잇나 그놈ᄲᅢᄲᅡ저 위션죽을걸

(孟)이ᄉᆞ름 그거 안되엿네 어느학校 學싱이나 아니든가

(朴)그기야 뉘가 아나 학싱인지 학도인지 엇지든지 놈은 절뭄놈이데

요ᄉᆡ는 그년ᄒᆞᆫ데 웃지 혹ᄒᆞ엿는지 녀학교에 입학식혀 공부ᄒᆞᆫ다데 제법그년이 더리 ᄯᅩᆨ제을이고 샐쥐우샨에 거드러지기 거리로 딩이데 學校는 망ᄒᆞᆫ놈의學校들이야 그런년을 다 들여놋테

(孟)學校에서야 그런년인지 저런년인지 아나 누구보증잇스니 밧아깃지

(朴)엇던년 인지 보면 웨몰나 금시는 속앗지마는 또옛출ᄒᆞ여 ᄶᅩᆨ겨나오깃나 그런년들이 공부는 무슴공부를 또ᄒᆞ깃나

그만, ᄒᆞᆫ잔먹어스니, 가셰

本執筆人이此言을聞ᄒᆞᆷ이 最是可痛ᄒᆞ도다 鄕曲놈에게 京城개집이 우지 得當ᄒᆞ며 財政困難ᄒᆞᆫ時代를 遭ᄒᆞ야 同胞의飢餓가 在在相續ᄒᆞ거늘 此는不救ᄒᆞ고如此ᄒᆞᆫ蕩費에 浪擲ᄒᆞ니 寒心ᄒᆞᆫ바이며 또는所謂葛甫의母甥輩도 各其生活을 自圖ᄒᆞᆯ지어놀 其女其妹를 賣食코자ᄒᆞ니 如此ᄒᆞᆫ惡習이 世界에豈有ᄒᆞ리오 兩方이各各醒悔ᄒᆞ야 恒産을勿失ᄒᆞ고 完全ᄒᆞᆫ人格을 準備ᄒᆞᆯ지어다

爲師之道는知新이勝於溫故

栢軒羅錫璂

青年會舘演說

大凡物이何者를勿論ᄒᆞ고故者는種色이麤劣ᄒᆞ고新者는品目이美麗ᄒᆞᆫ지라是以人情이故를厭ᄒᆞ고新을好ᄒᆞᆷ은擧世皆然이니人

의日用에最需要ᄒᆞᆫ衣食住三件事로言ᄒᆞ더
라도衣가故ᄒᆞ면垢弊ᄒᆞ야着ᄒᆞ기不能ᄒᆞ고
食이故ᄒᆞ면饐餲ᄒᆞ야喫ᄒᆞ기不能ᄒᆞ고住屋
이故ᄒᆞ면腐頹ᄒᆞ야居키不能ᄒᆞᄂᆞ니人이畢
生營爲에推日汲汲홈은其故者를棄置ᄒᆞ고
新者를做得코져홈이라齊家治國ᄒᆞᄂᆞᆫ方法
도亦然ᄒᆞ니書에曰호ᄃᆡ作新民이라ᄒᆞ고詩
에曰호ᄃᆡ周雖舊邦이나其命維新이라ᄒᆞ고
鄒經에曰호ᄃᆡ今行仁政ᄒᆞ면亦足以新子之
國이라ᄒᆞ고人事로論ᄒᆞ면捨舊從新이라ᄒᆞ
며又曰送舊迎新이라ᄒᆞ며又曰革故鼎新이
라ᄒᆞ니新之爲功이其亦大矣로다
學問修身인덜豈有他理리오大學章에曰호
ᄃᆡ苟日新이어든日日新ᄒᆞ고又日新이라ᄒᆞ
며詩에云호ᄃᆡ日就月將ᄒᆞ야學有緝熙于光
明이라ᄒᆞ니要之컨ᄃᆡ知新上工夫에不過ᄒᆞ

ᄂᆞᆫ지라魯論에孔夫子께서特著ᄒᆞ샤ᄃᆡ溫故
而知新이면可以爲師라ᄒᆞ시니抑何意義歟
아愚臆으로推測컨ᄃᆡ故者ᄂᆞᆫ卽前日之新也
라凡人이學而不思則罔ᄒᆞ고思而不學則殆
故로恒常其故를溫燖ᄒᆞ야新面目을做出코
져홈이라然則溫故라ᄂᆞᆫ名稱은知新上一工
夫의目的이니是以로子夏云ᄒᆞ샤ᄃᆡ日知其
所無ᄒᆞ며月無忘其所能이면可謂好學이라
ᄒᆞ니엇지溫故가知新보다勝ᄒᆞ다ᄒᆞ리오故
者ᄂᆞᆫ一過去의名稱이니是以로人의死去를
曰호ᄃᆡ作故라ᄒᆞ고惡ᄒᆞᆫ罪를故犯이라ᄒᆞᄂᆞᆫ
지라前世에一好古病이有ᄒᆞᆫ人이有ᄒᆞ니一
日에一人이一短策을持來ᄒᆞ야曰호ᄃᆡ此ᄂᆞᆫ
太王이獯鬻의難을避ᄒᆞ야來朝走馬로岐下
에至ᄒᆞᆯ時에策ᄒᆞ든馬箠라ᄒᆞ야ᄂᆞᆯ輒以千金
으로買之ᄒᆞ고又一人이一弊席을持來ᄒᆞ야

曰호ᄃᆡ此ᄂᆞᆫ魯哀公이孔子ᄅᆞᆯ待ᄒᆞᆯ時에敷設ᄒᆞ든席이라ᄒᆞ야ᄂᆞᆫ又以千金으로買之ᄒᆞ고又一人이三個小囊을持ᄒᆞ야曰호ᄃᆡ此ᄂᆞᆫ諸葛孔明이先主을東吳로送ᄒᆞᆯ時에錦囊計로付ᄒᆞ얏든囊이라ᄒᆞ야ᄂᆞᆫ又以千金으로買之ᄒᆞᄂᆞᆫ지라此人이無用ᄒᆞᆫ三古物을買ᄒᆞᆷ으로三千金資産을一朝에蕩盡ᄒᆞ고遂히乞丐門戶ᄒᆞ니엇지痴獃의甚ᄒᆞᆷ이아닌가遲任이有言曰호ᄃᆡ人惟求舊오器非求舊라惟新이라ᄒᆞᆷ도다만年老ᄒᆞᆫ人을皆求用ᄒᆞᆫ다謂ᄒᆞᆷ이아니라人의舊ᄒᆞᆫ者ᄂᆞᆫ或實踐ᄒᆞᆫ經歷이多ᄒᆞ야事物의善惡禍福을一一審知ᄒᆞ야舊事件을新事件으로引換ᄒᆞᄂᆞᆫ能力이有ᄒᆞᆫ지라故로舊人을求ᄒᆞᆫ다謂ᄒᆞᆷ이라若一向沒知覺ᄒᆞᆫ痴漢子라도年歲만多ᄒᆞ면舊人이라謂ᄒᆞ야求ᄒᆞᆷ은決코안이라聖人이性을言ᄒᆞᆷ이性은故

而已矣니故者ᄂᆞᆫ以利爲本이라ᄒᆞ고天道를言ᄒᆞᆷ이苟求其故면千歲의日至를可坐而致之라ᄒᆞ고人心을論ᄒᆞᆷ이寂然不動이라가感而遂通天下之故라ᄒᆞᆷ도皆其故跡을推ᄒᆞ야日新上工程에歸ᄒᆞᆷ이라又況今日은世界文化競爭時代를際ᄒᆞ야人의知識이日進日新ᄒᆞ니苟以前日之陳跡腐談으로此六洲活動時局에處코져ᄒᆞ면夏虫이冰을語ᄒᆞ고宵蛾가灯을撲ᄒᆞᆷ과如ᄒᆞᆫ지라엇지其身命과家國을保ᄒᆞ리오泰西人은特異ᄒᆞᆫ性靈이具ᄒᆞᆫ것이안이것만은다만日新工夫가有ᄒᆞᆷ으로茶沸를見ᄒᆞ고蒸汽를發明ᄒᆞ며風業을見ᄒᆞ고輪船을製造ᄒᆞ며北極과南極을探險ᄒᆞ야新世界를開拓ᄒᆞ엿스니吾人으로見ᄒᆞ면神出鬼沒ᄒᆞᄂᆞᆫ材藝와如ᄒᆞ나惟其知新工夫에亶出ᄒᆞᆫ지라我東人士ᄂᆞᆫ安於故俗ᄒᆞ고溺於所

聞ᄒᆞ야結繩의政으로亂秦의緖를治코저ᄒᆞ며干羽의舞로平城의圍를解코저ᄒᆞ니深切痛歎이라車之覆者ᄂᆞᆫ不可不改其轍이오瑟之澁者ᄂᆞᆫ不可不改其絃이니所以로近日에新學校를設立ᄒᆞ고新學問을發達ᄒᆞᆷ은從前의固陋ᄒᆞᆫ聞見과腐敗ᄒᆞᆫ思想을一幷掃洗ᄒᆞ야新舞臺에躍登코저ᄒᆞᆷ이아닌가然則新學敎授ᄂᆞᆫ良師에在ᄒᆞ고爲師之道ᄂᆞᆫ知新이溫故보다勝ᄒᆞᆷ은不言可想이로다

會計員報告 第三十六號

十二圜 會計員任置條

十五圜十錢 月報代金収入條郵稅幷

合計二十七圜十錢

第三十六回新入會員入會金收納報告

朴昌洽 厚昌　安達孝 順川　白元國 順川

安希鳳 順川　車淳彬 順川　魚命賢 价川

金贇楨 永柔　金炳徽 甲山　吳錫祜 甲山

各一圜式

合計九圜

第三十六回月捐金收納報告

吳尙俊 一圜 自一月至十月十朔條

合計一圜

第十回本校義捐金收納報

告

栁東作	二圜	十月
吳相翊	一圜	十月
金亨燮	一圜	十月
姜錫龍	一圜八十錢	自七月至十二月
吳相奎	十圜	十一月
文錫琬	十錢	十二月
韋京燮	十錢	十一月
林宗民	十錢	十一月
金得麟	十錢	十一月
辛德鉉	十錢	十一月

鄭昌殷	十錢	十一月
金炳河	十錢	十一月
宋仁明	十錢	十一月
朴元根	十錢	十一月
宋永植	十錢	十一月

合計十六圜八十錢

第十六回建築費義捐金收納報告

李敬植	一圜五十錢
金致圭	一圜
蔡年守	五十錢

延子賢 五十錢
李致正 三十錢
姜孝鎭 三十錢
朴致圭 二十錢
合計四圜三十錢
以上五共合五十八圜二十錢內

第三十六回用下報告
自十一月十五日至十二月十五日

二圜八十三錢五里 洋紙封套小筆價並
四圜二十五錢 副總務開城往返車費條

三十五錢 十一月朔水價
二圜十六錢 三錢郵票七十二枚價
三圜十五錢 葉書二百十枚價
六圜五十錢 五里郵票一千三百枚價
九十五錢 義州載寧明川寧邊長淵月報送小包費
七十錢 編輯室叅考件太陽朝鮮雜誌價
十五圜 使丁二名十一月朔月給條
二圜六十錢 電燈十月朔貰給條
合計三十八圜四十九錢五里
除
在十九圜七十錢五里

謹告西北各學界僉彦

本會가我西北人士에智識發展을計圖ᄒᆞ기爲ᄒᆞ야青年子弟의教育을指導ᄒᆞᄂᆞᆫ機關ㅣ位에立ᄒᆞ야表幟를顯揚홈이已有年所인바學務에關ᄒᆞ야無一事就緒홈은本會에서擔責을敢히辭免ᄒᆞᆯ餘地가無ᄒᆞ오나來頭奏效를希望ᄒᆞᄂᆞᆫ善果에歸ᄒᆞ야姑且容許ᄒᆞ심은을嗚謝ᄒᆞ옵ᄂᆞᆫ바를莫籲ᄒᆞ옵거니와現에我西北一般學界의書籍購覽홈에對ᄒᆞ야便益ᄒᆞ기爲ᄒᆞ야本會에서京城大寺洞廣韓書林主人俞鎭泰氏와特別히締約홈이有ᄒᆞ옵기左開謹告ᄒᆞ오니教育에從事ᄒᆞ시ᄂᆞᆫ師範大家와知識을研進ᄒᆞ시ᄂᆞᆫ志士諸氏와修業勤課ᄒᆞᄂᆞᆫ學生諸員은左開各項에注意ᄒᆞ시와一般學界에普及ᄒᆞᄂᆞᆫ利益을均收케ᄒᆞ심믈懋望

左開

一 各種教科書와其他新舊書籍을京城大寺洞廣韓書林으로書札로請求ᄒᆞ되請求人의所居郡名及洞名統戶氏名을詳記홈

一 廣韓書林에서前項에請求書札을接準ᄒᆞ야該住所氏이要北各郡中에서請求홈이明確홈으로認ᄒᆞᆫ時ᄂᆞᆫ特別廉價로割引ᄒᆞ야迅速酬應홈

一 前項의請求書冊을特別割引ᄒᆞ야迅速키郵便小包로酬應ᄒᆞ되冊價二圓以上은郵料ᄶᅡ지廣韓書林에서擔當홈

一 一般書籍을請求ᄒᆞᆯ時에代金은郵便爲替로換送ᄒᆞ되財政의暫時窘絀을因ᄒᆞ야先換치못ᄒᆞᆯ境遇에ᄂᆞᆫ郵便引換으로請求홈

雜錄

十三道行政區域一覽表

內部地方局地理課調査

左에記ᄒᆞᆫ바行政區域의調査表ᄂᆞᆫ國民된者의不得不記曉ᄒᆞᆯ者라現今各道의郡、署、坊面、村의區域을改定ᄒᆞᆫ初에該區域의分合如何를詳知치못ᄒᆞ면此土地에居駐ᄒᆞᄂᆞᆫ人民이라고謂ᄒᆞ기難ᄒᆞᆯ지라所以로內部地方局地理課의調査表를依ᄒᆞ야玆에錄列ᄒᆞ오니覽者諸氏ᄂᆞᆫ特히留意ᄒᆞᆯ지어다

京城

府名	署數	坊數
漢城府	五	四四

道名	府數	郡數	面數
京畿道	一	三六	四二九
忠淸南道		三七	三九二
忠淸北道		一八	一九九
全羅北道	一	二七	三八〇
全羅南道	一	二八	四三六
慶尙北道		四一	五三一
慶尙南道	二	二七	四六一
黃海道		一九	三四五
平安南道	一	一八	三一三
平安北道	二	一九	二六四
江原道		二六	二四二
咸鏡南道	一	一三	一二六
咸鏡北道	二	九	一二二
計	一二	三一八	四三四〇

漢城府及各道行政區域一覽表

漢城府 五署

署名	坊數
中署	八
東署	六
西署	九
南署	一一
北署	一〇

京畿道(一府三十六郡)

府郡名	面數	府郡名	面數	府郡名	面數
仁川	一二	水原	四〇	廣州	一八
開城	一三	江華	一八	楊州	三二
驪州	一六	長湍	二一	通津	一二
坡州	一二	利川	一五	富平	一五
南陽	二〇	豐德	八	抱川	一二
竹山	一五	楊平	一九	安山	九
朔寧	七	安城	二四	高陽	九
金浦	八	永平	八	麻田	八
交河	八	加平	六	龍仁	一六
陰竹	八	振威	一五	陽川	五
始興	六	積城	一三	果川	七
漣川	六	陽智	一〇	陽城	一三
喬桐	五				

忠淸北道(十八郡)

府郡名	面數	府郡名	面數	府郡名	面數
淸州	二七	忠州	二五	沃川	一二
鎭川	一五	淸風	八	槐山	一三
報恩	一三	丹陽	八	堤川	八
懷仁	六	淸安	六	永春	六
永同	一二	黃磵	六	靑山	五
延豐	五	陰城	一七	文義	七

忠淸南道(三十七郡)

府郡名	面數	府郡名	面數	府郡名	面數
公州	二一	洪州	二〇	韓山	九

舒川	一一	沔川	二三	瑞山	一六
德山	一一	林川	二一	鴻山	九
恩津	一五	泰安	一三	溫陽	九
大興	八	平澤	六	定山	八
靑陽	九	懷德	一三	鎭岑	五
連山	一一	魯城	一一	扶餘	一〇
石城	九	庇仁	六	藍浦	九
結城	一〇	保寧	七	海美	九
唐津	八	新昌	七	禮山	一〇
全義	七	燕岐	七	牙山	一二
稷山	九	天安	一一	木川	九
鰲川	四				

全羅北道（一府二十七郡）

府郡名	面數	府郡名	面數	府郡名	面數
沃溝	八	全州	二一	南原	三三
古阜	一八	金堤	一七	泰仁	一八
礪山	一一	錦山	一二	益山	一六
臨陂	一三	金溝	一〇	咸悅	一一
扶安	一七	茂朱	一三	淳昌	一八
任實	二四	鎭安	一四	珍山	一七
萬頃	一一	龍安	五	高山	一二
井邑	七	龍潭	九	雲峯	九
長水	一三	茂長	一六	興德	九
高敞	八				

全羅南道（一府二十八郡）

府郡名	面數	府郡名	面數	府郡名	面數
務安	一九	光州	四一	羅州	二八
靈岩	一七	順天	二一	靈光	二六
寶城	一八	興陽	一三	長興	二〇
咸平	一七	康津	一八	海南	二四
潭陽	一三	綾州	一七	南平	一二
珍島	九	長城	一六	同福	七

府郡名	面數	府郡名	面數	府郡名	面數
麗水	四	光陽	一二	谷城	八
莞島	一八	晶平	一五	智島	一〇
突山	八	求禮	一三	濟州	五
大靜	三	旌義	四		

慶尙北道（四十一郡）

府郡名	面數	府郡名	面數	府郡名	面數
大邱	三〇	慶州	一〇	尙州	二二
星州	二九	義城	一八	永川	二三
安東	二〇	醴泉	一八	金山	一五
善山	一八	淸道	一九	靑松	九
仁同	九	寧海	七	順興	一〇
漆谷	一一	豐基	一〇	盈德	六
龍宮	一〇	河陽	七	榮川	一三
奉化	一五	淸河	八	眞寶	六
軍威	八	義興	一三	新寧	八
延日	八	禮安	一七	開寧	九
聞慶	一九	知禮	一一	英陽	九
興海	一一	慶山	一五	慈仁	九
比安	一八	玄風	一五	高靈	二六
咸昌	七	長鬐	五		

慶尙南道（二府二十七郡）

府郡名	面數	府郡名	面數	府郡名	面數
東萊	一五	昌原	二二	晉州	五〇
金海	二三	密陽	一一	蔚山	一八
宜寧	二五	昌寧	一六	居昌	二二
河東	一九	陝川	二〇	咸安	二四
咸陽	一八	固城	二一	梁山	九
彥陽	六	靈山	八	機張	八
巨濟	一〇	草溪	一一	昆陽	一〇
三嘉	二〇	安義	一二	山淸	二二
丹城	八	南海	八	泗川	一一
鎭南	一三	鬱島	三		

黃海道(十九郡)

府郡名	面數	府郡名	面數	府郡名	面數
海州	三二	黃州	一八	安岳	一八
平山	二〇	鳳山	二一	延安	二四
谷山	一二	瑞興	一七	長淵	一七
載寧	二一	遂安	一四	白川	一八
信川	二五	金川	一五	新溪	一三
松禾	二五	殷栗	一二	兎山	九
甕津	一四				

平安南道(一府十八郡)

府郡名	面數	府郡名	面數	府郡名	面數
三和	一四	平壤	二六	中和	一五
龍岡	一七	成川	二六	順川	三五
祥原	八	永柔	一五	江西	一五
安州	二六	肅川	一七	价川	八
寧遠	一四	陽德	一〇	江東	一二
孟山	一三	順安	一〇	德川	一四
甑山	一八				

平安北道(二府十九郡)

府郡名	面數	府郡名	面數	府郡名	面數
義州	一一	龍川	一七	江界	二〇
定州	二一	寧邊	一五	宣川	一〇
楚山	二三	昌城	九	龜城	一三
鐵山	八	朔州	一二	渭原	一六
碧潼	一九	嘉山	六	郭山	七
熙川	一一	雲山	八	博川	五
泰川	八	慈城	一〇	厚昌	八

江原道(二十六郡)

府郡名	面數	府郡名	面數	府郡名	面數
春川	一八	洪川	九	原州	一四
橫城	九	楊口	九	華川	六
麟蹄	七	平昌	七	寧越	一〇

旌善	一三	三陟	一二	江陵	一五
襄陽	一二	杆城	一〇	高城	七
通川	七	歙谷	六	蔚珍	七
平海	八	淮陽	九	金城	九
金化	七	平康	八	鉄原	九
伊川	一一	安峽	三		

咸鏡南道（一府十三郡）

府郡名	面數	府郡名	面數	府郡名	面數
德源	六	咸興	四六	端川	九
永興	一三	北青	三四	安邊	一二
定平	一九	三水	一八	甲山	一八
長津	一一	利原	一三	文川	六
高原	六	洪原	二五		

咸鏡北道（二府九郡）

府郡名	面數	府郡名	面數	府郡名	面數
城津	六	慶興	一〇	鏡城	八
吉州	七	明川	八	富寧	一一
茂山	一八	會寧	一五	鍾城	一三
穩城	一二	慶源	一四		

光武十年十二月一日發刊

會員注意

會費送交	會計員	漢城中部校洞二十九統二戶 西北學會館內 朴景善
	受取人	西北學會
原稿送付	編輯人	漢城中部校洞二十九統二戶 西北學會館內 金達河
	條件	用紙 從便 期限 每月十日內

主筆兼發行人 朴殷植
編輯人 金達河
印刷人 李達元
印刷所 普成社
發行所 漢城中部校洞二十九統二戶 西北學會
發賣所 皇城中署布屛下廣學書舖
皇城小安洞 大韓書林
皇城尙洞 博文書館
皇城罷朝橋 中央書舖

◎定價

一冊	金十錢(郵費一錢)
六冊	金五十五錢(郵費六錢)
十二冊	金一圜(郵費十二錢)

◎廣告料

半頁	金五圜
一頁	金十圜

會員注意

一 本會月報를購覽커나本報에廣告를揭載코져ᄒᆞ시ᄂᆞᆫ 僉君子ᄂᆞᆫ西北學會庶務室노申請ᄒᆞ시압

一 本報代金과廣告料ᄂᆞᆫ西北學會會計室노送交ᄒᆞ시압

一 先金이盡ᄒᆞᄂᆞᆫ時에ᄂᆞᆫ封皮上에捺印으로證明ᄒᆞᆷ

一 本報를購覽코져ᄒᆞ시ᄂᆞᆫ 僉君子ᄂᆞᆫ住址統戶를昭詳記送于西北學會庶務室ᄒᆞ시압

一 論說詞藻等을本報에記載코져ᄒᆞ시ᄂᆞᆫ 僉君子ᄂᆞᆫ西北學會會館內月報編輯室노寄送ᄒᆞ시압

第三種郵便物認可

特別廣告

本會月報의發行이今至三十一ᄃᆡ代金收合이極히零星ᄒᆞ와繼刋기極窘ᄒᆞᆯᄲᅮᆫ不是라況本會館及學校建築에經用浩繁은一般會員과僉紳士의知悉ᄒᆞ시ᄂᆞᆫ바이니義務를特加ᄒᆞ시와遠近間購覽ᄒᆞ시ᄂᆞᆫ僉員은迅速送交ᄒᆞ시고本會員은月捐金도並計朔送致ᄒᆞ시와會務와校況을日益進就케ᄒᆞ심을千萬切盼

本學會告白

서북북학회월보

인쇄일: 2023년 4월 25일
발행일: 2023년 5월 01일
지은이: 서북학회
발행인: 윤영수
발행처: 한국학자료원
서울시 구로구 개봉본동 170-30
전화: 02-3159-8050 팩스: 02-3159-8051
문의: 010-4799-9729
등록번호: 제312-1999-074호
ISBN: 979-11-6887-279-0

전 3권 정가 375,000원